安徽省规划教材

# 中外教育经典名著研读

主　编　王耀祖　张　敏　张玲玲
副主编　范苏阳　杨　辉　黄显军

学苑出版社

图书在版编目（CIP）数据

中外教育经典名著研读 / 王耀祖，张敏，张玲玲主编；范苏阳，杨辉，黄显军副主编 . -- 北京：学苑出版社，2024. 11. -- ISBN 978-7-5077-7047-6

Ⅰ．G40

中国国家版本馆CIP数据核字第2024RR3059号

出 版 人：洪文雄
责任编辑：徐志琴
出版发行：学苑出版社
社　　址：北京市丰台区南方庄2号院1号楼
邮政编码：100079
网　　址：www.book001.com
电子信箱：xueyuanpress@163.com
联系电话：010-67601101（营销部）、010-67603091（总编室）
印　刷　厂：北京建宏印刷有限公司
开本尺寸：710 mm×1000 mm　1/16
印　　张：30.75
字　　数：446千字
版　　次：2024年11月第1版
印　　次：2024年11月第1次印刷
定　　价：128.00元

# 编委会

**主　编**　王耀祖　张　敏　张玲玲

**副主编**　范苏阳　杨　辉　黄显军

**编　委**（按姓氏笔画排序）

　　　　　王学荣　王耀祖　朱雍熙　孙祎萍

　　　　　李冰清　杨　辉　张　敏　张玲玲

　　　　　武　乔　范苏阳　郑　笑　柳红蕾

　　　　　段方琦　郭春凤　黄　瑾　黄显军

　　　　　曹道宏　葛承华　谭启涵

2023年度安徽省新时代育人质量工程–研究生规划教材

（2023ghjc027）

2023年度淮北师范大学学位与研究生教育质量工程–研究生规划教材

（2023ghjc001）

2022年教育部供需对接就业育人项目

（20220104884）

2021年教育部产学研协同育人项目

（202102103004）

获淮北师范大学学术著作出版基金资助

2023年度安徽省哲学社会科学规划重点项目（AHSKD2023D015）
阶段性成果

# 序　言

在甲骨文中，"典"字有多种写法，如󰀀、󰀁、󰀂、󰀃等，但无论哪一种，都离不开󰀄与󰀅、󰀆。从字形上看，󰀄像用绳子把一条条的竹片或木片（数量不等，一般3—5片）串联起来，即今之"册"字。󰀅、󰀆对应今之左、右两字，但字形上看更似双手捧举之状。后来，它演变为󰀇。《说文解字》释云："典，五帝之书也。从册在丌上，尊阁之也。庄都说，典，大册也。"典，即重要的文献。《尔雅·释诂》谓："典，常也。"作为常道、准则，典怎能不重要呢？《尔雅·释言》又曰："典，经也。"即以经释典。"经"之本字在甲骨文中并未出现，其古字——巠出现在金文中，写作󰀈。不少学者据其形，认为像织机之纵线形，后加"纟"旁成"经"字，遂以织物的纵线作为其本义，与纬线相对，并因在纬线之先更为重要，亦引申为常道、准则。《广雅》："经，常也。"

"经典"连用，古已有之。如唐代陆德明撰写的以注音释义诠解儒家经典的字书，题名"经典释文"；明代陈耀文汇集汉唐于经典之异说，编纂《经典稽疑》一书。中国古人使用"经典"，通常特指儒家经学著作，但偶亦兼及他作，如《经典释文》中有《老子》《庄子》音义。其后，各家各派之著作亦多有经典之称谓。对应中文"经典"的英文"classic"，源自拉丁语"classicus"，含有名著、经典著作等义。Classic又作古典，常用于描述那些具有持久价值、被广泛接受和使用的文化作品或思想，特指古希腊与古罗马的文化。

综合来看，经典系指能够流传于世的具有典范性、权威性的著作，虽经大浪淘沙仍流传万世而不衰，虽有无数阐释而微言大义不竭。各文化系统都有自己的经典，它们构成了各民族文化宝贵财富的精华，是历史之根，是民族之魂。当然，经典还具有超越文化的性质，能够为不同民族所学习、借鉴，成为全人类的精神瑰宝。

自有人生，便有了教育。教育的发展进步与传承，离不开教育实践活动的持续推进、教育经验的总结升华、教育理论研究的推陈出新。这些往往需要诉诸文字，在此过程中，教育著作产生了。在成熟的文字系统（甲骨文）产生后3000多年的人类历史长河中，出产了无数教育著作。它们是承载着无数先贤教育理论与实践探索的结晶，昭示着人类教育历史发展的艰辛进程。在这些教育著作中，有部分能够超越时代，针对人类教育中普遍面临的一些问题给出回应，成为后代教育改革与发展的不竭动力，即教育经典名著。教育经典是某一时期的巅峰之作，不仅在教育领域具有极高的权威性和影响力，而且有着不可替代的价值，甚者超越教育界限，影响遍及各个领域。

经典固然权威，或曰绳墨之言，或谓不刊之论，但又不可过分执着，应随时代之变迁，社会之需要，阐幽明微，赋予新释，如此，经典之树方能长青不衰。《易·系辞下》谓："易之为书也，不可远，为道也屡迁，变动不居，周流六虚，上下无常，刚柔相易，不可为典要，唯变所适。"

结合上述认识与思考，本书基于教育学的思想与理论，以历史学和文献学的视角，运用辩证唯物主义和历史唯物主义方法，分析、考察古今中外教育制度和教育思想发展的文献轨迹，选取教育发展史上若干有重大影响的教育文献，按照教育历史与教育文献的发展脉络，分为中外古代、近代、现代三编六章。每篇先概述其人其书，再重点节取部分篇章，以展示其精粹。

为尽可能体现教育名著沿革与教育思想发展脉络，使逻辑结构更加系统、完善，本书在编写过程中，借鉴了国内外同类教材编写经验，在以下方面做了尝试：

1.精选内容力求有代表性。由于选文涵盖范围广，延续时间长，文献繁多，加之字数限制，因此选文必须做到精选，所选材料既要有代表性，还要能够反映古今中外教育思想与名著发展之特点。选文篇幅上，在控制总体篇幅的同时，尽量保证选文的连贯性，以便窥其全貌。

2.取材尽可能广泛，形式多样，以展现文献的多元、多样与丰富。从著作来看，如中国部分，诸如经史文集、学规章程等皆有选入；就作者而言，涉及文学、历史、哲学、政治、教育等诸多学科领域；就教育层次而言，囊括从胎教到高等教育乃至终身教育之各阶段。

3.适量选入安徽名家及教育名篇，重视地域教育文献。除了朱熹、陶行知等教育大家外，本书还选取嵇康、陈栎、郑玉、戴震、陈独秀、胡适等安徽名人著作和《淮南子》等在安徽本土出产的教育著作。此种做法是本土课程资源开发的重要尝试。

4.版本上，或采用善本，或使用学界公认的权威本子；注释上，既有便于初学的字词疏解，也排比经典义疏，以便读者因需比较择取。

本书是集体智慧的结晶。主编拟定撰写体例与选文范围，全体成员讨论后分工协作；编撰中，有疑义者商讨而定。寒来暑往，虽人员调动，颇多周折，然不懈努力，终连缀成篇。各章节分工如下：中国古代部分，王耀祖、杨辉、孙祎萍（先秦至秦汉）、柳红蕾（魏晋至隋唐）、段方琦（宋代）、朱雍熙（明至清前期）；中国近代部分，葛承华、张敏；中国现代部分，黄瑾、曹道宏、黄显军；外国古代部分，谭启涵、范苏阳；外国近代部分，郭春凤、李冰清、黄显军；外国现代部分，王学荣、武乔、郑笑、张敏。全书提要部分由王耀祖撰写改定，最后由王耀祖、张敏、张玲玲统稿。

付梓在即，诚惶诚恐！因时间仓促，体例未周。如教育制度作为教育发展的重要一维，也是教育思想下沉实践不可或缺的路径，文献典籍、现有教育文选多忽略之。本书初欲选入，后因种种缘由，终未刊载，实属一大遗憾，只待修订编入。又因编者知识、能力所限，恐难免错漏，冀读者指正。

本书借鉴、吸收了不少前辈学者及同类教材的成果，在书中及参考文献部分有一定的体现，在此一并致以谢忱！

王耀祖
2024年9月10日

# 目 录

| 上编 |
| 古代教育经典名著研读 |

## 第一章　中国古代教育经典名著选··················003
《管子》选··················003
《论语》选··················007
《墨子》选··················015
《孟子》选··················019
《荀子》选··················024
《韩非子》选··················033
《礼记》选··················035
《新书》选··················051
《淮南子》选··················054
董仲舒教育论著选··················057
《史记》选··················065
《论衡》选··················067
嵇康教育论著选··················072
《颜氏家训》选··················076
韩愈教育论著选··················082
柳宗元教育论著选··················087

王安石教育论著选……090
　张载教育论著选……094
　朱熹教育论著选……102
　陈栎教育论著选……112
　郑玉教育论著选……116
　王守仁教育论著选……120
　黄宗羲教育论著选……123
　颜元教育论著选……127
　戴震教育论著选……132

## 第二章　外国古代教育经典名著选……138
　柏拉图教育论著选……138
　亚里士多德《政治学》选……164
　昆体良《雄辩术原理》选……178
　奥古斯丁《忏悔录》选……202

| 中编 |

# 近代教育经典名著研读

## 第三章　中国近代教育经典名著选……213
　魏源教育论著选……213
　张之洞《劝学篇》选……219
　郑观应教育论著选……225
　康有为教育论著选……231
　严复教育论著选……237
　梁启超教育论著选……245

## 第四章　外国近代教育经典名著选 ………………………… 253

夸美纽斯《大教学论》选 ……………………………………… 253

洛克《教育漫话》选 …………………………………………… 267

卢梭《爱弥儿》选 ……………………………………………… 273

裴斯泰洛齐《葛笃德如何教育她的子女》选 ………………… 282

赫尔巴特《普通教育学》选 …………………………………… 291

福禄培尔《人的教育》选 ……………………………………… 299

| 下编 |

# 现代教育经典名著研读

## 第五章　中国现代教育经典名著选 ………………………… 307

蔡元培教育论著选 ……………………………………………… 307

陈独秀教育论著选 ……………………………………………… 312

胡适教育论著选 ………………………………………………… 320

黄炎培教育论著选 ……………………………………………… 330

晏阳初教育论著选 ……………………………………………… 341

陶行知教育论著选 ……………………………………………… 351

陈鹤琴教育论著选 ……………………………………………… 359

梁漱溟教育论著选 ……………………………………………… 373

杨贤江《新教育大纲》选 ……………………………………… 380

## 第六章　外国现代教育经典名著选 ………………………… 388

杜威教育论著选 ………………………………………………… 388

《蒙台梭利方法》选 …………………………………………… 403

泰勒《课程与教学的基本原理》选 …………………………… 414

皮亚杰教育论著选 …………………………………………… 424
布鲁纳《教育过程》选 ……………………………………… 434
苏霍姆林斯基《我把心给了孩子们》选 …………………… 445
朗格朗《终身教育引论》选 ………………………………… 460
赞科夫《教学与发展》选 …………………………………… 464

**主要参考文献** …………………………………………………… 473

上编

# 古代教育经典名著研读

古代是一个漫长的阶段，在中国一般指1840年鸦片战争之前的时期，在西方则多以文艺复兴为界限。两者相较，虽各有特色，但就教育文献与教育名著而言，中华文化源远流长、博大精深、硕果累累，外国则相对贫乏，仅古希腊、古罗马有可称誉者。故古代编，中国部分虽一再精简，仍撷取较多，外国则较少。

# 第一章　中国古代教育经典名著选

本章自先秦迄清前期，大致可分为先秦、秦汉至隋唐、宋元至清前期三段，选取了12部经典名著中论及教育的名篇，以及13位教育家（包括教育思想家与教育理论家）的经典教育论著。

## 《管子》选

《管子》，《汉书·艺文志》首次著录，定为管仲所作。

管仲（？—前645），名夷吾，字仲，颍上（今安徽省颍上县）人，春秋时期政治家、军事家。管仲出身贫苦，以商贾为业，后经鲍叔牙举荐成为齐国国相，辅佐齐桓公进行改革，使得齐国成为春秋第一霸主。

《管子》原有389篇，西汉刘向校订为86篇，今仅存76篇。《管子》全书内容庞杂，融汇道、法、儒、名、兵、农、阴阳等诸家思想。据后代学者考证，《管子》一书并非管仲所作，系战国时齐国稷下学者托名管仲，后亦有汉代附益者。

《弟子职》详细规定了从饮食起居到衣着服饰、从课堂教学到课后修习、从尊敬师长到个人修养等众多弟子必须注意的事项。一些具体做法，如餐具摆放、日常洒扫，其中均有详细说明，反映当时童蒙教育之细微周备。宋代朱熹称此篇"言童子入学受业事师之法"，"全似《曲礼》"（《朱子语类》卷137）。清人洪亮吉、庄述祖均认为，它是古塾师教弟子之法（《弟子职笺注》《弟子职集解》）。郭沫若认为"当是齐稷下学宫之学则"（《管子集校·弟子职》）。

# 弟子职*

先生施教，弟子是则[1]。温恭自虚，所受是极[2]。见善从之，闻义则服[3]。温柔孝悌，毋骄恃力。志毋虚邪，行必正直。游居有常[4]，必就有德。颜色整齐，中心必式[5]，夙兴夜寐，衣带必饬。朝益暮习，小心翼翼。一此不解[6]，是谓学则。

少者之事，夜寐蚤[7]作。既拚[8]盥漱，执事有恪[9]。摄衣共盥[10]，先生乃作。沃盥彻盥，汎拚正席[11]，先生乃坐。出入恭敬，如见宾客。危坐乡师[12]，颜色毋怍。受业之纪，必由长始。一周则然，其余则否。始诵必作，其次则已。[13]凡言与行，思中以为纪。古之将兴者，必由此始。后至就席，狭坐则起。[14]若有宾客，弟子骏作。对客无让[15]，应且遂行。趋进受命，所求虽不在，必以反命。反坐复业，若有所疑，捧手问之。师出皆起。[16]

至于食时，先生将食，弟子馔馈[17]。摄衽[18]盥漱，跪坐而馈。置酱[19]错[20]食，陈膳毋悖。凡置彼食，鸟兽鱼鳖，必先菜羹。羹胾[21]中别，胾在酱前，其设要方。饭是为卒，左酒右酱。告具而退，捧手而立。三饭二斗，左执虚豆[22]，右执挟匕[23]。周还而贰[24]，唯嗛之视。同嗛以齿[25]，周则有始。柄尺不跪[26]，是谓贰纪[27]。先生已食，弟子乃彻。趋走进漱，拚前敛祭[28]。

先生有命，弟子乃食。以齿相要[29]，坐必尽席[30]。饭必捧擥[31]，羹不以手。亦有据膝，毋有隐肘。[32]既食乃饱，循咡覆手[33]。振衽扫席，已食者作。抠衣而降，旋而乡席。各彻其馈，如于宾客。既彻并器，乃还而立。

凡拚之道，实水于盘，攘臂袂及肘。堂上则播洒，室中握手。[34]执箕膺揲，厥中有帚。[35]入户而立，其仪不贷。执帚下箕，倚于户侧。凡拚之纪，必由奥[36]始。俯仰磬折，拚毋有彻。[37]拚前而退，聚于户内。坐

---

* 本篇部分标点与分段，编者做了处理。

板排之，以叶适己。实帚于箕。先生若作，乃兴而辞。坐执而立，遂出弃之。既拚反立，是协是稽[38]，暮食复礼。

昏将举火，执烛隅坐。错总[39]之法，横于坐所。栉之远近，乃承厥火。[40]居句如矩[41]，蒸间容蒸。然者处下，捧椀以为绪[42]。右手执烛，左手正[43]栉。有堕代烛[44]，交坐毋倍尊者。乃取厥栉，遂出是去。

先生将息，弟子皆起。敬奉枕席，问所何趾[45]。俶衽则请，有常则否。[46]先生既息，各就其友。相切相磋，各长其仪[47]。周则复始，是谓弟子之纪。

黎翔凤撰；梁运华整理：《管子校注》（下），中华书局，2004年。

## 注释

〔1〕是则：宾语倒置，即"则是"。则，效法。

〔2〕所受是极：凡是教师所传授的，都应深求其本原。极，穷尽。

〔3〕服：实行，施行；从事，致力。

〔4〕游居有常：外出或家居都要遵守常规。游居，闲居，无所事事。

〔5〕中心必式：内心必须合乎法度。式，法度，规矩。

〔6〕解：通"懈"。

〔7〕蚤：通"早"。

〔8〕拚：音fèn，扫除。

〔9〕执事有恪：担任工作，严肃认真。

〔10〕摄衣共盥：提起下裳为先生准备盥器。

〔11〕汎拚正席：汎，同"泛"。一本作"汛"，洒。正，使……正，摆正。

〔12〕危坐乡师：端正坐着，面向老师。危，正。乡，通"向"。

〔13〕始诵必作，其次则已：古人席地而坐，以臀就踵曰坐，直其身曰跪，初诵时直身以示恭敬，随后即复坐。作，本义人起身，此指跪。

〔14〕后至就席，狭坐则起：古每席容四人，按长幼序坐，有后至者，席狭不容，旁座者须起而让之。狭坐，迫近而坐。

〔15〕无让：失礼。让，通"攘"，排斥，抗拒。

〔16〕该段有的分三段："受业之纪"前为一段，至"狭坐则起"为一段，之后再分一段；也有分两段的："凡言与行"之前为一段，之后为一段。该部分概述弟

子自早晨起床至受业之有关要求，以及受业中出现一些特殊情况的应对，故作一段较好。

〔17〕馈馈：进献肴馔。馈，陈设饮食。馈，进献，进食于人。

〔18〕摄衽：整饬衣衽，表示尊敬。衽，衣襟，衣袖。

〔19〕酱：本义指用盐、醋等调料腌制而成的肉酱，也指用麦、面、豆等发酵制成的调味品。

〔20〕错：通"措"，放置，处置。

〔21〕胾：音 zì，切成大块的肉。《礼记·曲礼上》："凡进食之礼，左殽右胾。食居人之左，羹居人之右。"黎翔凤《管子校注》："胾，谓肉而细切。"

〔22〕虚豆：犹今言空碗。豆，古代食器。

〔23〕挟匕：挟，通"梜"（jiā），即箸，筷子。匕，即如今之饭勺。

〔24〕贰：再益。

〔25〕同嗛以齿：同嗛，同是要添饭者。嗛，音 qiàn，食物不满或已吃完。以齿，论年纪，年长者先添加。齿，指年龄。

〔26〕柄尺不跪：饭勺柄长，跪而进食不便，可站着递送。

〔27〕贰纪：古礼中添饭加菜的规章。

〔28〕拚前敛祭：古人食前必祭，既食毕，则扫席前，收拾祭物。

〔29〕相要：相约束。

〔30〕坐必尽席：朱熹谓，食坐尽前，恐污席也。即座席要尽量靠前，以免食物弄脏座席。

〔31〕搴：音 qiān，用手握紧。

〔32〕亦有据膝，毋有隐肘：两手可放在膝上，两肘不可靠几案。庄述祖谓：据膝则小俯，据肘则斜倚，近不敬。隐，据。

〔33〕循咡覆手：揩嘴洗手。咡，音 èr，口。

〔34〕堂上则播洒，室中握手：堂上宽，播水洒之；室中窄，须以手掬水洒之。

〔35〕执箕膺揲，厥中有帚：拿粪箕时，以箕口自向，置帚于其中。揲，音 yè，箕舌。膺揲，又作"膺擖"，谓以箕舌自向胸前。

〔36〕奥：屋的西南角，年长者居住。扫除从奥开始，是敬长之意。

〔37〕俯仰磬折，拚毋有彻：扫地时弯腰低头，像磬一样弯曲，扫除时不得碰触其他物品。俯仰，视尊者所在，以为仪节。磬折，弯腰如磬，表示恭敬。彻，触动他物。

〔38〕是协是稽：打扫完毕后，进行读讲研习的课业。协，合；稽，考，谓合考书义。

〔39〕总：古代扎麻秆成束为烛，叫作"总"，也称"蒸"或"薪"。

〔40〕烛之远近，乃承厥火：察灯将尽之长短，乃更以烛承取火也。烛，音zhì，燃烧将尽的残烛。远近，指长短。

〔41〕居句如矩：旧烛朝上直举，新烛点燃时横执，新旧相接，一横一竖，如曲尺。居，同"倨"，即股。句，同"勾"。矩，曲尺。

〔42〕捧椀以为绪：捧碗盂，用来贮烛末，不使旁落。椀，同"碗"。

〔43〕正：通"整"，整理。

〔44〕有堕代烛：执烛者惰，则令其次代之，既均劳逸，亦以便弃烛。堕，通"惰"，倦怠。

〔45〕问所何趾：问先生脚朝向何方休息。

〔46〕俶衽则请，有常则否：初次为先生铺设枕席，应先询问脚向何方，若有常规，则不必复问。俶，音chù，开始。衽，音rèn，此为动词，铺设枕席。

〔47〕各长其仪：各自加深理解所学的义理。长，增益。仪，通"义"，义理。

# 《论语》选*

《论语》，由孔子弟子及其再传弟子编写。

孔子（前551—前479），姬姓，孔氏，名丘，字仲尼，春秋时期鲁国人，思想家、政治家、教育家，儒家学派创始人。3岁丧父，家道中落，生活贫困，"吾少也贱，故多能鄙事"，曾为委吏、乘田，但勤奋好学，学无常师，善于思考，青年时便熟悉传统礼制，以广博的礼乐知识闻名于鲁。中年开始聚徒讲学，从事教育活动，约40岁，形成自己的学说，创立儒家学派。50岁，任中都宰，后升为鲁国大司寇，摄相事，因与执政者政见不一而弃职出走，偕弟子周游列国，宣传自己的政治主张和思想学说。晚年回到鲁国，致力于教育和文献整理，完成《诗》《书》《礼》《乐》《易》《春秋》的编纂和

---

* 《论语》选文的部分分段，编者做了处理。选文中段前序号为编者所标，即每篇中的章数。

修订工作。孔子重视教育，热爱教育事业，开私人讲学之风，主张"有教无类"，以"六艺"为教学内容，创新教育教学方法，重视道德教育，树立了光辉的教师典范。

《论语》是记载孔子及其弟子言行的语录文集，集中体现了孔子及儒家学派的政治、伦理和教育思想等。汉代时，《论语》和《孝经》已成为学者的必读书目，是学习"五经"的基础。后人研究《论语》的书籍繁多，其中三国何晏的《论语集解》、南北朝皇侃的《论语义疏》、北宋邢昺的《论语注疏》、南宋朱熹的《论语集注》、清代刘宝楠的《论语正义》影响最大。

《学而》篇共16章，内容涉及诸多方面，重点包括"吾日三省吾身""节用而爱人，使民以时""礼之用，和为贵"，以及仁、孝、信等道德范畴，通过孔子的教导，强调学习、道德实践和个人修养提升的重要性。

《为政》篇共24章，主要涉及孔子"为政以德"的思想、谋求官职和从政为官的基本原则、学习与思考的关系、孔子本人学习和修养的过程、温故而知新的学习方法，以及对孝、悌等道德范畴的阐述。

《述而》篇共38章，体现了孔子的教育思想和学习态度，进一步阐释了仁、德等重要道德范畴，以及孔子的其他思想主张。

《先进》篇共26章，主要论述"过犹不及"的中庸思想、学习各种知识与日后做官的关系，以及孔子对待鬼神、生死问题的态度。

## 学而（节录）

1 子曰："学而时习之，不亦说乎？[1]有朋自远方来，不亦乐乎？[2]人不知，而不愠[3]，不亦君子乎？"

4 曾子[4]曰："吾日三省[5]吾身：为人谋[6]而不忠乎？与朋友交而不信乎？传不习乎[7]？"

6 子曰："弟子[8]，入则孝，出则悌[9]，谨而信[10]，汎[11]爱众，而亲仁。行有余力，则以学文。"

7 子夏[12]曰："贤贤易色[13]；事父母，能竭其力；事君，能致其身[14]；与朋友交，言而有信。虽曰未学，吾必谓之学矣。"

8 子曰："君子不重，则不威；[15]学则不固[16]。主忠信[17]。无友不如己者[18]。过，则勿惮改。"

15 子贡[19]曰："贫而无谄，富而无骄，何如？"子曰："可也；未若贫而乐，富而好礼者也。"

子贡曰："《诗》云'如切如磋，如琢如磨'，其斯之谓与？"子曰："赐也，始可与言《诗》已矣，告诸往[20]而知来者[21]。"

**注释**

〔1〕学而时习之，不亦说乎：说，通"悦"，高兴，愉快。三国王肃注："时者，学者以时诵习之。诵习以时，学无废业，所以为说怿。"

〔2〕有朋自远方来，不亦乐乎：刘宝楠《论语正义》引《礼记·中庸》曰"诚者，非自成己而已也，所以成物也"。"时习"是"成己"，"朋来"是"成物"，但"成物"亦由"成己"，既以验己之功修，又以得教学相长之益，人才造就之多，所以乐也。朋，东汉包咸注为"同门"。刘宝楠引宋翔凤《朴学斋札记》谓："《史记·孔子世家》：'定公五年，鲁自大夫以下，皆僭离于正道，故孔子不仕，退而修《诗》《书》礼乐，弟子弥众，至自远方，莫不受业焉。'弟子至自远方，即'有朋自远方来'也。'朋'即指弟子，故《白虎通·辟雍篇》云：'师弟子之道有三，《论语》曰"朋友自远方来"，朋友之道也。'""朋"指弟子。又引《学记》言："学至大成，足以化民易俗，近者说服，而远者怀之，此大学之道。"因谓"然则朋来，正是学成之验"。

〔3〕愠：音 yùn，恼怒，怨恨。

〔4〕曾子：姒姓，名参，字子舆，鲁国人，孔子的弟子，小孔子46岁，后世称为"宗圣"。事见《史记·仲尼弟子列传》。

〔5〕三省：三，表多次。省，自我检查，反省，内省。

〔6〕谋：谋划，咨事之难易。

〔7〕传不习乎：传，老师的传授。习，兼知行。元代郭翼《雪履斋笔记》谓："曾子三省，皆指施于人者言，传亦我传乎人。传而不习，则是以未曾躬试之事而误后学，其害尤甚于不忠不信也。"焦循《论语补疏》："己所素习，用以传人，方不妄传致误学者，所谓温故而知新，可以为师也。"

〔8〕弟子：年幼为子为弟者。

〔9〕出则悌：出指入小学、大学就外傅之时。悌，孝悌。《大戴礼记·保傅》："古者年八岁而出就外舍，学小艺焉，履小节焉。束发而就大学，学大艺焉，履大节焉。"《礼记·内则》："十年出就外傅，居宿于外，学书计。"

〔10〕谨而信：谨于事，信于言。谨，慎重。

〔11〕汎：博。

〔12〕子夏：姒姓，卜氏，名商，字子夏，卫国人，小孔子44岁，孔门十哲之一。事见《史记·仲尼弟子列传》。

〔13〕贤贤易色：重品德，不重容貌。贤贤，于贤者贤之。易色，不重容貌。易，轻略。

〔14〕致其身：献身，指不以私害公，不以家事辞王事。后用作出仕之典。致，《说文解字》谓"送诣也"，引申为奉献、献纳。

〔15〕君子不重，则不威：威，威仪。扬雄《法言·修身》："或问：'何如斯谓之人？'曰：'取四重，去四轻，则可谓之人。'曰：'何谓四重？'曰：'重言，重行，重貌，重好。言重则有法，行重则有德，貌重则有威，好重则有观。'"

〔16〕固：孔安国注，蔽（塞）也；一曰言人不能敦重，既无威严，又不能坚固识其义理。

〔17〕主忠信：主，亲近。黄侃疏："以忠信为百行所主。"

〔18〕不如己者：刘宝楠谓"不仁之人"。

〔19〕子贡：姓端木，名赐，卫国人，孔门十哲之一，有言辞、货殖之才。事见《史记·仲尼弟子列传》《史记·货殖列传》。

〔20〕往：过去的事，此指已知事。

〔21〕来者：未来的事，此指未知事。

## 为政（节录）

1 子曰："为政以德，譬如北辰，居其所而众星共[1]之。"

2 子曰："《诗》三百，一言以蔽之，曰：'思无邪。'"

3 子曰："道[2]之以政，齐之以刑，民免而无耻；道之以德，齐之以礼，有耻且格。"

4 子曰："吾十有五而志于学，三十而立，四十而不惑，五十而知天命，六十而耳顺，七十而从心所欲，不踰矩。"

5 孟懿子问孝。子曰："无违。"樊迟御，子告之曰："孟孙问孝于我，我对曰'无违'。"樊迟曰："何谓也？"子曰："生，事之以礼；死，葬之以礼，祭之以礼。"

6 孟武伯问孝。子曰："父母唯其疾之忧。"

7 子游问孝。子曰："今之孝者，是谓能养。至于犬马，皆能有养。不敬，何以别乎？"

8 子夏问孝。子曰："色难。[3]有事，弟子服其劳；有酒食，先生馔[4]，曾是以为孝乎？"

9 子曰："吾与回言终日，不违，如愚。退而省其私，亦足以发，回也不愚。"

10 子曰："视其所以，观其所由，察其所安。人焉廋[5]哉？人焉廋哉？"

11 子曰："温故而知新，可以为师矣。"

12 子曰："君子不器。"

13 子贡问君子。子曰："先行其言而后从之。"

14 子曰："君子周而不比[6]，小人比而不周。"

15 子曰："学而不思则罔，思而不学则殆。"

17 子曰："由！诲女知之乎！知之为知之，不知为不知，是知也。"

## 注释

〔1〕共：同"拱"，环抱、环绕。

〔2〕道：通"导"，引导。

〔3〕色难：儿子侍奉父母时的容色。《礼记·祭义》："孝子之有深爱者必有和气，有和气者必有愉色，有愉色者必有婉容。"

〔4〕馔：吃喝。

〔5〕廋：音sōu，隐藏、藏匿。

〔6〕周而不比：亲密而不朋比。周，亲和、调和。比，勾结。

## 述而（节录）

2 子曰："默而识[1]之，学而不厌，诲人不倦，何有于我哉？"

3 子曰："德之不修，学之不讲，闻义不能徙，不善不能改，是吾忧也。"

6 子曰："志于道，据于德，依于仁，游于艺。"

7 子曰："自行束脩[2]以上，吾未尝无诲焉。"

8 子曰："不愤不启，不悱不发。[3]举一隅不以三隅反，则不复也。"

18 子所雅言，《诗》、《书》、执礼，皆雅言[4]也。

20 子曰："我非生而知之者，好古，敏以求之者也。"

22 子曰："三人行，必有我师焉，择其善者而从之，其不善者而改之。"

25 子以四教：文，行，忠，信。

28 子曰："盖有不知而作之者，我无是也。多闻，择其善者而从之；多见而识之；知之次也。"

29 互乡难与言，童子见，门人惑。子曰："与其进也，不与其退也，唯何甚？人洁己以进，与其洁也，不保其往也。"

34 子曰："若圣与仁，则吾岂敢？抑为之不厌，诲人不倦，则可谓云尔已矣。"公西华曰："正唯弟子不能学也。"

**注释**

〔1〕识：音zhì，记住。

〔2〕束脩：脩是干肉，又叫脯，每条脯叫一脡，十脡为一束。束脩就是十条干肉，古代用来做初次拜见的礼物。

〔3〕不愤不启，不悱不发：朱熹注曰"愤者，心求通而未得之意；悱者，口欲言而未能之貌。启，谓开其意；发，谓达其辞"。

〔4〕雅言：当时中国通行的语言。

## 先进（节录）

1 子曰："先进于礼乐，野人也；后进于礼乐，君子也。如用之，则吾从先进。"

3 德行：颜渊，闵子骞，冉伯牛，仲弓。言语：宰我，子贡。政事：冉有，季路。文学：子游，子夏。

16 子贡问："师与商也孰贤？"子曰："师也过，商也不及。"曰："然则师愈与？"子曰："过犹不及。"

18 柴也愚，参也鲁，师也辟，由也喭。

子曰："回也其庶[1]乎，屡空。赐不受命，而货殖焉，亿则屡中。"

19 子张问善人之道。子曰："不践迹，亦不入于室。"

子曰："论笃是与，君子者乎？色庄者乎？"

20 子路问："闻斯行诸？"子曰："有父兄在，如之何其闻斯行之？"

冉有问："闻斯行诸？"子曰："闻斯行之。"

公西华曰："由也问'闻斯行诸'，子曰：'有父兄在'；求也问'闻斯行诸'，子曰：'闻斯行之'。赤也惑，敢问。"子曰："求也退，故进之；由也兼人，故退之。"

24 子路、曾皙、冉有、公西华侍坐。

子曰："以吾一日长乎尔，毋吾以也。居则曰：'不吾知也！'如或知尔，则何以哉？"

子路率尔而对曰："千乘之国，摄乎大国之间，加之以师旅，因之以饥馑；由也为之，比及三年，可使有勇，且知方也。"

夫子哂之。

"求！尔何如？"

对曰："方六七十[2]，如五六十，求也为之，比及三年，可使足民。如其礼乐，以俟君子。"

"赤，尔何如？"

对曰："非曰能之，愿学焉。宗庙之事，如会同，端[3]章甫[4]，愿为小相<sup>[5]</sup>焉。"

"点！尔何如？"

鼓瑟希，铿尔，舍瑟而作<sup>[6]</sup>，对曰："异乎三子者之撰。"

子曰："何伤乎？亦各言其志也。"

曰："莫<sup>[7]</sup>春者，春服既成，冠者五六人，童子六七人，浴乎沂，风乎舞雩，咏而归。"

夫子喟然叹曰："吾与点也！"

三子者出，曾皙后。曾皙曰："夫三子者之言何如？"

子曰："亦各言其志也已矣。"

曰："夫子何哂由也？"

曰："为国以礼，其言不让，是故哂之。"

"唯求则非邦也与？"

"安见方六七十如五六十而非邦也者？"

"唯赤则非邦也与？"

"宗庙会同，非诸侯而何？赤也为之小，孰能为之大？"

[清]阮元校刻：《十三经注疏·论语注疏》，

中华书局影印，1980年。

## 注释

〔1〕庶：庶几，差不多。一般用在称赞的场合。

〔2〕方六七十：每边长六七十里。

〔3〕端：古代礼服之名。

〔4〕章甫，古代礼帽之名。

〔5〕相：赞礼之人。

〔6〕作：站起来。

〔7〕莫：同"暮"。

# 《墨子》选

墨子（约前468—前376），名翟，春秋战国之际思想家、教育家，墨家学派创始人。墨子出身贫贱，擅长手工机械制作，早年习儒术，博于《诗》《书》，因不满儒家礼仪烦琐，另立新说，聚徒讲学，创立墨家。先秦时期，墨家与儒家并称"显学"。墨家是以"农与工肆之人"为主体的团体，它从自身的阶级利益出发，提出兼爱、非攻、尚贤、尚同、天志、明鬼、非命、非乐、节葬、节用等主张。《墨子》一书中大部分是墨翟弟子及再传弟子记录的墨子言行。该书涉及哲学、逻辑学、军事学、工程学、力学、光学、几何学，先秦的科学技术成就大都依赖于《墨子》以传。《汉书·艺文志》著录71篇，今存53篇。

《修身》主要讨论品行修养与君子人格问题，强调品行是为人、治国的根本，君子必须以品德修养为重。

《公孟》较集中地反映墨子的教育观点和特点。墨子强调"强说人"的主张，在强为的同时也注意量力而行。

## 修身

君子战虽有陈，而勇为本焉；丧虽有礼，而哀为本焉；士虽有学，而行为本焉。是故置[1]本不安者，无务丰末；近者不亲，无务来远；亲戚不附，无务外交；事无终始，无务多业；举物而暗，无务博闻。是故先王之治天下也，必察迩来远。君子察迩而迩修者也。见不修行，见毁，而反之身者也，此以怨省而行修矣。谮慝[2]之言，无入之耳；批扞之声，无出之口；杀伤人之孩，无存之心，虽有诋讦之民，无所依矣。故君子力事日强，愿欲日逾[3]，设壮日盛。君子之道也，贫则见廉，富则见义，生则见爱，死则见哀，四行者不可虚假，反之身者也。藏于心者无以竭爱，动于身者无以竭恭，出于口者无以竭驯[4]。畅之四支，接之肌肤，华发隳颠[5]而犹弗舍者，其唯圣人乎！

志不强者智不达，言不信者行不果。据财不能以分人者，不足与友；守道不笃、徧物不博、辩是非不察者，不足与游。本不固者末必几[6]，雄而不修者其后必惰，原浊者流不清，行不信者名必耗[7]。名不徒生，而誉不自长，功成名遂，名誉不可虚假，反之身者也。务言而缓行，虽辩必不听；多力而伐功，虽劳必不图。慧者心辩而不繁说，多力而不伐功，此以名誉扬天下。言无务为多而务为智，无务为文而务为察。故彼[8]智无察，在身而情[9]，反其路[10]者也。善无主于心者不留，行莫辩于身者不立。名不可简而成也，誉不可巧而立也，君子以身戴行者也。思利寻焉，忘名忽焉，可以为士于天下者，未尝有也。

[清]孙诒让撰；孙启治点校：《墨子间诂》（上），中华书局，2001年。

## 注释

〔1〕置：通"植"，立。

〔2〕谮慝：诬蔑毁谤。谮，音zèn，诋毁，诽谤。慝，音tè，邪恶。

〔3〕偷：同"偷"，苟且。

〔4〕驯：通"训"，出口者皆典雅之言。

〔5〕华发隳颠：白发秃顶。华发，斑白的头发。隳颠，即堕颠，秃顶。

〔6〕几：危。

〔7〕耗：同"耗"，减，败。

〔8〕彼：当作"非"。

〔9〕情：当作"惰"。

〔10〕路：当作"务"。

## 公孟（节录）

公孟子[1]谓子墨子曰："君子共[2]己以待，问焉则言，不问焉则止。譬若钟然，扣[3]则鸣，不扣则不鸣。"子墨子曰："是言有三物[4]焉，子乃今知其一身[5]也，又未知其所谓也。若大人行淫暴于国家，进而谏，则谓之不逊，因左右而献谏，则谓之言议，此君子之所疑惑也。若大人为政，将因于国家之难,譬若机之将发也然,君子之必以谏,然而大人之利,若此者,虽不扣必鸣者也。若大人举不义之异行,虽得大巧之经,可行于军旅之事,欲攻伐无罪之国,有之也,君得之,则必用之矣。以广辟土地,著税伪材[6]。出必见辱,所攻者不利,而攻者亦不利,是两不利也。若此者,虽不扣必鸣者也。且子曰:'君子共己待,问焉则言,不问焉则止,譬若钟然,扣则鸣,不扣则不鸣。'今未有扣子而言,是子之谓不扣而鸣邪?是子之所谓非君子邪?"

公孟子谓子墨子曰:"实为善人,孰不知?譬若良玉[7],处而不出。有余糈[8]。譬若美女,处而不出,人争求之。行而自衒[9],人莫之取也。今子徧从人而说之,何其劳也?"子墨子曰:"今夫世乱,求美女者众,美女虽不出,人多求之。今求善者寡,不强说人,人莫之知也。且有二生于此,善筮,一行为人筮者,一处而不出者。行为人筮者与处而不出者,其糈孰多?"公孟子曰:"行为人筮者其糈多。"子墨子曰:"仁义钧,行说人者,其功善亦多,何故不行说人也?"

············

子墨子曰:"问于儒者:'何故为乐?'曰:'乐以为乐也。'"[10]子墨子曰:"子未我应也。今我问曰:'何故为室?'曰:'冬避寒焉,夏避暑焉,室以为男女之别也。'则子告我为室之故矣。今我问曰:'何故为乐?'曰:'乐以为乐也。'是犹曰:'何故为室?'曰:'室以为室也。'"

子墨子谓程子[11]曰:"儒之道足以丧天下者,四政焉。儒以天为不明,以鬼为不神,天鬼不说,此足以丧天下。又厚葬久丧,重为棺椁,多为衣衾,送死若徙,三年哭泣,扶后起,杖后行,耳无闻,目无见,此足以丧天下。又弦歌鼓舞,习为声乐,此足以丧天下。又以命为有,贫富寿夭、治乱安危有极矣,不可损益也。为上者行之,必不听治矣;为下者行之,必不从事矣,此足以丧天下。"程子曰:"甚矣!先生之毁儒也。"子墨子曰:"儒固无此若四政者,而我言之,则是毁也。今儒固有此四政者,而我言之,则非毁也,告闻也。"

············

有游于子墨子之门者，身体强良，思虑徇通[12]，欲使随而学。子墨子曰："姑学乎，吾将仕子。"劝于善言而学，其年[13]，而责仕于子墨子。子墨子曰："不仕子。子亦闻夫鲁语乎？鲁有昆弟五人者，亓[14]父死，亓长子嗜酒而不葬，亓四弟曰：'子与我葬，当为子沽酒。'劝于善言而葬，已葬而责酒于其四弟，四弟曰：'吾未予子酒矣。子葬子父，我葬吾父，岂独吾父哉？子不葬，则人将笑子，故劝子葬也。'今子为义，我亦为义，岂独我义也哉？子不学，则人将笑子，故劝子于学。"

有游于子墨子之门者，子墨子曰："盍学乎？"对曰："吾族人无学者。"子墨子曰："不然，夫好美者，岂曰吾族人莫之好，故不好哉？夫欲富贵者，岂曰我族人莫之欲，故不欲哉？好美、欲富贵者，不视人犹强为之。大义，天下之大器也，何以视人必强为之？"

…………

二三子有复于子墨子学射者，子墨子曰："不可，夫知者必量亓力所能至而从事焉，国士战且扶人，犹不可及[15]也。今子非国士也，岂能成学又成射哉？"

[清]孙诒让撰；孙启治点校：《墨子间诂》（下），中华书局，2001年。

## 注释

〔1〕公孟子：指公明子，孔子之徒。

〔2〕共：同"拱"。

〔3〕扣：同"叩"，敲击。《非儒下》："君子若钟，击之则鸣，弗击不鸣。"

〔4〕三物：指扣则鸣、不扣不鸣、不扣必鸣三者情况。

〔5〕身：当为"耳"。

〔6〕著税伪材：著，疑为"籍"，著税即籍税，征收租税。伪，疑为"贿"，古"货"字。材，通"财"。

〔7〕玉：疑为"巫"。

〔8〕糈：音 xǔ，祀神的米粮。

〔9〕自衒：炫耀。衒，音 xuàn。

〔10〕乐以为乐也：前一"乐"字为音乐（yuè）之"乐"，后一"乐"字为快乐

(lè)之"乐",古时二义同音。

〔11〕程子:程繁,与墨翟同时期的儒者。

〔12〕徇通:敏捷通达。徇,疾。

〔13〕其年:同"期年",一年。

〔14〕亓:古"其"字。

〔15〕及:兼做。

# 《孟子》选

孟子(约前372—前289),姬姓,名轲,战国中期鲁国邹(今山东邹城)人,思想家、政治家、教育家。早年丧父,母亲三迁于学宫之旁,习俎豆之事;受业于子思之门人,后聚徒讲学,并率众弟子周游列国,游说诸侯,兜售"仁政""王道"主张,但未见用;晚年回到故里,传道授业、著书立说,与弟子"述仲尼之意"作《孟子》一书。唐代以后,韩愈推崇孟轲,谓其得孔子真传,是儒家正统;后其地位不断提高,被尊称为"亚圣",与孔子并称"孔孟",地位仅次于孔子。"性善论"是孟子仁政的理论基础,他以性善论为依据,把孔子的内省修养发展为以"求放心"和"养浩然之气"为主的修养论。在教学方面,孟子积累了许多经验,提出"教亦多术""深造自得"等主张。

《孟子》一书,是孟子的言论汇编,由孟子及其弟子万章、公孙丑等著,记录了孟子与其他各家思想争辩、对弟子言传身教、游说诸侯等内容。在隋唐之前,《孟子》只是"子"书之一,之后则逐步上升为儒家经典,至南宋朱熹为之作注,与《论语》《大学》《中庸》并称"四书",地位超越了儒家传统的"五经",成为元、明、清时期中国封建社会官学教育与科举考试的必修科目。《汉书·艺文志》著录《孟子》11篇,现存7篇14卷。

《离娄下》通过讨论君臣关系、个人修养与行为准则,以及政治家的治理方法,强调道德、道义和正确的行为准则在个人和国家治理中的重要性。

《告子下》强调人性本善的观点,同时提出"生于忧患,死于安乐"的观点,认为人只有经历磨难和挑战才能成长和进步,安逸和享乐最终会导致人的堕落和灭亡。孟子还讨论了教育和道德的重要性。

《尽心上》主要讨论了"尽心""知性""知天"等观点，强调心、性、天三者是统一的，人具有天赋的"良知""良能"，可以做到"万物皆备于我"。

《尽心下》强调民本思想、仁政的重要性，圣人的影响力，以及道德教育的价值。

## 离娄下（节录）

孟子曰："中也养不中，才也养不才[1]，故人乐有贤父兄也。如中也弃不中，才也弃不才，则贤不肖之相去，其间不能以寸[2]。"

孟子曰："人有不为也，而后可以有为。"

孟子曰："言人之不善，当如后患何？"

孟子曰："仲尼不为已甚者。"

孟子曰："大人者，言不必信，行不必果，惟义所在。"

孟子曰："大人者，不失其赤子之心者也。"

孟子曰："养生者不足以当大事，惟送死可以当大事。"

孟子曰："君子深造之以道，欲其自得之也。自得之，则居之安；居之安，则资[3]之深；资之深，则取之左右逢其原，故君子欲其自得之也。"

孟子曰："博学而详说之，将以反说约也。"

孟子曰："以善服人者，未有能服人者也；以善养人，然后能服天下。天下不心服而王者，未之有也。"

孟子曰："言无实不详。不详之实，蔽贤者当之。"

**注释**

[1]中也养不中，才也养不才：朱熹云"无过不及之谓中，足以有为之谓才；养，谓涵育熏陶，俟其自化也"。

[2]其间不能以寸：此句省略了动词，本为"其间不能以寸量"之意。

[3]资：积。

## 告子下（节录）

曹交问曰："人皆可以为尧舜，有诸？"

孟子曰："然。"

"交闻文王十尺，汤九尺，今交九尺四寸以长，食粟而已，如何则可？"

曰："奚有于是？亦为之而已矣。有人于此，力不能胜一匹雏，则为无力人矣；今日举百钧，则为有力人矣。然则举乌获之任，是亦为乌获而已矣。夫人岂以不胜为患哉？弗为耳。徐行后长者谓之弟，疾行先长者谓之不弟。夫徐行者，岂人所不能哉？所不为也。尧舜之道，孝悌而已矣。子服尧之服，诵尧之言，行尧之行，是尧而已矣。子服桀之服，诵桀之言，行桀之行，是桀而已矣。"

曰："交得见于邹君，可以假馆，愿留而受业于门。"

曰："夫道若大路然，岂难知哉？人病不求耳。子归而求之，有余师。"

…………

孟子曰："舜发于畎亩之中，傅说举于版筑[1]之间，胶鬲举于鱼盐之中，管夷吾举于士，孙叔敖举于海，百里奚举于市。故天将降大任于是人也，必先苦其心志，劳其筋骨，饿其体肤，空乏其身，行拂乱其所为，所以动心忍性[2]，曾[3]益其所不能。人恒过，然后能改；困于心，衡于虑，而后作；征于色，发于声，而后喻。入则无法家拂士，出则无敌国外患者[4]，国恒亡。然后知生于忧患而死于安乐也。"

孟子曰："教亦多术矣。予不屑之教诲也者，是亦教诲之而已矣。"

**注释**

[1] 版筑：古人筑墙，用两版相夹，实土于其中，以杵筑之。

[2] 忍性：坚忍其性。

[3] 曾：同"增"。

[4] 入则无法家拂士，出则无敌国外患者：内无明法度的大臣和辅佐君王的贤士，

外无势均力敌之国及外侵之患。入，国内。法家，明法度的大臣。拂士，辅弼之士。拂，通"弼"。出，国外。敌国，地位或势力相等的国家。外患，外国的干涉侵略。

## 尽心上（节录）

孟子曰："人之所不学而能者，其良能[1]也；所不虑而知者，其良知也。孩提之童无不知爱其亲者，及其长也，无不知敬其兄也。亲亲，仁也；敬长，义也；无他，达之天下也。"

孟子曰："舜之居深山之中，与木石居，与鹿豕游，其所以异于深山之野人者几希；及其闻一善言，见一善行，若决江河，沛然莫之能御也。"

孟子曰："无为其所不为，无欲其所不欲，如此而已矣。"

孟子曰："人之有德慧术知[2]者，恒存乎疢疾[3]。独孤臣孽子，其操心也危，其虑患也深，故达。"

孟子曰："有事君人者，事是君则为容悦者也；有安社稷臣者，以安社稷为悦者也；有天民者，达可行于天下而后行之者也；有大人者，正己而物正者也。"

孟子曰："君子有三乐，而王天下不与存焉。父母俱存，兄弟无故，一乐也；仰不愧于天，俯不怍于人，二乐也；得天下英才而教育之，三乐也。君子有三乐，而王天下不与存焉。"

…………

孟子曰："君子之所以教者五：有如时雨化之者，有成德者，有达财[4]者，有答问者，有私淑艾者。此五者，君子之所以教也。"

…………

孟子曰："君子之于物也，爱之而弗仁；于民也，仁之而弗亲。亲亲而仁民，仁民而爱物。"

孟子曰："知者无不知也，当务之为急；仁者无不爱也，急亲贤之为务。尧舜之知而不徧物，急先务也；尧舜之仁不徧爱人，急亲贤也。不能三年之丧，而缌[5]、小功[6]之察；放饭流歠[7]，而问无齿决，是之谓不知务。"

**注释**

〔1〕良能：本能。

〔2〕德慧术知：德行、智慧、道术、才智。

〔3〕疢疾：灾患。疢，音 chèn，热病，亦作疹。

〔4〕财：同"材"。

〔5〕缌：音 sī，缌麻三月的孝服。缌麻三月是五种孝服（斩衰、齐衰、大功、小功、缌麻）中的最轻者，用熟布为丧服，服丧三个月，如女婿为岳父母戴孝，古人便用此服。

〔6〕小功：五月的孝服，如外孙为外祖父母戴孝，古人用此种孝服。

〔7〕流歠：一口气喝下去。《礼记·曲礼上》："毋放饭，毋流歠。"孔颖达疏："毋流歠者，谓开口大歠，汁入口如水流，则欲多而速，是伤廉也。"歠，音 chuò，饮，羹汤之类。

## 尽心下（节录）

孟子曰："圣人，百世之师也，伯夷、柳下惠是也。故闻伯夷之风者，顽夫廉，懦夫有立志；闻柳下惠之风者，薄夫敦，鄙夫宽。奋乎百世之上，百世之下，闻者莫不兴起也。非圣人而能若是乎？——而况于亲炙之者乎？"

孟子曰："仁也者，人也。合而言之，道也。"

……

孟子曰："口之于味也，目之于色也，耳之于声也，鼻之于臭[1]也，四肢之于安佚也，性也，有命焉，君子不谓性也。仁之于父子也，义之于君臣也，礼之于宾主也，知之于贤者也，圣人之于天道也，命也，有性焉，君子不谓命也。"

……

孟子曰："人皆有所不忍，达之于其所忍，仁也；人皆有所不为，达之于其所为，义也。人能充无欲害人之心，而仁不可胜用也；人能充无穿窬之心，而义不可胜用也；人能充无受尔汝之实，无所往而不为义也。士未可以言而言，是以言恬<sup>[2]</sup>也；可以言而不言，是以不言恬之也，是皆穿踰之类也。"

孟子曰："言近而指远者，善言也；守约而施<sup>[3]</sup>博者，善道也。君子之言也，不下带<sup>[4]</sup>而道存焉；君子之守，修其身而天下平。人病舍其田而芸人之田——所求于人者重，而所以自任者轻。"

··········

孟子曰："养心莫善于寡欲。其为人也寡欲，虽有不存焉者，寡矣；其为人也多欲，虽有存焉者，寡矣。"

[清]阮元校刻：《十三经注疏·孟子注疏》，中华书局影印，1980年。

### 注释

[1] 臭：音 xiù，本义是气味，不论香臭都叫"臭"，此处专指芳香之气。
[2] 恬：音 tiǎn，取。
[3] 施：恩惠。
[4] 带：束腰之带。

# 《荀子》选[*]

荀子（约前313—前238），名况，字卿，战国晚期赵国人，思想家、哲学家、教育家。其家世及早年经历不详，大抵中年以后曾游说齐、楚、赵、秦等国，且长期居齐稷下学宫，三度出任学宫祭酒，成为稷下名望最高的老师。后因齐人谗言前往楚国，得楚相春申君之荐为兰陵（今山东临沂）令，晚年寓居兰陵，讲学著书，"嫉浊世之政，亡国乱君相属，不遂大道而营于巫祝，信禨祥，鄙儒小拘，如庄周等又猾稽乱俗，于是推儒、墨、道德之行事兴坏，序列著数万言而卒"（《史记·孟子荀卿列传》）。荀子批判吸取诸子百家成果，集先秦儒家思想之大成。政治上，他主张"法后王"（但并非完全

---

* 《荀子》选文的部分标点与分段，编者做了处理。

放弃"法先王"），坚持"隆礼"与"法治"并重；哲学上，提出"制天命而用之"及"人定胜天"的观点，反映出唯物主义的思想倾向；在人性问题上，批评孟子"性善论"，主张"性恶论"，并揭示了"性"与"伪"的关系，在儒学经典传授上，荀子地位极为重要，汉初著名经学家不少渊源于荀子。

《荀子》，又名《荀卿子》、《孙卿书》（汉人避宣帝刘洵讳，称荀卿为孙卿），是荀子及其弟子整理或记录荀子言行的著作（后人考证《荀子》基本上是荀子的著述，《大略》以下6篇或为其门人所记），西汉刘向删除重复，校定为32篇。

《劝学》从学习的重要性、学习态度、学习内容和方法等方面，全面而深刻地论说了有关学习的问题，较为系统地体现了荀子的教育思想。

《解蔽》是集中阐述荀子关于克服认识片面性见解的文章。荀子分析了产生认识片面性的原因，并针对原因提出"解蔽"。荀子认为解蔽，一方面要"兼陈万物而中县衡焉"，另一方面要"虚壹而静"。

## 劝学

君子曰：学不可以已。青，取之于蓝，而青于蓝；冰，水为之，而寒于水。木直中绳，輮[1]以为轮，其曲中规，虽有槁暴[2]，不复挺者，輮使之然也。故木受绳则直，金就砺则利，君子博学而日参[3]省乎己，则知明而行无过矣。故不登高山，不知天之高也；不临深谿，不知地之厚也；不闻先王之遗言，不知学问之大也。干[4]、越、夷、貉之子，生而同声，长而异俗，教使之然也。《诗》曰："嗟尔君子，无恒安息。靖共尔位，好是正直。神之听之，介尔景福。"[5]神莫大于化道，福莫长于无祸。

吾尝终日而思矣，不如须臾之所学也。吾尝跂[6]而望矣，不如登高之博见也。登高而招，臂非加长也，而见者远；顺风而呼，声非加疾也，而闻者彰。假[7]舆马者，非利足也，而致千里；假舟楫[8]者，非能水也，而绝[9]江河。君子生非异也，善假于物也。

南方有鸟焉，名曰"蒙鸠"[10]，以羽为巢，而编之以发，系之苇苕[11]。风至苕折，卵破子死。巢非不完也，所系者然也。西方有木焉，名曰"射干"[12]，茎长四寸，生于高山之上，而临百仞之渊。木茎非能长也，所立者然也。蓬生麻中，不扶而直。白沙在涅，与之俱黑。兰槐[13]之根是为芷，其渐之滫[14]，君子不近，庶人不服。其质非不美也，所渐者然也。故君子居必择乡，游必就士，所以防邪僻而近中正也。

物类之起，必有所始。荣辱之来，必象其德。肉腐出虫，鱼枯生蠹。怠慢忘身，祸灾乃作。强自取柱，柔自取束。邪秽在身，怨之所构[15]。施薪若一，火就燥也；平地若一，水就湿也。草木畴[16]生，禽兽群焉，物各从其类也。是故质的张而弓矢至焉，林木茂而斧斤至焉，树成荫而众鸟息焉，醯酸而蚋聚焉[17]。故言有召祸也，行有招辱也。君子慎其所立乎！

积土成山，风雨兴焉；积水成渊，蛟龙生焉；积善成德，而神明自得，圣心备焉。故不积跬步，无以至千里；不积小流，无以成江海。骐骥一跃，不能十步；驽马十驾[18]，功在不舍。锲[19]而舍之，朽木不折；锲而不舍，金石可镂。螾[20]无爪牙之利，筋骨之强，上食埃土，下饮黄泉，用心一也。蟹六跪而二螯，非蛇蟺[21]之穴无可寄托者，用心躁也。是故无冥冥[22]之志者，无昭昭之明；无惛惛之事者，无赫赫之功。行衢道者不至，事两君者不容。目不能两视而明，耳不能两听而聪。螣蛇[23]无足而飞，鼫鼠五技而穷[24]。《诗》曰："尸鸠[25]在桑，其子七兮。淑人君子，其仪一兮。其仪一兮，心如结兮。"故君子结于一也。

昔者瓠巴鼓瑟而流鱼出听[26]，伯牙鼓琴而六马仰秣[27]。故声无小而不闻，行无隐而不形；玉在山而草木润，渊生珠而崖不枯。为善不积邪？安有不闻者乎？

学恶乎始？恶乎终？曰：其数则始乎诵经，终乎读礼；[28]其义则始乎为士，终乎为圣人。真积力久则入[29]，学至乎没而后止也。故学数有终，若其义则不可须臾舍也。为之，人也；舍之，禽兽也。故《书》者，政事之纪也；《诗》者，中声之所止也；[30]《礼》者，法之大分类之纲纪也。故学至乎《礼》而止矣。夫是之谓道德之极。《礼》之敬文也，《乐》之中和也,《诗》《书》之博也,《春秋》之微[31]也,在天地之间者毕矣。

君子之学也:入乎耳,箸乎心,布乎四体,形乎动静,端而言,蝡而动[32],一可以为法则。小人之学也:入乎耳,出乎口。口耳之间则四寸耳,曷足以美七尺之躯哉!古之学者为己;今之学者为人。君子之学也以美其身;小人之学也以为禽犊[33]。故不问而告谓之傲[34],问一而告二谓之囋。傲,非也;囋,非也;君子如向[35]矣。

学莫便乎近其人。《礼》《乐》法而不说,《诗》《书》故而不切,《春秋》约而不速。方其人之习君子之说,则尊以徧矣,周于世矣!故曰:学莫便乎近其人。

学之经莫速乎好其人。隆礼[36]次之,上不能好其人,下不能隆礼,安特将学杂识志顺《诗》《书》而已耳!则末世穷年,不免为陋儒而已!将原先王,本仁义,则礼正其经纬蹊径也。若挈裘领,诎五指而顿之,顺者不可胜数也。不道礼宪,以《诗》《书》为之,譬之犹以指测河也,以戈舂黍也,以锥餐壶也,不可以得之矣。故隆礼,虽未明,法士[37]也;不隆礼,虽察辩,散儒[38]也。

问楛[39]者勿告也,告楛者勿问也,说楛者勿听也,有争气者勿与辩也。故必由其道至然后接之,非其道则避之。故礼恭而后可与言道之方,辞顺而后可与言道之理,色从而后可与言道之致。故未可与言而言谓之傲,可与言而不言谓之隐,不观气色而言谓之瞽。故君子不傲、不隐、不瞽,谨顺其身[40]。《诗》曰:"匪交[41]匪舒,天子所予。"此之谓也。

百发失一,不足谓善射;千里蹞步不至,不足谓善御;伦类不通,仁义不一,不足谓善学。学也者,固学一之也。一出焉,一入焉,涂巷之人也。其善者少,不善者多,桀、纣、盗跖也。全之尽之,然后学者也。

君子知夫不全不粹之不足以为美也,故诵数以贯之,思索以通之,为其人以处之,除其害者以持养之。使目非是无欲见也,使耳非是无欲闻也,使口非是无欲言也,使心非是无欲虑也。及至其致好之也[42],目好之五色,耳好之五声,口好之五味,心利之有天下。是故权利不能倾也,群众不能移也,天下不能荡也。生乎由是,死乎由是,夫是之谓德操。德操然后能定，能定然后能应。能定能应，夫是之谓成人。天见其明，地见其光，君子贵其全也。

**注释**

〔1〕鞣：音róu，曲。

〔2〕槁暴：风吹日晒而干枯。槁，枯。暴，通"曝"，晒干。

〔3〕参：同"三"。

〔4〕干：原为吴的敌国，后并于吴，故吴亦称干。

〔5〕嗟尔君子，无恒安息。靖共尔位，好是正直。神之听之，介尔景福：无恒安息，戒之不使怀安也。言能谋恭其位，好正直之道，则神听而助之福，引此诗以劝学。靖，谋。介，助。景，大。

〔6〕跂：举足。

〔7〕假：凭借，借助。

〔8〕楫：音jí，同"楫"，桨。

〔9〕绝：过。

〔10〕蒙鸠：鹪鹩（jiāo liáo），一种画眉型小鸟。

〔11〕苇苕：苇，芦苇。苕，苇花。

〔12〕射干：多年生草本植物，根茎可作药物。

〔13〕兰槐：香草，其根名"芷"。

〔14〕其渐之滫：沾染了臭水。渐，浸，沾染。滫，音xiǔ，尿。

〔15〕构：结。

〔16〕畴：同"俦"，同类。

〔17〕醯酸而蚋聚焉：醋酸变质了，蚊虫就会聚集。醯，音xī，醋。蚋，音ruì，蚊子。

〔18〕十驾：一日的行程为一驾，十日的行程为十驾。

〔19〕锲：音qiè，刻。

〔20〕螾：同"蚓"。

〔21〕鳣：同"鳝"。

〔22〕冥冥：与"惛惛"义同，谓沉默专精于学。

〔23〕螣蛇：龙类，能兴云雾而游其中。螣，音téng。

〔24〕鼫鼠五技而穷：鼫鼠虽有五种技能，但都不专精。鼫，音shí，鼠类之一，亦称"大飞鼠"或"五技鼠"。五技，能飞而不能上屋，能爬树而不能至树梢，能游水而不能渡谷，能挖穴而不能掩蔽自己，能走而不能超过人。技，才能。穷，技能虽多而不能如螣蛇，故穷。

〔25〕尸鸠：鵊（jiá）鞠，布谷鸟。

〔26〕瓠巴鼓瑟而流鱼出听：瓠巴一弹奏瑟，沉没在水中的鱼儿就出来听。瓠巴，古之善鼓瑟者，不知何代人。流鱼，中流之鱼。

〔27〕伯牙鼓琴而六马仰秣：伯牙一弹琴，马亦停食仰头倾听。形容乐声美妙。伯牙，古之善鼓琴者。六马，天子路车之马。仰秣，吃饲料的马仰起头来听琴声。

〔28〕其数则始乎诵经，终乎读礼：学习之法始于诵读经书，终于学习典礼。数，术。经，指《诗》《书》。礼，指典礼。

〔29〕真积力久则入：诚心积累，尽力践行，持之以恒，自然会有所成就。真，诚。力，力行。

〔30〕《诗》者，中声之所止也：诗可以调节声音使之止于中和，不使流淫。《诗》，指乐章。

〔31〕微：褒贬沮劝。

〔32〕端而言，蝡而动：轻微的言语，细微的动作。端，读为"喘"，微言。蝡，音rú，微动。

〔33〕禽犊：馈献之物。

〔34〕傲：喧噪。

〔35〕向：同"响"，响音相应。

〔36〕隆礼：自以礼检束其身。

〔37〕法士：好礼之士。

〔38〕散儒：无礼法之儒。散，不自检束。

〔39〕问楛：所问非礼义。楛，同"苦"，恶。

〔40〕谨顺其身：君子言与不言，皆顺其人之可与不可。

〔41〕匪交：当为"彼交"。

〔42〕及至其致好之也：及至好学乐道达到极致之时。

## 解蔽（节录）

凡人之患，蔽于一曲，而暗于大理。治则复经；两、疑、则惑矣。天下无二道，圣人无两心。今诸侯异政，百家异说，则必或是或非，或治或乱。乱国之君，乱家之人，此其诚心莫不求正而以自为也，妒缪于道而人诱其所迨[1]也。私其所积，唯恐闻其恶也。倚其所私以观异术，唯恐闻其美也。是以与治[2]虽走而是己不辍也。岂不蔽于一曲而失正求也哉！心不使焉，则白黑在前而目不见，雷鼓[3]在侧而耳不闻，况于使者乎！德道之人，乱国之君非之上，乱家之人非之下，岂不哀哉！

故为蔽：欲为蔽，恶为蔽，始为蔽，终为蔽，远为蔽，近为蔽，博为蔽，浅为蔽，古为蔽，今为蔽。凡万物异则莫不相为蔽，此心术之公患[4]也。

..........

昔宾孟[5]之蔽者，乱家是也。墨子蔽于用而不知文。宋子蔽于欲而不知得[6]。慎子蔽于法而不知贤。申子蔽于势而不知知。惠子蔽于辞而不知实。庄子蔽于天[7]而不知人。故由用谓之道，尽利矣；由俗[8]谓之道，尽嗛[9]矣；由法谓之道，尽数矣；由势谓之道，尽便[10]矣；由辞谓之道，尽论矣；由天谓之道，尽因[11]矣。此数具者，皆道之一隅也。夫道者，体常而尽变，一隅不足以举之。曲知[12]之人，观于道之一隅而未之能识也，故以为足而饰之，内以自乱，外以惑人，上以蔽下，下以蔽上；此蔽塞之祸也。

孔子仁知且不蔽，故学乱术足以为先王者也。一家得周道，举而用之，不蔽于成积也。故德与周公齐，名与三王并；此不蔽之福也。

圣人知心术之患，见蔽塞之祸，故无欲、无恶、无始、无终、无近、无远、无博、无浅、无古、无今，兼陈万物而中县衡[13]焉。是故众异不得相蔽以乱其伦也。

..........

故治之要在于知道。人何以知道？曰：心。心何以知？曰：虚壹而静[14]：心未尝不臧[15]也，然而有所谓虚；心未尝不满[16]也，然而有所谓一；心未尝不动也，然而有所谓静。人生而有知，知而有志。志也者，臧也；然而有所谓虚，不以所已臧害所将受谓之虚。心生而有知，知而有异。异也者，同时兼知之；同时兼知之，两也；然而有所谓一，不以夫一害此一谓之壹。心卧则梦，偷则自行[17]，使之则谋。故心未尝不动也，然而有所谓静，不以梦剧乱知谓之静。未得道而求道者，谓之虚壹而静。作之：则将须道者之虚，则人；将事道者之壹，则尽；将思道者静，则察。知道察，知道行，体道者也。虚壹而静，谓之大清明。万物莫形而不见，莫见而不论，莫论而失位。坐于室而见四海，处于今而论久远，疏观万物而知其情，参稽治乱而通其度[18]，经纬天地而材官万物，制割大理，而宇宙里矣。恢恢广广，孰知其极！睪睪[19]广广，孰知其德！涫涫纷纷[20]，孰知其形！明参日月，大满八极，夫是之谓大人。夫恶有蔽矣哉！

心者，形之君也而神明之主也；出令而无所受令。自禁也，自使也，自夺也，自取也，自行也，自止也。故口可劫而使墨云[21]，形可劫而使诎申，心不可劫而使易意，是之则受，非之则辞。故曰：心容，其择也无禁，必自见，其物也杂博，其情之至也，不贰。

...........

凡观物有疑，中心不定，则外物不清；吾虑不清，则未可定然否也。冥冥而行者，见寝石以为伏虎也，见植林以为后人也；冥冥[22]蔽其明也。醉者越百步之沟，以为蹞步之浍也；俯而出城门，以为小之闺[23]也；酒乱其神也。厌目而视者，视一以为两；掩耳而听者，听漠漠而以为哅哅[24]；势乱其官也。故从山上望牛者若羊，而求羊者不下牵也；远蔽其大也。从山下望木者，十仞之木若箸，而求箸者不上折也；高蔽其长也。水动而景摇，人不以定美恶；水势玄[25]也。瞽者仰视而不见星，人不以定有无；用精惑也。有人焉，以此时定物，则世之愚者也。彼愚者之定物，以疑决疑，决必不当。夫苟不当，安能无过乎。

...........

凡以知，人之性也；可以知，物之理也。以可以知人之性，求可以知物之理，而无所疑止[26]之，则没世穷年不能徧也。其所以贯理焉虽亿万，已不足以浃万物之变，与愚者若一，学，老身长子，而与愚者若一，犹不知错，夫是之谓妄人。故学也者，固学止之也。恶乎止之？曰：止诸至足。曷谓至足？曰：圣也。圣也者，尽伦者也；王也者，尽制者也；两尽者，足以为天下极矣。故学者以圣王为师，案以圣王之制为法，法其法以求其统类[27]，以务象效其人。向是而务，士也；类是而几，君子也；知之，圣人也。

梁启雄：《荀子简释》，中华书局，1983年。

## 注释

〔1〕迫：近。

〔2〕治：正道。

〔3〕雷鼓：大鼓声如雷。

〔4〕心术之公患：思想方法的共同弊病。

〔5〕宾孟：战国时宾客游士的通称。宾，客。孟，音 méng，民。

〔6〕得：同"德"。

〔7〕天：无为自然之道。

〔8〕俗：当为"欲"。

〔9〕嗛：同"慊"，快。

〔10〕便：便宜。

〔11〕因：任其自然。

〔12〕曲知：言不通于大道。

〔13〕县衡：设立标准。县，通"悬"。

〔14〕虚壹而静：虚心专一而镇静。

〔15〕臧：通"藏"，包藏。

〔16〕满：当为"两"，同时兼知。

〔17〕自行：放纵。

〔18〕参稽治乱而通其度：参酌稽考前代治乱而明其法度。参，验。稽，考。度，制。

〔19〕翠翠：翠，通"皞"，皞皞（hào），广大貌。

〔20〕涫涫纷纷：事物纷繁复杂，如同沸腾的水一样混乱。涫涫，音 guàn，沸貌。纷纷，杂乱貌。

〔21〕口可劫而使墨云：嘴巴可以强迫它沉默或说话。劫，迫。墨，同"默"。

〔22〕冥冥：暮夜。

〔23〕闺：小门。

〔24〕听漠漠而以为哅哅：（掩着耳朵听）听到寂静无声的声音，却误以为是喧闹的声音。漠漠，无声。哅哅，喧声。

〔25〕玄：幽深。

〔26〕疑止：有所不为。

〔27〕统类：法之大纲。

## 《韩非子》选

韩非（约前280—前233），战国末期韩国公子，政治家、思想家，法家思想集大成者，与李斯同师荀子，喜刑名法术之学。曾多次进谏韩王励精图治、变法图强，但未被采用，后发愤著书，作《孤愤》《五蠹》《说难》等十余万言，表达自己的政治主张。秦皇读其书，仰慕备至，下令攻打韩国，韩王遂遣其出使秦国。然秦皇终未信任并重用韩非，后因李斯离间下狱，死于狱中。《韩非子》，原名《韩子》，共55篇。唐宋后，为与韩愈区别，改为《韩非子》。《韩非子》一书，总结了商鞅、申不害和慎到三家的思想，提出了一套法、术、势相结合的法治理论。

在《显学》中，韩非谈到了教育的重要性。他认为教育不应只是传授知识，更应教育人们遵守法律和秩序，这样才能形成秩序井然的社会。

## 显学（节录）

世之显学，儒、墨也。儒之所至，孔丘也。墨之所至，墨翟也。自孔子之死也，有子张[1]之儒，有子思[2]之儒，有颜氏[3]之儒，有孟氏[4]之儒，有漆雕氏[5]之儒，有仲良氏[6]之儒，有孙氏[7]之儒，有乐正氏[8]之儒。自墨子之死也，有相里氏[9]之墨，有相夫氏[10]之墨，有邓陵氏[11]之墨。故孔、墨之后，儒分为八，墨离为三，取舍相反不同，而皆自谓真孔、墨；孔、墨不可复生，将谁使定后世之学乎？孔子、墨子俱道尧、舜，而取舍不同，皆自谓真尧、舜；尧、舜不复生，将谁使定儒、墨之诚乎？殷、周七百余岁，虞、夏二千余岁，而不能定儒、墨之真，今乃欲审尧、舜之道于三千岁之前，意者其不可必乎！无参验而必之者，愚也；弗能必而据之者，诬也。故明据先王，必定尧、舜者，非愚则诬也。愚诬之学，杂反之行，明主弗受也。……藏书策，习谈论，聚徒役，服文学而议说，世主必从而礼之，曰："敬贤士，先王之道也。"夫吏之所税，耕者也；而上之所养，学士也。耕者则重税，学士则多赏，而索民之疾作而少言谈，不可得也。立节参民，执操不侵[12]，怨言过于耳，必随之以剑，世主必从而礼之，以为自好之士。夫斩首之劳不赏，而家斗之勇尊显，而索民之疾战距敌而无私斗，不可得也。国平则养儒侠，难至则用介士，所养者非所用，所用者非所养，此所以乱也。且夫人主于听学也，若是其言，宜布之官而用其身；若非其言，宜去其身而息其端。今以为是也而弗布于官，以为非也而不息其端。是而不用，非而不息，乱亡之道也。……夫严家无悍虏，而慈母有败子，吾以此知威势之可以禁暴，而德厚之不足以止乱也。夫圣人之治国，不恃人之为吾善也，而用其不得为非也。恃人之为吾善也，境内不什数；用人不得为非，一国可使齐。为治者用众而舍寡，故不务德而务法。夫必恃自直之箭，百世无矢；恃自圆之木，千世无轮矣。自直之箭，自圆之木，百世无有一，然而世皆乘车射禽者何也？隐栝之道用也。虽有[13]不恃隐栝而有自直之箭、自圆之木，良工弗贵也。何则？乘者非一人，射者非一发也。不恃赏罚而恃自善之民，明主弗贵也。何则？国法不可失，而所治非一人也。故有术之君，不随适然[14]之善，而行必然之道。

[清]王先慎撰；钟哲点校:《韩非子集解》，中华书局，1998年。

**注释**

〔1〕子张：孔子弟子颛孙师。

〔2〕子思：孔子之孙孔伋。

〔3〕颜氏：颜回。

〔4〕孟氏：孟轲。

〔5〕漆雕氏：孔子弟子漆雕开。

〔6〕仲良氏：鲁人仲良怀。

〔7〕孙氏：荀况。

〔8〕乐正氏：乐正克。

〔9〕相里氏：疑为相里勤。

〔10〕相夫氏：亦作伯夫氏。

〔11〕邓陵氏，邓陵子。

〔12〕立节参民，执操不侵：把自己的名节立得崇高、显明，牢牢持守，不许别人侵犯。参，高。操，把持。

〔13〕有：当作"恃"。

〔14〕适然：偶然。

# 《礼记》选

《礼记》是儒家重要典籍之一，相传是对孔子删订的周代典籍《仪礼》各篇的传解，为孔子七十二弟子及其学生所作。"《记》百三十一篇，七十子后学所记。"（《汉书·艺文志》）大约成书于战国后期至西汉初期，经长期流传增删而形成两个版本，即西汉戴德所传85篇《大戴礼记》和其侄戴圣所传49篇《小戴礼记》。《小戴礼记》在唐代位列"五经"，后又列入"十三经"，此即通常所说的《礼记》。

《礼记》主要记载了先秦时期的典章、制度，以及冠、婚、丧、祭、宴、享、朝、聘等礼仪，反映了先秦儒家的政治理想、为人处世的准则及社会生活礼节方面的要求。《礼记》还记述了古代的学校制度、人才选拔、教学内容及方法等，尤其反映了先秦儒家的礼教思想，在中国古代教育发展史上有着深远的影响。《礼记》论及教育的主要篇章有《学记》《乐记》《大学》《中庸》《儒行》《内则》《曲礼》《文王世子》等，其中《大学》和《中庸》经朱熹编订和注解，同《论语》《孟子》一起编为"四书"，成为宋以后学校教育的基本教材和科举考试的标准读本，对中国封建社会后期的教育产生重大影响。

《学记》首次从理论上对教育、教学进行了专业、全面、系统的总结，被认为是"教育学雏形"，是世界上第一部教育专著。全文仅1229字，但内容极为丰富，喻辞生动，析理精辟而深刻，主要包括教育目的与教育作用，教育制度与学校管理，教育、教学原则与方法，教师地位和作用，以及师生关系等。

《中庸》主要阐述了先秦儒家关于人生哲学和道德修养问题的基本主张，提出"中庸之道"。在教育上，该文指出了教育的本质与作用，"天命之谓性，率性之谓道，修道之谓教"；认为人可以从两条路径完善自身，一是"自诚明，谓之性"，二是"自明诚，谓之教"。此外，《中庸》把学习过程概括为学、问、思、辨、行五个前后相续的步骤。

《大学》是儒家论述"大学之道"的一篇论文，阐明了儒家关于大学教育的目的、程序和要求。《大学》将"明明德""亲民""止于至善"作为大学教育的三个目标，也称"三纲领"，并提出了达到目标的具体操作过程，即"八条目"。朱熹在《大学章句》中称，"子程子曰：《大学》，孔氏之遗书，而初学入德之门也。'于今可见古人为学次第者，独赖此篇之存。……学者必由是而学焉，则庶乎其不差矣"。

## 学记[1]

发虑宪[2]，求善良，足以謏闻[3]，不足以动众[4]；就贤体远，足以动众，未足以化民。君子如欲化民成俗，其必由学乎！

玉不琢，不成器；人不学，不知道。是故古之王者建国君民，教学为先。《兑命》[5]曰："念终始，典于学。"[6]其此之谓乎！

虽有嘉肴，弗食不知其旨[7]也。虽有至道，弗学不知其善也。是故学然后知不足，教然后知困[8]。知不足，然后能自反[9]也。知困，然后能自强[10]也。故曰：教学相长也。《兑命》曰："敩学半。"[11]其此之谓乎！

古之教者，家有塾，党有庠，术有序，国有学。[12]比年[13]入学，中年[14]考校：一年视离经[15]辨志[16]，三年视敬业乐群[17]，五年视博习亲师，七年视论学取友[18]，谓之小成。九年知类通达[19]，强立而不反[20]，谓之大成。夫然后足以化民易俗，近者说服而远者怀之。此大学之道也。《记》曰："蛾[21]子时术[22]之。"其此之谓乎！

大学始教：皮弁祭菜[23]，示敬道也。《宵雅》肄三，官其始也[24]，入学鼓箧，孙[25]其业也。夏楚二物，收其威也。[26]未卜禘[27]不视学，游其志也。时观而弗语，存其心也。幼者听而弗问，学不躐[28]等也。此七者，教之大伦[29]也。《记》曰："凡学，官先事，士先志。"其此之谓乎！

大学之教也，时教必有正业[30]，退息[31]必有居学[32]。不学操缦[33]，不能安弦；不学博依[34]，不能安诗；不学杂服[35]，不能安礼；不兴其艺[36]，不能乐学。故君子之于学也，藏焉修焉，息焉游焉[37]。夫然，故安其学而亲其师，乐其友而信其道，是以虽离师辅而不反也。《兑命》曰："敬孙务时敏，厥修乃来。"其此之谓乎！

今之教者，呻其占毕[38]，多其讯言，及于数进，而不顾其安[39]，使人不由其诚，教人不尽其材，其施之也悖，其求之也佛[40]。夫然，故隐其学而疾其师，苦其难而不知其益也。虽终其业，其去之必速。教之不刑[41]，其此之由乎！

大学之法：禁于未发之谓豫，当其可之谓时，不陵节而施之谓孙[42]，相观而善之谓摩。此四者，教之所由兴也。

发然后禁，则扞格[43]而不胜；时过然后学，则勤苦而难成；杂施[44]而不孙，则坏乱而不修；独学而无友，则孤陋而寡闻；燕朋[45]逆其师；燕辟[46]废其学。此六者，教之所由废也。

君子既知教之所由兴，又知教之所由废，然后可以为人师也。故君子之教喻[47]也，道[48]而弗牵[49]，强而弗抑[50]，开[51]而弗达。道而弗牵则和[52]，强而弗抑则易[53]，开而弗达则思[54]。和易以思，可谓善喻矣。

学者有四失，教者必知之。人之学也，或失则多，或失则寡，或失则易，或失则止。此四者，心之莫同[55]也。知其心，然后能救其失也。教也者，长善而救其失者也。

善歌者使人继其声，善教者使人继其志。其言也，约而达，微而臧，罕譬而喻[56]，可谓继志矣。

君子知至学之难易，而知其美恶[57]，然后能博喻[58]，能博喻然后能为师，能为师然后能为长，能为长然后能为君。故师也者，所以学[59]为君也。是故择师不可不慎也。《记》曰："三王、四代[60]惟其师。"其此之谓乎！

凡学之道，严[61]师为难。师严然后道尊，道尊然后民知敬学。是故君之所不臣于其臣者二：当其为尸[62]，则弗臣也；当其为师，则弗臣也。大学之礼，虽诏[63]于天子，无北面[64]，所以尊师也。

善学者师逸而功倍，又从而庸[65]之；不善学者师勤而功半，又从而怨之。善问者如攻坚木，先其易者，后其节目[66]，及其久也，相说以解；不善问者反此。善待问者如撞钟，叩之以小者则小鸣，叩之以大者则大鸣，待其从容[67]，然后尽其声；不善答问者反此。此皆进学之道也。

记问之学，不足以为人师，必也其听语乎！力不能问，然后语之。语之而不知，虽舍之可也。

良冶之子，必学为裘；良弓之子，必学为箕；始驾马者反之，车在马前[68]。君子察于此三者，可以有志于学矣。

古之学者，比物丑类。鼓无当于五声，五声弗得不和；[69]水无当于五色，五色弗得不章[70]；学无当于五官[71]，五官弗得不治；师无当于五服[72]，五服弗得不亲。

君子曰："大德不官，大道不器。大信不约，大时不齐。"察于此四者，可以有志于本矣。三王之祭川也，皆先河而后海，或源[73]也，或委[74]也。此之谓务本。

[清]朱彬撰；饶钦农点校：《礼记训纂》（下），中华书局，1996年。

## 注释

〔1〕学记：郑玄谓"名曰《学记》者，以其记人教学之义"。朱熹云"此篇言古者学校教人传道授受之次序，与其得失兴废之所由，盖兼大、小学言之"。

〔2〕发虑宪：郑玄谓，宪，法也，言发计虑当拟度于法式也。俞樾《古书疑义举例》：虑、宪，均是思虑之义。

〔3〕谀闻：小有声名。谀，音xiǎo，郑玄训为小，清姚际恒训为诱，郭嵩焘训为求，王闿运训为聚。

〔4〕不足以动众：孔颖达疏，"足以谀闻：言不学之人，能有片识谋虑法式，求善以自辅。此是人身上小善，故小有声闻也。虽有小善，恩未被物，若御军动众则不能，故云'不足以动众'"。

〔5〕《兑命》：高宗梦傅说，求而得之，作《说命》，三篇，在《尚书》。兑，当为"说"，音yuè。

〔6〕念终始典于学：孔安国注谓"终始常念学，则其德之修，无能自觉"。孔疏曰"于学之法，念终念始，常在于学，则其德之修渐渐进益，无能自觉其进。言日有所益，不能自知也"（《十三经注疏·尚书正义》）。典，郑玄谓："典，经也；言学之不舍业也。"

〔7〕旨：美。

〔8〕学然后知不足，教然后知困：郑玄注，学则睹己行之所短，教则见己道之所未达。

〔9〕自反：求诸己也。

〔10〕自强：修业不敢倦。

〔11〕教学半：郑玄注曰"言教人乃益己之学半"。孔安国传：教然后知所困，

是学之半。孔颖达正义：教人然后知困，知困必将自强，惟教人乃是学之半，言其功半于学也。敩，音xiào，同"教"，《广雅》谓："敩，教也。"

〔12〕古之教者，家有塾，党有庠，术有序，国有学：据《周礼》，古二十五家为闾，同其一巷，巷首有门，门边有塾，民在家之时，朝夕出入，恒受教于塾。五百家为党，党有庠，教闾中所升者。万二千五百家为遂（即术），遂有序，教党学所升者。天子及诸侯国中有学，以教世子、群后之子及遂序选升之士。术，音suì，通"遂"。国，天子或诸侯所在地。

〔13〕比年：每年。

〔14〕中年：隔一年。

〔15〕离经：离经析理。离，断绝，判别。

〔16〕辨志：辨别其志意所趣乡，所习何经。

〔17〕敬业乐群：敬，慎重地对待，不怠慢，不苟且。群，朋辈。孔颖达疏：敬业，艺业长者，敬而亲之。乐群，谓群居，朋友善者，愿而乐之。

〔18〕论学取友：论学，论说学问之是非。取友，择取善者以为友。

〔19〕知类通达：知义理事类，通达无疑；触类旁通，闻一知十，举一反三。

〔20〕强立而不反：临事不惑，不违反师训。

〔21〕蛾：音yǐ，后作"蚁"，蚂蚁。

〔22〕术：学习，实践，效法。

〔23〕皮弁祭菜：皮弁，天子或士的礼服。弁，音biàn，古时的一种官帽，通常配礼服用（吉礼之服用冕）：赤黑色布做的叫爵弁，是文冠；白鹿皮做的叫皮弁，是武冠。后泛指帽子。祭菜，供祭祀用的芹、藻等菜蔬。

〔24〕《宵雅》肄三，官其始也：《小雅》之《鹿鸣》《四牡》《皇皇者华》三篇为君臣宴乐之诗，为始学者习之，一开始就用做官来劝勉学生。孙希旦《礼记集解》：此三篇皆君之所以燕乐其臣，而臣之所以服事于君者，故示之于入学之始，使知学之当为用于国家也。宵，小。肄，习。

〔25〕孙：通"逊"，顺，按次序。或作恭顺。

〔26〕夏楚二物，收其威也：古代学校两种体罚越礼犯规者的用具。夏，音jiǎ，同"榎"。楚，荆条。威，威仪。

〔27〕卜禘：祭必先卜，故云卜禘。禘，音dì，大祭。

〔28〕躐：音liè，逾越。

〔29〕伦：道，理，纲。

〔30〕正业：先王正典，非诸子百家。

〔31〕退息：疲倦而暂休息。

〔32〕居学：平居自学。

〔33〕操缦：拨弄琴弦，指学琴的人调弦听音。一作杂弄。

〔34〕博依：多方譬喻，指诗的比兴而言。一说指可以歌咏的杂曲。

〔35〕杂服：古代所规定的各色服制，对应不同的仪礼规格。

〔36〕不兴其艺：兴，喜，欢。艺，礼、乐、射、御、书、数。

〔37〕藏焉修焉，息焉游焉：专心学习和游息相结合，有张有弛。藏，怀抱之。修，习。藏修，指专心学习。息，作劳休止于之息。游，闲暇无事于之游。

〔38〕呻其占毕：照本宣科。呻，吟诵。占毕，诵读，吟诵，或作简册。

〔39〕多其讯言，及于数进，而不顾其安：大量灌输，只顾赶进度，不考虑学生能否接受。也有点校作"多其讯，言及于数，进而不顾其安"。讯，问，告知。数，急疾。

〔40〕佛：通"拂"，违逆。

〔41〕刑：成功。

〔42〕不陵节而施之谓孙：不超越学生能力的教学，即是顺应教育规律。陵节，超越限度。施，教。孙，顺。

〔43〕扞格：抵制，抗拒。

〔44〕杂施：杂乱无章，如躐等、陵节。

〔45〕燕朋：亲昵嬉游的朋友。

〔46〕燕辟：与坏朋友谈论邪僻之事。

〔47〕喻：使知晓，启发诱导。

〔48〕道：示也，示之以道涂。

〔49〕牵：牵逼，令速晓。

〔50〕强而弗抑：勉励而不强制。强，微劝学者，不推抑而教之。抑，郑注为推，揠苗助长，违背学生身心发展规律；训按，不顾学生的能力和自觉性而强制使之接受。

〔51〕开：开启端倪。

〔52〕道而弗牵则和：人苟不晓而牵逼之，彼心必生忿恚；若示正道，则彼心和而意悟。

〔53〕易：受者和易，则易成也。

〔54〕思：用意思念所得必深。

〔55〕心之莫同：高时良总结四类情况，一指学生的材质。吕祖谦：或失则多，才有余者；或失则寡，才不足者；或失则易，俊快者；或失则止，钝滞者。二指学生的学习态度。戴溪：失之多者，博采以为功；失之寡者，约取以为精；失之易者，泛应而不能致思；失之止者，小成而莫肯前进。三指学习方法。王夫之：多，泛记而不亲也；寡，专持而不广也；易，果为而不知难也；止，循分而不能进也。四兼指学生材质和学习态度。郑玄：失于多，谓才少者；失于寡，谓才多者；失于易，谓好问不识者；失于止，谓好思不问者。（高时良译注：《学记》，人民教育出版社，2016年）

〔56〕约而达，微而臧，罕譬而喻：简约而透彻，精微而完善，举例不多但生动明了。孔颖达疏：言善为教者出言寡约，而显达易解；义理微妙，而说之精善；其譬罕少，而听者皆晓。吴澄：故教者之言虽至约不繁，而能使人通之；虽至微不显，而能使人善之；虽少所取譬，而能使人晓之……约、微、罕譬，教者之不尽言也；达、臧、喻，学者之能自得也。

〔57〕美恶：郑玄注曰"美恶，说之是非也"。孔颖达疏曰"罕譬而喻，言约而达，是为美，反此则为恶"。张载谓"知其资质才性之美恶"。

〔58〕博喻：多方启发诱导。

〔59〕学：同"敩"。

〔60〕三王、四代：三王，夏、商、周开创者夏禹、商汤、周文王与周武王（或其中一位）。四代，虞、夏、商、周。

〔61〕严：尊，敬。

〔62〕尸：祭祀时代表死者受祭的人，祭主。

〔63〕诏：授课，问答。

〔64〕北面：面北。王夫之："天子入大学，而亲有所问，则东面，师西面，所谓弗臣也。天子尊之于上，其下莫敢不尊也。"

〔65〕庸：酬其功劳。

〔66〕节目：树木枝干相接的地方和纹理纠结不顺的地方。节，树木枝干相接处。目，纹理纠结不顺处。

〔67〕从容：郑玄注曰"从，读舂，舂容，谓重撞击也"。

〔68〕始驾马者反之，车在马前：马子始学驾车，系车后随行。

〔69〕鼓无当于五声，五声弗得不和：鼓之为声，不宫不商，五声不得鼓，则无

谐和之节。五声，宫商角徵羽。

〔70〕水无当于五色，五色弗得不章：五色没有水的调和，就不能鲜明。五色，青、赤、黄、白、黑。章，同"彰"，彰显、显露、显著。

〔71〕五官：有三解。一是指古代官名。《礼记·曲礼下》："天子之五官，曰司徒、司马、司空、司士、司寇，典司五众。"孔颖达主此说：学先王之道，非主于一官，五官不得学，则不能治，故化民成俗必由学，能为师然后能为君长，故官是学之类也。二是金、木、水、火、土五行之官，上古颛顼所立，又称"五神"。《左传·昭公二十九年》："故有五行之官，是谓五官……木正曰句芒，火正曰祝融，金正曰蓐收，水正曰玄冥（共工），土正曰后土（句龙）。"三作耳、目、口、鼻、心（〔元〕陈澔：《礼记集说》），或作貌、言、视、听、思。

〔72〕五服：又称服制、服丧制度，即按生者与死者关系的远近亲疏，分为斩衰、齐衰、大功、小功、缌麻五等。此指五服内的亲戚。

〔73〕源：泉所出，为根本。

〔74〕委：流所聚，即水的下流，为枝节。

## 中庸（节录）

天命[1]之谓性，率性[2]之谓道，修道之谓教。道也者，不可须臾离也，可离非道也。是故君子戒慎乎其所不睹，恐惧乎其所不闻。莫见[3]乎隐[4]，莫显乎微，故君子慎其独也。喜怒哀乐之未发，谓之中；发而皆中节，谓之和。中也者，天下之大本也；和也者，天下之达道也。致中和，天地位焉，万物育焉。

仲尼曰："君子中庸，小人反中庸。君子之中庸也，君子而时中。小人之中庸也，小人而无忌惮也。"子曰："中庸其至矣乎！民鲜能久矣。"子曰："道之不行也，我知之矣，知者过之，愚者不及也。道之不明也，我知之矣，贤者过之，不肖者不及也。人莫不饮食也，鲜能知味也。"子曰："道其不行矣夫！"

子曰："舜其大知也与！舜好问而好察迩言，隐恶而扬善，执其两端，用其中于民，其斯以为舜乎！"

子曰:"人皆曰予知,驱而纳诸罟[5]擭[6]陷阱之中,而莫之知辟也。人皆曰予知,择乎中庸而不能期月[7]守也。"

子曰:"回之为人也,择乎中庸,得一善,则拳拳[8]服膺[9]而弗失之矣。"子曰:"天下国家可均也,爵禄可辞也,白刃可蹈也,中庸不可能也。"

…………

子曰:"素[10]隐行怪,后世有述焉,吾弗为之矣。君子遵道而行,半涂而废,吾弗能已矣。君子依乎中庸,遁世[11]不见知而不悔,唯圣者能之。……"

子曰:"道不远人,人之为道而远人,不可以为道。《诗》云:'伐柯[12]伐柯,其则[13]不远。'执柯以伐柯,睨而视之,犹以为远。故君子以人治人,改而止。忠恕违道不远,施诸己而不愿,亦勿施于人。君子之道四,丘未能一焉:所求乎子,以事父未能也;所求乎臣,以事君未能也;所求乎弟,以事兄,未能也;所求乎朋友,先施之未能也。庸德之行,庸言之谨,有所不足,不敢不勉,有余不敢尽。言顾行,行顾言,君子胡不慥慥[14]尔!君子素[15]其位而行,不愿乎其外。素富贵,行乎富贵;素贫贱,行乎贫贱;素夷狄,行乎夷狄;素患难,行乎患难。君子无入而不自得焉。在上位,不陵下,在下位,不援上,正己而不求于人则无怨。上不怨天,下不尤人,故君子居易[16]以俟命[17],小人行险以徼[18]幸[19]。"

子曰:"射有似乎君子,失诸正鹄,反求诸其身。君子之道,譬如行远必自迩,譬如登高必自卑。"

…………

……天下之达道五,所以行之者三:曰:"君臣也,父子也,夫妇也,昆弟也,朋友之交也。五者,天下之达道也。知、仁、勇三者,天下之达德也,所以行之者一也。或生而知之,或学而知之,或困而知之,及其知之一也。或安而行之,或利而行之,或勉强而行之,及其成功一也。"

子曰:"好学近乎知[20],力行近乎仁,知耻近乎勇。知斯三者,则知所以修身；知所以修身，则知所以治人；知所以治人，则知所以治天下国家矣。"

……………

诚者，天之道也。诚之者，人之道也。诚者，不勉而中，不思而得，从容中道，圣人也。诚之者，择善而固执之者也。

博学之，审问之，慎思之，明辨之，笃行之。有弗学，学之弗能弗措也。有弗问，问之弗知弗措也。有弗思，思之弗得弗措也。有弗辨，辨之弗明弗措也。有弗行，行之弗笃弗措也。人一能之，己百之；人十能之，己千之。果能此道矣，虽愚必明，虽柔必强。

自诚明，谓之性；自明诚，谓之教。[21]诚则明矣，明则诚矣。

唯天下至诚，为能尽其性。能尽其性，则能尽人之性；能尽人之性，则能尽物之性；能尽物之性，则可以赞天地之化育；可以赞天地之化育，则可以与天地参矣。

其次[22]致[23]曲，曲[24]能有诚。诚则形，形则著，著则明，明则动，动则变，变则化。唯天下至诚为能化。

至诚之道，可以前知。国家将兴，必有祯祥[25]；国家将亡，必有妖孽。见乎蓍龟，动乎四体。祸福将至，善必先知之，不善必先知之。故至诚如神。

诚者，自成也，而道，自道也。[26]诚者，物之终始，不诚无物。是故君子诚之为贵。诚者，非自成己而已也，所以成物也。成己，仁也；成物，知也。性之德也，合外内之道也，故时措之宜也。故至诚无息。不息则久，久则徵，徵则悠远，悠远则博厚，博厚则高明。博厚所以载物也，高明所以覆物也，悠久所以成物也。博厚配地，高明配天，悠久无疆。如此者，不见而章，不动而变，无为而成。天地之道，可一言而尽也：其为物不贰，则其生物不测。天地之道：博也，厚也，高也，明也，悠也，久也。

……………

故君子尊德性而道问学[27]，致广大而尽精微，极高明而道中庸，温故而知新，敦厚以崇礼。

是故居上不骄，为下不倍。国有道，其言足以兴，国无道，其默足以容。《诗》曰："既明且哲，以保其身"，其此之谓与！

[清]朱彬撰；饶钦农点校：《礼记训纂》（下），中华书局，1996年。

## 注释

〔1〕天命：天所赋予。

〔2〕率性：循性而行。

〔3〕见：同"现"。

〔4〕隐：暗处。

〔5〕罟：音gǔ，网。

〔6〕擭：音huò，机槛。

〔7〕期月：满一个月。

〔8〕拳拳：奉持之貌。

〔9〕膺：胸。

〔10〕素：当作"索"。

〔11〕遁世：避世。

〔12〕柯：斧柄。

〔13〕则：法。

〔14〕慥慥：音zào，笃实貌。

〔15〕素：现在。

〔16〕居易：素位而行。

〔17〕俟命：听天由命，不愿乎外。

〔18〕徼：求。

〔19〕幸：谓所不当得而得者。

〔20〕知：通"智"。

〔21〕自诚明，谓之性；自明诚，谓之教：由诚而明，得之天性；由明而诚，学而知之，得之于教。

〔22〕其次：谓自明而诚者。

〔23〕致：推致。

〔24〕曲：一方面。

〔25〕祯祥：福之兆。

〔26〕诚者，自成也，而道，自道也：诚者，物之所自成，而道者人之所当自行。

〔27〕尊德性而道问学：朱熹与陆九渊围绕这一命题展开治学方法上的争辩。朱熹主张先道问学，"即物穷理"；陆九渊主张先尊德性，"发明本心"。

## 大学

大学之道，在明明德，在亲民，在止于至善。知止而后有定，定而后能静，静而后能安，安而后能虑，虑而后能得。[1]物有本末，事有终始，知所先后，则近道矣。古之欲明明德于天下者，先治其国；欲治其国者，先齐其家；欲齐其家者，先修其身；欲修其身者，先正其心；欲正其心者，先诚其意；欲诚其意者，先致其知；致知在格物。物格而后知至，知至而后意诚，意诚而后心正，心正而后身修，身修而后家齐，家齐而后国治，国治而后天下平。自天子以至于庶人，壹是皆以修身为本。其本乱而末治者否矣，其所厚者薄而其所薄者厚，未之有也。此谓知本，此谓知之至也。所谓诚其意者，毋自欺也，如恶恶臭，如好好色，此之谓自谦。故君子必慎其独也。小人闲居为不善，无所不至，见君子而后厌然[2]，掩其不善，而著其善。人之视己，如见其肺肝然，则何益矣？此谓诚于中，形于外，故君子必慎其独也。曾子曰："十目所视，十手所指，其严乎！"富润屋，德润身，心广体胖[3]，故君子必诚其意。《诗》云："瞻彼淇澳，菉竹猗猗。有斐君子，如切如磋，如琢如磨。瑟兮僴兮，赫兮喧兮。有斐君子，终不可喧兮。"[4]如切如磋者，道学也。如琢如磨者，自修也。瑟兮僴兮者，恂慄也。赫兮喧兮者，威仪也。有斐君子，终不可喧兮者，道盛德至善，民之不能忘也。《诗》云："于戏！前王不忘。"君子贤其贤而亲其亲，小人乐其乐而利其利，此以没世不忘也。《康诰》曰："克[5]明德。"《太甲》曰："顾諟天之明命。"[6]《帝典》曰："克明峻德。"皆自明也。汤之《盘铭》[7]曰："苟日新，日日新，又日新。"《康诰》曰："作新民。"[8]

《诗》云："周虽旧邦，其命惟新。"是故君子无所不用其极。《诗》云："邦畿[9]千里，惟民所止。"《诗》云："缗蛮[10]黄鸟，止于丘隅。"子曰："于止，知其所止，可以人而不如鸟乎！"《诗》云："穆穆文王，于缉熙敬止！"[11]为人君，止于仁；为人臣，止于敬；为人子，止于孝；为人父，止于慈；与国人交，止于信。

子曰："听讼，吾犹人也，必也使无讼乎！"无情者不得尽其辞。大畏民志，此谓知本。所谓修身在正其心者，身有所忿懥[12]，则不得其正；有所恐惧，则不得其正；有所好乐，则不得其正；有所忧患，则不得其正。心不在焉，视而不见，听而不闻，食而不知其味。此谓修身在正其心。所谓齐其家在修其身者，人之其所亲爱而辟焉，之其所贱恶而辟焉，之其所畏敬而辟焉，之其所哀矜而辟焉，之其所敖惰而辟焉。故好而知其恶，恶而知其美者，天下鲜矣。故谚有之曰："人莫知其子之恶，莫知其苗之硕。"此谓身不修不可以齐其家。所谓治国必先齐其家者，其家不可教而能教人者无之。故君子不出家而成教于国。孝者，所以事君也；弟者，所以事长也；慈者，所以使众也。《康诰》曰："如保赤子。"心诚求之，虽不中不远矣。未有学养子而后嫁者也。一家仁，一国兴仁；一家让，一国兴让；一人贪戾，一国作乱。其机如此。此谓一言偾[13]事，一人定国。尧、舜率天下以仁，而民从之；桀、纣率天下以暴，而民从之。其所令反其所好，而民不从。是故君子有诸己而后求诸人，无诸己而后非诸人。所藏乎身不恕[14]，而能喻诸人者，未之有也。故治国在齐其家。《诗》云："桃之夭夭，其叶蓁蓁[15]；之子于归，宜其家人。"宜其家人，而后可以教国人。《诗》云："宜兄宜弟。"宜兄宜弟，而后可以教国人。《诗》云："其仪不忒[16]，正是四国。"其为父子兄弟足法，而后民法之也。此谓治国在齐其家。所谓平天下在治其国者，上老老而民兴孝，上长长而民兴弟，上恤孤而民不倍[17]。是以君子有絜矩[18]之道也。所恶于上，毋以使下；所恶于下，毋以事上；所恶于前，毋以先后；所恶于后，毋以从前；所恶于右，毋以交于左；所恶于左，毋以交于右。此之谓絜矩之道。《诗》云："乐只君子，民之父母。"民之所好好之，民之所恶恶之，此之谓民之父母。《诗》云:"节彼南山,维石岩岩。赫赫师尹,民具尔瞻。"[19]有国者不可以不慎,辟则为天下僇矣[20]。《诗》云:"殷之未丧师,克配上帝。仪监于殷,峻命不易。"[21]道得众则得国,失众则失国。是故君子先慎乎德。有德此有人,有人此有土,有土此有财,有财此有用。德者本也,财者末也。外本内末,争民施夺。是故财聚则民散,财散则民聚。是故言悖而出者,亦悖而入;货悖而入者,亦悖而出。《康诰》曰:"惟命不于常。"道善则得之,不善则失之矣。《楚书》曰:"楚国无以为宝,惟善以为宝。"舅犯[22]曰:"亡人[23]无以为宝,仁亲以为宝。"《秦誓》曰:"若有一介臣,断断[24]兮无他技,其心休休焉,其如有容焉。人之有技,若己有之;人之彦圣,其心好之,不啻若自其口出;实能容之,以能保我子孙黎民。尚亦有利哉!人之有技,媢嫉以恶之;人之彦圣,而违之俾不通;实不能容,以不能保我子孙黎民。亦曰殆哉!"唯仁人放流之,迸[25]诸四夷,不与同中国。此谓唯仁人为能爱人,能恶人。见贤而不能举,举而不能先,命也。见不善而不能退,退而不能远,过也。好人之所恶,恶人之所好,是谓拂人之性,菑[26]必逮夫身。是故君子有大道,必忠信以得之,骄泰以失之。生财有大道,生之者众,食之者寡,为之者疾,用之者舒,则财恒足矣。仁者以财发身,不仁者以身发财。未有上好仁而下不好义者也,未有好义其事不终者也,未有府库财非其财者也。孟献子[27]曰:"畜马乘[28]不察于鸡豚,伐冰之家[29]畜牛羊,百乘之家[30]不畜聚敛之臣。与其有聚敛之臣,宁有盗臣。"此谓国不以利为利,以义为利也。长国家而务财用者,必自小人矣。彼为善之,小人之使为国家,菑害并至。虽有善者,亦无如之何矣。此谓国不以利为利,以义为利也。

[清]朱彬撰;饶钦农点校:《礼记训纂》(下),中华书局,1996年。

## 注释

[1]知止而后有定,定而后能静,静而后能安,安而后能虑,虑而后能得:知道应达到的境界才能志向坚定,志向坚定才能镇静不躁,镇静不躁才能心安理得,心安理得才能思虑周详,思虑周详才能有所收获。止,至善之所在。静,心不妄动。

安,所处而安。虑,处事周详。得,得其所止。

〔2〕厌然:消沮闭藏之貌。

〔3〕胖:安舒。

〔4〕瞻彼淇澳,菉竹猗猗。有斐君子,如切如磋,如琢如磨。瑟兮僩兮,赫兮喧兮。有斐君子,终不可喧兮:看淇水弯弯曲曲,绿竹婀娜茂盛。文采斐然的君子,如经过切磋打磨的美玉。他庄严又威武,光明又磊落。文采斐然的君子,实在让人难忘怀啊!淇,水名。澳,隈(wēi),水流弯曲之处。猗猗,音 yī yī,美盛貌。斐,文貌。瑟,严密之貌。僩,音 xiàn,武毅之貌。赫、喧,盛大之貌。喧,音 xuān,同"谖",忘。

〔5〕克:能。

〔6〕顾諟天之明命:要顾到天所赋予我的明德。顾,顾念。諟,古"是"字。

〔7〕汤之《盘铭》:商汤时刻在盥洗盘器上的劝诫文辞。汤,商王成汤。盘铭,沐浴之盘。铭,上刻铭文以自警。

〔8〕作新民:振起自新之民。

〔9〕邦畿:王者之都。

〔10〕缗蛮:鸟声。

〔11〕穆穆文王,于缉熙敬止:端庄恭敬的文王,他的德行光明而持久,他的行为恭敬而谨慎。穆穆,深远。缉,继续。熙,光明。

〔12〕忿懥:怒。懥,音 zhì。

〔13〕偾:音 fèn,覆败。

〔14〕恕:推己及人。

〔15〕桃之夭夭,其叶蓁蓁:桃花艳丽,绿叶茂盛。夭夭,艳丽。蓁蓁,音 zhēn,美盛貌。

〔16〕忒:差。

〔17〕倍:同"背"。

〔18〕絜矩:法度。絜,音 xié,度量。矩,画方形的用具,引申为法度。

〔19〕节彼南山,维石岩岩。赫赫师尹,民具尔瞻:终南山高耸巍峨,岩石突兀嵯峨。周太师尹氏权位显赫,普天民众皆仰慕。节,高大貌。师尹,周太师尹氏。具,俱。

〔20〕辟则为天下僇矣:治理国家不可不谨慎,稍有偏颇,就可能会被推翻。辟,同"僻",偏。僇,同"戮"。

〔21〕殷之未丧师，克配上帝。仪监于殷，峻命不易：殷商未失民心之时，其统治符合天意，得天之助。应以殷商为鉴，保有天命绝非易事。师，众人。监，视。峻，大。峻命，指天命。

〔22〕舅犯：晋文公舅狐偃，字子犯。

〔23〕亡人：文公时为公子，出亡在外地。

〔24〕断断：诚一之貌。

〔25〕迸：通"屏"，摒弃。

〔26〕菑：古"灾"字。

〔27〕孟献子：鲁之贤大夫仲孙蔑。

〔28〕畜马乘：士初试为士大夫者。

〔29〕伐冰之家：卿大夫以上，丧祭用冰者。

〔30〕百乘之家：有采地者。

## 《新书》选

《新书》，西汉贾谊撰。

贾谊（前200—前168），洛阳（今属河南）人，西汉杰出政论家、文学家。少有才名，18岁时以诵《诗》《书》、善文章闻名于郡中，20多岁被文帝召为博士，掌文献典籍，后擢升为太中大夫，在政治教育方面多有建言。文帝拟任以公卿之位，引起老臣不满，谪为长沙王太傅。后被召回长安，为梁怀王太傅，梁怀王坠马而死，贾谊深感歉疚，抑郁而终。代表作有《过秦论》《论积贮疏》《陈政事疏》《吊屈原赋》《鵩鸟赋》等。《新书》集中反映了贾谊的政治经济思想。《汉书·艺文志》将其归为儒家著作，今存10卷58篇，其中《问孝》和《礼容语上》有目无文，实为56篇。

《保傅》论述了贾谊有关太子教育的主张，他认为太子的教育应该从婴儿时期开始，这样可以确保太子从小就接触到良好的教育和正确的价值观，同时要为太子选择合适的教育内容和优秀的教育者。

《劝学》主要崇尚圣贤之德，主张向圣贤学习。贾谊认为圣贤与一般人并没有先天的不同，只是因为圣贤能"俛而加志"，而一般人"僮僈而弗省"，因此造成二者人品上的巨大差距。

## 保傅（节录）

古之王者，太子初生，固举以礼[1]，使士负[2]之，有司齐肃端冕[3]，见之南郊[4]，见于天也。过阙则下，过庙则趋，孝子之道也。故自为赤子而教固以行矣。昔者周成王幼在襁褓[5]之中，召公为太保，周公为太傅，太公为太师。保，保其身体；傅，傅之德义；师，道之教训；三公之职也。于是为置三少，皆上大夫也，曰少保、少傅、少师，是与太子燕者也。故咳唲，三公三少固明孝仁礼义，以道习之，逐去邪人，不使见恶行。于是皆选天下之端士，孝弟博闻有道术者，以卫翼之，使与太子居处出入。故太子初生而见正事，闻正言，行正道，左右前后皆正人也。习与正人居之，不能无正也，犹生长于楚，不能不楚言也。故择其所嗜，必先受业，乃得尝之；择其所乐，必先有习，乃能为之。孔子曰："少成若天性，习贯[6]若自然。"是殷周之所以长有道也。

⋯⋯⋯⋯

鄙谚曰："不习为吏，而视已事。"又曰："前车覆而后车戒。"夫殷周之所以长久者，其已事可知也；然而不能从，是不法圣智也[7]。秦之亟绝者，其轨迹可见也，然而不避，是后车又覆也。夫存亡之反，治乱之机，其要在是矣。天下之命，县[8]于太子；太子之善，在于蚤谕教与选左右。心未滥而先谕教，则化易成也；夫开于道术，知义理之指[9]，则教之功也。若其服习积贯，则左右而已矣。夫胡越之人，生而同声，嗜欲不异，及其长而成俗也，累数译而不能相通；行有虽死而不相为者，则教习然也。臣故曰："选左右、蚤谕教最急。"夫教得而左右正，则太子正矣，太子正而天下定矣。《书》曰："一人有庆，兆民赖之。"[10]此时务也。

## 注释

〔1〕固举以礼：必须用礼仪来培育他。固，必。举，正，此处指培育。

〔2〕负：托抱。

〔3〕端冕：卿大夫的祭服。

〔4〕见之南郊：见，通"现"。南郊，祭天之处。

〔5〕襁褓：成王6岁即位，故曰襁褓。

〔6〕贯：通"惯"。

〔7〕是不法圣智也：是不效仿前贤的智慧了。法，效法。圣，通而先识。智，明于事。

〔8〕县：通"悬"。

〔9〕夫开于道术，知义理之指：启之以道艺之文，能知义理之意。开，启。术，艺。指，意。

〔10〕一人有庆，兆民赖之：语出《尚书》。天子有善，则百姓获其利。一人，指天子。兆民，指百姓。

## 劝学

谓门人学者：舜何人也？我何人也？夫启耳目，载心意[1]，从立移徙[2]，与我同性[3]。而舜独有贤圣之名，明君子之实；而我曾无邻里之问，宽狗[4]之智者，独何与？然则舜偋俛[5]而加志，我僐僈[6]而弗省耳。

夫以西施之美而蒙不洁，则过之者莫不睨而掩鼻。尝试傅白黱[7]黑，榆铁陂，杂芷若，蚗虱[8]视，益口笑，佳能佻[9]志，从容为说焉。则虽王公大人，孰能无悇憛养心而巅一视之？今以二三子材，而蒙愚惑之智，予恐过之有掩鼻之容也。

昔者南荣趎丑圣道之忘乎己，故步涉山川，蚤冒楚棘，弥道千余，百舍重茧，而不敢久息。既过老聃，噩[10]若慈父，雁行避景[11]，夔立蛇进[12]，而后敢问。见教一高言，若饥十日而得大牢焉，是达若天地，行生后世。

今夫子之达佚[13]乎老聃，而诸子之材不避荣趎，而无千里之远、重茧之患。亲与巨贤连席而坐，对膝相视，从容谈语，无问不应，是天降大命以达吾德也。吾闻之曰：时难得而易失也。学者勉之乎！天禄不重。

[汉]贾谊撰；阎振益、钟夏校注：《新书校注》，中华书局，2000年。

### 注释

〔1〕夫启耳目，载心意：张启耳目，表达心意。

〔2〕从立移徙：行止。

〔3〕同性：本性、天性相同。

〔4〕宽狥：宽容徇情。宽，裕。狥，同"徇"，通。

〔5〕俛俛：亦作"俛勉"，奋勉。俛，音 mǐn。

〔6〕僤僈：或作"澶漫""诞谩"，纵逸。僤，音 dàn。

〔7〕臘：同"黛"。

〔8〕虻虱：虻，疑为"望"。虱，应为"风"。

〔9〕佻：同"姚"，美好貌。

〔10〕噩：通"遌"，遇。

〔11〕景：通"影"。

〔12〕夔立蛇进：如夔之肃立、蛇之蜿蜒前行。夔，音 kuí。夔立，直立双腿并立如一，若夔之一足，状恭立貌。蛇进，犹言蛇行，亦敬畏貌。

〔13〕佚：通"轶"，过。

## 《淮南子》选

《淮南子》，刘安与门客合著。

刘安（前179—前122），西汉思想家、文学家、道学家，好读书、鼓琴，为人辨达，善为文辞。《淮南子》，本名《鸿烈》，经西汉刘向校定后称《淮南》，《隋书·经籍志》始称《淮南子》。原书《内书》21篇，《外书》32篇，《中篇》8卷。《外书》《中篇》已佚，今存《淮南子》即《内书》21篇。《淮南子》是刘安理想中的治国之道，包罗万象，物事之类无所不载，天地自然之道、古今治乱存亡祸福之理言之甚明。

《修务训》包含了丰富的哲学思想和社会治理理念，强调"无为而治"，即顺应自然规律和人的本性治理国家，而非强制干预，提倡公正无私的品德，认为为政者应公正无私，同时讨论了如何通过教育和道德引导来维护社会秩序。

## 修务训（节录）

夫圣人之心，日夜不忘于欲利人，其泽之所及者，效亦大矣。世俗废衰，而非学者多："人性各有所修短，若鱼之跃，若鹊之驳，此自然者，不可损益。"吾以为不然。夫鱼者跃，鹊者驳也，犹人马之为人马，筋骨形体，所受于天，不可变。以此论之，则不类矣。夫马之为草驹[1]之时，跳跃扬蹄，翘尾而走，人不能制[2]，龁咋足以噆肌碎骨[3]，蹶蹄足以破卢陷匈。及至圉人扰之[4]，良御教之，掩以衡扼，连以辔衔，则虽历险超堑，弗敢辞。故其形之为马，马不可化；其可驾御，教之所为也。马，聋虫[5]也，而可以通气志，犹待教而成，又况人乎！且夫身正性善，发愤而成仁，帽凭[6]而为义，性命可说，不待学问而合于道者，尧、舜、文王也；沉湎耽荒，不可教以道，不可喻以德，严父弗能正，贤师不能化者，丹朱、商均也。曼颊皓齿，形夸[7]骨佳，不待脂粉芳泽而性可说者，西施、阳文也；嗺䐼哆噅，籧篨戚施[8]，虽粉白黛黑弗能为美者，嫫母、仳倠也。夫上不及尧、舜，下不及商均，美不及西施，恶不若嫫母，此教训之所谕也，而芳泽之所施。且子有弑父者，然而天下莫疏其子，何也？爱父者众也。儒有邪辟者，而先王之道不废，何也？其行之者多也。今以为学者之有过而非学者，则是以一饱之故，绝谷不食，以一蹟[9]之难，辍足不行，惑也。……知者之所短，不若愚者之所修；贤者之所不足，不若众人之有余。何以知其然？夫宋画吴冶，刻刑镂法，乱修曲出，其为微妙，尧、舜之圣不能及。蔡之幼女，卫之稚质[10]，梱篓组，杂奇彩，抑墨质，扬赤文，禹、汤之智不能逮。夫天之所覆，地之所载，包于六合之内，讬于宇宙之间，阴阳之所生，血气之精，含牙戴角，前爪后距，奋翼攫肆[11]，蚑行蛲动之虫，喜而合，怒而斗，见利而就，避害而去，其情一也。虽所好恶，其与人无以异。然其爪牙虽利，筋骨虽强，不免制于人者，知不能相通，才力不能相一也。各有其自然之势，无禀受于外，故力竭功沮。夫雁顺风，以爱气力，衔芦[12]而翔，以备矰弋[13]，蚁知为垤；獾貉为曲穴，虎豹有茂草，野彘有艽莦，橧巢堀虚，连比以像宫室，阴以防雨，景以蔽日，此亦鸟兽之所以知求合于其所利。今使人生于辟陋[14]之国，长于穷檐漏室之下，长无兄弟，少无父母，目未尝见礼节，耳未尝闻先古[15]，独守专室而不出门，使其性虽不愚，然其知者必寡矣。昔者，苍颉作书，容成造历，胡曹为衣，后稷耕稼，仪狄作酒，奚仲为车。此六人者，皆有神明之道，圣智之迹，故人作一事而遗后世，非能一人而独兼有之。各悉其知，贵其所欲达，遂为天下备。今使六子者易事，而明弗能见者何？万物至众，而知不足以奄之。周室以后，无六子之贤，而皆修其业；当世之人，无一人之才，而知其六贤之道者何？教顺施续，而知能流通。由此观之，学不可已，明矣！

刘文典撰；冯逸、乔华点校：《淮南鸿烈集解》（下），中华书局，1989年。

## 注释

[1] 草驹：马五尺以下为驹，放在草中，故曰草驹。

[2] 翘尾而走，人不能制：翘着尾巴奔跑，人不能控制它。翘，举。制，禁。

[3] 龁咋足以噆肌碎骨：啃咬足以咬碎肌肉和骨头。龁，音hé，咬。咋，啃。噆，音zǎn，穿。

[4] 及至圉人扰之：等到被养马官驯服。圉，养马官。扰，顺。

[5] 虫：喻无知。

[6] 愊忆：盈满积思之貌。

[7] 夸：弱。

[8] 喗喹哆㖄，篷蔟戚施：缺牙斜眼歪嘴、鸡胸驼背，借指丑陋之人。喗喹，音quán kuí，丑；喗，又作"膭"。哆㖄，音duō huī，张口不正。篷蔟，偃也；篷，

音 qú。戚施，偻也。皆丑貌。

〔9〕蹪：音 tuí，跌倒。

〔10〕稚质：少女。

〔11〕攫肆：奋力猛击。攫，搏。肆，极。

〔12〕衔芦：口含芦草，所以令缴不得截其翼也。

〔13〕矰弋：系有生丝绳以射飞鸟的短箭。矰，音 zēng，矢。弋，缴。

〔14〕辟陋：边远偏小。辟，远。陋，鄙小。

〔15〕先古：圣贤之道。

## 董仲舒教育论著选

董仲舒（前179—前104），信都广川（今属河北景县）人，西汉哲学家和政治家、今文经学大师，著有《春秋繁露》等。汉景帝时任博士，武帝时举贤良对策，系统提出政治主张，建议"推明孔氏，抑黜百家""兴太学以养士""量材而授官，录德而定位"等，为汉武帝所采纳；先后任江都王和胶西王相，后辞职回家，专门著书。开创以儒学为正统、杂以阴阳五行之说，将神权、君权、父权、夫权融为一体的封建神学体系，其核心是"天人感应"说。

《对贤良策》选自《汉书·董仲舒传》，是以哲理为根据的政论文。以贤良对答武帝三次策问，故名。因讲述天人关系，又称"天人三策"。董仲舒在学术思想方面，主张罢黜百家，独尊儒术；在教育方面，主张"兴太学，置明师，以养天下之士"。

《深察名号》是《春秋繁露》中的一篇，以唯心主义名实论的观点论述人性问题。董仲舒将人的天性分为上、中、下三等，即圣人之性、中民（也称"万民"）之性和斗筲之性：圣人之性超过善，中民之性有善质而未能善，斗筲之性则不足语于善。

## 对贤良策（节录）

制曰：朕获承至尊休德[1]，传之亡穷，而施之罔极，任大而守重，是以夙夜不皇康宁，永惟万事之统，犹惧有阙。故广延四方之豪俊，郡国诸侯公选贤良修洁博习之士，欲闻大道之要，至论之极。今子大夫褒然[2]为举首，朕甚嘉之。子大夫其精心致思，朕垂听而问焉。

盖闻五帝三王之道，改制作乐而天下洽和，百王同之。当虞氏之乐莫盛于《韶》，于周莫盛于《勺》。圣王已没，钟鼓管[3]弦之声未衰，而大道微缺，陵夷至乎桀纣之行，王道大坏矣。夫五百年之间，守文之君，当涂之士，欲则先王之法以戴翼其世者甚众，然犹不能反，日以仆灭，至后王而后止，岂其所持操或悖缪而失其统与？固天降命不可复反，必推之于大衰而后息与？乌乎！凡所为屑屑[4]，夙兴夜寐，务法上古者，又将无补与？三代受命，其符安在？灾异之变，何缘而起？性命之情，或夭或寿，或仁或鄙，习闻其号，未烛厥理。伊欲风流而令行，刑轻而奸改，百姓和乐，政事宣昭，何修何饬而膏露降，百谷登，德润四海，泽臻草木，三光全，寒暑平，受天之祐，享鬼神之灵，德泽洋溢，施乎方外，延及群生？

子大夫明先圣之业，习俗化之变，终始之序，讲闻高谊之日久矣，其明以谕朕。科别其条，勿猥勿并，取之于术，慎其所出。乃其不正不直，不忠不极，枉于执事，书之不泄，兴于朕躬，毋悼后害。子大夫其尽心，靡有所隐，朕将亲览焉。

仲舒对曰：陛下发德音，下明诏，求天命与情性，皆非愚臣之所能及也。臣谨案《春秋》之中，视前世已行之事，以观天人相与之际，甚可畏也。国家将有失道之败，而天乃先出灾害以谴告之，不知自省，又出怪异以警惧之，尚不知变，而伤败乃至。以此见天心之仁爱人君而欲止其乱也。自非大亡道之世者，天尽欲扶持而全安之，事在强勉而已矣。强勉学问，则闻见博而知益明；强勉行道，则德日起而大有功：此皆可使还至而有效者也。《诗》曰"夙夜匪解[5]"，《书》云"茂[6]哉茂哉！"皆强勉之谓也。

道者，所繇[7]适于治之路也，仁义礼乐皆其具也。故圣王已没，而子孙长久安宁数百岁，此皆礼乐教化之功也。王者未作乐之时，乃用先王之乐宜于世者，而以深入教化于民。教化之情不得，雅颂之乐不成，故王者功成作乐，乐其德也。乐者，所以变民风，化民俗也；其变民也易，其化人也著。故声发于和而本于情，接于肌肤，臧于骨髓。故王道虽微缺，而筦弦之声未衰也。夫虞氏之不为政久矣，然而乐颂遗风犹有存者，是以孔子在齐而闻《韶》也。……

…………

臣闻命者天之令也，性者生之质也，情者人之欲也。或夭或寿，或仁或鄙，陶冶而成之，不能粹美，有治乱之所生，故不齐也。孔子曰："君子之德风，小人之德草，草上之风必偃。"[8]故尧舜行德则民仁寿，桀纣行暴则民鄙夭。夫上之化下，下之从上，犹泥之在钧，唯甄者之所为[9]；犹金之在镕[10]，唯冶者之所铸。"绥之斯俫，动之斯和"[11]，此之谓也。

臣谨案《春秋》之文，求王道之端，得之于正。正次王，王次春。春者，天之所为也；正者，王之所为也。其意曰，上承天之所为，而下以正其所为，正王道之端云尔。然则王者欲有所为，宜求其端于天。天道之大者在阴阳。阳为德，阴为刑；刑主杀而德主生。是故阳常居大夏，而以生育养长为事；阴常居大冬，而积于空虚不用之处。以此见天之任德不任刑也。天使阳出布施于上而主岁功，使阴入伏于下而时出佐阳；阳不得阴之助，亦不能独成岁。终阳以成岁为名，此天意也。王者承天意以从事，故任德教而不任刑。刑者不可任以治世，犹阴之不可任以成岁也。为政而任刑，不顺于天，故先王莫之肯为也。今废先王德教之官，而独任执法之吏治民，毋乃任刑之意与！孔子曰："不教而诛谓之虐。"虐政用于下，而欲德教之被四海，故难成也。

…………

……古者修教训之官，务以德善化民，民已大化之后，天下常亡一人之狱矣。今世废而不修，亡以化民，民以故弃行谊而死财利，是以犯法而罪多，一岁之狱以万千数。以此见古之不可不用也，故《春秋》变古则讥之。天令之谓命，命非圣人不行；质朴之谓性，性非教化不成；人欲之谓情，情非度制不节。是故王者上谨于承天意，以顺命也；下务明教化民，以成性也；正法度之宜，别上下之序，以防欲也；修此三者，而大本举矣。人受命于天，固超然异于群生，入有父子兄弟之亲，出有君臣上下之谊，会聚相遇，则有耆老长幼之施；粲然有文以相接，欢然有恩以相爱，此人之所以贵也。生五谷以食之，桑麻以衣之，六畜以养之，服牛乘马，圈豹槛虎，是其得天之灵，贵于物也。故孔子曰："天地之性人为贵。"明于天性，知自贵于物；知自贵于物，然后知仁谊；知仁谊，然后重礼节；重礼节，然后安处善；安处善，然后乐循理；乐循理，然后谓之君子。故孔子曰"不知命，亡以为君子"，此之谓也。

············

册曰："三王之教所祖不同，而皆有失，或谓久而不易者道也，意岂异哉？"臣闻夫乐而不乱复而不厌者谓之道；道者万世亡弊，弊者道之失也。先王之道必有偏而不起之处，故政有眊[12]而不行，举其偏者以补其弊而已矣。三王之道所祖不同，非其相反，将以救溢扶衰，所遭之变然也。故孔子曰："亡为而治者，其舜乎！"改正朔，易服色，以顺天命而已；其余尽循尧道，何更为哉！故王者有改制之名，亡变道之实。然夏上忠，殷上敬，周上文者，所继之救，当用此也。孔子曰："殷因于夏礼，所损益可知也；周因于殷礼，所损益可知也；其或继周者，虽百世可知也。"此言百王之用，以此三者矣。夏因于虞，而独不言所损益者，其道如一而所上同也。道之大原出于天，天不变，道亦不变，是以禹继舜，舜继尧，三圣相受而守一道，亡救弊之政也，故不言其所损益也。繇是观之，继治世者其道同，继乱世者其道变。今汉继大乱之后，若宜少损周之文致，用夏之忠者。

陛下有明德嘉道，愍世俗之靡薄[13]，悼王道之不昭，故举贤良方正之士，论议考问，将欲兴仁谊之休德，明帝王之法制，建太平之道也。臣愚不肖，述所闻，诵所学，道师之言，廑[14]能勿失耳。若乃论政事之得失，察天下之息耗，此大臣辅佐之职，三公九卿之任，非臣仲舒所能及也。然而臣窃有怪者。夫古之天下亦今之天下,今之天下亦古之天下,共是天下,古以大治,上下和睦,习俗美盛,不令而行,不禁而止,吏亡奸邪,民亡盗贼,囹圄空虚,德润草木,泽被四海,凤皇来集,麒麟来游,以古准今,壹何不相逮之远也!安所缪盭[15]而陵夷若是?意者有所失于古之道与?有所诡于天之理与?试迹之于古,返之于天,党可得见乎。

··········

《春秋》大一统者,天地之常经,古今之通谊也。今师异道,人异论,百家殊方,指意不同,是以上亡以持一统[16];法制数变,下不知所守。臣愚以为诸不在六艺之科孔子之术者,皆绝其道,勿使并进。邪辟之说灭息,然后统纪可一而法度可明,民知所从矣。

[汉]班固撰:《汉书》(第八册),中华书局,1962年。

**注释**

〔1〕获承至尊休德:言承先帝极尊之位、至美之德也。休,美。

〔2〕裦然:盛服貌。裦,音 yōu。

〔3〕筦:同"管"。

〔4〕屑屑:动作之貌。

〔5〕解:通"懈",怠。

〔6〕茂:勉。

〔7〕繇:同"由"。

〔8〕君子之德风,小人之德草,草上之风必偃:见《论语》。孔子用风吹草偃比喻君子能以德化小人。

〔9〕犹泥之在钧,唯甄者之所为:如泥巴在制陶的转盘上,听凭陶工发挥。喻教化作用之大。钧,制陶器的转盘。甄者,陶匠。

〔10〕镕:音 róng,铸器的模型。

〔11〕绥之斯俫,动之斯和:见《论语》。安抚民众,他们就会来归;鼓励民众,他们就会和乐。

〔12〕眊:音 mào,不明。

〔13〕靡薄:靡,散。薄,轻。

〔14〕廑：同"仅"，少。

〔15〕鼗：音㡰，古"庚"字。

〔16〕上亡以持一统：领导者不能掌握统一思想的标准。

## 深察名号（节录）

名生于真，非其真，弗以为名。名者，圣人之所以真物也。名之为言真也。故凡百讥有黮[1]黮者，各反其真，则黮黮者还昭昭耳。欲审曲直，莫如引绳；欲审是非，莫如引名。名之审於是非也，犹绳之审於曲直也。诘其名实，观其离合，则是非之情不可以相谰[2]已。今世暗于性，言之者不同，胡不试反性之名。性之名非生与？如其生之自然之资谓之性。性者质也。诘性之质于善之名，能中之与？既不能中矣，而尚谓之质善，何哉？性之名不得离质。离质如毛，则非性已[3]，不可不察也。《春秋》辨物之理，以正其名。名物如其真，不失秋毫之末。故名霣石[4]，则后其五，言退鹢，则先其六。圣人之谨于正名如此。君子于其言，无所苟而已，五石、六鹢之辞是也。栣众恶于内，弗使得发于外者，心也。故心之为名栣也。人之受气苟无恶者，心何栣哉？吾以心之名，得人之诚。人之诚，有贪有仁。仁贪之气[5]，两在于身。身之名，取诸天。天两有阴阳之施，身亦两有贪仁之性。天有阴阳禁，身有情欲栣，与天道一也。是以阴之行不得干春夏，而月之魄常厌于日光。乍全乍伤，天之禁阴如此，安得不损其欲而辍其情以应天。天所禁而身禁之，故曰身犹天也。禁天所禁，非禁天也。必知天性不乘于教，终不能栣。察实以为名，无教之时，性何遽若是。故性比于禾，善比于米。米出禾中，而禾未可全为米也。善出性中，而性未可全为善也。善与米，人之所继天而成于外，非在天所为之内也。天之所为，有所至而止。止之内谓之天性，止之外谓之人事。事在性外，而性不得不成德。民之号，取之瞑也。使性而已善，则何故以瞑为号？以霣[6]者言，弗扶将，则颠陷猖狂，安能善？性有似目，目卧幽而瞑[7]，待觉而后见。当其未觉，可谓有见质，而不可谓见。今万民之性，有其质而未能觉，譬如瞑者待觉，教之然后善。当其未觉，可谓有善质，而不可谓善，与目之瞑而觉，一概之比也。静心徐察之，其言可见矣。性而瞑之未觉；天所为也。效天所为，为之起号，故谓之民。民之为言，固犹瞑也，随其名号以入其理，则得之矣。是正名号者于天地，天地之所生，谓之性情。性情相与为一瞑。情亦性也。谓性已善，奈其情何？故圣人莫谓性善，累其名也。身之有性情也，若天之有阴阳也。言人之质而无其情，犹言天之阳而无其阴也。穷论者，无时受也。[8]名性，不以上，不以下，以其中名之。[9]性如茧如卵。卵待覆而成雏，茧待缲而为丝，性待教而为善。此之谓真天。天生民性有善质，而未能善，于是为之立王以善之，此天意也。民受未能善之性于天，而退受成性之教于王。王承天意，以成民之性为任者也。今案其真质，而谓民性已善者，是失天意而去王任也。万民之性苟已善，则王者受命尚何任也？其设名不正，故弃重任而违大命，非法言也。《春秋》之辞，内事之待外者，从外言之。今万民之性，待外教然后能善，善当与教，不当与性。与性，则多累而不精，自成功而无贤圣，此世长者之所误出也，非《春秋》为辞之术也。不法之言、无验之说，君子之所外，何以为哉？或曰：性有善端，心有善质，尚安非善？应之曰：非也。茧有丝而茧非丝也，卵有雏而卵非雏也。比类率然，有[10]何疑焉。天生民有《六经》，言性者不当异。然其或曰性也善，或曰性未善，则所谓善者，各异意也。性有善端，动[11]之爱父母，善于禽兽，则谓之善。此孟子之善。循三纲五纪，通八端之理[12]，忠信而博爱，敦厚而好礼，乃可谓善。此圣人之善也。是故孔子曰："善人吾不得而见之，得见有常者斯可矣。"由是观之，圣人之所谓善，未易当也，非善于禽兽则谓之善也。使动其端善于禽兽则可谓之善，善奚为弗见也？夫善于禽兽之未得为善也，犹知于草木而不得名知。万民之性善于禽兽而不得名善，知[13]之名乃取之圣。圣人之所命，天下以为正。正朝夕者视北辰，正嫌疑者视圣人。圣人以为无王之世，不教之民，莫能当善。善之难当如此，而谓万民之性皆能当之，过矣。质于禽兽之性，则万民之性善矣；质于人道之善，则民性弗及也。万民之性善于禽兽者许之，圣人之所谓善者弗许。吾质[14]之命性者异孟子。孟子下质于禽兽之所为，故曰性已善；吾上质于圣人之所为，故谓性未善。善过性，圣人过善。[15]《春秋》大元，故谨于正名。名非所始，如之何谓未善已善也。

苏舆撰；钟哲点校:《春秋繁露义证》，中华书局，1992年。

## 注释

〔1〕黮：音 dǎn，深黑色。

〔2〕谰：音 lán，诋谰，诬言。

〔3〕离质如毛，则非性已：离质则非性。如毛，指微小。

〔4〕霣石：陨石。霣，通"陨"。

〔5〕气：质。

〔6〕瞑：当作"瞑"。

〔7〕瞑：古"眠"字。

〔8〕穷论者，无时受也：彻底追问这种说法，就永远没有成立的可能。

〔9〕名性，不以上，不以下，以其中名之：中，中民。《实性》："圣人之性，不可以名性，斗筲之性，又不可以名性，名性者，中民之性。"

〔10〕有：同"又"。

〔11〕动：疑作"童"。

〔12〕循三纲五纪，通八端之理：遵循三纲五常的道德准则，通晓仁、义、礼、智做人的根本道理。三纲，《白虎通》："君为臣纲，父为子纲，夫为妻纲。"五纪，《国语》："五义纪宜。"韦昭注："五义，谓父义，母慈，兄友，弟恭，子孝。"五纪或即指此五义，亦称五常。八端，《孟子》四端：仁、义、礼、智。此处八端未详。

〔13〕知：疑作"善"。

〔14〕质：考究。

〔15〕善过性，圣人过善：人道之善是超越万民之性的，圣人又是超越人道之善而为天下的准绳。

# 《史记》选

《史记》是司马迁撰写的纪传体史书，最初被称为《太史公书》《太史公记》，魏晋时始称《史记》。

司马迁（前145或前135—？），字子长，西汉左冯翊夏阳（今陕西韩城）人，史学家、文学家、思想家。少时随父司马谈读书，从董仲舒受学《春秋》，向孔安国问疑《尚书》，20岁时游历天下，元封三年（前108）任太史令，得读史官所藏图书。太初元年（前104），参与制定《太初历》，此后撰写《史记》，前后历14年，最终完成《史记》的撰写和润饰。《史记》是中国历史上第一部纪传体通史，记述了中国上自黄帝，下至汉武帝太初年间大约3000年的历史。《史记》包括十二本纪、三十世家、七十列传、十表、八书五部分，以历史上的帝王等政治中心人物为编撰主线，各种体例分工明确。

《太史公自序》概述了作者的家族世系、家学渊源、著书经过及旨趣等，融作者遭遇和志向于一体，既是《史记》序文，也是司马迁自传，编排在全书最后。节选内容为作者述其父司马谈对阴阳、儒、墨、法、名、道六家的评论。他推崇道家，但认为其他各家虽各有所短，也各有所长，可以并存发展。

## 太史公自序（节录）

《易大传》[1]："天下一致而百虑，同归而殊涂。"夫阴阳、儒、墨、名、法、道德，此务为治者也，直所从言之异路，有省不省耳。尝窃观阴阳之术，大祥[2]而众忌讳，使人拘而多所畏；然其序四时之大顺，不可失也。儒者博而寡要，劳而少功，是以其事难尽从；然其序君臣父子之礼，列夫妇长幼之别，不可易也。墨者俭而难遵，是以其事不可徧循；然其强本节用，不可废也。法家严而少恩；然其正君臣上下之分，不可改矣。名家使人俭而善失真；然其正名实，不可不察也。道家使人精神专一，动合无形，赡足万物。其为术也，因阴阳之大顺，采儒墨之善，撮名法之要，与时迁移，应物变化，立俗施事，无所不宜，指约而易操，事少而功多。儒者则不然。以为人主天下之仪表也，主倡而臣和，主先而臣随。如此则主劳而臣逸。至于大道之要，去健羡[3]，绌聪明，释此而任术。夫神大用则竭，形大劳则敝。形神骚动，欲与天地长久，非所闻也。

夫阴阳四时、八位、十二度、二十四节各有教令[4]，顺之者昌，逆之者不死则亡，未必然也，故曰"使人拘而多畏"。夫春生夏长，秋收冬藏，此天道之大经也，弗顺则无以为天下纲纪，故曰"四时之大顺，不可失也"。

夫儒者以六艺为法。六艺经传以千万数，累世不能通其学，当年不能究其礼，故曰"博而寡要，劳而少功"。若夫列君臣父子之礼，序夫妇长幼之别，虽百家弗能易也。

墨者亦尚尧舜道，言其德行曰："堂高三尺，土阶三等，茅茨不翦，采椽不刮。食土簋，啜土刑，粝梁之食，藜藿之羹。[5]夏日葛衣，冬日鹿裘。"其送死，桐棺三寸[6]，举音不尽其哀。教丧礼，必以此为万民之率。使天下法若此，则尊卑无别也。夫世异时移，事业不必同，故曰"俭而难遵"。要曰强本节用，则人给家足之道也。此墨子之所长，虽百家弗能废也。

法家不别亲疏，不殊贵贱，一断于法，则亲亲尊尊之恩绝矣。可以行一时之计，而不可长用也，故曰"严而少恩"。若尊主卑臣，明分职不得相逾越，虽百家弗能改也。

名家苛察缴绕[7]，使人不得反其意，专决于名而失人情，故曰"使人俭而善失真"。若夫控名责实，参伍不失，此不可不察也。

道家无为，又曰无不为，其实易行[8]，其辞难知。其术以虚无为本，以因循[9]为用。无成势，无常形，故能究万物之情。不为物先，不为物后，故能为万物主。有法无法，因时为业；有度无度，因物与合。故曰"圣人不朽，时变是守。虚者道之常也，因者君之纲"也。群臣并至，使各自明也。其实中其声者谓之端，实不中其声者谓之窾[10]。窾言不听，奸乃不生，贤不肖自分，白黑乃形。在所欲用耳，何事不成。乃合大道，混混冥冥。光耀天下，复反无名。凡人所生者神也，所讬者形也。神大用则竭，形大劳则敝，形神离则死。死者不可复生，离者不可复反，故圣人重之。由是观之，神者生之本也，形者生之具也。不先定其神形，而曰"我有以治天下"，何由哉？

［汉］司马迁撰；［南朝宋］裴骃集解；［唐］司马贞索隐；［唐］张守节正义：《史记》，中华书局，1959年。

**注释**

〔1〕《易大传》：指《周易·系辞》。

〔2〕祥：吉凶之先见也。

〔3〕去健羡：舍弃贪欲。裴骃《集解》引如淳曰"知雄守雌，是去健也。不见可欲，使心不乱，是去羡也"。

〔4〕八位、十二度、二十四节各有教令：裴骃《集解》引张晏曰"八位，八卦位也。十二度，十二次也。二十四节，就中气也。各有禁忌，谓日月也"。

〔5〕食土簋，啜土刑，粝梁之食，藜藿之羹：用粗陶器吃饭，用土铏饮水，吃糙米饭，喝藜藿汤。土簋，盛饭的瓦器；簋，音ɡuǐ。土刑，亦作"土铏""土型"，盛羹汤的瓦器。粝，粗米。粱，粟。藜，野菜。藿，豆叶。

〔6〕桐棺三寸：以桐木为棺，厚三寸。

〔7〕缴绕：缠绕。

〔8〕易行：各守其分。

〔9〕因循：顺应自然。

〔10〕窾：同"款"，空。

# 《论衡》选

《论衡》，东汉王充撰。

王充（27—约97），会稽上虞（今属浙江绍兴）人，字仲任，东汉时期哲学家、思想家、文学批评家。早年入太学，师从班彪，过目成诵，博览百家，做过郡功曹、州从事等小官，后罢官回家，专一著述。在认知论上，提出"实知""效验"观点，强调学以求知；在人性和教育的关系上，指出人性可以通过教育而改变。《论衡》现存85篇，其中《招致》仅存篇目，实存84篇。《论衡》广泛吸收先秦以来儒家、道家、法家、墨家等学派的思想，特别是汉代自然科学的成就，对"天人感应"、神学目的论和谶纬之学进行批判。

《超奇》分别各类儒者，联系汉代名人，评其得失，论其等第，以鸿儒为标准，提倡"好学勤力，博闻强识""兴论立说，结连篇章"。

《实知》批判当时流行的今文经学派的谶纬思想，阐述作者唯物主义认识论的观点。王充认为人的知识是后天得到的，否认有天赋的、先验的知识，这便是"实知"。同时，王充肯定知识来源于感觉经验，即"须任耳目以定情实"。

## 超奇（节录）

通书千篇以上，万卷以下，弘畅雅闲，审定文读，而以教授为人师者，通人也。杼其义旨，损益其文句，而以上书奏记，或兴论立说，结连篇章者，文人、鸿儒也。好学勤力，博闻强识，世间多有；著书表文，论说古今，万不耐[1]一。然则著书表文，博通所能用之者也。入山见木，长短无所不知；入野见草，大小无所不识。然而不能伐木以作室屋，采草以和方药，此知草木所不能用也。夫通人览见广博，不能摄以论说，此为匿生书主人，孔子所谓"诵《诗》三百，授之以政不达"者也，与彼草木不能伐采，一实也。孔子得《史记》[2]以作《春秋》，及其立义创意，褒贬赏诛，不复因《史记》者，眇[3]思自出于胸中也。凡贵通者，贵其能用之也。即[4]徒诵读，读诗讽术，虽千篇以上，鹦鹉能言之类也。衍传书之意，出膏腴之辞，非俶傥[5]之才，不能任也。夫通览者，世间比有；著文者，历世希[6]然。近世刘子政父子[7]、杨子云[8]、桓君山[9]，其犹文、武、周公并出一时也；其余直有，往往而然，譬珠玉不可多得，以其珍也。

故夫能说一经者为儒生，博览古今者为通人，采摭传书以上书奏记者为文人，能精思著文连结篇章者为鸿儒。故儒生过俗人，通人胜儒生，文人踰通人，鸿儒超文人。故夫鸿儒，所谓超而又超者也。以超之奇，退与儒生相料，文轩之比于敝车，锦绣之方于缊袍也，其相过，远矣。如与俗人相料，太山之巅塸[10]，长狄之项跖，不足以喻。故夫丘山以土石为体，其有铜铁，山之奇也。铜铁既奇，或出金玉。然鸿儒，世之金玉也，奇而又奇矣。

奇而又奇，才相超乘，皆有品差。

儒生说名于儒门，过俗人远也。或不能说一经，教诲后生。或带徒聚众，说论洞溢，称为经明。或不能成牍，治一说。或能陈得失，奏便宜，言应经传，文如星月。其高第若谷子云[11]、唐子高[12]者，说书于牍奏之上，不能连结篇章。或抽[13]列古今，纪著行事，若司马子长[14]、刘子政之徒，累积篇第，文以万数，其过子云、子高远矣，然而因成纪前，无胸中之造。若夫陆贾、董仲舒，论说世事，由意而出，不假取于外，然而浅露易见，观读之者，犹曰传记。阳成子长[15]作《乐经》，杨子云作《太玄经》，造于助[16]思，极窅冥[17]之深，非庶几之才，不能成也。孔子作《春秋》，二子作两经，所谓卓尔蹈孔子之迹，鸿茂参贰圣之才者也。

黄晖撰：《论衡校释》（第二册），中华书局，1990年。

## 注释

〔1〕耐：通"能"。

〔2〕《史记》：鲁国《史记》。

〔3〕眇：音 miào，精妙。

〔4〕即：若。

〔5〕俶傥：卓异貌。

〔6〕希：同"稀"。

〔7〕刘子政父子：指刘向父子。刘向，字子政，西汉经学家。子刘歆，字子骏，西汉末年古文经学派的开创者。

〔8〕杨子云：扬雄，字子云，西汉末年哲学家、文学家、辞赋家、思想家。

〔9〕桓君山：桓谭，字君山，东汉哲学家、经学家、琴师、天文学家，反对谶

纬神学。

〔10〕巅塎：山顶和山脚。塎，音 dì。

〔11〕谷子云：谷永，字子云，汉成帝时大司农，博学经书。

〔12〕唐子高：唐林，字子高，以明经而显名，王莽时封侯。

〔13〕抽：通"籀"。

〔14〕司马子长：司马迁。

〔15〕阳成子长：阳城衡，字子长，曾补《史记》。

〔16〕助：当作"眇"。

〔17〕窅冥：幽远。窅，音 yǎo。

## 实知（节录）*

儒者论圣人，以为前知千岁，后知万事，有独见之明，独听之聪，事来则名，不学自知，不问自晓，故称圣，〔圣〕则神矣。若蓍、龟之知吉凶，蓍草称神，龟称灵矣。贤者才下不能及，智劣不能料，故谓之贤。夫名异则实殊，质同则称钧，以圣名论之，知圣人卓绝，与贤殊也。

············

……以今论之，故夫可知之事者，思虑所能见也；不可知之事，不学不问不能知也。不学自知，不问自晓，古今行事，未之有也。夫可知之事，推精思之，虽大无难；不可知之事，厉心学问，虽小无易。故智能之士，不学不成，不问不知。

············

人才有高下，知物由学。学之乃知，不问不识。子贡曰："夫子焉不学？而亦何常师之有？"孔子曰："吾十有五而志乎学。"五帝、三王，皆有所师。曰："是欲为人法也。"曰：精思亦可为人法。何必以学者？事难空知，圣贤之才能立也。所谓"神"者，不学而知；所谓"圣"者，须学以圣。以圣[1]人学，知其非圣。天地之间，含血之类，无性知者。……

---

* 本篇分段，编者做了处理。

事有难知易晓，贤圣所共关思也。若夫文质之复，三教之重[2]，正朔相缘，损益相因[3]，贤圣所共知也。古之水火，今之水火也；今之声色，后世之声色也。鸟兽草木，人民好恶，以今而见古，以此而知来，千岁之前，万世之后，无以异也。追观上古，探察来世，文质之类，水火之辈，贤圣共之；见兆闻象，图画祸福，贤圣共之；见怪名物，无所疑惑，贤圣共之。事可知者，贤圣所共知也；不可知者，圣人亦不能知也。何以明之？使圣空坐先知雨也，性能一事知远道[4]，孔窍不普，未足以论也。所论先知性达者，尽知万物之性，毕睹千道之要也。如知一不通二，达左不见右，偏驳不纯，踦校不具，非所谓圣也。如必谓之圣，是明圣人无以奇也。詹何之徒圣[5]，孔子之党亦称圣，是圣无以异于贤，贤无以乏于圣也。贤圣皆能，何以称圣奇于贤乎？如俱任用术数[6]，贤何以不及圣？

　　实者，圣贤不能性[知][7]，须任耳目以定情实。其任耳目也，可知之事，思之辄决；不可知之事，待问乃解。天下之事，世间之物，可思而知，愚夫能开精；不可思而知，上圣不能省。孔子曰："吾尝终日不食，终夜不寝以思，无益，不如学也。"天下事有不可知，犹结有不可解也。见说善解结，结无有不可解。结有不可解，见说不能解也。非见说不能解也，结有不可解；及其解之，用不能也。圣人知事，事无不可知。事有不可知，圣人不能知。非圣人不能知，事有不可知；及其知之，用不知也。故夫难知之事，学问所能及也；不可知之事，问之学之，不能晓也。

黄晖撰：《论衡校释》（第四册），中华书局，1990年。

## 注释

〔1〕圣：当作"神"。

〔2〕文质之复，三教之重：见《论衡·齐世》。"文质之法，古今所共，一质一文，一衰一盛，古而有之，非独今也。何以效之？《传》曰：'夏后氏之王教以忠。上教以忠，君子忠；其失也，小人野。救野莫如敬，殷王之教以敬。上教以敬，君子敬；其失也，小人鬼。救鬼莫如文，故周之王教以文。上教以文，君子文；其失也，小人薄。救薄莫如忠，承周而王者，当教以忠。'"

〔3〕正朔相缘，损益相因：历法的因袭、礼制的增损和沿用。

〔4〕性能一事知远道：生来能对一件事先知远见。

〔5〕詹何之徒圣：见《韩非子·解老》。"詹何坐，弟子侍，有牛鸣于门外，弟子曰：'是黑牛也，而白在其题。'詹何曰：'然，是黑牛也，而白在其角。'使人视之，果黑牛而以布裹其角。"本篇引此事稍有不同。王充评斥把詹何听牛声而知牛色称为圣。

〔6〕术数：用阴阳五行推测人事吉凶的法术。

〔7〕性知：性，通"生"，即"生知"。

## 嵇康教育论著选

嵇康（223—262），字叔夜，世称"嵇中散"，谯郡铚县（今属安徽濉溪）人，三国时期著名文学家、思想家、音乐家。幼丧父，由舅、叔抚育，聪颖好学，博览群书，广习诸艺，尤喜老庄学说，喜饮酒，善音律，"傲世不羁""性烈才俊"。早年因与曹魏姻亲，拜官郎中，授中散大夫。司马氏掌权，归隐不仕，受构陷而死。曾在太学，深受学生喜爱，遇害临刑前，"太学生三千人上书请以为师"。在教育上，"非汤武""薄周孔"，对"不友不师"的世俗教育持批判态度，主张"越名教而任自然""审贵贱而通物情"，提出"以无措为主，以通物为美"的自然主义教育。著作今传《嵇康集》，内中《与山巨源绝交书》《养生论》《声无哀乐论》《释私论》《家诫》等诸篇论及教育。

《声无哀乐论》探讨音乐与人的情感之间的关系、音乐本质与乐教价值，主张"声无哀乐"，即音乐表现或激发哀乐情感必须基于人的内心情感，指出音乐"有自然之和"，"以平和为体"。因"感人之最深"，其价值对个体内"和心"而外"和气"；对社会言之，"无声之乐，民之父母"，故"移风易俗，莫善于乐"。

作为中国早期重要家训文献，《家诫》创作于嵇康临刑前，教育儿子以君子之圭臬立身处世、修身养性。内中诸如"慎交友""非贤勿交"的交友标准，不打听别人隐私、不参与小团体私议的处世原则，以及谦逊宽容、重义轻利、立德慎言、三思而行、饮酒有度等休养准则，均富有启发意义。

## 声无哀乐论[1]（节录）

秦客问曰："仲尼有言：移风易俗，莫善于乐。即如所论，凡百哀乐，皆不在声，即移风易俗，果以何物邪？又古人慎靡靡之风，抑悟[2]耳之声。故曰：放郑声，远佞人。然则郑卫之音，击鸣球以协神人，敢问郑雅之体，隆弊所极，风俗移易，奚由而济？幸重闻之，以悟所疑。"主人应之曰："夫言移风易俗者，必承衰弊之后也。古之王者，承天理物，必崇简易之教，御无为之治。君静于上，臣顺于下；玄化潜通，天人交泰[3]。枯槁之类，浸育灵液，六合之内，沐浴鸿[4]流，荡涤尘垢；群生安逸，自求多福；默然从道，怀忠抱义，而不觉其所以然也。和心足于内，和气见于外；故歌以叙志，儛[5]以宣情。然后文之以采章，照之以风雅，播之以八音，感之以太和；导其神气，养而就[6]之；迎其情性，致而明之；使心与理相顺，和与声相应。合乎会通，以济其美。故凯[7]乐之情，见于金石；含弘光大，显于音声也。若以往则万国同风，芳荣济茂，馥如秋兰，不期而信，不谋而成，穆然相爱；犹舒锦彩，而粲炳[8]可观也。大道之隆，莫盛于兹，太平之业，莫显于此。故曰：移风易俗，莫善于乐。乐之为体，以心为主。故无声之乐，民之父母也。至八音会谐，人之所悦，亦总谓之乐。然风俗移易，不在此也。夫音声和比，人情所不能已者也。是以古人知情之不可放，故抑其所遁[9]；知欲之不可绝，故因其所自。为可奉之礼，制可导之乐。口不尽味，乐不极音；揆终始之宜，度贤愚之中，为之检[10]，则使远近同风，用而不竭，亦所以结忠信，著不迁也。故乡校庠塾亦随之变。丝竹与俎豆并存，羽毛与揖让俱用，正言与和声同发。使将听是声也，必闻此言；将观是容也，必崇此礼。礼犹宾主升降，然后酬[11]酢[12]行焉。于是言语之节，声音之度，揖让之仪，动止之数，进退相须，共为一体[13]。君臣用之于朝，庶士用之于家。少而习之，长而不怠，心安志固,从善日迁,然后临之以敬,持之以久而不变,然后化成。此又先王用乐之意也。故朝宴聘享,嘉乐[14]必存;是以国史采风俗之盛衰,寄之乐工,宣之管弦,使言之者无罪,闻之者足以自诫。此又先王用乐之意也……"

戴明扬校注:《嵇康集校注》,人民文学出版社,1962年。

### 注释

〔1〕声无哀乐论:见刘勰《文心雕龙·论说》。"详观兰石之《才性》,仲宣之《去伐》,叔夜之《辨声》,太初之《本无》,辅嗣之《两例》,平叔之二论,并师心独见,锋颖精密,盖论之英也。"

〔2〕慆:喜悦。

〔3〕泰:通。

〔4〕鸿:通"洪"。

〔5〕儛:同"舞"。

〔6〕就:成。

〔7〕凯:乐。

〔8〕粲炳:鲜明貌。粲,明貌。炳,明。

〔9〕遁:逃。

〔10〕检:法度。

〔11〕酬:劝。

〔12〕酢:报。

〔13〕体:性。

〔14〕嘉乐:钟磬。

## 家诫(节录)

人无志,非人也。但君子用心,所欲准[1]行,自当量其善者,必拟议而后动。若志之所之,则口与心誓,守死无二,耻躬不逮,期于必济[2]。若心疲体解[3],或牵于外物,或累于内欲,不堪近患,不忍小情,则议于去就。议于去就,则二心[4]交争。二心交争,则向[5]所见役之情胜矣。

或有中道而废,或有不成一篑[6]而败之。以之守则不固,以之攻则怯弱;与之誓则多违,与之谋则善泄,临乐则肆情,处逸则极意,故虽繁华熠耀,无结秀之勋,终年之勤,无一旦之功,斯君子所以叹息也。若夫申胥之长吟[7],夷齐之全洁[8],展季之执信[9],苏武之守节[10],可谓固矣。故以无心守之,安而体之,若自然也,乃是守志之盛者可耳。

戴明扬:《嵇康集校注》,人民文学出版社,1962年。

## 注释

〔1〕准:效法。

〔2〕济:成。

〔3〕解:通"懈"。

〔4〕二心:公私二心。

〔5〕向:以往。

〔6〕篑:盛土的竹筐。

〔7〕申胥之长吟:见《左传·定公四年》。初,伍员与申包胥友。其亡也,谓申包胥曰:"我必复楚国。"申包胥曰:"勉之。子能复之,我必能兴之。"及昭王在随,申包胥如秦乞师,立依于庭墙而哭,日夜不绝声,勺饮不入口,七日,秦师乃出。

〔8〕夷齐之全洁:见《吕氏春秋·诚廉》。周之将兴也,有士二人,处于孤竹,曰伯夷、叔齐,西行如周,至于岐阳,则文王已殁矣。武王即位,观周德,相视而笑曰:"……以此绍殷,是以乱易暴也。吾闻古之士,遭乎治世,不避其任;遭乎乱世,不为苟在。今天下暗,周德衰矣。与其并乎周以漫吾身也,不若避之以洁吾行。"二子北行,至首阳之下而饿焉。

〔9〕展季之执信:见《吕氏春秋·审己》。齐攻鲁,求岑鼎。鲁君载他鼎以往。齐侯弗信而反之,使人告鲁侯曰:"柳下季以为是,请因受之。"鲁君请于柳下季,柳下季答曰:"君之赂,以欲岑鼎也,以免国也。臣亦有国于此,破臣之国,以免君之国,此臣之所难也。"于是,鲁君乃以真岑鼎往也。

〔10〕苏武之守节:见《汉书·苏武传》。武字子卿,天汉元年,武帝遣武以中郎将使持节送匈奴使留在汉者,单于欲降之,乃幽武置大窖中,绝不饮食。天雨雪,武卧啮雪与旃毛并咽之,数日不死。匈奴以为神,乃徙武北海上无人处,使牧羝。留匈奴凡十九岁,始以强壮出,及还,须发尽白。

# 《颜氏家训》选

颜之推（531—约595），字介，原籍琅琊临沂（今山东临沂），南北朝时著名文学家、教育家。世居建康（今南京），生于士族官僚家庭，世传《周礼》《左氏春秋》。早传家业，12岁听讲老庄之学，因"虚谈非其所好，还习《礼》《传》"，生活上"好饮酒，多任纵，不修边幅"。博览群书，为文辞情并茂，得梁湘东王赏识，19岁被任为国左常侍。后投奔北齐，历20年，累官至黄门侍郎。北齐为北周所灭，被征为御史上士。隋灭北周，又于隋文帝开皇年间，被召为学士，不久以疾终。传世著作有《颜氏家训》和《还冤志》等。

《颜氏家训》共20篇，是颜之推基于一生对士大夫立身、治家、处世、为学的经验总结，旨在用儒家思想教训子孙，以保持家族的传统与地位。该书在中国封建社会教育史上有重要的影响，后世称为"家教规范""家训鼻祖"。

《勉学》篇述为学见解。针对"贵游子弟，多无学术"的现实情况，认为士人当以"讲议经书"为业，勤学博习，以开明心目，修身利行，学成一艺，得以自资。又谓幼年精神专一，宜于早教；但"失于盛年，犹当晚学，不可自弃"。这种勤勉务实的要求，是对当时士习和学风的针砭。

《教子》篇专论家庭教育。根据孔丘"少成若天性，习惯如自然"的论点，认为儿童时期是一生发展的关键，应当从婴孩"识人颜色，知人喜怒，便加教诲"。又指出溺爱则养成骄慢之气，终成为败德之人，善教子女者应把慈爱和督训结合起来。

## 勉学（节录）

自古明王圣帝，犹须勤学，况凡庶乎！此事遍于经史，吾亦不能郑重[1]，聊举近世切要，以启寤[2]汝耳。士大夫子弟，数岁以上，莫不被教，多者或至《礼》《传》，少者不失《诗》《论》。及至冠婚，体性稍定；

因此天机[3]，倍须训诱。有志尚者，遂能磨砺，以就素业[4]；无履立[5]者，自兹堕慢，便为凡人。人生在世，会当有业：农民则计量耕稼，商贾则讨论货贿[6]，工巧则致精器用，伎艺则沈思法术，武夫则惯习弓马，文士则讲议经书。多见士大夫耻涉农商，羞务工伎，射则不能穿札[7]，笔则才记姓名，饱食醉酒，忽忽无事，以此销日，以此终年。或因家世余绪[8]，得一阶半级[9]，便自为足，全忘修学；及有吉凶大事，议论得失，蒙然[10]张口，如坐云雾；公私宴集，谈古赋诗，塞默低头，欠伸而已。有识旁观，代其入地[11]。何惜数年勤学，长受一生愧辱哉！

梁朝全盛之时，贵游子弟[12]，多无学术，至于谚云："上车不落则著作，体中何如则秘书。"[13]无不熏衣剃面，傅粉施朱，驾长檐车，跟高齿屐，坐棋子方褥，凭斑丝隐囊[14]，列器玩于左右，从容出入，望若神仙。明经[15]求第，则顾[16]人答策；三九公宴[17]，则假手赋诗。当尔之时，亦快士也。及离乱之后，朝市迁革，铨衡[18]选举，非复曩者之亲；当路秉权，不见昔时之党。求诸身而无所得，施之世而无所用。被褐而丧珠，失皮而露质[19]，兀若枯木，泊[20]若穷流，鹿独[21]戎马之间，转死沟壑之际。当尔之时，诚驽材[22]也。有学艺者，触地而安。自荒乱以来，诸见俘虏。虽百世小人，知读《论语》、《孝经》者，尚为人师；虽千载冠冕，不晓书记者，莫不耕田养马。以此观之，安可不自勉耶？若能常保数百卷书，千载终不为小人也。

夫明六经之指，涉百家之书，纵不能增益德行，敦厉风俗，犹为一艺，得以自资。父兄不可常依，乡国不可常保，一旦流离，无人庇荫，当自求诸身耳。谚曰："积财千万，不如薄伎在身。"伎之易习而可贵者，无过读书也。世人不问愚智，皆欲识人之多，见事之广，而不肯读书；是犹求饱而懒营馔，欲暖而惰裁衣也。夫读书之人，自羲、农已来，宇宙之下，凡识几人，凡见几事，生民之成败好恶，固不足论，天地所不能藏，鬼神所不能隐也。

有客难主人曰："吾见强弩长戟，诛罪安民，以取公侯者有矣；文义习吏，匡时富国，以取卿相者有矣；学备古今，才兼文武，身无禄位，妻子饥寒者，不可胜数；安足贵学乎？"主人对曰："夫命之穷达，犹金玉木石也；修以学艺，犹磨莹雕刻也。金玉之磨莹，自美其矿璞[23]，木石之段块，自丑其雕刻；安可言木石之雕刻，乃胜金玉之矿璞哉？不得以有学之贫贱，比于无学之富贵也。且负甲为兵，咋笔为吏，身死名灭者如牛毛，角立杰出者如芝草[24]；握素披黄[25]，吟道咏德，苦辛无益者如日蚀[26]，逸乐名利者如秋荼[27]，岂得同年而语矣。"且又闻之："生而知之者上，学而知之者次。"所以学者，欲其多知明达耳。必有天才，拔群出类，为将则暗与孙武、吴起同术，执政则悬得管仲、子产[28]之教，虽未读书，吾亦谓之学矣。今子即不能然，不师古之纵迹，犹蒙被而卧耳。

人见邻里亲戚有佳快者[29]，使子弟慕而学之，不知使学古人，何其蔽也哉？……爰及农商工贾，厮役奴隶，钓鱼屠肉，饭牛牧羊，皆有先达，可为师表，博学求之，无不利于事也。

夫所以读书学问，本欲开心明目，利于行耳。未知养亲者，欲其观古人之先意承颜，怡声下气，不惮劬劳，以致甘腴[30]，惕然惭惧，起而行之也；未知事君者，欲其观古人之守职无侵，见危授命，不忘诚谏，以利社稷，恻然自念，思欲效之也；素骄奢者，欲其观古人之恭俭节用，卑以自牧[31]，礼为教本[32]，敬者身基，瞿然自失，敛容抑志也；素鄙吝者，欲其观古人之贵义轻财，少私寡欲，忌盈恶满[33]，赒穷恤匮，赧然悔耻，积而能散也；素暴悍者，欲其观古人之小心黜己，齿弊舌存，含垢藏疾[34]，尊贤容众，茶然[35]沮丧，若不胜衣也；素怯懦者，欲其观古人之达生委命[36]，强毅正直，立言必信，求福不回[37]，勃然奋厉，不可恐慑也。历兹以往，百行皆然。纵不能淳，去泰去甚[38]。学之所知，施无不达。世人读书者，但能言之，不能行之，忠孝无闻，仁义不足，加以断一条讼，不必得其理；宰千户县，不必理其民；问其造屋，不必知楣横而棁[39]竖也；问其为田，不必知稷早而黍迟也；吟啸谈谑，讽咏辞赋，事既优闲，材增迂诞，军国经纶，略无施用：故为武人俗吏所共嗤诋，良由是乎！

夫学者所以求益尔。见人读数十卷书，便自高大，凌忽长者，轻慢同列；人疾之如仇敌，恶之如鸱枭[40]。如此以学自损，不如无学也。

古之学者为己，以补不足也；今之学者为人，但能说之也。古之学者为人，行道以利世也；今之学者为己，修身以求进也。夫学者犹种树也，春玩其华，秋登其实；讲论文章，春华也，修身利行，秋实也。

王利器撰：《颜氏家训集解（增补本）》，中华书局，1996年。

## 注释

〔1〕郑重：频繁。

〔2〕寤：通"悟"。

〔3〕天机：人的悟性。

〔4〕素业：清素之业，指讲议经书。

〔5〕履立：操行树立。

〔6〕货贿：财物。货，指金玉。贿，指布帛。

〔7〕札：铠甲上的铁叶。

〔8〕家世余绪：世代仕宦之家保留的传统地位。

〔9〕得一阶半级：获得小官位和俸禄。

〔10〕蒙然：模糊不明。

〔11〕代其入地：替他感到惭愧，欲入地下躲藏。

〔12〕贵游子弟：泛指贵族子弟。《周礼·地官师氏》郑玄注："贵游子弟，王公之子弟游无官司者。"

〔13〕上车不落则著作，体中何如则秘书：梁朝官制，秘书省设监丞各一人，掌国家的典籍图书；著作郎一人，佐郎八人，掌国史，记录皇帝起居。末年都由不学无术的贵族子弟充任，故有民谚讥刺。贵族子弟能坐车子就得了著作的官衔，到能用习惯语"体中何如"进行谈论就取得秘书官职。

〔14〕驾长檐车，跟高齿屐，坐棋子方褥，凭斑丝隐囊：檐，车辕。辕长的车，坐者安稳。跟，动词，"穿着"的意思。高齿屐，当时士大夫喜穿的一种高齿木屐。褥，垫褥。斑丝，彩色的绸缎。隐囊，犹靠褥。

〔15〕明经：汉以来取士科目之一。

〔16〕顾：雇请。

〔17〕三九公宴：逢三逢九，公家举行宴会。

〔18〕铨衡：衡量轻重的器具。此指主管选任官员的吏部。

〔19〕被褐而丧珠，失皮而露质：《老子》曰"圣人被褐怀玉"。《法言·吾子》曰"羊质而虎皮，见草而说，见豺而战，忘其皮之虎也"。此喻贵族子弟在离乱中失去旧日权势，显出庸碌无能。

〔20〕泊：当作"洦"，浅水貌。

〔21〕鹿独：小步慢行，颠沛流离之貌。

〔22〕驽材：才能低下。驽，劣马。

〔23〕矿璞：未经炼制的铜铁矿石。金属未成器叫矿，玉石未加工叫璞。

〔24〕芝草：又称灵芝，生在枯木上的一种菌类，极罕见，古以为长生之药。

〔25〕握素披黄：犹言握铅抱椠。素，指白绢写的书。黄，指黄色卷轴。

〔26〕如日蚀：比喻罕见。

〔27〕秋荼：荼，一种茅草，至秋繁茂。故以秋荼比喻繁多。

〔28〕子产（？—前522）：公孙氏，名侨，春秋郑国的贤大夫。

〔29〕佳快者：佳才快士，出众的人。

〔30〕腆：嫩。

〔31〕卑以自牧：见《周易·谦卦·象》。"谦谦君子，卑以自牧也。"以谦卑自修其德行。牧，养。

〔32〕礼为教本：《荀子·礼论》谓"礼者，人道之极也"。《礼记·曲礼上》亦云"道德仁义，非礼不成；教训正俗，非礼不备"。

〔33〕忌盈恶满：《周易·谦卦·彖》曰"人道恶盈而好谦"。《尚书·大禹谟》曰"满招损，谦受益"。谓物极则反，达到盈满必转亏损，故恶盈满。

〔34〕齿弊舌存，含垢藏疾：《说苑·敬慎》谓"老子曰：'夫舌之存也，岂非以其柔耶？齿之亡也，岂非以其刚耶？'"《左传·宣公十五年》谓"川泽纳污，山薮藏疾，瑾瑜匿瑕，国君含垢，天之道也"。

〔35〕茶然：疲倦貌。

〔36〕达生委命：通达人生，任凭命运安排。

〔37〕求福不回：见《诗经·大雅·旱麓》。回，违。不回，不违于义。

〔38〕去泰去甚：去其过甚。泰，同"太"，过甚。

〔39〕梲：梁上短柱。

〔40〕鸱枭：音 chī xiāo，又作"鸱鸮"。鸱，鸱鹗。枭，鸺鹠。旧时视为恶鸟。

## 教子（节录）

　　上智不教而成，下愚虽教无益，中庸之人，不教不知也。古者，圣王有胎教之法[1]：怀子三月，出居别宫，目不邪视，耳不妄听，音声滋味，以礼节之。书之玉版，藏诸金匮。[2]生子咳嗯[3]，师保固明孝仁礼义，导习之矣。凡庶纵不能尔，当及婴稚，识人颜色，知人喜怒，便加教诲，使为则为，使止则止。比及数岁，可省笞罚。父母威严而有慈，则子女畏慎而生孝矣。吾见世间，无教而有爱，每不能然；饮食运为[4]，恣其所欲，宜诫翻奖，应诃反笑至有识知，谓法当尔。骄慢已习，方复制之，捶挞至死而无威，忿怒日隆而增怨，逮于成长，终为败德。孔子云"少成若天性，习惯如自然"[5]是也。俗谚曰："教妇初来，教儿婴孩。"诚哉斯语！

　　凡人不能教子女者，亦非欲陷其罪恶；但重于诃怒。伤其颜色，不忍楚挞惨其肌肤耳。当以疾病为谕，安得不用汤药针艾救之哉？又宜思勤督训者，可愿苛虐于骨肉乎？诚不得已也。

…………

　　人之爱子，罕亦能均；自古及今，此弊多矣。贤俊者自可赏爱，顽鲁者亦当矜怜，有偏宠者，虽欲以厚之，更所以祸之。

王利器撰：《颜氏家训集解（增补本）》，中华书局，1996年。

### 注释

〔1〕胎教之法：古人认为胎儿在母体中能受到孕妇言行的感染，所以孕妇要安居闲静，谨守礼法，使胎儿受到好的影响，谓之"胎教"。

〔2〕书之玉版，藏诸金匮：玉版，玉做的书版，引申为古代典籍的代称。金匮，金属做的匮，指国家藏书室。

〔3〕咳嗯：咳，婴儿笑声。嗯，同"啼"。

〔4〕运为："云为"，言论行为。

〔5〕少成若天性，习惯如自然：见贾谊《新书·保傅》。

# 韩愈教育论著选

韩愈（768—824），字退之，祖籍昌黎（今河北昌黎县），世称昌黎先生，唐代河内河阳（今河南孟州市）人，著名文学家、思想家、政治家、教育家。出身官僚世家，幼孤，由兄长及韩氏家族抚育，勤奋好学，博览经史百家，25岁进士及第，三试吏部"博学宏词"科而不中，终官吏部侍郎，又称韩吏部。以儒家卫道士自居，以存续"道统"为己任，强烈排斥佛、老，倡导"文以载道"。先后担任四门博士、国子博士、国子祭酒等学官多年，直接从事教育教学工作，积累了较为丰富的实践经验。他认为求学的目的应是"志于古道"，要求学子加强儒家仁义道德的学习与践履。当时社会普遍"耻于从师"，他逆流而上，大力提倡尊师重道，勇为人师，奖掖后学，尤为人所称道。传世著作《韩昌黎集》，由弟子编纂。

《师说》是韩愈出任四门博士时为学生李蟠所作。针对当时士大夫阶层普遍存在的从师"位卑则足羞，官盛则近谀"之心理，文章阐述了从师求学的必要性和原则，抨击了士大夫阶层耻学于师、耻于相师的陋习。

《进学解》是韩愈出任国子博士时，假托向学生训话借以抒发自己怀才不遇的愤懑之作。文中从"学""言""文""行"四个方面，以激昂、诙谐、优美的语言表现出韩愈勤奋学业、排斥佛老异端、传承儒家道统、从事古文创作、为人处世的努力与功劳，探讨了学习的目的、方法和态度，以及教师的责任和作用。

## 师说（节录）

古之学者必有师。师者，所以传道受业[1]解惑也。人非生而知之者，孰能无惑？惑而不从师，其为惑也终不解矣。生乎吾前，其闻道也固先乎吾，吾从而师之；生乎吾后，其闻道也亦先乎吾，吾从而师之：吾师道也，夫庸[2]知其年之先后生于吾乎？是故无贵无贱，无长无少，道之所在，师之所存也。

嗟乎！师道之不传也久矣[3]，欲人之无惑也难矣！古之圣人，其出人也远矣，犹且从师而问焉；今之众人，其下圣人也亦远矣，而耻学于师。是故圣益圣，愚益愚，圣人之所以为圣，愚人之所以为愚，其皆出于此乎？爱其子，择师而教之；于其身也，则耻师焉，惑矣！彼童子之师，授之书而习其句读[4]者，非吾所谓传其道解其惑者也。句读之不知，惑之不解，或师焉，或不焉，小学而大遗[5]，吾未见其明也。

巫医乐师百工之人[6]，不耻相师。士大夫之族[7]，曰师、曰弟子云者，则群聚而笑之。问之，则曰："彼与彼年相若也，道相似也。"位卑则足羞，官盛则近谀。[8]呜呼！师道之不复可知矣！巫医乐师百工之人，君子不齿[9]，今其智乃反不能及，其可怪也欤！

圣人无常师，孔子师郯子、苌弘、师襄、老聃。郯子之徒，其贤不及孔子。孔子曰："三人行，则必有我师。"是故弟子不必不如师，师不必贤于弟子，闻道有先后，术业有专攻，如是而已。

[唐]韩愈撰；马其昶校注；马茂元整理：《韩昌黎文集校注》，<br>上海古籍出版社，1986年。

## 注释

〔1〕传道受业：道，指儒家修身、齐家、治国、平天下之道。受，通"授"。业，指学习经传、文辞。

〔2〕庸：岂。

〔3〕师道之不传也久矣：东晋从师受经的风气尚盛，魏晋以下，清谈玄学，学风转变，师道之不传，由来已久。

〔4〕句读：文言文中的停顿和断句方式，语意已尽处为句，语意未完、语气可停处为读。

〔5〕小学而大遗：小的方面（句读）则要学习，大的方面（解疑难问题）却放弃。

〔6〕巫医乐师百工之人：古代社会中从事巫医、演奏及各类手工艺等地位较低的人员。巫，以降神召鬼为人治病的人。乐师，以吹打弹唱为业的人。百工，各种手工业者。

〔7〕族：类。

〔8〕位卑则足羞，官盛则近谀：以地位低的人为师则感到耻辱，以官位高的人为师则以为近于谄媚。

〔9〕不齿：不屑谈及。

## 进学解（节录）

国子先生[1]晨入太学，招诸生立馆下；诲之曰："业精于勤荒于嬉；行成于思毁于随。方今圣贤相逢，治具毕张。[2]拔去凶邪，登崇畯[3]良。占小善者率一录，名一艺者无不庸[4]；爬罗剔抉，刮垢磨光。[5]盖有幸而获选，孰云多而不扬。诸生业患不能精，无患有司[6]之不明；行患不能成，无患有司之不公。"

言未既[7]，有笑于列者曰："先生欺余哉！弟子事先生，于兹有年矣。先生口不绝吟于六艺之文，手不停披于百家之编；记事者必提其要，纂言者必钩其玄[8]，贪多务得，细大不捐，焚膏油以继晷，恒兀兀以穷年[9]。先生之业可谓勤矣。觝[10]排异端，攘斥佛老；补苴罅漏，张皇幽眇[11]；寻坠绪[12]之茫茫，独旁搜而远绍[13]，障百川而东之，回狂澜于既倒：先生之于儒，可谓有劳矣。沉浸醲郁[14]，含英咀华，作为文章，其书满家。上规姚姒[15]，浑浑无涯；周诰殷盘，佶屈聱牙[16]，《春秋》谨严，《左氏》浮夸[17]，《易》奇而法，《诗》正而葩[18]；下逮《庄》《骚》[19]，太史所录[20]，子云相如[21]，同工异曲：先生之于文，可谓闳其中而肆其外[22]矣。少始知学，勇于敢为；长通于方[23]，左右具宜：先生之于为人，可谓成矣。

然而公不见信于人，私不见助于友，跋前踬后[24]，动辄得咎。暂为御史，遂窜南夷；三年博士，冗不见治[25]；命与仇谋，取败几时；冬暖而儿号寒，年丰而妻啼饥；头童齿豁[26]，竟死何裨[27]？不知虑此，而反教人为？"

先生曰："吁，子来前！夫大木为杗[28]，细木为桷[29]，欂栌侏儒，椳阘茸[30]，各得其宜，施以成室者，匠氏之工也；玉札丹砂，赤箭青芝，牛溲马勃，败鼓之皮[31]，俱收并蓄，待用无遗者，医师之良也；登明选公，杂进巧拙，纡余为妍，卓荦为杰[32]，校短量长，惟器是适者，宰相之方也。昔者孟轲好辩，孔道以明，辙环天下，卒老于行。荀卿守正，大论是弘，逃谗于楚，废死兰陵：是二儒者，吐辞为经，举足为法，绝类离伦[33]，优入圣域，其遇于世何如也？"

今先生学虽勤而不繇其统，言虽多而不要其中，文虽奇而不济于用，行虽修而不显于众。犹且月费俸钱，岁靡廪粟；子不知耕，妇不知织；乘马从徒，安坐而食。踵常途之促促[34]，窥陈编以盗窃；然而圣主不加诛，宰臣不见斥，兹非其幸欤？动而得谤，名亦随之。投闲置散，乃分之宜。

若夫商财贿[35]之有亡，计班资之崇庳[36]，忘己量之所称，指前人之瑕疵：是所谓诘匠氏之不以杙为楹[37]，而訾医师以昌阳引年，欲进其豨苓[38]也。

［唐］韩愈撰；马其昶校注；马茂元整理：《韩昌黎文集校注》，<br>上海古籍出版社，1986年。

## 注释

〔1〕国子先生：对国子监博士的称呼。这里是韩愈自称。

〔2〕方今圣贤相逢，治具毕张：如今圣君得到贤臣的辅佐，法律政令全都完备。治具，治民的工具，指法律政令。张，设。

〔3〕畯：亦作"俊"。

〔4〕庸：用。

〔5〕爬罗剔抉，刮垢磨光：搜罗发掘，挑拣选择；涤除污垢，磨出光泽。爬罗，搜集。剔抉，挑选。刮垢磨光，比喻训练造就人才。

〔6〕有司：有职司的官吏。

〔7〕既：完毕。

〔8〕记事者必提其要，纂言者必钩其玄：记载史事的书必提其纲要，纂集言论的著作必究其精义。

〔9〕焚膏油以继晷，恒兀兀以穷年：勤苦学习，夜以继日，终年不休。焚膏油，

指燃烛、点灯。晷，日影，指白天。兀兀，用心勤苦的样子。

〔10〕牴：通"抵"，抵制，抨击。

〔11〕补苴罅漏，张皇幽眇：对于儒道缺漏的方面加以弥补，精微的地方加以阐发宣扬。苴，鞋中草垫。罅，瓦器的裂缝。

〔12〕坠绪：将坠灭的儒道。绪，事业。

〔13〕远绍：远承圣业。绍，继承。

〔14〕酞郁：浓厚的香气，指典籍的气味。

〔15〕上规姚姒：规，摹拟；取法。姚，虞舜的姓。姒，夏禹的姓。姚、姒，指虞夏两代史迹的记述，如《尚书·舜典》《大禹谟》《禹贡》等。

〔16〕周诰殷盘，佶屈聱牙：周诰，指《尚书·周书》中的《大诰》《康诰》《召诰》等篇。殷盘，指《尚书·商书》中的《盘庚》篇。佶，坚强貌。聱牙，语言不平易。此指《尚书》文字艰涩生硬，读不顺口。

〔17〕《春秋》谨严，《左氏》浮夸：《春秋》辞约而有严格的义例，故称谨严；《春秋左氏传》记事详细而富于文采，故称浮夸。

〔18〕《易》奇而法，《诗》正而葩：《易》变化，而有法则；《诗》纯正，而辞藻华丽。葩，花；华丽。

〔19〕《庄》《骚》：指战国庄周著的《庄子》和屈原著的《离骚》。

〔20〕太史所录：司马迁为太史令，著《史记》。

〔21〕子云相如：子云，扬雄的字；相如，司马相如。均以辞赋著名。

〔22〕闳其中而肆其外：指内容博大，形式多样。闳，博大。肆，奔放，淋漓尽致。

〔23〕长通于方：成年以后，通晓为人处世的道理。方，道；理。

〔24〕跋前踬后：跋，踩踏。踬，被东西绊倒。比喻进退两难，不得自由。

〔25〕暂为御史，遂窜南夷；三年博士，冗不见治：南夷，指有少数民族居住的南方地区。冗，闲散。见，表现。韩愈于贞元十九年（803）为监察御史，因事贬为连州阳山（在今广东）令。元和元年（806）为国子博士，至四年六月改任都官，计任博士三年。自以为官职闲散，无从表现才能。

〔26〕头童齿豁：头秃齿缺，形容衰老。童，秃顶。豁，脱落；残缺。

〔27〕竟死何裨：到死有什么补益。竟，终。裨，益处。

〔28〕栾：梁。

〔29〕桷：椽。

〔30〕欂栌侏儒，椳闑扂楔：古代房屋中的木构件名称。欂栌，音bó lú，亦作"欂卢"，柱上托梁的斗拱。侏儒，即"株檽"，梁上短柱。椳，音wēi，门臼，承托门转轴的臼状物。闑，音niè，门中央所竖的短木。扂，音diàn，门闩。楔，音xiē，亦称"枨"，门两旁的木柱。

〔31〕玉札丹砂，赤箭青芝，牛溲马勃，败鼓之皮：玉札，即"地榆"。丹砂，朱砂。赤箭，即"天麻"。青芝，灵芝。此四者皆珍贵药物。牛溲，即"车前"。马勃，一种球形菌体。败鼓之皮，破鼓之皮。此三者为普通药物。本句意为高明的医生能够洞悉各类药物性能，使各尽其用，体现了韩愈知人善用的人才观。

〔32〕纡余为妍，卓荦为杰：修养深厚的为美士，超群出众的为俊杰。纡，屈曲。纡余，指深厚的修养。妍，美好。荦，杂色的牛，引申为杂色。卓荦，超绝。

〔33〕绝类离伦：远远超过同类同辈的人。

〔34〕踵常途之促促：踵，追随。促促，拘谨的样子。指追随世俗，谨小慎微。

〔35〕商财贿：计较俸禄。

〔36〕计班资之崇庳：班资，品级。庳，同"卑"，下。指计较官职的高低。

〔37〕以杙为楹：杙，小木桩。楹，柱。以小桩做柱。

〔38〕訾医师以昌阳引年，欲进其豨苓：指责医师使用菖蒲来延年益寿，并想推荐他的豨苓。訾，诋毁。昌阳，即"菖蒲"，古时以为久服可以延年。豨苓，即"猪苓"，只是一种利水渗湿药。

## 柳宗元教育论著选

柳宗元（773—819），字子厚，祖籍河东（今属山西运城），世称柳河东，终官柳州刺史，又称柳柳州，唐代著名文学家、思想家。生于长安，自幼勤奋好学，"精敏绝伦"，少时为文"卓伟精致"，即有"奇名"。贞元九年（793）进士，十四年（798）登"博学宏词"科。顺宗即位，擢礼部员外郎，参加永贞革新运动，失败后被贬为永州司马，迁柳州刺史，卒于任。哲学上，坚持气本论；政治上，反对世袭特权、藩镇割据、宦官干政，肯定郡县制，主张革新政治；思想上，反对盲目排斥佛教，主张有所取舍；文学上，与韩愈共同倡导古文运动，并称"韩柳"，诗文成就卓越，与刘禹锡并称"刘柳"，与王维、孟浩然、韦应物并称"王孟韦柳"。作品众多，由刘禹锡编为《河东先生集》存世。

《答韦中立论师道书》是柳宗元被贬为柳州刺史时给韦中立的一封回信，主要探讨师道和修养问题。关于师道，他指出魏晋以来，师道不存，独韩愈不顾流俗，抗颜为师，终遭群怪聚骂。关于文学和道德修养，认为"文者以明道，是固不苟为炳炳烺烺，务采色，夸声音，而以为能"，即文章应服务于道德修养，而不是追求辞藻华丽、文采夺人。他还强调学习儒家经典于文学创作的重要性。

## 答韦中立论师道书（节录）

辱书云欲相师，仆[1]道不笃，业甚浅近，环顾其中，未见可师者。虽常好言论，为文章，甚不自是也。不意吾子自京师来蛮夷间[2]，乃幸见取。仆自卜固无取。假令有取，亦不敢为人师。为众人师且不敢，况敢为吾子师乎？

孟子称"人之患在好为人师"。由魏、晋氏以下，人益不事师。今之世，不闻其师，有辄哗笑之，以为狂人。独韩愈奋不顾流俗，犯笑侮，收召后学，作师说，因抗颜[3]而为师。世果群怪聚骂，指目牵引，而增与为言词。愈以是得狂名，居长安，炊不暇熟，又挈挈[4]而东，如是者数矣。屈子赋曰："邑犬群吠，吠所怪也。"[5]仆往闻庸蜀[6]之南，恒雨少日，日出则犬吠。余以为过言。前六七年，仆来南，二年冬，幸大雪，逾岭被南越[7]中数州，数州之犬，皆苍黄[8]吠噬狂走者累日，至无雪乃已。然后始信前所闻者。今韩愈既自以为蜀之日，而吾子又欲使吾为越之雪，不以病乎？非独见病，亦以病吾子。然雪与日岂有过哉？顾吠者犬耳。度今天下不吠者几人，而谁敢衔怪于群目，以召闹取怒乎？

仆自谪过[9]以来，益少志虑。居南中九年，增脚气病，渐不喜闹，岂可使呶呶[10]者早暮咈吾耳、骚吾心？则固僵仆烦愦，愈不可过矣。平居望外，遭齿舌不少，独欠为人师耳。

抑又闻之：古者重冠礼[11]，将以责成人之道，是圣人所尤用心者也。数百年来，人不复行。近有孙昌胤者，独发愤行之；既成礼，明日造朝至外廷，荐笏[12]言于卿士曰："某子冠毕"。应之者咸怃然。京兆尹[13]郑叔则佛然曳笏却立，曰："何预我耶！"廷中皆大笑。天下不以非郑尹，而快孙子，何哉？独为所不为也。今之命师者大类此。

吾子行厚而辞深，凡所作，皆恢恢然有古人形貌，虽仆敢为师，亦何所增加也？假而以仆年先吾子，闻道著书之日不后，诚欲往来言所闻，则仆固愿悉陈中所得者。吾子苟自择之，取某事去某事，则可矣。若定是非以教吾子，仆材不足，而又畏前所陈者，其为不敢也决矣。吾子前所欲见吾文，既悉以陈之，非以耀明于子，聊欲以观子气色诚好恶何如也。今书来，言者皆大过。吾子诚非佞誉诬谀[14]之徒，直见爱甚故然耳。

始吾幼且少，为文章，以辞为工。及长，乃知文者以明道，是固不苟为炳炳烺烺[15]，务采色、夸声音而以为能也。凡吾所陈，皆自谓近道，而不知道之果近乎，远乎？吾子好道而可吾文，或者其于道不远矣。故吾每为文章，未尝敢以轻心掉之，惧其剽而不留也；未尝敢以怠心易之，惧其弛而不严也；未尝敢以昏气出之，惧其昧没而杂也；未尝敢以矜气作之，惧其偃蹇[16]而骄也。抑之欲其奥，扬之欲其明，疏之欲其通，廉之欲其节，激而发之欲其清，固而存之欲其重，此吾所以羽翼夫道也。本之书以求其质，本之诗以求其恒，本之礼以求其宜，本之春秋以求其断，本之易以求其动，此吾所以取道之原也。参之谷梁氏以厉其气，参之孟、荀以畅其支，参之庄、老以肆其端，参之国语以博其趣，参之离骚以致其幽，参之太史公以著其洁，此吾所以旁推交通而以为之文也。

[唐]柳宗元撰：《柳宗元集》，中华书局，1979年。

## 注释

〔1〕仆：古人自称的谦辞。

〔2〕蛮夷间：指永州诸地。

〔3〕抗颜：正颜不屈。

〔4〕挈挈：提行李匆匆行走之状。挈，提携。

〔5〕邑犬群吠，吠所怪也：出自《九章·怀沙》。"邑犬之群吠兮，吠所怪也。"

〔6〕庸蜀：庸，国名，春秋时灭于楚，其地在今湖北省竹山县。蜀，国名，三国时刘备建于四川。

〔7〕南越：亦作"南粤"，指今广东、广西一带。

〔8〕苍黄：仓皇。

〔9〕谪过：因过被降职调任边地。

〔10〕哎哎：群言哗闹。

〔11〕冠礼：周代礼制，男子年二十为成人，举行加冠仪式。

〔12〕荐笏：荐，同"搢"。笏，朝见时所执之手板，以象牙或木为之。荐笏，把笏板插在衣带中。

〔13〕京兆尹：官名。汉以来以京城所在州为京兆，其行政长官称京兆尹。

〔14〕佞誉诬谀：曲意称赞和妄加毁谤。

〔15〕炳炳烺烺：光耀明朗。

〔16〕偃蹇：傲慢。

# 王安石教育论著选[*]

王安石（1021—1086），字介甫，号半山，抚州临川（今属江西抚州）人，世称临川先生，晚年受封荆国公，又称王荆公，后追谥文，亦称王文公，北宋著名政治家、改革家、文学家、思想家。自幼聪悟好学，庆历二年（1042）"擢进士上第"。嘉祐三年（1058）作《上仁宗皇帝言事书》（亦称"万言书"），建言改革，其中有全面改革科举、学校吏治等主张，受到朝野瞩目。熙宁二年（1069）任参知政事（副宰相），次年拜同中书门下平章事（宰相），在政治、经济、军事、文化教育等方面实施改革措施，史称"熙丰新政"。变法虽然失败，但对北宋社会产生重大影响。王安石经学、诗文皆自成一家，其经学被称为"荆公新学"，散文名列"唐宋八大家"，诗作号"王

---

[*] 王安石教育论著选文的部分标点与分段，编者做了处理。

荆公体"。存世著作有《周官新义》《字说》《老子注》《熙宁奏对日录》(以上为辑佚本),以及《洪范传》《临川集》等,其他著作如《易解》《孟子解》《春秋注》等皆佚失。今人整理有《王安石全集》。

王安石在教育上既有实践,又有独到的教育思想。教育实践层面,执政时采取的教育改革措施有整顿太学,立"三舍法";改革科举内容与方法,罢帖经、墨义、诗赋,专尚经义、策论;置武学、律学、医学等专科学校;扩建州县学,加强管理,拨充学田;设经义局,修撰《三经新义》(《周官义》《诗义》《书义》),作为学校、科举的标准教材及政治改革的理论基础,史称"熙丰兴学"。教育思想层面,基于政治家、改革家视角,其重视学校教育对治国安民的作用,认为"天下不可一日而无政教,故学不可一日而亡于天下",明确指出国家兴教设学的根本目的在于培养"为天下国家之用"的人才。基于此,应"以经义造士",从"教""养""取""任"四方面系统培养、管理、选拔与任用人才。

《原教》阐明德教为施政之本,指出:"善教者"为教,"以道扰民"而"浃于民心",民化于上;"不善教者"为教,"以道强民"而"求浃于心",民"不诚化上之意"。他要求在位者以德化民,而非"法令诰戒"治之。

《伤仲永》讲述了一个"神童"如何变成普通人的经历,说明天资与后天成才的关系,强调后天教育的重要性和必要性,告诫世人不可忽视儿童的早期教育。

## 原[1] 教

善教者藏其用[2],民化上[3]而不知所以教之之源。不善教者反此。民知所以教之之源,而不诚化上之意。

善教者之为教也,致吾义忠,而天下之君臣义且忠矣;致吾孝慈,而天下之父子孝且慈矣;致吾恩于兄弟,而天下之兄弟相为恩矣;致吾礼于夫妇,而天下之夫妇相为礼矣。天下之君君臣臣、父父子子、兄兄弟弟、夫夫妇妇,皆吾教也。民则曰:"我何赖于彼哉?"此谓化上而不知所以教之之源也。

不善教者之为教也，不此之务，而暴为之制，烦为之防，劬劬[4]于法令诰戒之间，藏于府，宪[5]于市，属[6]民于鄙野。必曰：臣而臣，君而君，子而子，父而父；兄弟者无失其为兄弟也，夫妇者无失其为夫妇也；率[7]是也有赏，不然则罪。乡闾之师，族鄹之长，疏者时读，密者日告，若是其悉矣。顾不有服教而附于刑者，于是嘉石[8]以惭之，圜土[9]以苦之，甚者弃之于市朝[10]，放之于裔末[11]，卒不可以已也。此谓民知所以教之之源，而不诚化上之意也。

善教者浃[12]于民心，而耳目无闻焉，以道扰[13]民者也。不善教者施于民之耳目，而求浃于心，以道强民者也。扰之为言，犹山薮之扰毛羽，川泽之扰鳞介也，岂有制哉？自然然耳。强之为言，其犹囿毛羽沼鳞介乎！一失其制，脱然逝矣。噫！古之所以为古，无异焉，由前而已矣；今之所以不为古，无异焉，由后而已矣。

或曰："法令诰戒不足以为教乎？"曰："法令诰戒，文也；吾云尔者，本也。失其本而求之文，吾不知其可也。"

[宋]王安石撰：《临川先生文集》，中华书局，1959年。

## 注释

〔1〕原：推究。

〔2〕用：治理。

〔3〕化上：化于上，被上所化。

〔4〕劬劬：音qú，劳苦貌。

〔5〕宪：公布，布告。

〔6〕属：音zhǔ，使聚集在一起，集合。

〔7〕率：遵循。

〔8〕嘉石：有纹理的石头。上古惩戒罪过较轻者，于外朝门左立嘉石，命罪人坐在石上示众，并使其思善改过。

〔9〕圜土：牢狱。

〔10〕弃之于市朝：弃市。本指受刑罚者在街头示众，民众共同鄙弃之，后专指

死刑。

〔11〕裔末：边远之地。

〔12〕浃：音 jiā，融洽。

〔13〕扰：安抚，和顺。

## 伤[1]仲永

金溪[2]民方仲永，世隶耕。仲永生五年，未尝识书具，忽啼求之。父异焉，借旁近与之，即书诗四句，并自为其名。其诗以养父母、收族[3]为意，传一乡秀才观之。自是指物作诗立就，其文理皆有可观者。邑人奇之，稍稍宾客其父，或以钱币乞之。父利其然也，日扳[4]仲永环谒[5]于邑人，不使学。

予闻之也久。明道[6]中，从先人[7]还家，于舅家见之，十二三矣。令作诗，不能称[8]前时之闻。又七年，还自扬州，复到舅家，问焉。曰："泯然[9]众人矣。"

王子曰："仲永之通悟，受之天也。其受之天也，贤于材人远矣。卒之为众人，则其受于人[10]者不至也。彼其受之天也，如此其贤也；不受之人，且为众人。今夫不受之天，固众人；又不受之人，得为众人而已邪？"

[宋]王安石撰：《临川先生文集》，中华书局，1959年。

### 注释

〔1〕伤：哀伤，悲伤。

〔2〕金溪：今江西金溪县。

〔3〕收族：团结族人。

〔4〕扳：拉，引。

〔5〕环谒：四处求见。

〔6〕明道：宋仁宗年号，1032年至1033年。

〔7〕先人：指已故的父亲。

〔8〕称：音 chèn，符合，相当。

〔9〕泯然：消失殆尽貌。

〔10〕受于人：接受人的教育。

## 张载教育论著选

张载（1020—1077），字子厚，学者称横渠先生，生于长安（今陕西西安），侨居凤翔郿县（今陕西眉县），北宋著名理学家、思想家。少喜谈兵，受范仲淹影响学《中庸》，又泛览佛老、天文、历算之书，而终归宗于《六经》。嘉祐二年（1057）进士及第，官著作佐郎、崇文院校书等；后因与王安石政见不同，辞官归乡里，创建横渠书院，以授徒著述为业，从游弟子众多，形成有着重要影响力的"关学"。在学术上，博采众长，融合儒、佛、道三家，创立气一元本体论，成为理学奠基人之一，与周敦颐、邵雍、程颢、程颐并称"北宋五子"。主要著作有《正蒙》《横渠易说》《经学理窟》《张子语录》《文集》等。

《正蒙》主要讨论宇宙论、认识论和道德哲学，包括《太和》《天道》《诚明》《中正》《乾称》等17篇，系张载晚年定论之作，彰显了其思想理论体系之全貌。"正蒙"源于《周易》。正即订正，蒙即蒙昧未明，"正蒙"即"养其蒙使正者，圣人之功也"（《张载集·横渠易说上经·蒙》）。由此可出，该书虽非专论教育，却蕴含着丰富且深刻的教育思想。张载强调早期教育的重要性，主张教育应从童蒙时期开始，"自胎胞中以至婴孩时"，注重培养儿童正确的认知和道德观念，"使蒙者不失其正"，"其始之正，即易于为圣人"，通过变化气质，"气质恶者，学即能移"，从而成圣成贤，完成教育的终极目标。

《经学理窟》共5卷，主要论述儒家礼乐、诗书、宗法、井田、丧祭、学校、治学等，反映了张载的哲学思想和教育理念。其中，《气质》《义理》《学大原》等篇章，阐释了张载关于教育目的、教育作用、理想人格、道德修养、读书治学、学习与环境等见解。

# 正蒙（节录）

## 中正篇第八（节录）

不尊德性，则学问从而不道；不致广大，则精微无所立其诚；不极高明，则择乎中庸失时措之宜矣。

……………

"笃信好学"，笃信不好学，不越为善人信士而已。"好德如好色"，好仁为甚矣；见过而内自讼，恶不仁而不使加乎其身，恶不仁为甚矣。学者不如是不足以成身，故孔子未见其人，必叹曰"已矣乎"[1]，思之甚也。

……………

……温故知新，多识前言往行以畜德，绎[2]旧业而知新［益］，思昔未至而今至，缘旧所见闻而察来，皆其义也。

……………

学者四失：为人则失多，好高则失寡，不察则易，苦难则止[3]。

……………

教人者必知至学[4]之难易，知人之美恶[5]，当知谁可先传此，谁将后倦此。若洒扫应对，乃幼而孙弟[6]之事，长后教之，人必倦弊。惟圣人于大德有始有卒，故事无大小，莫不处极。今始学之人，未必能继，妄以大道教之，是诬[7]也。

知至学之难易，知德也；知其美恶，知人也。知其人且知德，故能教人使入德，仲尼所以问同而答异[8]以此。

"蒙以养正"[9]，使蒙者不失其正，教人者之功也。尽其道，其惟圣人乎！

洪钟未尝有声，由扣乃有声；圣人未尝有知，由问乃有知。"有如时雨之化者"[10]，当其可，乘其间而施之，不待彼有求有为而后教之也。

志常继则罕譬而喻[11]，言易入则微而臧[12]。

"凡学，官先事，士先志"，谓有官者先教之事，未官者使正其志焉。志者，教之大伦而言也。

道以德者，运于物外，使自化也。故谕人者，先其意而孙[13]其志可也。盖志意两言，则志公而意私尔。

…………

有受教之心，虽蛮貊[14]可教……

大人所存，盖必以天下为度，故孟子教人，虽货色之欲，亲长之私，达诸天下而后已。

子而孚化之[15]，众好者翼飞之[16]，则吾道行矣。

## 注释

〔1〕已矣乎：语出《论语·公冶长》。子曰："已矣乎！吾未见能见其过而内自讼者也。"

〔2〕绎：理。

〔3〕为人则失多，好高则失寡，不察则易，苦难则止：王夫之《张子正蒙注》谓，为人，求诸人也。失多者，闻见杂而不精；好高者，自困（渊）而不能取益于众；易于为者，不察而为之则妄；知其难者，惮难而置之则怠。四者，才之偏于刚柔者也。知其失而矫之，为人而反求诸己，志高而乐取善，易于为而知慎，知其难而勇于为，然后可与共学。（〔清〕王夫之：《张子正蒙注》，清同治六年湘乡曾氏刊船山遗书本。）杨方达《正蒙集说》谓："此释《学记》之意也。为人之学失之多，记诵杂博是也。好高之学失之寡，脱略旷达是也。不察，谓卤莽灭裂，而有妄行之失也。苦难，谓逡巡畏缩，而有自画之失也。"（〔清〕杨方达：《正蒙集说》卷八，清乾隆复初堂刻本。）

〔4〕至学：最高的学问。至，极，最。

〔5〕美恶：优点与缺点，长处与不足。王夫之谓"刚柔、敏纯之异"。

〔6〕孙弟：敬顺兄长。孙，通"逊"。弟，通"悌"。

〔7〕诬：错误。

〔8〕问同而答异：见《论语·先进》。子路问："闻斯行诸？"子曰："有父兄在，如之何其闻斯行之？"冉有问："闻斯行诸？"子曰："闻斯行之。"公西华曰："由也问'闻斯行诸'，子曰'有父兄在'；求也问'闻斯行诸'，子曰'闻斯行之'。赤也惑，敢问？"子曰："求也退，故进之；由也兼人，故退之。"

〔9〕蒙以养正：语出《易·蒙》。"蒙以养正，圣功也。"

〔10〕有如时雨之化者：语出《孟子·尽心上》。孟子曰："君子之所以教者五。有如时雨化之者，有成德者，有达财者，有答问者，有私淑艾者。此五者，君子之所以教也。"

〔11〕志常继则罕譬而喻：王夫之《张子正蒙注》谓"学者志正而不息，则熟于天理，虽有未知，闻言即喻，不待广譬也。逊志而敏求，则言易相入，但微言告之而无不尽善。此言教者在养人以善，使之自得，而不在于详说"。杨方达《正蒙集说》谓"善于教者，开示其志而不尽言，使人有所玩索而自得。有能继其志者，少所比方而已默喻矣。言易入者，虽微发其端而能使人善之也。志常继者，上也；言易入者，次之"。

〔12〕臧：音zāng，善的意思。

〔13〕孙：通"逊"，次之。

〔14〕蛮貊：蛮，古代对南方各民族的蔑称。貊，亦作"貉"，音mò，古代对东北部某民族的蔑称。

〔15〕子而孚化之：王夫之《张子正蒙注》谓"子，禽鸟卵也。孚，抱也。有其质而未成者，养之以和，以变其气质，犹鸟之伏子"。杨方达《正蒙集说》谓"孚，从爪从子，如鸟抱卵覆育之也"。

〔16〕众好者翼飞之：王夫之《张子正蒙注》谓"众好，喻禽鸟之少好者。翼飞，喻哺而长其翼，教之习飞也。志学已正，而引之以达，使尽其才，犹鸟之教习飞"。杨方达《正蒙集说》谓"众好，亦指羽族言。翼飞，辅翼其行也。言教人如是，则吾道行矣。孚化之者，教之本；翼飞之者，教之术"。

## 经学理窟（节录）

### 气质（节录）

变化气质。孟子曰："居移气，养移体"[1]，况居天下之广居者乎！居仁由义，自然心和而体正。更要约时，但拂去旧日所为，使动作皆中礼，则气质自然全好。……

人之气质美恶与贵贱夭寿之理，皆是所受定分。如气质恶者学即能移，今人所以多为气所使而不得为贤者，盖为不知学。古之人，在乡闾之中，其师长朋友日相教训，则自然贤者多。但学至于成性，则气无由胜，孟子谓

"气壹则动志"[2]，动犹言移易，若志壹亦能动气，必学至于如天则能成性。

……

……人情所以不立，非才之罪也。善取善者，虽于不若己采取亦有益，心苟不求益，则虽与仲尼处何益！君子于不善，见之犹求益，况朋友交相取益乎？……

于不贤者犹有所取者，观己所问何事，欲问耕则君子不如农夫，问织则君子不如妇人，问夷狄不如问夷人，问财利不如问商贾，但临时己所问学者，举一隅必数隅反。

……

学者有息时，一如木偶人，捧擂[3]则动，舍之则息，一日而万生万死。学者有息时，亦与死无异，是心死也，身虽生，身亦物也。天下之物多矣，学者本以道为生，道息则死也，终是伪物，当以木偶人为譬以自戒。知息为大不善，因设恶譬如此，只欲不息。

……

立本既正，然后修持。修持之道，既须虚心，又须得礼，内外发明，此合内外之道也。当是畏[4]圣人之言，考前言往行以畜其德，度义择善而行之。致文于事业而能尽义者，只是要学，晓夕参详比较，所以尽义。惟博学然后有可得以参较琢磨，学博则转密察，钻之弥坚[5]，于实处转〔笃〕实，转诚转信。故只是要博学，学愈博则义愈精微……

……

天资美不足为功，惟矫恶为善，矫惰为勤，方是为功。人必不能便无是心，须使思虑，但使常游心于义理之间。立本处以易简为是，接物处以时中为是，易简而天下之理得，时中则要博学素备。

## 注释

〔1〕居移气，养移体：语出《孟子·尽心上》。"孟子自范之齐，望见齐王之子，喟然叹曰：'居移气，养移体，大哉居乎！夫非尽人之子与？'孟子曰：'王子宫室、

车马、衣服多与人同，而王子若彼者，其居使之然也，况居天下之广居者乎？鲁君之宋，呼于垤泽之门。守者曰："此非吾君也，何其声之似我君也？"此无他，居相似也。'"

〔2〕气壹则动志：语出《孟子·公孙丑上》。曰："志壹则动气，气壹则动志也。今夫蹶者趋者，是气也，而反动其心。"

〔3〕捧搐：牵动。捧，同"牵"。

〔4〕畏：敬服。

〔5〕钻之弥坚：见《论语·子罕》。颜渊喟然叹曰："仰之弥高，钻之弥坚。瞻之在前，忽焉在后。夫子循循然善诱人，博我以文，约我以礼，欲罢不能。既竭吾才，如有所立卓尔，虽欲从之，末由也已。"越是用力钻研，越觉得艰深。

## 义理（节录）

学者欲其进，须钦其事，钦其事则有立，有立则有成，未有不钦而能立，不立则安可望有成！

人若志趣不远，心不在焉，虽学无成。人惰于进道，无自得达，自非成德君子必勉勉，至从心所欲不逾矩方可放下，德薄者终学不成也。

闻见之善者，谓之学则可，谓之道则不可。须是自求，己能寻见义理，则自有旨趣，自得之则居之安矣。

……

学贵心悟，守旧无功。

……

为学大益，在自〔求〕变化气质，不尔〔皆为人之弊〕，卒无所发明，不得见圣人之奥。故学者先须变化气质，变化气质与虚心相表里。

……

观书必总其言而求作者之意。

……

读书少则无由考校得义精，盖书以维持此心，一时放下则一时德性有懈，读书则此心常在，不读书则终看义理不见。书须成诵精思，多在夜中或静坐得之，不记则思不起，但通贯得大原后，书亦易记。所以观书者，释己之疑，明己之未达，每见每知所益，则学进矣，于不疑处有疑，方是进矣。

学者潜心略有所得，即且志之纸笔，以其易忘，失其良心。若所得是，充大之以养其心，立数千题，旋注释，常改之，改得一字即是进得一字。始作文字，须当多其词以包罗意思。

常人教小童，亦可取益。绊己不出入，一益也；授人数次，己亦了此文义，二益也；对之必正衣冠，尊瞻视，三益也；尝以因己而坏人之才为之忧，则不敢惰，四益也。

…………

观书且不宜急迫了，意思则都不见，须是大体上求之。言则指也，指则所视者远矣。若只泥文而不求大体则失之，是小儿视指之类也。常引小儿以手指物示之，而不能求物以视焉，只视于手，及无物则加怒耳。

…………

经籍亦须记得，虽有舜禹之智，[唫][1]而不言，不如聋盲之指麾。故记得便说得，说得便行得，故始学亦不可无诵记。

## 注释

[1]唫：音 jìn，口闭。

## 学大原上（节录）

学者且须观礼，盖礼者滋养人德性，又使人有常业，守得定，又可学便可行，又可集得义。养浩然之气[1]须是集义，集义然后可以得浩然之气。……

书多阅而好忘者，只为理未精耳，理精则须记了无去处也。仲尼一以贯之[2]，盖只着一义理都贯却。学者但养心识明静，自然可见……

…………

气质犹人言性气，气有刚柔、缓速、清浊之气也，质，才也。气质是一物，若草木之生亦可言气质。惟其能克己则为能变，化却习俗之气性，制得习俗之气。所以养浩然之气是集义所生者，集义犹言积善也，义须是常集，勿使有息，故能生浩然道德之气。

## 注释

〔1〕浩然之气：盛大刚直之正气。《孟子·公孙丑上》："其为气也，至大至刚，以直养而无害，则塞于天地之间。其为气也，配义与道；无是，馁也。是集义所生者，非义袭而取之也。行有不慊于心，则馁矣。"

〔2〕仲尼一以贯之：语出《论语·里仁》。子曰："参乎！吾道一以贯之。"曾子曰："唯。"子出，门人问曰："何谓也？"曾子曰："夫子之道，忠恕而已矣。"

### 学大原下（节录）

慕学之始，犹闻都会纷华盛丽，未见其美而知其有美不疑，步步进则渐到，画[1]则自弃也。观书解大义，非闻也，必以了悟为闻。

…………

今人为学如登山麓，方其迤逦[2]之时，莫不阔步大走，及到峭峻之处便止，须是要刚决果敢以进。

学之不动者，正犹七年之病不蓄三年之艾[3]。今之于学，加工数年，自是享之无穷。

人多是耻于问人，假使今日问于人，明日胜于人，有何不可！如是则孔子问于老聃、苌弘、郯子、宾牟贾，有甚不得！聚天下众人之善者是圣人也，岂有得其一端而便胜于圣人也！

…………

教之而不受，虽强告之无益，譬之以水投石，必不纳也。今夫石田，虽水润沃，其乾可立待者，以其不纳故也。……

…………

〔学行之乃见，至其疑处，始是实疑，于是有学〕在。可疑而不疑者不曾学，学则须疑。譬之行道者，将之南山，须问道路之自〔出〕，若安坐则何尝有疑。

………

学者大不宜志小气轻。志小则易足，易足则无由进；气轻则虚而为盈，约而为泰[4]，亡而为有，以未知为已知，未学为已学。人之有耻于就问，便谓我好胜于人，只是病在不知求是为心，故学者当无我。

………

世儒之学，正惟洒扫应对便是，从基本一节节实行去，然后制度文章从此而出。

[宋]张载著；章锡琛点校:《张载集》，中华书局，1978 年。

### 注释

〔1〕画：停止，截止。《论语·雍也》："冉求曰：'非不说子之道，力不足也。'子曰：'力不足者，中道而废，今女画。'"朱熹注谓："画者，能进而不欲。谓之画者，如画地以自限也。"

〔2〕迤逦：音 yǐ lǐ，曲折连绵貌。

〔3〕犹七年之病不蓄三年之艾：语出《孟子·离娄上》。"今之欲王者，犹七年之病求三年之艾也。苟为不畜，终身不得。"

〔4〕虚而为盈，约而为泰：语出《论语·述而》。"子曰：'善人，吾不得而见之矣，得见有恒者斯可矣。亡而为有，虚而为盈，约而为泰，难乎有恒矣。'"约，简约，贫穷。泰，豪华，奢侈。

## 朱熹教育论著选

朱熹（1130—1200），字元晦，号晦庵，祖籍徽州婺源（原属安徽，今属江西），生于福州尤溪（今福建尤溪），南宋著名理学家、思想家、教育家。早年出入佛、道，后师从二程再传李侗。18 岁中举，19 岁进士及第，历仕高宗、孝宗、光宗、宁宗四朝，先后任泉州同安县主簿、知江西南康军、提举浙东常平茶盐公事、漳州知州、潭州知州等。晚年任焕章阁侍讲，为宁宗皇帝讲《大学》。

仕宦勤政外，朱熹将一生时间和精力主要用于学术研究和教育活动。首任同安，整顿县学，倡建文庙大成殿经史阁，聚徒讲学。此后，每到一处，其必以修复学校、诲掖后学为己任。知江西南康军，主持修复白鹿洞书院，自任洞主，直接参与书院的组织管理，亲自拟定《白鹿洞书院揭示》。《白鹿洞书院揭示》成为南宋以后书院和各地方官学共同遵守的学规。知潭州，积极提倡州县学，又主持修复岳麓书院、湘西精舍，广纳四方游学之士，并在从政之暇，亲临书院教诲诸生。寓居、赋闲、守制家乡时，他也念念不忘著述讲学授徒之事，在福建武夷山建"寒泉精舍""武夷精舍"，在建阳考亭建"竹林精舍"（后改名"沧洲精舍""考亭书院"）等。

学术思想上，继承发扬北宋周敦颐、张载、邵雍、程颢、程颐等人的学说，建立了以理为核心的系统的思想体系——程朱理学。其本人成为宋代理学的集大成者，中国古代社会继孔子后最具影响的思想家、教育家。朱熹一生著述宏富，有百余种之多，代表作有《四书章句集注》《四书或问》《周易本义》《易学启蒙》《诗集传》《家礼》《资治通鉴纲目》《太极图说解》《通书解》《西铭解》《楚辞集注》《宋名臣言行录》《小学》，以及《文集》100卷、《续集》11卷、《别集》10卷、《朱子语类》140卷等。其中，《四书章句集注》是其学术与教育活动中极为浓墨重彩的一笔，其曾自诩道："添一字不得，减一个不得"，"不多一个字，不少一个字"。元朝皇庆二年（1313），诏令以《四书章句集注》取士，由此《四书章句集注》成为中国封建社会后期各级学校的必读教材和科举考试的标准内容，取代了"五经"在教育中的地位，影响中国古代教育达数百年之久。

《小学》6卷，分内、外篇，内篇包括《立教》《明伦》《敬身》和《稽古》4卷，外篇2卷为《嘉言》《善行》。其内容"杂取经传中论幼仪者，分类条系，而以史事广之"，"授之童蒙，资其讲习"（《小学原序》），"以迪蒙幼"（《四库全书·小学集注提要》）。《立教》13章，摘录经传中有关胎教、幼教、师弟子讲习、学校之教与社会教化的嘉言教训，"俾为师者知所以教，而弟子知所以学"，撷取内容不外乎明人伦与修养身心之类。

《朱子语类》140卷，是朱熹与其弟子门人讲学问答的语录汇编，分理气、鬼神、性理、论学、大学、论语、孟子等26门，内容涉及哲学、历史、文学、教育等多个领域，教育思想则集中体现在卷7至卷13，讨论小学、为学之方、知行、读书法、力行等。

《白鹿洞书院揭示》，又称《白鹿洞书院学规》或《白鹿洞书院教条》，是朱熹修复白鹿洞书院时制定的学规，不仅明确了白鹿洞书院的宗旨、教育目的和教学过程，还提出了修身、处世、接物的基本要求，成为后世教育的准则和学校规则的范本。

## 小学（节录）

### 立教

子思[1]子曰："天命之谓性，率性之谓道，修道之谓教。"则天明[2]，遵圣法[3]，述此篇俾为师者知所以教，而弟子知所以学。

《列女传》曰：古者妇人妊子，寝不侧，坐不边，立不跸，不食邪味，割不正不食，席不正不坐，目不视邪色，耳不听淫声，夜则令瞽诵诗，道正事。如此，则生子形容端正，才过人矣。

《内则》曰：凡生子，择于诸母与可者，必求其宽裕慈惠、温良恭敬、慎而寡言者，使为子师。子能食食，教以右手；能言，男"唯"女"俞"；男鞶革，女鞶丝。六年，教之数与方名。七年，男女不同席，不共食。八年，出入门户及即席饮食，必后长者，始教之让。九年，教之数日。十年，出就外傅，居宿于外，学书计，衣不帛襦袴。礼帅初，朝夕学幼仪，请肄简谅。十有三年，学乐诵诗舞《勺》。成童，舞《象》，学射御。二十而冠，始学礼，可以衣裘帛，舞《大夏》。惇行孝弟，博学不教，内而不出。三十而有室，始理男事。博学无方，孙友视志。四十始仕，方物出谋发虑，道合则服从，不可则去。五十命为大夫，服官政。七十致事。女子十年不出，姆教婉娩听从。执麻枲，治丝茧，织纴组紃，学女事，以共衣服。观于祭祀，纳酒浆笾豆菹醢，礼相助奠。十有五年而笄，二十而嫁。有故，二十三年而嫁。聘则为妻，奔则为妾。

《曲礼》曰：幼子常视毋诳，立必正方，不倾听。

《学记》曰：古之教者，家有塾，党有庠，术有序，国有学。

《孟子》曰：人之有道也，饱食暖衣、逸居而无教，则近于禽兽。圣人[4]有忧之，使契[5]为司徒，教以人伦，父子有亲，君臣有义，夫妇有别，长幼有序，朋友有信。

舜命契曰："百姓不亲，五品[6]不逊。汝作司徒，敬敷吾教，在宽。"命夔[7]曰："命汝典乐，教胄子，直而温，宽而栗，刚而无虐，简而无傲。诗言志，歌永言，声依永，律和声。八音克谐，无相夺伦，神人以和。"

《周礼·大司徒》：以乡三物教万民而宾兴之：一曰六德，知、仁、圣、义、忠、和；二曰六行，孝、友、睦、姻、任、恤；三曰六艺，礼、乐、射、御、书、数。以乡八刑纠万民：一曰不孝之刑，二曰不睦之刑，三曰不姻之刑，四曰不弟之刑，五曰不任之刑，六曰不恤之刑，七曰造言之刑，八曰乱民之刑。

《王制》曰：乐正崇四术，立四教，顺先王诗书礼乐以造士。春秋教以礼乐，冬夏教以诗书。

《弟子职》曰：先生施教，弟子是则。温恭自虚，所受是极。见善从之，闻义则服。温柔孝弟，毋骄恃力。志毋虚邪，行必正直。游居有常，必就有德。颜色整齐，中心必式。夙兴夜寐，衣带必饬。朝益暮习，小心翼翼。一此不懈，是谓学则。

孔子曰：弟子入则孝，出则弟，谨而信，泛爱众而亲仁，行有余力，则以学文。

兴于诗，立于礼，成于乐。

《乐记》曰：礼乐不可斯须去身。

子夏曰：贤贤易色，事父母能竭其力，事君能致其身，与朋友交言而有信，虽曰未学，吾必谓之学矣。

[宋]朱熹撰：《朱子全书》（第十三册），上海古籍出版社、安徽教育出版社，2002年。

## 注释

〔1〕子思：名伋，字子思，孔子嫡孙，受教于曾参，其门人高弟有孟子，该派被称为"思孟学派"。

〔2〕则天明：则，效法。天明，指天之明命，即天命之性。

〔3〕圣法：圣人之法，这里指以礼为核心的传统儒家思想，总括儒家的天命、道德。

〔4〕圣人：此指五帝之尧舜。

〔5〕契：尧舜时名臣，被舜任为司徒，主管教化民众。

〔6〕五品：指五伦，即君臣、父子、兄弟、夫妇、朋友五种伦理关系。

〔7〕夔：尧舜时乐官，以乐传教于天下。

## 朱子语类（节录）*

### 学四

读书已是第二义[1]。盖人生道理合下完具，所以要读书者，盖是未曾经历见许多。圣人是经历见得许多，所以写在册上与人看。而今读书，只是要见得许多道理。及理会得了，又皆是自家合下元有底，不是外面旋添得来。

学问，就自家身己上切要处理会方是，那读书底已是第二义。……

…………

为学之道，圣贤教人，说得甚分晓。大抵学者读书，务要穷究。"道问学"是大事。要识得道理去做人。大凡看书，要看了又看，逐段、逐句、逐字理会，仍参诸解、传，说教通透，使道理与自家心相肯，方得。读书要自家道理浃洽[2]透彻。……

…………

读书以观圣贤之意，因圣贤之意，以观自然之理。

…………

读书，须是看着他那缝罅[3]处，方寻得道理透彻。若不见得缝罅，无

---

\* 本篇部分标点，编者做了处理。

由入得。看见缝罅时,脉络自开。

……………

读书,须是穷究道理彻底。如人之食,嚼得烂,方可咽下,然后有补。

……………

学者读书,须是于无味处当致思焉。至于群疑并兴,寝食俱废,乃能骤进。因叹:骤进二字,最下得好,须是如此。若进得些子,或进或退,若存若亡,不济事。如用兵相杀,争得些儿小可一二十里地,也不济事。须大杀一番,方是善胜。为学之要,亦是如此。

看文字,须大段着精彩看。竖起精神,树起筋骨,不要困,如有刀剑在后一般。就一段中,须要透。击其首则尾应,击其尾则首应,方始是。不可按册子便在,掩了册子便忘却;看注时便忘了正文,看正文又忘了注。须这一段透了,方看后板。

看文字,须要入在里面,猛衮[4]一番。要透彻,方能得脱离。若只略略地看过,恐终久不能得脱离,此心又自不能放下也。

人言读书当从容玩味,此乃自怠之一说。若是读此书未晓道理,虽不可急迫,亦不放下,犹可也。若徜徉终日,谓之从容,却无做工夫处。譬之煎药,须是以大火煮衮,然后以慢火养之,却不妨。

须是一棒一条痕,一掴一掌血。看人文字,要当如此,岂可忽略。

……………

读书看义理,须是胸次放开,磊落明快,恁地去。第一不可先责效。才责效,便有忧愁底意。只管如此,胸中便结聚一饼子不散。今且放置闲事,不要闲思量。只专心去玩味义理,便会心精;心精,便会熟。

……………

读书,须是遍布周满。某尝以为宁详毋略,宁下毋高,宁拙毋巧,宁近毋远。

……………

大凡看文字:少看熟读,一也;不要钻研立说,但要反覆体验,二也;埋头理会,不要求效,三也。三者,学者当守此。

书宜少看，要极熟。小儿读书记得，大人多记不得者，只为小儿心专。一日授一百字，则只是一百字；二百字，则只是二百字。大人一日或看百板，不恁精专。人多看一分之十，今宜看十分之一。宽着期限，紧着课程。

……

读书，小作课程，大施功力。如会读得二百字，只读得一百字，却于百字中猛施工夫，理会子细，读诵教熟。如此，不会记性人自记得，无识性人亦理会得。若泛泛然念多，只是皆无益耳。读书，不可以兼看未读者，却当兼看已读者。

读书不可贪多，且要精熟。如今日看得一板，且看半板，将那精力来更看前半板，两边如此，方看得熟。直须看得古人意思出方好。

……

读书不可贪多，常使自家力量有余。……

……

读书是格物一事。今且须逐段子细玩味，反来覆去，或一日，或两日，只看一段，则这一段便是我底。……

……

大凡读书，须是熟读。熟读了，自精熟；精熟后，理自见得。……

……

泛观博取，不若熟读而精思。

……

读书之法：读一遍了，又思量一遍；思量一遍，又读一遍。读诵者，所以助其思量，常教此心在上面流转。若只是口里读，心里不思量，看如何也记不子细。……

……

读书着意玩味，方见得义理从文字中迸出。

……

读书不可不先立程限。政如农功，如农之有畔。为学亦然。今之始学者不知此理，初时甚锐，渐渐懒去，终至都不理会了。此只是当初不立程限之故。

……

## 学五

……

读书穷理，当体之于身。……

……

学者读书，多缘心不在，故不见道理。圣贤言语本自分晓，只略略加意，自见得。若是专心，岂有不见。

心不定，故见理不得。今且要读书，须先定其心，使之如止水，如明镜。暗镜如何照物。

立志不定，如何读书！

读书有个法，只是刷刮净了那心后去看。……

……

学者读书，须要敛身正坐，缓视微吟，虚心涵泳，切己省察[5]。……

读书须是虚心切己。虚心，方能得圣贤意；切己，则圣贤之言不为虚说。

看文字须是虚心，莫先立己意，少刻都错了。……

……

凡看书，须虚心看，不要先立说。……

……

读书，须要切己体验。不可只做文字看，又不可助长。

……

读书，不可只专就纸上求理义，须反来就自家身上推究。……

……

读书无疑者，须教有疑；有疑者，却要无疑；到这里方是长进。

[宋]朱熹撰:《朱子全书》第十四册，上海古籍出版社、安徽教育出版社，2002年。

**注释**

〔1〕第二义：相对佛家所说的"第一义"而言，指所得非真谛。

〔2〕浃洽：深入和洽。

〔3〕罅：音xià，缝隙。

〔4〕衮：通"滚"。

〔5〕省察：反省察识。

## 白鹿洞书院揭示

父子有亲，君臣有义，夫妇有别，长幼有序，朋友有信。

右五教之目，尧舜使契为司徒，敬敷五教，即此是也。学者学此而已，而其所以学之之序，亦有五焉，其别如左：

博学之，审问之，慎思之，明辨之，笃行之。[1]

右为学之序。学、问、思、辨，四者所以穷理也。若夫笃行之事，则自修身以至于处事接物，亦各有要，其别如左：

言忠信，行笃敬[2]，惩忿窒欲[3]，迁善改过[4]。

右修身之要。

正其义不谋其利，明其道不计其功。[5]

右处事之要。

己所不欲，勿施于人。[6] 行有不得，反求诸己。[7]

右接物之要。

熹窃观古昔圣贤所以教人为学之意，莫非使之讲明义理，以修其身，然后推以及人，非徒欲其务记览、为词章，以钓声名、取利禄而已也。今人之为学者，则既反是矣。然圣贤所以教人之法，具存于经，有志之士，固当熟读深思而问辨之。苟知其理之当然，而责其身以必然，则夫规矩禁防之具，岂待他人设之而后有所持循哉！近世于学有规，其待学者为已浅矣，而其为法又未必古人之意也。故今不复以施于此堂，而特取凡圣贤所以教人为学之大端，条列如右而揭之楣间。诸君其相与讲明遵守而责之于身焉，则夫思虑云为之际，其所以戒谨而恐惧者，必有严于彼者矣。其有不然，而或出于此言之所弃，则彼所谓规者必将取之，固不得而略也。诸君其亦念之哉！

[宋]朱熹撰：《朱子全书》第二十四册，
上海古籍出版社、安徽教育出版社，2002年。

## 注释

〔1〕博学之，审问之，慎思之，明辨之，笃行之：语见《礼记·中庸》。"博学之，审问之，慎思之，明辨之，笃行之。有弗学，学之弗能弗措也。有弗问，问之弗知弗措也。有弗思，思之弗得弗措也。有弗辨，辨之弗明弗措也。有弗行，行之弗笃弗措也。人一能之，己百之；人十能之，己千之。果能此道矣，虽愚必明，虽柔必强。"

〔2〕言忠信，行笃敬：语见《论语·卫灵公》。"子张问行，子曰：'言忠信，行笃敬，虽蛮貊之邦行矣；言不忠信，行不笃敬，虽州里，行乎哉？立，则见其参于前也；在舆，则见其倚于衡也。夫然后行。'"

〔3〕惩忿窒欲：语出《周易·损》。"《象》曰：'山下有泽，损；君子以惩忿窒欲。'"

〔4〕迁善改过：语出《周易·益》。"《象》曰：'风雷，益；君子以见善则迁，有过则改。'"

〔5〕正其义不谋其利，明其道不计其功：语见《汉书·董仲舒传》。"夫仁人者，正其谊不谋其利，明其道不计其功。是以仲尼之门，五尺之童羞称五伯，为其先诈力而后仁谊也。苟为诈而已，故不足称于大君子之门也。"

〔6〕己所不欲，勿施于人：语见《论语·卫灵公》。"仲弓问仁，子曰：'出门如见大宾，使民如承大祭。己所不欲，勿施于人。在邦无怨，在家无怨。'仲弓曰：'雍虽不敏，请事斯语矣。'"

〔7〕行有不得，反求诸己：语见《孟子·离娄上》。"孟子曰：'爱人不亲，反其仁；治人不治，反其智；礼人不答，反其敬——行有不得者皆反求诸己，其身正而天下归之。'"《诗经》云："永言配命，自求多福。"

# 陈栎教育论著选[*]

陈栎（1252—1334），字寿翁，号定宇，晚年号东阜老人，学者称定宇先生，徽州休宁（今安徽休宁）人，元代理学家、教育家。5岁读书，祖母口授《孝经》《论语》《孟子》及古文歌诗之类，入小学已能背诵《论语》及歌行、古文，10岁能文，15岁为童子师，16岁师乡先生黄智孙学举子业（《定宇集》卷十五《陈氏谱略·本房先世事略》《云萍小录》）。元延祐（1314—1320）初，有司强起试乡闱，中选后不赴礼部，终生教授于家，成为元代徽州最知名的塾师。"未弱冠已蜚声乡校"，"乡人皆师之"，后吴澄讲学于江西，"以经学自任，善著书，独称陈先生有功朱子，凡江东人来受学，尽送而归之陈先生"（揭傒斯《定宇先生墓志铭》，见《定宇集》卷十七）。弟子众多，著名者有倪士毅、朱升、唐桂芳、吴彬等。主要著作有《诗经句解》（或作《诗述传句解》）、《书解折衷》、《尚书集传纂疏》、《百一易略》、《礼记集义句解》、《四书发明》、《孟子口义》、《尔雅翼节本》、《增广通略》、《批点古文》、《定宇集》，编订教材有《历代蒙求》、《论语训蒙口义》、《中庸训蒙口义》、《小学字训注》（或作《程蒙斋小学训注》）等。

《随录》共三十三则，选文节录三则。第一则基于传统儒家"致广大而尽精微，极高明而道中庸"（《礼记·中庸》）思想，分析治学"规模"与"工夫"的关系，主张"规模贵大，工夫贵密"，认为"规模不大而工夫徒密，则狭隘而无以受道之广大；工夫不密而规模徒大，则疏略而无以造道之精微"。对于"早慧"，陈栎主张"学者少年不要十分英发"。第二则探讨"明理""作文""讲学"的关系，指出"必讲学然后能明理"，"必明理然后能作文"，"文所以明理"。"讲学"应遵从一定顺序。第三则讲读书之法，主张读书要"熟读精思，贯穿透彻"，用语言表达出"自得之妙"。

《上冯路教抱瓮先生书》节录文探讨经师与人师，指出何谓人师、经师，分析何以"经师易求，人师难得"，与《经疑》第一篇讨论"师道"之文相互

---

[*] 陈栎教育论著选文的标点及分段皆为编者所加。

发明。

《拟唐处士阳城除谏议大夫诰》分析了"文"与"行"的概念、范围、内容及两者的先后关系，指出："文行忠信"之文，系"弟子记夫子之教"；"行有余力则以学文"之文，乃"夫子之言所以教为人弟子者也"。前者"所该甚广大"，"凡天地间，事事物物之理，皆文也"；后者"不过指诗、书、六艺之文而言，乃文艺之末"。两者先后次序"意固各有攸在"，未可一概而论。

## 随录（节录）

学者规模[1]贵大，工夫[2]贵密。规模不大而工夫徒密，则狭隘而无以受道之广大；工夫不密而规模徒大，则疏略而无以造道之精微。譬如一片屋，间架大矣，而无门无壁，是何等屋？里面虽绘饰极好，而间架卑陋，又何足取？学者少年不要十分英发，如王弼[3]注《易》，固自不是，然亦不易，仅二十四岁而死。晋时人只一句说得好，便见称于世，其清虚无实也如此。

……………………

文所以明理，必明理然后能作文，必讲学然后能明理。讲学当于何下手？不出乎读《六经》《四书》而已。《六经》非大儒不能尽通，初学且先通一经。《四书》亦当读之有次序，文公[4]定法，先《大学》，次《语》，次《孟》，末及《中庸》。今皆当按此，用功精熟，以看《四书》。穷一经，然后读官样典雅程文，以则仿之，又求之古文以助其文气，晓其文法。虽大儒教人，亦不过如此而已。

《论孟集注》只在熟读精思，贯穿透彻而已。先且要记得一部《四书》在我胸中，不靠印本，提一段首句，便冲口念得下面细字，然后却问自得之妙。所谓自得之妙，在各人自得。言不尽意，难以语人也。

### 注释

〔1〕规模：格局，境界，谋划。

〔2〕工夫：工力，践履，造诣。

〔3〕王弼（226—249）：字辅嗣，三国魏山阳高平（今山东微山）人，玄学家，为尚书郎，少知名，好论儒道，通辩能言，注《周易》《老子》。

〔4〕文公：朱熹。

## 上冯路教抱瓮先生书（节录）

某闻卢诞有言曰："经师易求，人师难得。"所谓人师者何也？非童子之命之师也，非一卷之书之师[1]也，非家有塾、党有庠之师[2]也。道高一时，名重一世，家传文献渊源之懿[3]，身任人物权衡之责，夫是之谓人师之人也。生而时焉之不同，不可师也。时同而地焉之不近，不易师也。其时同而地近，而其势分之大相辽绝，虽欲师之，而不得师也。若夫经师者，由百世之后，等百世之儒，以方寸之天君[4]对方策之圣贤，一开编而可得也，奚其难？今夫求马必于冀北，求木必于邓林[5]，求学问文章必于邹鲁也。汉之渊云[6]，宋之范苏[7]，皆以蜀珍雄天下……夫后稷之孙无倩穑[8]，伯夷之儿无夺席[9]，其所耳濡目染者有素也，是以论其世也。故衣冠[10]之家有阀阅[11]，岂惟衣冠哉？学问文章也亦然……抑又闻先觉者教人，后觉者教于人。教于人者而不遇名师儒，是求珠玉于鹑衣[12]，而怨其不吾予也。教人者而不得才子弟，是投珠玉于暗路，而责其不吾受也。故后觉之心，每患名师儒之难遭，而先觉之心亦患才子弟之难得。

## 注释

〔1〕一卷之书之师：语出汉代扬雄《法言·学行》。"一哄之市，不胜异意焉；一卷之书，不胜异说焉。一哄之市，必立之平。一卷之书，必立之师。"原文暗示教师的重要性，本文代指学识有限的老师，或谓"记问之师"。

〔2〕家有塾、党有庠之师：此借指官学之师。

〔3〕懿：美，深，大。

〔4〕天君：指心。《荀子·天论》："心居中虚，以治五官，夫是之谓天君。"

〔5〕邓林：森林。《山海经·海外北经》："夸父与日逐走，入日，渴欲得饮，饮

于河渭,河渭不足,北饮大泽。未至,道渴而死。弃其杖,化为邓林。"韩愈《海水》:"海水非不广,邓林岂无枝?"(《昌黎先生外集》卷一)

〔6〕汉之渊云:汉代王褒和扬雄的并称。王褒,字子渊,扬雄,字子云,皆以赋著称。班固《西都赋》:"秦汉之所极观,渊云之所颂叹。"

〔7〕宋之范苏:指宋代的范仲淹与苏轼,皆以豪放词著称。

〔8〕倩稆:倩,音 qìng,仆人。稆,泛指耕作。

〔9〕夺席:语出《后汉书·儒林传上·戴凭》。"正旦朝贺,百僚毕会,(光武)帝令群臣能说经者,更相难诘,义有不通,辄夺其席以益通者……凭重坐五十余席,故京师为之语曰:'解经不穷戴侍中。'"本义为抢夺座席,引申为超越他人。

〔10〕衣冠:缙绅,士大夫。

〔11〕阀阅:功勋,功绩。

〔12〕鹑衣:形容衣衫褴褛。《荀子·大略》:"子夏贫,衣若县鹑。"

## 拟唐处士阳城除谏议大夫诰(节录)

问:"子以四教,文行忠信。"又曰:"行有余力则以学文。"行先于文欤?文先于行欤?

对:"子以四教,文行忠信",先文而后行,弟子记夫子之教也。"行有余力则以学文",先行而后文,夫子之言所以教为人弟子者也。《集注》于"四教"章曰:"教人以学文修行而存忠信也。"于"行有余力"章曰:"文谓诗、书、六艺之文","德行本也,文艺末也。穷其本末,知所先后,可与入德矣。"愚窃谓"文行忠信"之文,与"君子博学于文"、"博我以文"之文同。凡天地间,事事物物之理,皆文也。其所该甚广大。先文而后行,其先博文而后约礼,先格物、致知,而后诚意、正心、修身之意欤?"则以学文"之文,不过指诗、书、六艺之文而言,乃文艺之末耳。其所该不及"文行"之文之广大矣。盖有感于时之为人弟子者,徒事文艺之末,而忽德行之本,故欲其先孝弟等而后文艺欤?以为学之大端言,则当先文而后行;以文艺之轻重言,则当先行而后文,意固各有攸在也。

[元]陈栎撰:《定宇集》,《景印文渊阁四库全书》(第1205册)。

# 郑玉教育论著选*

郑玉（1298—1358），字子美，学者称师山先生，徽州歙县（今安徽歙县）人，元代理学家、教育家。幼敏悟嗜读书，号能记诵，10岁"闻人诵朱子之言，则喜其契于吾心也；闻人论朱子之道，则喜其切于吾身也"（汪克宽《师山先生郑公行状》）。青年时侍父淳安，从陆氏心学传人吴暾等人学习切磨。两举进士不利，遂弃举子业，绝意仕进，潜心学术，教授乡里，弟子为构师山书院，从学者甚众。至正十五年（1355），元廷诏征为翰林待制，以疾辞。十八年（1358），明兵入徽州，从容自缢卒。郑玉学术醇正，覃思六经，尤邃于《易》《春秋》；文章根底《六经》，以"明正道，扶世数"为使命，"不为雕镂锻炼"，"雅洁不支"（《四库全书总目提要·师山文集提要》）。奎章阁诸公览其所为文，欲交章荐之。主要著作有《春秋经传阙疑》《周易大传附注》《程朱易契》《师山文集》等。

郑玉教育思想以调和朱陆之学为典型特征，主要体现在《送唐仲实赴乡试序》《送葛子熙之武昌学录序》《李进诚字说》《洪元白字说》《与汪真卿书》《与鲍仲安书》等篇中。其中，《洪元白字说》还阐发了人的先天素质与后天学习之间的关系，《送葛子熙之武昌学录序》《与汪真卿书》旨在调和朱陆学说。《送葛子熙之武昌学录序》全面分析了朱子理学与陆氏心学在为学路径、治学目的等层面的异同、优劣及两家差异之源起，批判当时学界普遍流行的非此即彼、先立异同的门户之见，认为"此等皆是学术风俗之坏，殊非好气象也"，主张对朱陆学说兼收并蓄。《与汪真卿书》综论儒家圣贤之道日益沦丧、程朱理学复兴儒学之功，以及后学末流空言不行、门户壁垒之见、败坏学风的流弊，建言学者为学、自修之方。

---

\* 郑玉教育论著选文的标点及分段皆为编者所加。

## 送葛子熙之武昌学录序（节录）

方二先生[1]相望而起也，以倡明道学为已任。陆氏[2]之称朱氏曰"江东之学"，朱氏之称陆氏曰"江西之学"。两家学者，各尊所闻，各行所知，今二百余年，卒未能有同之者。

以予观之，陆子之质高明，故好简易；朱子之质笃实，故好邃密。盖各因其质之所近而为学，故所入之涂有不同尔。及其至也，三纲五常，仁义道德，岂有不同者哉？况同是尧、舜，同非桀、纣，同尊周、孔，同排释、老，同以天理为公，同以人欲为私，大本达道，无有不同者乎！后之学者，不求其所以同，惟求其所以异。江东之指江西，则曰："此怪诞之行也。"江西之指江东，则曰："此支离之说也。"而其异益甚矣！此岂善学圣贤者哉？朱子之说，教人为学之常也；陆子之说，高才独得之妙也。二家之学，亦各不能无弊焉。陆氏之学，其流弊也，如释子之谈空说妙，至于卤莽灭裂，而不能尽夫致知之功。朱氏之学，其流弊也，如俗儒之寻行数墨，至于颓惰委靡，而无以收其力行之效。然岂二先生立言垂教之罪哉？盖后之学者之流弊云尔。

呜呼！孟子殁千四百年，而后周子生焉。周子之学，亲传之于二程夫子，无不同也。及二先生出，而后道学之传始有不同者焉。周、程之同，以《太极图》也；朱、陆之异，亦以《太极图》也。一图异同之间，二先生之学从可知矣。

**注释**

〔1〕二先生：指朱熹与陆九渊。
〔2〕陆氏：陆九渊，字子静，号存斋，学者称象山先生，南宋理学家，心学开创者。

## 与汪真卿[1]书（节录）

曩岁同学时，某懵然未有知识，日用心句读文词之间，而无有得焉。每闻吾兄之言，辄敛容起敬，自以为非已可及。别去七八年，竟不得一见。而某优游厌饫，为日既久。若有所得，及以前所闻者雠[2]之，往往不合。乃知道理在天地间，非真积力久，心融意会，不可恍惚想象，以人而遽为去取也。

夫古之时，家家稷、契，人人皋、夔，比屋有可封之俗。所言者无非理，所行者无非道。逮德下衰，人心沦没，始以道寄。圣贤凡民，虽日由之，而不自知焉。甚者逆常乱伦，而不能由于是矣。况自孟子没，《诗》《书》出秦火中，残坏断缺，无一完备。重以汉儒章句之习，破碎支离；唐人文章之弊，浮夸委靡。虽有董仲舒、韩愈之徒，或知理之当然，而终莫知道之所以然。故二氏之学，得以乘隙出入其间，以似是而实非之言，饰空虚无为之说，诱吾民而法之。上焉者，落明心见性之场；下焉者，惑祸福报应之末。而吾儒之徒，无复古人为己之学，徒以口舌辩给，而卒不能以胜之。使天下有目如夜行，有耳如聋聩。其士者，如饮而醉，如病而狂。如是者千四百年。

真元会合之气，散而复聚。于是汝南周夫子[3]出焉，因《太极图》而使人知理气之并行，著《易通书》而教人以明诚之并进。河南两程夫子[4]接迹而起，相与倡明之，而益大以辉。斯道断而复续，晦而复明。至吾新安朱子，尽取群贤之书，析其异同，归之至当，言无不契，道无不合，号集大成，功与孔、孟同科矣。使吾道在宇宙，如青天白日，万象灿然，莫不毕见；如康衢砥道，东西南北，无不可往；如通都大邑，千门万户，列肆洞开，富商巨贾，轮辏辐集，所求无不可见。而天地之秘，圣贤之妙，发挥无余蕴矣。

然自是以来，三尺之童，即谈忠恕；目未识丁，亦闻性与天道，一变而为口耳之弊。盖古人之学，是以所到之深浅，为所见之高下，所言皆实事。今人之学，是游心千里之外，而此身元不离家，所见虽远，而皆空言矣。此岂朱子毕尽精微以教世之意哉？学者之得罪于圣门，而负朱子也深矣。

况《中庸》之德，过与不及，均之为失。杨朱学义而至于为我，墨翟学仁而至于兼爱。末流之祸，无父无君，可不畏哉！吾党今日但当潜心圣贤之书，视之如军中之羽旄，如丧家之功布。进退俯仰，一随其节。久而吾心与之为一，自有得焉。不可先立一说，横于胸中，主为己见，而使私意得以横起。庶几防邪存诚，虽有小失，随时救正，不致大谬。如此死而后已，以冀于道可入。

又近时学者，未知本领所在，先立异同。宗朱子则肆毁象山，党陆氏则非议朱子。此等皆是学术风俗之坏，殊非好气象也。某尝谓陆子静，高明不及明道[5]，缜密不及晦庵；然其简易光明之说，亦未始为无见之言也。故其徒传之久远，施于政事，卓然可观，而无颓堕不振之习。但其教尽是略下功夫，而无先后之序，而其所见又不免有知者过之之失。故以之自修虽有余，而学之者恐有画虎不成之弊。是学者自当学朱子之学，然亦不必谤象山也。此皆以其知而言尔。至若行之之方，以敬为主，则不放肆，而自心广体胖；以谨独为要，则工夫无间断，而自强不息。虽圣人之纯，亦不已皆由此进。

[元]郑玉撰：《师山集》，《景印文渊阁四库全书》（第1217册）。

## 注释

〔1〕汪真卿：生平事迹不详。明程敏政《篁墩文集》卷三十八《书郑师山〈送葛之熙序〉及〈与汪真卿书〉》谓："按此二条，议论平正，可验学术之醇，宜其能振高风于一时，全大节于叔世也。"《送葛之熙序》，即《送葛子熙之武昌学录序》。

〔2〕雠：音chóu，对、应意。

〔3〕周夫子：周敦颐。

〔4〕两程夫子：程颢、程颐兄弟。

〔5〕明道：程颐。

# 王守仁教育论著选

王守仁（1472—1529），字伯安，世称阳明先生，浙江余姚人，明代著名思想家、教育家、军事家，陆王心学集大成者。父王华，成化年间状元，官至南京吏部尚书。自幼抱有"读书学圣贤"的志向，15岁时"纵观塞外，经月始返"，18岁拜访理学名师娄谅，"慨然以圣人可学而至"，28岁登进士第。正德元年（1506）因得罪宦官刘瑾，被谪为贵州龙场驿驿丞。刘瑾死后，先后迁江西庐陵知县、吏部主事、南京太仆寺少卿、鸿胪寺卿、左佥都御史。正德十四年（1519）因平定宁王朱宸濠叛乱，升南京兵部尚书，封"新建伯"。相较于政治，王守仁在学术和教育方面影响尤巨，从弘治十八年（1505）开始讲学授徒直至去世，前后历时23年，前17年是一面从政，一面讲学，所到之处，热心建书院，设社学，办学校。

王守仁继承和发展了陆九渊的心学主张，提出"心即理""致良知""知行合一"等命题，创立了与程朱理学相径庭的"阳明学派"（亦称"姚江学派""王学"）。该学说以反传统的姿态出现，在明中叶以后广为流行。"姚江之学，显与朱子背驰，门徒遍天下，流传逾百年"（《明史·儒林传序》），远播海外，对日本明治维新产生积极影响。

王守仁不著书，他的语录、诗文等由其弟子汇编为《王文成公全书》（亦称《阳明全书》），共38卷。其中，卷一、卷二、卷三，即《传习录》上、中、下，为其讲学及答友人弟子书信的总汇，堪称"王学"之经典，也是研究其教育思想的基本文献。

《训蒙大意示教读刘伯颂等》《教约》合称《社学教条》，是王守仁任南赣巡抚时颁给各社学蒙师的教学条规，集中阐发了其儿童教育思想。前者批判传统蒙学"鞭挞绳缚，若待拘囚"的强制教育，主张顺应儿童"乐嬉游而惮拘检"心理特点的教育观，倡导全面的儿童教育内容："诱之歌诗""导之习礼""讽之读书"，陶冶儿童思想和性情，促进儿童德、智、体、美等诸方面协调发展。

《教约》是推行儿童教育主张的教学计划，具体规定社学每日功课及教学程序:"先考德、次背书诵书、次习礼或作课仿、次复诵书讲书、次歌诗。"考虑到学童身心特点,提出"随人分限所及",劳逸结合、动静搭配、留有余地、保持弹性等教育原则,采用歌诗、习礼比赛,以增强儿童兴趣。作为古代论述儿童教育的重要著作,两篇在古代教育史上独树一帜。

## 训蒙大意示教读刘伯颂等

古之教者,教以人伦,后世记诵词章之习起,而先王之教亡。今教童子,惟当以孝弟忠信礼义廉耻为专务。其栽培涵养之方,则宜诱之歌诗以发其志意,导之习礼以肃其威仪,讽之读书以开其知觉。今人往往以歌诗习礼为不切时务,此皆末俗庸鄙之见,乌足以知古人立教之意哉!

大抵[1]童子之情,乐嬉游而惮拘检[2],如草木之始萌芽,舒畅之则条达[3],摧挠之则衰萎。今教童子,必使其趋向鼓舞,中心喜悦,则其进自不能已。譬之时雨春风,沾被卉木,莫不萌动发越,自然日长月化;若冰霜剥落,则生意萧索,日就枯槁矣。故凡诱之歌诗者,非但发其志意而已,亦所以泄其跳号呼啸于咏歌,宣其幽抑结滞于音节也;导之习[4]礼者,非但肃其威仪而已,亦所以周旋揖让而动荡其血脉,拜起屈伸而固束其筋骸也;讽之读书者,非但开其知觉而已,亦所以沈潜反复而存其心,抑扬讽诵以宣其志也。凡此皆所以顺导其志意,调理其性情,潜消其鄙吝,默化其粗顽[5],日使之渐于礼义而不苦其难,入于中和而不知其故,是盖先王立教之微意也。

若[6]近世之训蒙稚者,日惟督以句读课仿,责其检束,而不知导之以礼;求其聪明,而不知养之以善;鞭挞绳缚,若待拘囚。彼视学舍如囹狱而不肯入,视师长如寇仇而不欲见,窥避掩覆以遂其嬉游,设诈饰诡以肆其顽鄙,偷薄庸劣,日趋下流。是盖驱之于恶而求其为善也。何可得乎?

凡吾所以教,其意实在于此。恐[7]时俗不察,视以为迂,且吾亦将去,故特叮咛以告。尔诸教读,其务体吾意,永以为训;毋辄因时俗之言，改废其绳墨，庶成蒙以养正之功矣。念之念之！

[明]王守仁撰；吴光、钱明、董平、姚延福编校：《王阳明全集》，上海古籍出版社，1992年。

### 注释

〔1〕大抵：一般来说。

〔2〕拘检：约束、束缚的意思。

〔3〕条达：繁茂。

〔4〕习：学习。

〔5〕粗顽：粗俗、愚顽。

〔6〕若：至于。

〔7〕恐：害怕。

## 教约

每日清晨，诸生参揖[1]毕，教读以次[2]。遍询诸生：在家所以爱亲敬长之心，得无懈[3]忽，未能真切否？温凊定省之仪，得无亏缺，未能实践否？往来街衢，步趋礼节，得无放荡，未能谨饰否？一应言行心术，得无欺妄非僻，未能忠信笃敬否？诸童子务要各以实对，有则改之，无则加勉。教读复随时就事，曲加诲谕开发。然后各退就席肄业。

凡歌《诗》，须要整容定气，清朗其声音，均审其节调；毋躁而急，毋荡而嚣，毋馁而慑。久则精神宣畅、心气和平矣。每学量童生多寡，分为四班，每日轮一班歌《诗》；其余皆就席，敛容肃听。每五日则总四班递歌于本学。每朔望[4]，集各学会歌于书院。

凡习礼，须要澄心肃虑，审其仪节，度[5]其容止；毋忽而惰，毋沮而怍，毋径而野；从容而不失之迂缓，修谨而不失之拘局。久则礼貌习熟，德性坚定矣。童生班次，皆如歌诗。每间一日，则轮一班习礼。其余皆就席，敛容肃观。习礼之日，免其课仿。每十日则总四班递习于本学。每朔望，则集各学会习于书院。

凡授书不在徒多，但贵精熟。量其资禀，能二百字者，止可授以一百字。常使精神力量有余，则无厌苦之患，而有自得之美。讽诵之际，务[6]令专心一志，口诵心惟，字字句句紬绎反复，抑扬其音节，宽虚其心意。久则义礼浃洽，聪明日开矣。

每日工夫，先考德，次背书诵书，次习礼，或[7]作课仿，次复诵书讲书，次歌《诗》。凡习礼歌《诗》之数，皆所以常存童子之心，使其乐习不倦，而无暇及于邪僻。教者知此，则知所施矣。虽然，此其大略也；神而明之，则存乎其人。

[明]王守仁撰；吴光、钱明、董平、姚延福编校：《王阳明全集》，上海古籍出版社，1992年。

**注释**

〔1〕参揖：行礼。

〔2〕以次：按照次序。

〔3〕懈：懈怠。

〔4〕朔望：每月初一和十五。

〔5〕度：考察。

〔6〕务：务必，一定。

〔7〕或：有的人，这里指有的学生。

## 黄宗羲教育论著选

黄宗羲（1610—1695），字太冲，号南雷，学者称梨洲先生，浙江余姚人，明清之际著名思想家、史学家、文学家、教育家。自幼随父读书求学，后拜刘宗周为师。早年参加东林党，反对以魏忠贤为首的宦官。清兵南下时，招募里中子弟数百人组成"世忠营"抗清，达数年之久。失败后，返回故里，从事讲学与著述活动，培养了一大批史学、经学、文学、算学方面的人才，与顾炎武、王夫之并称"明末清初三大思想家"。著述宏富，有百余种之多，其中影响最大的为《明夷待访录》和《明儒学案》。前者成书于康熙二年（1663），被称为"中国十七世纪的民权宣言""一部划时代的民主主义思想专著"。后者成书于康熙十五年（1676），对明代270多年的儒学，尤其是王学的发展演变状况，做了全面系统的总结，是中国学术史上第一部学术思想史专著。他的教育思想，比较集中地体现在《明夷待访录》的《学校》《取士上》《取士下》三篇中。

在《学校》篇中，黄宗羲认为学校不仅具有培养人才、改良社会习俗的功能，还应该议论国家政事、监督政府、限制专制皇权，"公其非是于学校"，主张全面推广学校教育。这是对中国古代学校教育职能理论的独特贡献。

在《取士上》《取士下》篇中，黄宗羲对科举制度进行了深刻批判，认为科举唯程朱理学马首是瞻，禁锢思想、扼杀创新、陷溺人心、败坏学风，科举盛而学术衰，主张通经致用，恢复古代"取士也宽，用士也严"的选官制度，拟定广开取士之路的"取士八法"。

## 学校（节录）

学校，所以养士也。然古之圣王，其意不仅此也，必使治天下之具皆出于学校，而后设学校之意始备。非谓班朝，布令，养老，恤孤，讯馘，大师旅则会将士[1]，大狱讼则期吏民[2]，大祭祀则享始祖，行之自辟雍也。盖使朝廷之上，闾阎[3]之细，渐摩濡染，莫不有诗书宽大之气；天子之所是未必是，天子之所非未必非，天子亦遂不敢自为非是，而公其非是于学校。是故养士为学校之一事，而学校不仅为养士而设也。

三代以下，天下之是非一出于朝廷。天子荣之，则群趋以为是；天子辱之，则群摘以为非。簿书、期会、钱谷、戎狱[4]，一切委之俗吏。时风众势之外，稍有人焉，便以为学校中无当于缓急之习气。而其所谓学校者，科举嚣争，富贵熏心，亦遂以朝廷之势利一变其本领，而士之有才能学术者，且往往自拔于草野之间，于学校初无与也，究竟养士一事亦失之矣。

于是学校变而为书院。有所非也,则朝廷必以为是而荣之;有所是也,则朝廷必以为非而辱之。伪学之禁,书院之毁,必欲以朝廷之权与之争胜。其不仕者有刑,曰:"此率天下士大夫而背朝廷者也。"其始也,学校与朝廷无与;其继也,朝廷与学校相反。不特不能养士,且至于害士,犹然循其名而立之何与?

东汉太学生三万人,危言深论,不隐豪强,公卿避其贬议。[5]宋诸生伏阙捶鼓,请起李纲。[6]三代遗风,惟此犹为相近。使当日之在朝廷者,以其所非是为非是,将见盗贼奸邪慑心于正气霜雪之下!君安而国可保也。乃论者目之为衰世之事,不知其所以亡者,收捕党人,编管陈、欧[7],正坐破坏学校所致,而反咎学校之人乎!

嗟乎!天之生斯民也,以教养托之于君。授田之法废,民买田而自养,犹赋税以扰之;学校之法废,民蚩蚩[8]而失教,犹势利以诱之。是亦不仁之甚,而以其空名跻之曰"君父,君父",则吾谁欺!

郡县学官,毋得出自选除[9]。郡县公议,请名儒主之。自布衣以至宰相之谢事者,皆可当其任,不拘已仕未仕也。其人稍有干于清议,则诸生得共起而易之,曰:"是不可以为吾师也。"其下有《五经》师,兵法、历算、医、射各有师,皆听学官自择。凡邑之生童皆裹粮从学,离城烟火聚落之处[10]士人众多者,亦置经师。民间童子十人以上,则以诸生之老而不仕者充为蒙师。故郡邑无无师之士,而士之学行成者,非主六曹[11]之事,则主分教之务,亦无不用之人。

学宫以外,凡在城在野寺观庵堂,大者改为书院,经师领之,小者改为小学,蒙师领之,以分处诸生受业。其寺产即隶于学,以赡诸生之贫者。二氏之徒[12],分别其有学行者,归之学宫,其余则各还其业。

**注释**

〔1〕大师旅则会将士:古时天子行兵之前,集将士于学中,议定兵谋。《礼记·王制》:"天子将出征……受成于学。"

〔2〕大狱讼则期吏民:有重大的案子要审讯时,则定日期召集官吏和民众。《礼

记·王制》:"疑狱,氾与众共之,众疑,赦之。"

〔3〕闾阎:里巷的门。后来称民间为闾阎。

〔4〕戎狱:应作"讼狱"。

〔5〕东汉太学生三万人,危言深论,不隐豪强,公卿避其贬议:见《后汉书·党锢列传》。

〔6〕宋诸生伏阙槌鼓,请起李纲:北宋靖康元年(1126)二月,金兵围汴京,在李邦彦等的操纵下,罢李纲以向金人求和,许割三镇地。太学生陈东等上书反对,请用李纲而斥李邦彦,以安民心而挽国家危急,都民不约而同聚于朝门者数万人,呼声动地。朝廷被迫复用李纲为右丞,任京城防御使。

〔7〕编管陈、欧:编管,犯罪的官吏士民谪配远方,编入该地户籍由地方官管束。陈,指陈东,字少阳,镇江丹阳人。欧,指欧阳澈,字德民,抚州崇仁人。南宋高宗建炎元年(1127)八月,因上书斥责主和派,请重用李纲,同被诬杀。见《宋史·忠义传》。

〔8〕蚩蚩:无知的状态。

〔9〕选除:由政府部门选派任命。选,铨选,衡量才能而授官。除,除旧任授新职。

〔10〕烟火聚落之处:人烟聚集之地。

〔11〕六曹:指州县地方官佐吏的分职,有兵曹、刑曹、工曹、礼曹、户曹、吏曹。

〔12〕二氏之徒:指佛、道两教信徒。

## 取士下(节录)

古之取士也宽,其用士也严;今之取士也严,其用士也宽。古者乡举里选,士之有贤能者,不患于不知。降[1]而唐宋,其为科目不一,士不得与于此,尚可转而从事于彼,是其取之之宽也。《王制》论秀士,升之司徒曰选士;司徒论选士之秀者,升之学曰俊士;大乐正论造士之秀者,升之司马曰进士;司马论进士之贤者,以告于王而定其论。论定然后官之,任官然后爵之,位定然后禄之。一人之身,未入仕之先凡经四转,已入仕之后凡经三转,总七转,始与之以禄。唐之士,及第者未便解褐,入仕吏部，又复试之。韩退之三试于吏部无成，则十年犹布衣也。宋虽登第入仕，然亦止是簿尉令录，榜首才得丞判，是其用之之严也。宽于取则无枉才，严于用则少倖进。

今也不然。其所以程士者，止[2]有科举之一途，虽使古豪杰之士若屈原、司马迁、相如、董仲舒、扬雄之徒，舍是亦无由而进取之，不谓[3]严乎哉！一日苟得，上之列[4]于侍从，下亦置之郡县。即其黜落而为乡贡者，终身不复取解，授之以官，用之又何其宽也！严于取，则豪杰之老死丘壑者多矣；宽于用，此在位者多不得其人也。

[清]黄宗羲：《黄宗羲全集》，浙江古籍出版社，1985年。

**注释**

〔1〕降：等到，到了。
〔2〕止：主要。
〔3〕谓：称得上。
〔4〕列：任命。

## 颜元教育论著选

颜元（1635—1704），字浑然，号习斋，学者称为习斋先生，保定府博野（今河北博野）人，清代思想家、教育家，颜李学派创始人。出身贫寒，早年"耕田灌园"。19岁中秀才，后绝意科举，先通医术行医，后开设家塾教授生徒。24岁，学陆王心学。26岁，笃信程朱理学，将自己的学舍称为"思古斋"。35岁，认识到理学空虚无用，开始崇尚"习行"，把"思古斋"改为"习斋"，制定"习斋教条"20则。晚年，主持河北肥乡漳南学院，建立规制，实行分斋教学，设置"文事""武备""经史""艺能""理学""帖括"六斋，注重实学，强调"习行"，主张培养"实德实才之士"，与弟子李塨共创颜李学派。颜元学问博杂，除儒学外，兼通习骑射、剑戟，究天象、地理及兵略，精战守机宜，通医术、长术数。著作主要有《四存编》(《存性编》《存学编》《存治编》《存人编》)、《四书正误》等，其中《存学编》是其教育思想的代表作。

《总论诸儒讲学》《上太仓陆桴亭先生书》均选自《存学编》。前者综论儒家各派学者的讲学思想，批判传统教育过于注重理论而忽视实践，强调实学的重要性，主张学习应与实践相结合；后者抨击汉唐章句、佛老虚浮、寂灭，背离实文、实行、实体、实用之传统，申明实学、实习之学旨。

## 总论诸儒讲学

仆妄谓性命之理不可讲也，虽讲，人亦不能听也，虽听，人亦不能醒也，虽醒，人亦不能行也。所可得而共讲之，共醒之，共行之者，性命之作用，如《诗》、《书》、六艺而已。即《诗》、《书》、六艺，亦非徒列坐讲听，要惟一讲即教习，习至[1]难处来问，方再与讲。讲之功有限，习之功无已。孔子惟与其弟子今日习礼，明日习射。间有可与言性命者，亦因其自悟已深，方与言。盖性命，非可言传也。不特不讲而已也，虽有问，如子路问鬼神、生死，南宫适问禹、稷、羿、奡者，皆不与答。盖能理会者渠自理会，不能者虽讲亦无益。

自汉、唐诸儒传经讲诵，宋之周、程、张、朱、陆[2]，遂群起角立，亟亟焉以讲学为事，至明，而薛、陈、王、冯[3]因之，其一时发明吾道之功，可谓盛矣。其效使见知闻知者[4]知尊慕孔、孟，善谈名理，不作恶，不奉释、老名号。即不肖如仆，亦沐泽中之一人矣。然世道之为叔季自若也，生民之不治自若也，礼乐之不兴自若也，异端之日昌而日炽自若也。以视夫孔子明道而乱臣贼子果惧[5]，孟子明道而杨朱、墨翟果熄，何啻天渊之相悬也！

仆气魄小，志气卑，自揣在中人以下，不足与于斯道。惟愿主盟儒坛者，远溯[6]孔、孟之功如彼，近察诸儒之效如此，而垂意于习之一字；使为学为教，用力于讲读者一二，加功于习行者八九，则生民幸甚，吾道幸甚！仆受诸儒生成复载之恩，非敢入室操戈也。但以人之岁月精神有限，诵说中度一日，便习行中错一日；纸墨上多一分，便身世上少一分。试观朱子晚年悔枝叶之繁累[7]，则礼乐未明，是在天者千古无穷之憾也。

**注释**

〔1〕至：到，等到。

〔2〕宋之周、程、张、朱、陆：指北宋的周敦颐、程颢、程颐、张载，南宋的朱熹、陆九渊。

〔3〕薛、陈、王、冯：指明代的薛瑄、陈献章、王守仁、冯从吾。

〔4〕见知闻知者：见《孟子·尽心下》。"孟子曰：'由尧舜至于汤，五百有余岁；若禹、皋陶，则见而知之；若汤，则闻而知之……由文王至于孔子，五百有余岁，若太公望、散宜生，则见而知之；若孔子，则闻而知之。由孔子而来至于今，百有余岁，去圣人之世若此其未远也，近圣人之居若此其甚也，然而无有乎尔，则亦无有乎尔。'"见知者，指同时代人；闻知者，指后代人。

〔5〕孔子明道而乱臣贼子果惧：见《孟子·滕文公下》。"孔子成春秋，而乱臣贼子惧。"

〔6〕溯：逆流而上的意思。

〔7〕朱子晚年悔枝叶之繁累：《与吴茂实书》谓"近来自觉向时工夫止讲论文义，以为积集义理久，当自有得力处。却于日用工夫，全少检点，诸朋友往往亦只如此做工夫，所以多不得力。今方深省而痛惩之，亦欲与诸同志勉焉，幸老兄遍以告之也"。

## 上太仓陆桴亭[1]先生书（节录）

某闻气机消长否泰[2]，天地有不能自主，理数[3]使然也；方其消极而长，否极而泰，天地必生一人以主之，亦理数使然也。然粤稽[4]孔、孟以前，天地所生以主此气机者，率皆实文、实行、实体、实用，卒为天地造实绩，而民以安，物以阜。虽不幸而君相之人竟为布衣，亦必终身尽力于文、行、体、用之实，断不敢以不尧、舜、不禹、皋者苟且于一时虚浮之局，高谈袖手，而委此气数[5]，置此民物，听此天地于不可知也；亦必终身穷究于文、行、体、用之实，断不敢以惑异端、背先哲者肆口于百喙争鸣[6]之日，著书立说，而误此气数，坏此民物，负此天地于不可为也。

自汉、晋泛滥于章句，不知章句所以传圣贤之道而非圣贤之道也；竞尚乎清谈，不知清谈所以阐圣贤之学而非圣贤之学也。因之虚浮日盛，而尧、舜三事、六府[7]之道，周公、孔子六德、六行、六艺[8]之学，所以实位天地，实育万物者，几不见于乾坤中矣。迨于佛、老昌炽，或取天地万物而尽空之，一归于寂灭，或取天地万物而尽无之，一归于升脱，莫谓日月、星辰、山川、草木、鸟兽、虫鱼、人伦、世故举为道外，并己身之耳、目、口、鼻、四肢皆视为累碍赘余矣，哀哉！倘于此有尧、舜、周、孔，固必回消为长，转否为泰矣。即不然，或如端、言、卜、仲、二冉[9]之流，亦庶几衍道脉[10]于不坠，续真宗[11]于不差，而长泰终有日也。奈何赵氏[12]运中，纷纷跻孔子庙庭者，皆修辑注解之士，犹然章句也；皆高坐讲论之人，犹然清谈也！甚至言孝、弟、忠、信如何教，气禀本有恶，其与老氏以礼义为忠信之薄[13]，佛氏以耳、目、口、鼻为六贼[14]者相去几何也！

故仆妄论宋儒，谓是集汉、晋、释、老之大成者则可，谓是尧、舜、周、孔之正派则不可。然宋儒，今之尧、舜、周、孔也。韩愈辟佛，几至杀身[15]，况敢议今世之尧、舜、周、孔者乎！李友著书驳程、朱之说，发州决杖[16]，况敢议及宋儒之学术、品诣者乎！此言一出，身命之虞所必至也。然惧一身之祸而不言，委气数于终误，置民物于终坏，听天地于终负，恐结舌安坐，不援沟渎，与强暴、横逆内人于沟渎者，其忍心害理不甚相远也。

某为此惧，著《存学》一编，申明尧、舜、周、孔三事、六府、六德、六行、六艺之道，大旨明道不在诗书章句，学不在颖悟诵读，而期如孔门博文、约礼、身实学之、身实习之，终身不懈者。著《存性》一编，大旨明理、气俱是天道，性、形俱是天命，人之性命、气质虽各有差等，而俱是此善；气质正性命之作用，而不可谓有恶，其所谓恶者，乃由"引、蔽、习、染"[17]四字为之崇也。期使人知为丝毫之恶，皆自玷其光莹之本体，极神圣之善，始自充其固有之形骸。

但孔、孟没后二千年无人道此理，而某独异，又惴惴[18]焉恐涉偏私自是，诽谤先儒；将舍所见以苟就近世之学，而仰观三代圣贤又不如此。二念交郁，罔所取正。

［清］颜元著；王星贤、张芥尘、郭征点校：《颜元集》，中华书局，1987年。

## 注释

〔1〕陆桴亭：陆世仪（1611—1672），字道威，号桴亭，太仓（今江苏太仓）人。尝从刘宗周学，明亡，隐居讲学，历主东林、毗陵、太仓诸书院。学宗程朱，主"居敬穷理"，与陆陇其并称"二陆"。著有《思辨录》等，后人汇为《桴亭全集》。

〔2〕否泰：《周易》两卦名。否卦，坤下乾上，表示天地不交而万物不通，"小人"道长，"君子"道消。泰卦，乾下坤上，表示天地交而万物通，"君子"道长，"小人"道消。否极则复泰，因而常用"否极泰来"形容情况从坏转好。

〔3〕理数：天理的必然性。

〔4〕粤稽：粤，语助词。稽，考核。

〔5〕气数：气运的必然。

〔6〕百喙争鸣：意同众口争辩。

〔7〕三事、六府：见《伪古文尚书·大禹谟》。"德惟善政，政在养民。水、火、金、木、土、谷；惟修，正德、利用、厚生，惟和。"正德、利用、厚生三者为人所当为，称为三事。水、火、金、木、土、谷六者为财用之来源，称为六府。

〔8〕六德、六行、六艺：见《周礼·地官司徒》。"大司徒以乡三物教万民而宾兴之，一曰六德：知、仁、圣、义、忠、和；二曰六行：孝、友、睦、姻、任、恤。三曰六艺：礼、乐、射、御、书、数。"

〔9〕端、言、卜、仲、二冉：指孔丘弟子端木赐、言偃、卜商、仲由、冉耕、冉雍。

〔10〕衍道脉：指传布所谓圣贤之道的道统。

〔11〕真宗：指圣贤学术的正宗。

〔12〕赵氏：赵匡胤代后周称帝，国号宋，赵氏即指宋朝。

〔13〕老氏以礼义为忠信之薄：见《老子》三十八章。"故失道而后德，失德而后仁，失仁而后义，失义而后礼。夫礼者，忠信之薄而乱之首。"

〔14〕佛氏以耳、目、口、鼻为六贼：佛家称色、声、香、味、触、法为六尘，它以眼、耳、鼻、舌、身、意六根为媒介，而袭劫一切善法，故譬为六贼。

〔15〕韩愈辟佛，几至杀身：唐宪宗元和十四年（819），韩愈上表反对迎佛骨，几被处死，卒贬潮州刺史。

〔16〕季友著书驳程、朱之说，发州决杖：朱季友，明饶州鄱阳人，著书抨击程朱学说，明永乐帝阅其书大怒，遣发饶州决杖，并尽毁其所著书。见明黄佐《翰林记·禁异说》。

〔17〕引、蔽、习、染：颜元认为人性是善的，仁、义、礼、智之性，表现为恻隐、羞恶、辞让、是非之情。常人由于外界财色的引诱，本来的性情受蔽，于是恻隐变为贪营、鄙吝，羞恶变为侮辱、残忍，辞让变为伪饰，谄媚，是非变为奸雄、小巧；如不自反，则引愈频而蔽愈远，习渐久而染渐深。参见《存性》。

〔18〕惴惴：恐惧的样子。

## 戴震教育论著选

戴震（1723—1777），字东原，又字慎修，休宁隆阜（今属安徽黄山）人，清代著名朴学家、思想家、自然科学家，乾嘉之学"皖派"集大成者。少时勤思好学，青年时从江永学习，尽得其传。后入京师，充纂修官，与修《四库全书》。因特殊贡献，特命参加殿试，赐同进士出身，授翰林院庶吉士。治学广博，举凡音韵、文字、训诂、经史、天文、舆地、筹算、名物等，皆负盛名；为学法上，主张"由字通词，由词通道"，实事求是，不主一家；思想上，批评程朱理学"存天理灭人欲"及"理在气先"主张，提出"气在理先""理在气中"的朴素唯物主义观点，成为近代启蒙思想的先驱。其著作丰硕，有《方言考证》《尔雅文字考》《声韵考》《毛郑诗考正》《仪礼考证》《孟子字义疏证》《勾股割圆记》《水地记》《考工记图》《古历考》等20余种，100多卷。弟子知名者较多，如段玉裁、王念孙、王引之、孔广森、任大椿等。

戴震在《与是仲明论学书》中总结了个人经学研究见解与解经方法，认为"经之至者，道也。所以明道者，其词也。所以成词者，字也。由字以通其词，由词以通其道，必有渐"，即由声音文字以求训诂，由训诂以寻义理，深入理解文献背后的思想和精神才是最高追求。

《与姚孝廉姬传书》论治学方法，主张"十分之见"，即"必徵之古而靡不条贯，合诸道而不留余议，巨细毕究，本末兼察"，反对"依于传闻，以拟其是；择于众说，以裁其优；出于空言，以定其论；据于孤证，以信其通；虽溯流可以知源，不目睹渊泉所导；循根可以达杪，不手披枝肆所岐"，"未至十分之见"的做法。

## 与是仲明论学书（节录）

仆自少时家贫，不获亲师，闻圣人之中有孔子者，定《六经》示后之人，求其一《经》，启而读之，茫茫然无觉。寻思之久，计于心曰：经之至者道也，所以明道者其词也，所以成词者字也。由字以通其词，由词以通其道，必有渐。求所谓字，考诸篆书，得许氏《说文解字》[1]，三年知其节目，渐睹古圣人制作本始。又疑许氏于故训未能尽，从友人假《十三经注疏》[2]读之，则知一字之义，当贯群《经》，本六书，然后为定。

至若《经》之难明，尚有若干事：诵《尧典》数行，至"乃命羲和"[3]，不知恒星七政[4]所以运行，则掩卷不能卒业。诵《周南》、《召南》[5]，自《关雎》[6]而往，不知古音，徒强以协韵，则龃龉失读。诵古《礼经》[7]，先《士冠礼》[8]，不知古者宫室、衣服等制，则迷于其方，莫辨其用。不知古今地名沿革，则《禹贡》、《职方》[9]失其处所。不知《少广》[10]、《旁要》[11]，则《考工》[12]之器不能因文而推其制。不知鸟兽、虫鱼、草木之状类名号，则比兴[13]之意乖。而字学、故训、音声未始相离，声与音又经纬衡从宜辨。汉末，孙叔然[14]创立反语，厥后考经论韵，悉用之。释氏之徒，从而习其法，因窃为己有，谓来自西域，儒者数典不能记忆[15]

也。中土测天用句股[16]，今西人易名三角八线，其三角即句股，八线即缀术[17]，然而三角之法穷，必以句股御之，用知句股者，法之尽备，名之至当也。管吕言五声十二律[18]，宫位乎中，黄钟之宫，四寸五分，为起律之本，学者蔽于钟律失传之后，不追溯未失传之先，宜乎说之多凿也。凡经之难明，右若干事，儒者不宜忽置不讲。仆欲究其本始，为之又十年，渐于经有所会通，然后知圣人之道，如悬绳树槷[19]，豪厘不可有差。

仆闻事于经学，盖有三难：淹博难，识断难，精审难。三者，仆诚不足与于其间，其私自持，暨为书之大概，端在乎是。前人之博闻强识，如郑渔仲[20]、杨用修[21]诸君子，著书满家，淹博有之，精审未也。别有略是而谓大道可以径至者，如宋之陆[22]，明之陈、王[23]，废讲习讨论之学，假所谓"尊德性"以美其名，然舍夫"道问学"，则恶可命之"尊德性"乎？未得为中正可知。

群经六艺之未达，儒者所耻。仆用是戒其颓惰，据所察知，特惧忘失，笔之于书，识见稍定，敬进于前不晚。

## 注释

〔1〕《说文解字》：东汉许慎撰，中国首部系统完整、体例谨严的字书。

〔2〕《十三经注疏》：儒家十三部经典及注释的合称，出现于宋代。分别是《周易正义》10卷（魏王弼、韩康伯注，唐孔颖达等正义）、《尚书正义》20卷（汉孔安国传，唐孔颖达等正义）、《毛诗正义》70卷（汉毛公传，汉郑玄笺，唐孔颖达等正义）、《周礼注疏》42卷、《仪礼注疏》50卷（均用汉郑玄注，唐贾公彦疏）、《礼记正义》63卷（汉郑玄注，唐孔颖达等正义）、《春秋左传正义》60卷（晋杜预注，唐孔颖达等正义）、《春秋公羊传注疏》28卷（汉何休注，唐徐彦疏）、《春秋谷梁传注疏》20卷（晋范宁注，唐杨士勋疏）、《论语注疏》20卷（魏何晏等注，宋邢昺疏）、《孝经注疏》9卷（唐玄宗注，宋邢昺疏）、《尔雅注疏》10卷（晋郭璞注，宋邢昺疏）、《孟子注疏》14卷（汉赵岐注，宋孙奭疏）。

〔3〕乃命羲和：见《尚书·尧典》。"乃命羲和，钦若昊天，历象日月星辰，敬授人时。"

〔4〕恒星七政：指日月与木星、火星、土星、金星、水星五星。

〔5〕《周南》《召南》：《诗经·国风》开头的两部分。

〔6〕《关雎》：《周南》的首篇。

〔7〕古《礼经》：指《仪礼》。

〔8〕《士冠礼》：《仪礼》的首篇。

〔9〕《禹贡》《职方》：《禹贡》，《尚书》篇名。《职方》，《周礼》篇名。两篇都有关于古代地理的记载。

〔10〕《少广》：《九章算术》的第四章，说明开平方和开立方的问题。

〔11〕《旁要》：《九章算术》第九章《勾股》，说明直角三角形各边的和差及互求的方法、应用和测量问题。

〔12〕《考工》：《周礼·冬官·考工记》，记述有关百工的事，按木工、金工、皮工、设色工、刮摩工、搏埴工六类，对制作规范做了详细记载。

〔13〕比兴：古代诗歌"六义"中的两义，写作中比喻和寄托的手法。《周礼·春官》郑玄注："比，见今之失，不敢斥言，取比类以言之；兴，见今之美，嫌于媚谀，取善事以喻劝之。"

〔14〕孙叔然：名炎，字叔然，三国魏乐安人（今山东博兴），训诂学家，著有《尔雅音义》，首创反切注音。

〔15〕数典不能记忆：言追数典故而忘其所本。《左传》："数典而忘其祖。"

〔16〕句股："勾股"，直角三角形夹直角的两边，短的叫"勾"，长的叫"股"。

〔17〕八线即缀术：八线，指八个三角函数。缀术，南北朝祖冲之撰《缀术》，书中论圆周率、三次方程解法和正确的球体积量法，已经失传。宋沈括《梦溪笔谈》称天文推步法为"缀术"，清徐有壬称级数求和法为"缀术"。

〔18〕十二律：古代音律制度，分十二个不完全相等的半音，各律从低到高依次为黄钟、大吕、大簇、夹钟、姑洗、仲吕、蕤宾、林钟、夷则、南吕、无射、应钟，奇数各律称为"六律"，偶数各律称为"六吕"，或总称"律吕"。

〔19〕槷：音niè，古代插在地上用于测算日影的桩子。

〔20〕郑渔仲：郑樵（1104—1162），字渔仲，宋代史学家，著《通志》。

〔21〕杨用修：杨慎（1488—1559），字用修，号升庵，明代文学家，著作百余种。

〔22〕宋之陆：指南宋的陆九渊。

〔23〕明之陈、王：指明代的陈献章、王守仁。

## 与姚孝廉[1]姬传书（节录）

日者，纪太史晓岚[2]欲刻仆所为《考工记图》，是以向足下言欲改定。足下应词非所敢闻，而意主不必汲汲成书，仆于时若雷霆惊耳。

自始知学，每憾昔人成书太早，多未定之说。今足下以是规教，退不敢忘，自贺得师。何者？凡仆所以寻求于遗经，惧圣人之绪言暗汶于后世也。然寻求而获，有十分之见，有未至十分之见。所谓十分之见，必徵之古而靡不条贯，合诸道而不留余议，巨细毕究，本末兼察。若夫依于传闻以拟其是，择于众说以裁其优，出于空言以定其论，据于孤证以信其通，虽溯流可以知源，不目睹渊泉所导；循根可以达杪[3]，不手披枝肆所岐，皆未至十分之见也。以此治《经》，失"不知为不知"之意，而徒增一惑，以滋识者之辨之也。

先儒之学，如汉郑氏，宋程子、张子、朱子[4]，其为书至详博，然犹得失中判。其得者，取义远，资理闳，书不克尽言，言不克尽意；学者深思自得，渐近其区；不深思自得，斯草薉于畦而茅塞其陆[5]。其失者，即目未睹渊泉所导，手未披枝肆所岐者也；而为说转易晓，学者浅涉而坚信之，用自满其量之能容受，不复求远者闳者。故诵法康成、程、朱，不必无人，而皆失康成、程、朱于诵法中，则不志乎闻道之过也。诚有能志乎闻道，必去其两失，殚力于其两得。既深思自得而近之矣，然后知孰为十分之见，孰为未至十分之见。如绳绳木，昔以为直者，其曲于是可见也；如水准地，昔以为平者，其坳于是可见也。夫然后传其信，不传其疑，疑则阙，庶几治《经》不害。

仆于《考工记图》，重违知己之意，遂欲删取成书，亦以其义浅，特考核之一端，差可自决。足下之教，其敢忽诸？

至欲以仆为师，则别有说：非徒自顾不足为师；亦非谓所学如足下，断然以不敏谢也。古之所谓友，固分师之半。仆与足下，无妨交相师，而参互以求十分之见，苟有过则相规，使道在人不在言，斯不失友之谓，固大善。

［清］戴震著；赵玉新点校：《戴震文集》，中华书局，1980年。

**注释**

〔1〕姚孝廉：姚鼐（1731—1815），字姬传，又字梦毂，学者称惜抱先生，安徽桐城人，进士及第，方苞、刘大櫆后桐城派健将，在扬州、安庆、歙县、江宁等地书院讲学40年。

〔2〕纪太史晓岚：纪昀（1724—1805），字晓岚，又字春帆，直隶献县（今属河北）人，进士及第，学识博通，任《四库全书》总纂。清代进士入翰林任修撰之职者，均尊称"太史"。

〔3〕杪：树木的末梢。

〔4〕汉郑氏，宋程子、张子、朱子：汉代的郑玄，宋代的程颢、程颐、张载、朱熹。

〔5〕茅塞其陆：见《孟子·尽心下》。"山径之蹊间，介然用之而成路，为间不用，则茅塞之矣，今茅塞子之心矣。"

# 第二章　外国古代教育经典名著选

本章起止远古至西方文艺复兴前，节取古希腊柏拉图、亚里士多德及古罗马昆体良、奥古斯丁等人的教育名著名篇。

## 柏拉图教育论著选

柏拉图（Plato，前427—前347），古代希腊思想家、哲学家、教育家，出身雅典贵族，早年在数学、哲学和文艺方面受过良好的教育，约20岁起跟随哲学家苏格拉底学习。苏格拉底被处死后，他对雅典民主政治完全失望，游历西西里岛、意大利、埃及等地以求取知识。大约40岁时，他回到雅典建立了著名的雅典学园，四方求学者甚众，亚里士多德是其中的佼佼者。柏拉图一生著作很多，其中《理想国》《法律篇》影响最大。

《理想国》（Republic）是柏拉图的代表作，成书于其壮年时期。全书以建设理想国为主题，论述了理想国的组织形式及其实现途径等，是一部泛论政治、伦理、哲学及教育的综合性著作。书中，他以较大篇幅论述了理想国的教育问题，构筑了一个从优生、优育到成人教育的完整教育体制。他认为教育应从幼年开始，一切事情都应该慎之于始，幼儿教育更是如此。幼儿教育之后，青少年要在6—16岁接受普通教育，之后到20岁是高等教育。所学内容包括算数、几何、天文、音乐等，最终目的是培养最高统治者——哲学王。《理想国》历来是西方知识界的必读名著，也是西方第一部全面深入探讨教育理论的著作，被卢梭评为从来没有人写过的"最好的教育论文"。

《法律篇》(Plato The Laws)是柏拉图晚年的成果。相较于《理想国》,《法律篇》放弃了"哲学王"统治,重心转向法律,强调以立法而不是人治来实现教育目的。教育目的在于培养公民的德性,培养品德和气质完善的公民,实现城邦的和谐与秩序。基于此,《法律篇》对教育内容和形式做了规定。书中首次提出"强迫教育"的概念,要求所有公民的子女到一定年龄都必须接受学校教育。

## 《理想国》(节录)

### 第二卷

苏:那么,让我们来讨论怎么教育这些护卫者的问题吧。我们不妨象讲故事那样从容不迫地来谈。

阿:我们是该这样做。

苏:那么,这个教育究竟是什么呢?似乎确实很难找到比我们早已发现的那种教育更好的了。这种教育就是用体操来训练身体,用音乐[1]来陶冶心灵。

阿:是的。

苏:我们开始教育,要不要先教音乐后教体操?

阿:是的。

苏:你把故事包括在音乐里,对吗?

阿:对。

苏:故事有两种,一种是真的,一种是假的,是吧?

阿:是的。

苏:我们在教育中应该两种都用,先用假的,是吗?

阿:我不理解你的意思。

苏:你不懂吗?我们对儿童先讲故事——故事从整体看是假的,但是其中也有真实。在教体操之前,我们先用故事教育孩子们。

阿:这是真的。

苏：这就是我所说的，在教体操之前先教音乐的意思。

阿：非常正确。

苏：你知道，凡事开头最重要。特别是生物。在幼小柔嫩的阶段，最容易接受陶冶，你要把它塑成什么型式，就能塑成什么型式。

阿：一点不错。

苏：那么，我们应不应该放任地让儿童听不相干的人讲不相干的故事，让他们的心灵接受许多我们认为他们在成年之后不应该有的那些见解呢？

阿：绝对不应该。

…………

### 第三卷

…………

苏：亲爱的格劳孔啊！也就是因为这个缘故，所以儿童阶段文艺教育最关紧要。一个儿童从小受了好的教育，节奏与和谐浸入了他的心灵深处，在那里牢牢地生了根，他就会变得温文有礼；如果受了坏的教育，结果就会相反。再者，一个受过适当教育的儿童，对于人工作品或自然物的缺点也最敏感，因而对丑恶的东西会非常反感，对优美的东西会非常赞赏，感受其鼓舞，并从中吸取营养，使自己的心灵成长得既美且善。对任何丑恶的东西，他能如嫌恶臭不自觉地加以谴责，虽然他还年幼，还知其然而不知其所以然。等到长大成人，理智来临，他会似曾相识，向前欢迎，因为他所受的教养，使他同气相求，这是很自然的嘛。

格：至少在我看来，这是幼年时期为什么要注重音乐文艺教育的理由。

…………

苏：音乐教育之后，年轻人应该接受体育锻炼。

格：当然。

苏：体育方面，我们的护卫者也必须从童年起就接受严格的训练以至一生。我所见如此，不知你以为怎样？因为我觉得凭一个好的身体，不一定就能造就好的心灵好的品格。相反，有了好的心灵和品格就能使天赋的体质达到最好，你说对不对？

格：我的想法同你完全一样。

苏：倘使我们对于心灵充分加以训练，然后将保养身体的细节交它负责，我们仅仅指出标准，不啰嗦，你看这样行不行？

格：行。

苏：我们说过护卫者必须戒除酗酒，他们是世界上最不应该闹酒的人，人一闹酒就胡涂了。

格：一个护卫者要另外一个护卫者去护卫他，天下哪有这样荒唐的事？

苏：关于食物应该怎样？我们的护卫者都是最大竞赛中的斗士，不是吗？

格：是的。

苏：我们目前所看到的那些斗士，他们保养身体的习惯能适应这一任务吗？

格：也许可以凑合。

苏：啊，他们爱睡，这是一种于健康很危险的习惯。你有没有注意到，他们一生几乎都在睡眠中度过，稍一偏离规定的饮食作息的生活方式，他们就要害严重的疾病吗？

格：我注意到了这种情况。

苏：那么，战争中的斗士应该需要更多样的锻炼。他们有必要象终宵不眠的警犬；视觉和听觉都要极端敏锐；他们在战斗的生活中，各种饮水各种食物都能下咽；烈日骄阳狂风暴雨都能处之若素。

格：很对。

苏：那么，最好的体育与我们刚才所描叙的音乐文艺教育难道不是很相近相合吗？

格：你指的什么意思？

苏：这是指一种简单而灵活的体育，尤其是指为了备战而进行的那种体育锻炼。

··········

## 第四卷

··········

苏：我的好阿得曼托斯，我们责成我国当政者做的这些事并不象或许有人认为的那样，是很多的困难的使命，它们都是容易做得到的，只要当政者注意一件大家常说的所谓大事就行了。（我不喜欢称之为"大事"，而宁愿称之为"能解决问题的事"。）

阿：这是什么事呢？

苏：教育和培养。因为，如果人们受了良好的教育就能成为事理通达的人，那么他们就很容易明白，处理所有这些事情还有我此刻没有谈及的别的一些事情，例如婚姻嫁娶以及生儿育女——处理所有这一切都应当本着一个原则，即如俗话所说的，"朋友之间不分彼此"。

阿：这大概是最好的办法了。

苏：而且，国家一旦很好地动起来，就会象轮子转动一般，以越来越快的速度前进。因为良好的培养和教育造成良好的身体素质，良好的身体素质再接受良好的教育，产生出比前代更好的体质，这除了有利于别的目的外，也有利于人种的进步，象其他动物一样。

阿：有道理。

苏：因此扼要地说，我国的领袖们必须坚持注视着这一点，不让国家在不知不觉中败坏了。他们必须始终守护着它，不让体育和音乐翻新，违犯了固有的秩序。他们必须竭力守护着。当有人说，人们最爱听歌手们吟唱最新的歌时，他们为担心，人们可能会理解为，诗人称誉的不是新歌，而是新花样的歌，所以领袖们自己应当不去称赞这种东西，而且应当指出这不是诗人的用意所在。因为音乐的任何翻新对整个国家是充满危险的，应该预先防止。因为，若非国家根本大法有所变动，音乐风貌是无论如何也不会改变的。这是戴蒙这样说的，我相信他这话。

阿：是的。你也把我算作赞成这话的一个吧。

苏：因此，我们的护卫者看来必须就在这里——在音乐里——布防设哨。

阿：这种非法[2]的确容易悄然潜入。

苏：是的。因为它被认为不过是一种游戏，不成任何危害。[3]

阿：别的害处是没有，只是它一点点地渗透，悄悄地流入人的性格和习惯，再以渐大的力量由此流入人与人之间的关系，再由人与人的关系肆无忌惮地流向法律和政治制度，苏格拉底呀，它终于破坏了公私方面的一切。

苏：呀：是这样吗？

阿：我相信是这样。

苏：那么，如我们开头说的，我们的孩子必须参加符合法律精神的正当游戏。因为，如果游戏是不符合法律的游戏，孩子们也会成为违反法律的孩子，他们就不可能成为品行端正的守法公民了。

阿：肯定如此。

苏：因此，如果孩子们从一开始做游戏起就能借助于音乐养成遵守法律的精神，而这种守法精神又反过来反对不法的娱乐，那么这种守法精神就会处处支配着孩子们的行为，使他们健康成长。一旦国家发生什么变革，他们就会起而恢复固有的秩序。

阿：确实是的。

苏：孩子们在这样的教育中长大成人，他们就能自己去重新发现那些已被前辈全都废弃了的看起来微不足道的规矩。

阿：哪种规矩？

苏：例如下述这些：年轻人看到年长者来到应该肃静；要起立让坐以示敬意；对父母要尽孝道；还要注意发式、袍服、鞋履；总之体态举止，以及其他诸如此类，都要注意。你或许有不同看法吧？

阿：我和你看法相同。

苏：但是，把这些规矩订成法律我认为是愚蠢的。因为，仅仅订成条款写在纸上，这种法律是得不到遵守的，也是不会持久的。

143

阿：那么，它们怎么才能得到遵守呢？

苏：阿得曼托斯啊，一个人从小所受的教育把他往哪里引导，却能决定他后来往哪里走。"同声相应，同气相求"——事情不总是这样吗？

阿：的确是的。

…………

## 第五卷

…………

苏：那么现在我们必须回过头来把那些按照应有的顺序也许早就应该讲了的东西讲一讲。男子表演过了后，让妇女登台，这可能是一个好办法，尤其是因为你们急得要听我讲。对于象我们在前面说过的那样成长和教育出来的男子说来，我认为他们保有与使用孩子和妇女的唯一正确的方式应象我们在当初开始讨论男子问题时建议的那样[4]。你还记得那时我们曾竭力论证他们应作羊群的护卫者吗？

格：是的。

苏：让我们保持这个比喻，给妇女以同样的培养和训练，看这样说适当不适当。

格：怎么个培养训练法？

苏：这样。我们要不要指望母犬帮助公犬一起在外追寻搜索，参加一切警卫工作？或者还是让母犬躲在窝里，只管生育小犬，抚育小犬，让公犬独任警卫羊群的工作呢？

格：我们除了把母的警犬看作较弱者，公的看作较强者以外，应当一切工作大家同干。

苏：对于一种兽类如果你不给以同样的饲养同样的训练，你能不分彼此地使用它们吗？

格：不能。

苏：那么，如果我们不分彼此地使用女子，照使用男子那样，我们一定先要给女子以同样的教育。

..........

苏：生下来的孩子将由管理这些事情的官员带去抚养。这些官员或男或女，或男女都有。因为这些官职对女人男人同样开放。

格：是的。

苏：优秀者的孩子，我想他们会送到托儿所去，交给嬷姆托养；嬷姆住在城中另一区内。至于一般或其他人生下来有先天缺陷的孩子，他们将秘密地加以处理，有关情况谁都不清楚。

格：是的。这是保持治理者品种纯洁的必要条件。

苏：他们监管抚养孩子的事情，在母亲们有奶的时候，他们引导母亲们到托儿所喂奶，但竭力不让她们认清自己的孩子。如果母亲的奶不够，他们另外找奶妈。他们将注意不让母亲们喂奶的时间太长，把给孩子守夜以及其它麻烦事情交给奶妈和嬷姆去干。

格：你把护卫者妻子抚育孩子的事情，安排得这么轻松！

苏：这是应该的。现在让我们谈谈我们规划的第二部分。我们曾经说过，儿女应该出生在父母年轻力壮的时候。

格：诚然。

苏：你同意一个女人精力最好的时候大概可以说是二十年，男人是三十年吗？

格：你要选择哪几年？

苏：女人应该从二十岁到四十岁为国家抚养儿女，男人应当从过了跑步速度最快的年龄到五十五岁。

格：这是男女在身心两方面都精力旺盛的时候。

..........

## 第七卷

苏：接下来让我们把受过教育的人与没受过教育的人的本质比作下述情形。让我们想象一个洞穴式的地下室，它有一长长通道通向外面，可让和洞穴一样宽的一路亮光照进来。有一些人从小就住在这洞穴里，头颈和腿脚都绑着，不能走动也不能转头，只能向前看着洞穴后壁。让我们再想象在他们背后远处高些的地方有东西燃烧着发出火光。在火光和这些被囚禁者之间，在洞外上面有一条路。沿着路边已筑有一带矮墙。矮墙的作用象傀儡戏演员在自己和观众之间设的一道屏障，他们把木偶举到屏障上头去表演。

格：我看见了。

苏：接下来让我们想象有一些人拿着各种器物举过墙头，从墙后面走过，有的还举着用木料、石料或其它材料制作的假人和假兽。而这些过路人，你可以料到有的在说话，有的不在说话。

格：你说的是一个奇特的比喻和一些奇特的囚徒。

苏：不，他们是一些和我们一样的人。你且说说看，你认为这些囚徒除了火光投射到他们对面洞壁上的阴影而外，他们还能看到自己的或同伴们的什么呢？

格：如果他们一辈子头颈被限制了不能转动，他们又怎样能看到别的什么呢？

苏：那么，后面路上人举着过去的东西，除了它们的阴影而外，囚徒们能看到它们别的什么吗？

格：当然不能。

苏：那么，如果囚徒们能彼此交谈，你不认为，他们会断定，他们在讲自己所看到的阴影时是在讲真物本身吗？

格：必定如此。

苏：又，如果一个过路人发出声音，引起囚徒对面洞壁的回声，你不认为，囚徒们会断定，这是他们对面洞壁上移动的阴影发出的吗？

格：他们一定会这样断定的。

苏：因此无疑，这种人不会想到，上述事物除阴影而外还有什么别的实在。

格：无疑的。

苏：那么，请设想一下，如果他们被解除禁锢，矫正迷误，你认为这时他们会怎样呢？如果真的发生如下的事情：其中有一人被解除了桎梏，被迫突然站了起来，转头环视，走动，抬头看望火光，你认为这时他会怎样呢？他在做这些动作时会感觉痛苦的，并且，由于眼花潦乱，他无法看见那些他原来只看见其阴影的实物。如果有人告诉他，说他过去惯常看到的全然是虚假，如今他由于被扭向了比较真实的器物，比较地接近了实在，所见比较真实了，你认为他听了这话会说些什么呢？如果再有人把墙头上过去的每一器物指给他看，并且逼他说出那是些什么，你不认为，这时他会不知说什么是好，并且认为他过去所看到的阴影比现在所看到的实物更真实吗？

格：更真实得多呀！

苏：如果他被迫看火光本身，他的眼睛会感到痛苦，他会转身走开，仍旧逃向那些他能够看清而且确实认为比人家所指示的实物还更清楚更实在的影象的。不是吗？

格：会这样的。

苏：再说，如果有人硬拉他走上一条陡峭崎岖的坡道，直到把他拉出洞穴见到了外面的阳光，不让他中途退回去，他会觉得这样被强迫着走很痛苦，并且感到恼火；当他来到阳光下时，他会觉得眼前金星乱蹦金蛇乱串，以致无法看见任何一个现在被称为真实的事物的。你不认为会这样吗？

格：噢，的确不是一下子就能看得见的。

苏：因此我认为，要他能在洞穴外面的高处看得见东西，大概需要有一个逐渐习惯的过程。首先大概看阴影是最容易，其次要数看人和其他东西在水中的倒影容易，再次是看东西本身；经过这些之后他大概会觉得在夜里观察天象和天空本身，看月光和星光，比白天看太阳和太阳光容易。

格：当然啰。

苏：这样一来，我认为，他大概终于就能直接观看太阳本身，看见他的真相了，就可以不必通过水中的倒影或影象，或任何其他媒介中显示出的影象看它了，就可以在它本来的地方就其本身看见其本相了。

格：这是一定的。

苏：接着他大概对此已经可以得出结论了：造成四季交替和年岁周期，主宰可见世界一切事物的正是这个太阳，它也就是他们过去通过某种曲折看见的所有那些事物的原因。

格：显然，他大概会接着得出这样的结论。

苏：如果他回想自己当初的穴居、那个时候的智力水平，以及禁锢中的伙伴们，你不认为，他会庆幸自己的这一变迁，而替伙伴们遗憾吗？

格：确实会的。

…………

苏：那么，算学、几何以及一切凡是在学习辩证法之前必须先行学习的预备性科目，必须趁他们还年轻时教给他们，当然不是采用强迫方式。

格：为什么？

苏：因为一个自由人是不应该被迫地进行任何学习的。因为，身体上的被迫劳累对身体无害，但，被迫进行的学习却是不能在心灵上生根的。

格：真的。

苏：因此，我的朋友，请不要强迫孩子们学习，要用做游戏的方法。你可以在游戏中更好地了解到他们每个人的天性。

格：你的话很有道理。

苏：你有没有忘了，我们也曾说过，我们必须让我们的孩子骑着马到战场上去看看打仗，在安全的地方则让他们靠近前沿，象小野兽那样尝尝血腥味？

格：我还记得。

苏：在所有这些劳苦的身体锻炼、学习和战争恐怖中总是表现得最能干的那些孩子，应当被挑选出来。

格：在几岁上？

苏：在必要的体育训练一过去的时候。因为这段时间里——或两年或三年——他们是不能干别的事的。极度的疲劳和长时间的睡眠是学习的敌人，加之，考察他们每个人在体操方面的表现也是对他们整个考察的一个很重要的组成部分。

格：当然。

苏：这段时间过去之后，从二十岁起，被挑选出来的那些青年将得到比别人更多的荣誉，他们将被要求把以前小时候分散学习的各种课程内容加以综合，研究它们相互间的联系以及它们和事物本质的关系。

格：这是能获得永久知识的唯一途径。

苏：这也是有无辩证法天赋的最主要的试金石。因为能在联系中看事物的就是一个辩证法者，不然就不是一个辩证法者。

格：我同意。

苏：你应当把这些天赋上的条件牢记在心，在第一次挑选出来的那些在学习、战争以及履行其它义务中表现得坚定不移的青年里再作第二次挑选，选出其中最富这些天赋条件的青年，在他们年满三十的时候，给他们以更高的荣誉，并且用辩证法考试他们，看他们哪些人能不用眼睛和其它的感官，跟随着真理达到纯实在本身。只是在这里，我的朋友啊，你必须多加小心才好。

格：为什么这里必须特别小心呢？

苏：你有没有注意到，当前在搞辩证法上所引起的恶果？

格：什么恶果？

苏：搞辩证法的人违反法律。

格：确有其事。

苏：你认为他们这种心灵状态有什么可惊奇的地方，并且认为这是不可原谅的吗？

格：什么意思？

苏：可以打个比方。譬如有个养子养于一富裕的人口众多的大家庭之中，周围有许多逢迎阿谀的人侍候着他。到成年时他知道了，原来自称是他父母的人并不是他的父母，但他又找不到自己的真父母。你想想看，他在知道这个真情之前和之后，对那些逢迎之徒和假父母将有什么想法呢？也许，你是不是想听听我的推测？

格：我愿意。

苏：我的推测如下。在他还不知道真情的时候，比之对周围的谀媚之徒，他会更多地尊重他所谓的父亲、母亲以及其他的亲属，更多地关心他们的需要，更少想对他们做什么非法的事说什么非法的话，或在重大的事情上不听从他们的劝告。

格：很可能是这样的。

苏：但是，在他发现了真情之后，我推测，他对父母亲人的尊重和忠心将变得日益减退，转而关心起那些谀媚之徒来。他将比以前更注意后者，并从此开始按他们的规矩生活，和他们公开结合，同时对养父和收养他的其他亲人变得完全不关心了。除非他的天性特别正，才不会这样。

格：你说的这一切是很可能发生的。但是这个比喻如何和从事哲学辩证的人联系起来呢？

苏：兹说明如下。什么是正义的？什么是光荣的？我们从小就已有了对这些问题的观念。我们就在这种观念中长大，好象在父母哺育下长大成人一样。我们服从它们，尊重它们。

格：是的。

苏：但是还另有与此相反的习惯风尚。它们由于能给人快乐而对人的灵魂具有蛊惑力和吸引力，虽然它不能征服任何正派的人，正派人仍然尊重和服从父亲的教诲。

格：确有这种习惯和风尚。

苏：那么，"什么是光荣？"当一个人遇到了这样的问题，并且根据从立法者那里学得的道理回答时，他在辩论中遭到反驳；当他多次被驳倒并且在许多地方被驳倒时，他的信念就会动摇，他会变得相信，光荣的东西也不比可耻的东西更光荣；而当他在关于正义、善以及一切他们主要尊重的东西方面都有了同样的感受时，你试想，此后在尊重和服从这些传统方面他会怎样行事呢？

格：他一定不会还跟以前一样地尊重和服从了。

苏：当他已经不再觉得以前的这些信条，必须受到尊重和恪守，但真理又尚未找到时，他会转而采取哪一种生活呢？他不去采取那种能蛊惑他的生活吗？

格：会的。

苏：于是我们将看到他由一个守法者变成一个违法者。

格：必然的。

苏：然而所有这一切乃是这样地从事哲学辩论的一个自然的结果，并且，如我刚才说过的，又是很可原谅的。是吗？

格：是的。并且也是很可怜的。

苏：为了你可以不必可怜你的那些三十岁的学生，在你如何引导他们进行这种辩论的问题上必须非常谨慎。是吗？

格：是的。

苏：不让他们年纪轻轻就去尝试辩论，这不是一个很重要的预防办法吗？我认为你一定已经注意到了，年轻人一开始尝试辩论，由于觉得好玩，便喜欢到处跟人辩论，并且模仿别人的互驳，自己也来反驳别人。他们就象小狗喜欢拖咬所有走近的人一样，喜欢用言辞咬人。

格：完全是这样。

苏：当他们许多次地驳倒别人，自己又许多次地被别人驳倒时，便很快陷入了对从前以为正确的一切的强烈怀疑。结果是损坏了自己和整个哲学事业在世人心目中的信誉。

格：再正确不过了。

苏：但是一个年龄大些的人就不会这样疯狂，他宁可效法那些为寻找真理而进行辩驳的人，而不会效法那些只是为了磨嘴皮子玩儿的人。因此他本人会是一个有分寸的人。他能使他所研究的哲学信誉提高而不是信誉降低。

格：对。

苏：上面所有这些话我们说出来正是为了预防这一点。我们要求被允许参与这种讨论的人必须是具有适度和坚定品格的人，而不能是随便什么不合格的人，象现在那样。是这样吗？

格：完全是的。

苏：那么，象在相应的体操训练中一样，坚持不断地专心致志地学习辩证法，用两倍于体操训练的时间够不够呢？

格：你是说用六年或者四年？

苏：嗯，定为五年吧。因为，在这之后你还得派他再下到地洞里去，强迫他们负责指挥战争或其它适合青年人干的公务，让他们可以在实际经验方面不低于别人，还必须让他们在这些公务中接受考验，看他们是否能在各种诱惑面前坚定不移，或者，看他们是否会畏缩、出轨。

格：这个阶段你给多长时间？

苏：十五年。到五十岁上，那些在实际工作和知识学习的一切方面都以优异成绩通过了考试的人必须接受最后的考验。我们将要求他们把灵魂的目光转向上方，注视着照亮一切事物的光源。在这样地看见了善本身的时候，他们得用它作为原型，管理好国家、公民个人和他们自己。在剩下的岁月里他们得用大部分时间来研究哲学；但是在轮到值班时，他们每个人都要不辞辛苦管理繁冗的政治事务，为了城邦而走上统治者的岗位——不是为了光荣而是考虑到必要。因此，当他们已经培养出了象他们那样的继承人，可以取代他们充任卫国者的时候，他们就可以辞去职务，进入乐土，在那里定居下来了。国家将为他们建立纪念碑，象祭神那样地祭祀他们，如果庇西亚的神示能同意的话。否则也得以神一般的伟人规格祭祀他们。

格：啊，苏格拉底，你已经象一个雕刻师那样最完美地结束了你塑造统治者形象的工作了。

苏：格劳孔啊，这里谈的统治者也包括妇女在内。你必须认为，我所说的关于男人的那些话一样适用于出身于他们中间的妇女们，只要她们具备必要的天赋。

格：对，如果她们要和男人一样参与一切活动，象我们所描述的那样。

［古希腊］柏拉图著；郭斌和、张竹明译：《理想国》，商务印书馆，1986年。

**注释**

〔1〕音乐：古希腊主要的文化生活是听民间艺人弹着竖琴演说史诗故事。故"音乐"一词包括音乐、文学等义，相当于现在的"文化"一词。

〔2〕非法：除了道德上的含义外，还暗示音乐中的非法的翻新。

〔3〕此句警告人们不要在孩子游戏中翻新。

〔4〕那样：指用动物作比方。

## 《法律篇》(节录)

### 第一卷

#### 儿童教育要早期

客　事情是这样的：我认为，一个人想要精通一个特殊的职业，那他就要从儿童时代起进行训练：无论在工作和游戏时，他的周围都得是特殊的"谋生工具"。例如，谁想做一个好农夫，他就必须做耕耘的游戏，一个想做一个好的建筑师的人，必须把他的游戏时间花在搭玩具房屋上；在每种场合，教师必须提供模仿真实事物的微型玩具。特别是，在这一开始阶段，他们必须学习主要的、基本的技能。例如，木匠必须在游戏时学会怎样使用尺子和铅垂线，士兵必须学会骑马（或者在游戏中真的骑马，或者做某些类似的活动）。我们应该尝试利用孩子们的游戏去激发他们的兴趣和对活动的期望，而这些活动是他们长大成人时不得不去从事的。

总之，我们说，培养和教育一个孩子的正确方法是利用他的游戏时间使他的心中充满了对一种职业的最大可能的喜爱，而这种职业当他长大时是一定得精通的。现在，正像我所提出的，考虑到目前为止的辩论，你赞成我的说法吗？

克　当然。

客　但不要让我们对教育的描述流于空谈。当我们褒贬对个别人的教养，说我们中的一个人受过教育，而别人没有受过教育，我们有时使用没有受过教育这个词语，实际上这些人却受过完全的教育，只不过这种教育指的是做小买卖或做商船生意，或某种类似的情况。但我在现在的讨论中提到它们，并不是打算把这类事情看作"教育"；我心中的教育是从童年起所接受的一种美德教育，这种训练使人们产生一种强烈的，对成为一个完善的公民的渴望，这个完善的公民懂得怎样依照正义的要求去进行统治和被统治。我认为，我们要把这类训练和别的训练区别开来，为它单独保留"教育"这个名称。一种旨在获得金钱或强壮的体格，或者甚至某种不受理智和正义的引导的知识才能的训练，我们该称作是粗鲁的和无教养的。我们说，不是什么都可宣称是教育。此外，我们不要对一个名词吹毛求疵；让我们把握住我们刚才同意的主张：一般地说，受过正确教育的人乃是好人。无论在世界上的什么地方，都不可藐视教育，因为当它与伟大的美德结合起来时，乃是一宗价值无法估量的财产。如果教育腐败了，它是可以正确地重建的，每个人在他整个一生中必须尽其所能去支持教育。

克　的确。我们同意你的描述。

……

## 第二卷

### 教育

客　我认为，一个儿童最早的感觉是快乐和痛苦，这是美德和邪恶首次进入灵魂的路径。（但对一个人来说，取得良好的判断和不动摇的正确见解，即使是在一生中的迟暮岁月，仍是一件幸运事儿。谁具有这两种才能及其所蕴含的全部利益，这个人就是完善的。）我管"教育"叫儿童对美德的最初获得。虽然当时他还不知道道理是什么，却能让快乐和爱慕、痛苦和憎恨的感觉，通过正确的途径汇集在他的心中。后来当他了解时，他的理智和情感都会告诉他，他已经受到良好习惯反反复复的严格训练。美德是理智和情感的普遍协调。但有一个要素你在作任何考虑时都要把它独立出来，这就是我们的快乐和痛苦的感觉的正确构成。它使我们痛恨那些我们始终应该痛恨的东西，热爱我们应该热爱的东西。这就叫做"教育"。总而言之，我认为，你们得给它一个恰如其分的名称。

克　是的，先生，我们完全赞成你刚才说的关于教育的话，还有你先前所说的话。

客　好极了。所以，教育是一件有关正确地受过训练的快乐和痛苦的感觉的事情。但在一个人的生命过程中，这种影响是逐步减弱的，并且在许多方面完全消失了。其实，众神可怜的是生来受苦的人类，并使人类用庆祝宗教节日的形式得到放松，把宗教节日作为从劳动中得到休息的日子。众神给了我们缪斯，他们的领袖阿波罗，以及狄俄尼索斯；人们由于因这些神分享了他们的节日，重又复原如初。感谢众神，我们在欢庆这些节日中精神得到了恢复。现在，总是有一种理论在我们的耳边唠叨不休。

让我们看一看，它是不是与事实相符。这种理论是：一切细微的东西都不可能保持身心的宁静，它们总要到处活动，大喊大叫。有的乱蹦乱跳，跳一种欢快的集体舞。另一些则发出了各种各样的喊叫声。动物在活动时没有秩序和混乱的意识（即我们所说的"旋律"与"和声"），与此相反我们人类天生对两者都很敏感并能欣赏它们。这是我们说过的那些神送给我们作为舞蹈的伴奏的礼物。它是这样一种设计，它能够使他们成为我们的合唱队的领队，鼓舞我们去手舞足蹈，使我们融入歌舞之中。由于这一情景自然而然地"迷住"我们，他们就发明了"合唱"[1]这个词语。

因此，我们会认为，这一论点成立得了吗？我们能否设想，教育最初来自阿波罗和缪斯呢？

克　是的。

客　所以，我们说的一个"没有受过教育的"人，是指一个没有受过合唱训练的人；我们必须说，如果一个人已经受过充分的训练，他就是一个"受过教育的"人。

克　自然啰。

............

## 音乐教育

............

客　我认为，我们的讨论已经在原地兜了三四圈了。再说一遍，教育已被证明是一个吸引的过程，即引导儿童们接受正确的原则的过程。这些原则为法律所阐明，并作为完全正确的东西得到具有高度道德水平和年纪大、经历丰富的人们所赞同。不要让儿童的灵魂变得习惯于感觉那些不为法律所允许的快乐和痛苦，并成为信从这种苦乐观的人。他应该踏着老年人的足迹，在他们寻找苦乐的事物中寻找同样的快乐和痛苦。这就是为什么我们称唱歌对灵魂具有真正的"魅力"。唱歌事实上是产生我们现在所谈的这种和谐[2]的极严肃庄重的方法；但年轻人的灵魂不具备严肃庄重性，所以我们用"娱乐"和"唱歌"作为吸引手段。儿童从内心深处喜欢它们。……

…………

## 第七卷

### 幼儿教育

客　不仅如此——我认为还应该提前，他们在母腹中发育时就应开始。

克　你说什么？我亲爱的先生！你的意思真的是在娘胎里？

客　是的，我是这个意思。但非常令人吃惊的是，你们没有听说过娘胎里的这些体育运动。这是一个令人好奇的题目，但我愿意把这种情况告诉你们。

克　当然应如此。

客　雅典人是比较容易懂得这一点的，在那里，有些人参加运动已过分了。不仅男孩，而且还有一些上了年纪的人，养雏鸟并让它们互斗。但他们当然没有想到，正是让它们互斗才给了这些动物以合适的锻炼。要补充的一点是，每个人都把鸟放在他身上的某个地方——小的一只放在他收缩成杯状的手里，大一点的一只放在他腋下。他蹍了无数斯塔德[3]的步，但并不是为了他自己的健康，而是使这些鸟保持着好的形体。对一个聪明人来说，这个教训是一目了然的：所有的人的身体都由于各种运动和颠簸而得到帮助，强健了起来，无论这些动作是出自它们自己的努力，还是因为它们乘上了车辆、船舶、马匹或其他运输工具。这一切都能使身体吸收固体和液体食物，让我们健康地成长，变得漂亮和强壮。根据这一切，我们能够说出我们未来的方针是什么吗？如果你们喜欢，我们可以制订出一些明确的规则（也不知人们会如何地讥笑我们）：（1）一个怀孕的妇女必须散散步。孩子生下后，她应该把他像一块蜡那样来造型，因为孩子仍旧是柔软的，并在开头两年好好地把孩子包裹起来。（2）刑罚强迫保姆做到，让孩子经常被带往农村、庙宇或亲戚家，直到他们茁壮成长得足以用自己的两条腿站立起来。（3）即使那时，保姆仍该坚持带着孩子到处跑，直到孩子三岁，使孩子避免由于经受太大的压力以致使幼嫩的四肢弯曲。（4）保姆必须尽可能地身强力壮，而且人数要多。对每种破坏规则的行为，我们应该施以有文字规定的刑罚。噢，不！这会使我对刚刚提及的问题讲得太多。

克　你的意思是……

客　……我们已经招致人们大笑特笑。保姆（妇女和奴隶，有合适性格的）无论如何不会听从我们。

克　那么我们为什么坚持制订这些规则呢？

客　由于这样的原因：一个国家的自由民和主人有着同保姆非常不同的品格，如果他们有机会听到这些规则，他们可能会被引向正确的结论：只要私人生活管理得不好，国家的一般法典就决不会有一个坚实的基础，而且对这一点心存侥幸更是愚蠢。他们意识到了这一点的真理性之后，也许就会自发地采纳我们上述的建议作为规则，从而取得了幸福。这种结果来自他们在管理家和国时都采取的恰当的路线。

克　是的，说得非常合情合理。

客　此外，我们尚不可放弃这种立法方式。我们开始谈了小儿的身体：让我们用同样的方法来说明如何塑造他们的人格。

克　好主意。

客　所以，我们就把它作为两种情况下我们的基本原则：所有幼小儿童，特别是非常小的婴儿，在可能情况下通过日日夜夜从养育和坚持运动中获得身心两方面的好处；的确，只要可以安排，他们就应该仿佛永远乘在一只海船上。但如果这是不可能的，我们必须设法给我们的新生婴儿提供可能的最接近于这种理想的办法。这里有某种进一步的证据，从这一证据中可以得出相同的结论。事实是：接受过柯里班特[4]式治疗的幼儿的保姆和妇女们，从经验中学得了这种治疗方法并承认了它的价值。我认为，你知道，一个母亲要一个醒着的孩子入睡，用的是什么办法。压根儿不是让他安静下来，而是小心翼翼地把他抱在臂膀里来回摆动，不断地摇动，嘴里也不闲着，发出哼哼的声音。这种医疗由运动构成，符合跳舞和唱歌的旋律。母亲使她的孩子安静下来，完全像管弦乐队使狂乱中的酒神节狂欢者着了迷。

克　既然如此，先生，我们对这一切有什么特别的解释吗？

客　理由不难找到。

克　是什么呢？

客　这两种情况都是一种恐惧，而恐惧产生于人性中的某种缺陷。当一个人用剧烈的运动来医治这些疾病时，这种外部运动取消了产生恐惧和狂乱的内部搅动。这种外部运动产生灵魂中宁静与和平的感觉，不管每个病人都曾经受过心的痛苦的跳动。结果非常叫人满意。与那使醒着的孩子入睡的情况相反，通过使狂欢者（并没有入睡）配合管乐跳舞，在他们发狂之后，由于他们慷慨地给以奉献的众神的帮助而恢复心智的健康。这种解释虽然简单，却足以叫人深信不疑。

克　是的，的确。

客　那么好吧，既已看到了这些措施是多么有效，那么对于病人还有一点必须指出。任何一个在最幼小的年龄经受过恐吓的人，非常可能在长大后变得胆小。但没有人会否认，这是在训练他成为一个胆小鬼，而不是成为一个英雄。

克　当然。

客　相反，我们都同意，从婴儿起所作的勇敢方面的训练，要求我们克服那些袭击我们的恐怖和恐惧，是吗？

克　完全正确。

客　所以我们可以说，用使其处在运动中的方法来训练非常小的孩子，大大有助于使灵魂的美德之一趋于完善。

克　当然。

客　此外，好的脾气和坏的脾气都分别是好的道德品质和坏的道德品质的重要的要素。

克　当然。

…………

## 儿童教育

客　如果这种制度受到小心谨慎和有条不紊的遵守，到了3岁的时候，一个男孩或女孩的早期训练就会得到这一制度的巨大帮助。一个孩子在4岁、5岁、6岁，甚至7岁时，他的性格应该在玩耍的时候形成起来。我们不该去损害他，而应求助于纪律，但要有分寸，不得羞辱他。对于奴隶，我说过，惩罚不得采取高压手段，以致引起他们怨恨，尽管另一方面，我们不得因放任让他们做错事而损害他们。同一条规则同样应该应用到自由人身上。当孩子们聚集在一起的时候，他们多少自发地发现那些在他们那个年龄自然而然地产生的游戏。所有孩子，从3岁到6岁，都得集合在村庄的神庙里——每个村庄的孩子都聚集在同一个地方。他们都由保姆看管，保持良好的秩序，不得干坏事。保姆同她们的孩子群作为一个完整的整体，都受为实施监督而选出来的12个妇女的监督。当选的妇女一次任职一年，负责一个群体。监督员的分配工作由法律维护者来担任。这12个人由负责监督婚姻的妇女们选出。一个部落选出一人。她们必须与她们的选举人年龄相当。分配给每个部落的妇女可以免除其义务，条件是每天去神庙和惩罚任何犯罪案件。她可以使用一批国有奴隶去惩罚受她管辖的男女奴隶和外国人。但是，一个公民如果对自己受的刑罚有异议，她必须把案件移交给城市维护者，如果这个公民没有异议，她也可以在自己的权力范围内惩罚他。当男孩和女孩到了6岁时，男女就应分开；男孩同男孩一起过日子，女孩同女孩一起过日子。每个人都得上课。男孩子到骑术、射箭、掷标枪和投石器的教师那里去。女孩子如果同意，也可以去。女孩子可以上任何课程，特别是那些使用武器的课程。在这方面，你们知道，几乎每一个人都会误解当前的习俗。

克　是什么习俗呢？

客　人们都认为，在动手的时候，人的左右手生来都适合做不同的专门的工作，其他的则不然，双脚和下肢显然完全没有不同的功能。由于保姆和母亲愚蠢，我们都成了所谓手残废的人。每只手臂的天然潜力大致一样，它们之间的不同是出于我们自己的错误，因为我们已习惯于误用它们。当然，那些无关紧要的活动——用左手拿七弦竖琴，而用右手拿琴拨等——那是无伤大雅的。但在毫无必要时，却拿这种例子作为其他活动的榜样，那就愚不可及了。锡西厄人的习俗就是这方面的一个说明：一个锡西厄人不是只用左手拉弓，也不只用右手搭箭，而不加区别地用两只手做两种事情。可以找到大量其他类似的例子：如驾驭双轮马拉战车和其他活动。从这些活动中我们可以看出，当人们的训练使左手不及右手时，他们违反了自然。正像我们说过的，在使用牛角琴拨和类似乐器的场合，这些是无所谓的。但当一个人使用铁制武器（标枪、箭或其他什么）的时候，问题就大了。当你用你的武器来交手时，情况严重到了极点。一个接受过这个教训和一个没有接受过这个教训的人，一个受过这种训练和一个没有受过这种训练的战士，两者之间的差别有多大呀！你知道，一个受过训练的搏击手或者拳击手或者摔跤手[5]都能从左边来攻击，所以当他的对手使他转移了方向，在左边战斗时，他就不会像是个瘸子一样左右摇晃，而是保持其平稳。

我认为，我们必须推定，同样的规则显然适用于武器的使用和其他一切活动。一个人有一双手两条腿用于攻击和防御，如果他能够的话，就不应该让它们闲着，不加训练。事实上，如果你们生来就有着吉里昂[6]或布里阿柔斯[7]的身体，那么你们就应该用一百只手掷一百支矛。所有这些事情都应受到男女官员的监督。女官员密切注视着孩子们在玩耍时得到的训练，男官员监督他们的课程。他们必须懂得，每个男孩和女孩都要在使用双手双脚方面全面成长，这样，他们就不会因其后天的习惯，而破坏他们先天的才能，只有如此才能防患于未然。

在实用上，正式的课程分成两类：一类是对身体所作的体格训练，一类是用以完善人格的文化教育。体格训练再分为两科：舞蹈和摔跤。人们跳舞的时候，既可以按照作曲家所作的词动作起来，而且此时他们首先关心的是庄严和文明的风度；也可以关注体格锻炼、敏捷性和漂亮。这时候，他们全神贯注于按照那些受到赞扬的式样运动，以致每一肢体和身体的其他部分可以用它本身特有的优美性来活动，这种优美性就如此保存下来，浸润到通常的舞蹈中。至于摔跤，那些作为安泰[8]和塞西翁的技巧的一部分引进的伎俩，由于他们卑下地着迷于赢得对方，以及伊匹乌斯和阿米克斯发明的拳击方法在军事冲突中是绝对无用的，因而不值得予以描述。但如果是正规摔跤的合法动作——脖子、两只手和两胁在被套住的情况下挣脱出来，是为了增加气力和增进健康而实施的，选手们满怀希望去获胜而不是求助于卑鄙的手段，那么它们是极其有用的，我们不能忽视它们。

所以当我们在我们的法典中触及这一议程时，我们必须告诉未来的教师用一种有吸引力的方法传授所有这些课程，而学生们则怀着感激的心情接受这些课程。我们不应该忽略对合唱表演的关注，这种合唱表演是适合于模仿的。举例说，克里特这里的献给库列特[9]神灵的"盔甲戏"、斯巴达献给天上双子座的"盔甲戏"。在雅典，我们的雅典娜，我认为，会因一场合唱表演而高兴的。她深信，空了手演出是错误的，正确的是跳舞时要全身戎装。我们的男孩和女孩必须全心全意地模仿她的这一范例，并赞美女神为他们准备的礼物[10]，因为它增加了他们的战斗技能和装点了他们的节日。年轻的男孩，从小一直到服兵役的年龄，当他们参加纪念某位神的游行和列队行进时，都得装备着武器和马匹。当他们祈求众神和众神之子时，他们必须跳着舞齐步行进，有时候轻捷，有时候缓慢。即使在正式比赛或预赛中，如果他们想证明自己在战争与和平时期对国对家都是有用的，那么就必须从这些目的而不是其他目的出发来予以考验。其他种类的体育训练，梅奇卢斯和克列尼亚斯，不管对身体有重大影响还是仅仅为了娱乐，都是有损于男子汉的尊严的。

我现在已经很好地描述了我先前提到过的、应予描述的那种体育教育。它所有的细节就是如此。如果你们知道有比这更好的制度，那就请提出来。

克　不，先生，如果我们拒绝你的那些建议，那就不容易得到一个更好的比赛和体育训练的纲领了。

客　下一个讨论题是阿波罗和缪斯的礼物。以前我们讨论这个题目时，认为已把它详尽无遗地谈过了，并把体育训练单独留下来讨论。但现在清楚了，有许多事情被漏掉了。这些问题事实上应该首先讲给人们听的。我们依次地来讨论它们。

克　好的，当然要讨论它们。

客　那么听我说。当然，你们以前已经这样做了，但你们现在仍然必须非常注意，因为对说者和听者来说，这些事情是十分让人感到奇怪的和远非寻常的。你们知道，我本来准备保持沉默，但我会鼓起勇气，继续向前。

克　先生，你的这一主题是什么呢？

客　我认为，没有哪个国家有人真正懂得儿童的游戏对立法有如此重大的影响，竟可决定已制定的法律的存废。如果你控制着儿童游戏的方法，同一些儿童总是根据同一些规则并在相同的情况下做同一些游戏，从相同的玩具中得到快乐，那么你会发现，成年人生活的常规也是平平静静，没有变化的。……

............

## 妇女战技教育

客　所以让我们制定一项法律，其大意是，至少在某种程度上，女人不可以忽视战斗技术的教育。一切公民，不论男女，都得关心去获得这些技能。

克　至少我投赞成票。

客　现在来谈摔跤。我们部分地已经谈到过摔跤了，但我们没有描述过在我看来的最重要之点。但不容易找到很好的字眼来表达，除非同时有人提供真正的人体表现。所以我们将推迟对这一问题作出判断，直到我们能够用具体例子支持我们的说法，以及我们能检验我们已提到的各点中那些与我们的摔跤有关的体育运动。这些运动与战争所需要的运动关系最密切，特别是，为了战争的效果而练习摔跤，而不是为了培养较好的摔跤手。

克　至少在这一点上你是对的。

…………

客　对男子汉来说，还有三门相关的课程：（1）计算和对数字的研究；（2）线、面和立体的量度；（3）循着自身轨道运行的天体的相互关系。这三门课程一般公众不得研究，哪怕是一个细节，只是被选出来的少数人要学（他们是谁，在适当的时候，即我们的讨论即将结束时我们要谈到）。普通人怎么样呢？在人们十分正确地叫做"必需的基本原理"的含义上说，他们不懂这些课程当然是一种羞耻；但要他详尽地研究整个课程是困难的，不可能的。我们不能逃避基本的课程，这大概也是那个制造关于宙斯谚语的作者的意思，至于"即使是宙斯也不能违背必然性"这句谚语的效果，我认为，这是指的神圣的必然性。因为假如把它解释为是有关道德领域内的必然性的话，正像许多人在引用它时所指的那样，那么它就是所有谚语中最天真的了。

…………

客　所以我们必须坚持，男子应该学习这些课程中的每一门，其水平须达到许许多多埃及儿童所达到的。埃及儿童在学会读写的同时获得了这些知识。为娃儿们设计的计算课，是在他们游戏的时进行的：他们把一定数量的花冠或苹果在大大小小的群体中分配，把拳击手和摔跤手按照自然顺序轮流地或依次序地分为单和双。另一种教师和儿童们所玩的游戏是把金碗、银碗、铜碗和其他各种碗混杂在一起，或者是把整套的一种东西拿来分配。这样，正像我所指出的，他们把基础算术作为他们学生的游戏的一个内在的组成部分,于是他们得到了有用的指导以便将来集结、指挥和部署一支军队或者管理一个家庭;总之,他们把儿童培养成为比较警觉和足智多谋的人。此外,教师教孩子们量长度、量面积、量立方体,这是把儿童从根深蒂固的无知天性中挽救过来的一种学习。这种无知是人人都有的,既滑稽又令人震惊。

[古希腊]柏拉图著;张智仁、何勤华译;孙增林校:《法律篇(第二版)》,商务印书馆,2016年。

**注释**

〔1〕合唱:合唱,拉丁语 chorus。chorus 是从 charā(迷住)一词引申演变而来。

〔2〕这种和谐:意即理性与情感之间的和谐。

〔3〕斯塔德(stade):古希腊长度单位。

〔4〕柯里班特:是女神西布莉(Cybele)的随从,她们手持火炬,狂歌狂舞伴女神翻山越岭。

〔5〕搏击手或者拳击手或者摔跤手:古希腊竞技体育选手,格斗时允许拳打脚踢,故有此称谓。

〔6〕吉里昂(Geryon):被赫拉克斯杀死的三体有翼怪物。

〔7〕布里阿柔斯(Briareus):百手三巨人之一。

〔8〕安泰(Antaeus):巨人,只要身体不离地,就能百战百胜。

〔9〕库列特(Curetes):保护小宙斯的克里特精灵的名称。

〔10〕礼物:指盔甲舞。

## 亚里士多德《政治学》选

亚里士多德(Aristoteles,前384—前322),古希腊哲学家、科学家、教育家。受父亲影响,从小就对自然科学感兴趣,17岁时到雅典学园跟随柏拉图学习。柏拉图死后,他离开学园到小亚细亚柏拉图哲学研究中心从事研究。后又回到雅典,创办吕克昂学校,从事研究、著述与教育工作。作为古希腊哲学和自然科学的集大成者，亚里士多德"具有百科全书式的科学兴趣"（恩格斯语），研究领域广泛，涉及形而上学、伦理学、政治学、修辞学、诗学、自然科学、经济学、神学、教育学等，堪称古希腊"最博学的人"，被誉为百科全书式的思想家，代表作有《政治学》《工具论》《形而上学》《尼各马可伦理学》等。

《政治学》（*The Politics of Aristotle*）是第一部全面、系统地论述政治问题的著作，也是研究亚里士多德政治与教育思想的主要依据。亚里士多德的教育思想，既师承柏拉图，又有独创性的发展。他强调教育的政治意义，把教育视为政治不可或缺的因素，要求由国家创办并管理学校教育；把心理问题引进教育中讨论，首次提出教育须依靠并适应自然，发展儿童天性中的潜在能力；基于儿童发展顺序，尝试划分教育年龄阶段，从理论上论证和谐发展教育的可能性与必要性。

## 卷七（节录）

### 章十三

一个城邦，一定要参预政事的公民具有善德，才能成为善邦。在我们这个城邦中，全体公民对政治人人有责［所以应该个个都是善人］。那么我们就得认真考虑每一公民怎样才能成为善人。所有公民并不个个为善的城邦，也许可能集体地显示为一善邦。可是，如果个个公民都是善人这就必然更为优胜。全体的善德一定内涵各个个别的善德。

人们所由入德成善者出于三端[1]。这三端为［出生所禀的］天赋，［日后养成的］习惯，及［其内在的］理性。就天赋而言，我们这个城邦当然不取其他某些动物品种（禽兽），而专取人类——对人类，我们又愿取其身体和灵魂具有某些品质的族姓。人类的某些自然品质，起初对于社会是不发生作用的。积习变更天赋；人生的某些品质，及其长成，日夕熏染，或习于向善，或惯常从恶。人类以外有生命的物类大多顺应它们的天赋以活动于世界，其中只有少数动物能够在诞世以后稍稍有所习得。人类［除了天赋和习惯外］又有理性的生活；理性实为人类所独有。人类对此三端必须求其相互间的和谐，方才可以乐生遂性。[而理性尤应是三者中的基调。]人们既知理性的重要，所以三者之间要是不相和谐，宁可违背天赋和习惯，而依从理性，把理性作为行为的准则。我们在前面[2]已经论到，在理想城邦中的公民应有怎样的天赋，方才适合于立法家施展其本领。公民们既都具备那样的素质，其余的种种就完全寄托于立法家所订立的教育方针，公民们可以由习惯的训练，养成一部分才德，另一部分则有赖于[理性方面的]启导[3]。

## 章十四

............

根据自然的安排，我们拟议把全体种属相同的一个公民集团分为两个年龄高低的编组，自然所作青壮和老人的分别恰正符合政体中统治者和被统治者的分别。青年们都不会妄自认为才德胜于前辈而不甘受人治理；他们如果明知自己到达适当年岁就要接替统治的职司，就更加不必怨望了。这样，统治者和被统治者在当时而言，固然是编组不同的人们，但就先后而言，两者将是同组的人们。对于他们的教育也是这样：从一个观点看来，两者应当受到相同的教育；从另一个观点看来，就应当相异。谚语就是这样说的，"要明白主政的良规，必先学习服从的道理"。在我们这一专著的前部曾经说明，统治有两个基本不同的方式：其一以统治者的利益为中心，另一则以被统治者的利益为基础，前者即所谓"专制统治"，(τὴν δεσποτικὴν 主权统治)后者即所谓"自由人统治"(τὴν τῶν ἐλευθέρων)。[青年们固然应学习自由人统治体制中服从的道理，但他们对某些似乎只宜于主奴统治的规律，也应该熟习遵从。]有些任务[委给自由人和委给奴隶]虽在执行方面好像没有差异，而实际的目的却迥然不同。若干琐屑而一般视为鄙贱的事情，应该让自由青年们学习执行，他们并不会因担任这些贱役而丧失光荣的身分。一切作为本来没有高卑的区分，这完全凭它们的目的（后果）或好或坏，才能显见那些行为或为光荣或为卑辱。

我们曾经辨明，好公民和作为统治者的公民们的品德都相同于善人的品德。我们又曾拟定各人先经历被统治而后参预统治机构[所以人人都应具备善人的品德]。那么，立法家就必须保证他的公民们终于个个都要成为善人，并应该熟筹应采取怎样的措置[教育]而后可以取得这样的成绩。又，对于人类最优良的生活，他也应该确立其目的。

人的灵魂[4]具有两个不同部分：其一，为内涵理性；另一，内无理性，而蕴藏着服从理性并为之役使的本能。我们称某人为"善"时，就认为他的灵魂的两个部分都存在着善德。但人生的目的究应置重点于哪一部分？所有接受我们上述区分的人们，于此都可得到一致的解答。凡较低较劣的事物常常因为有较高较优的事物而得其存在，这在自然世界和人为世界[5]中，全属相同。就灵魂而言，具有理性的部分是较高较优的部分。[所以，人生的目的理应在这一部分中寻求。]但照我们素所研习的说法，[这一部分][6]还得再划为二：因为理性有"实践理性"和"玄想理性"之别，显然，灵魂中那内涵理性的部分也须作相应的区划。灵魂的各个部分和区划既有尊卑之别，则相应于其各部分和区划所表现的操行也一定有优劣之异。人们凡是足以造诣于这三项（全部）操行[即玄想理性和实践理性所表现的操行以及无理性的本能所表现的操行，]或其中的两项，必须置重点于其中较高较优的一项。我们谁都力求造诣于各人所能实现的最高最优的宗旨（目的）[7]。

全部的人生也有不同的区分——勤劳与闲暇，战争与和平；在人事方面，又有事属必需或仅关实用的作为和达到善业的作为的区分。我们对于人生各个部分及其各项事业的选择，应当依从我们选择灵魂各个部分及其所表现的各种操行时所采取的途径。所以，战争必须只是导致和平的手段；勤劳只是获得闲暇的手段；凡仅属必需或仅关实用的作为只能是获取善业的手段。政治家在拟订一邦的法制时，必须注意于所有这些要点：[第一，]他必须顾及灵魂的各个部分及其各种操行；而在这个范围以内，务须着重于较高较优的部分，并着重于所企求的目的。[第二，]他又须顾到人类生活的各个部分及其各项事业而为之分别本末和先后。我们这个城邦的公民们当然要有任劳和作战的能力，但他们必须更擅于闲暇与和平的生活。他们也的确能够完成必需而实用的事业；但他们必须更擅长于完成种种善业。这些就是在教育制度上所应树立的宗旨，这些宗旨普遍适用于儿童期，以及成年前后仍然需要教导的其他各期[8]。

在我们今日的希腊，以政体优良著称的各邦，和为之制订政治体系的立法家们，却竟然昧于此理。他们显然不以人生较高的宗旨为建立政体的准则，也不把教育方针引向一切善德。相反地，他们崇尚鄙俗的趋向，力图培养那些可见实效和容易获得近利的各种品性。当代某些作家怀抱同样意志，也表现着相似的精神。……各个私人和公众社会的善德是相同的；立法家就应该以这些善德灌输于公民的思想中。从事战争的训练不应以奴役不该做奴隶的人们为目的。尚武教育的目的应该是这样：第一，保护自己，免得被人所奴役；第二，取得领导的地位，但这种领导绝对不企图树立普遍奴役的体系而只应以维持受领导者的利益为职志；第三，对于自然禀赋原来有奴性的人们，才可凭武力为之主宰。为了实现这些观点，立法家对于他所订立的军事法制，务必以求取闲暇与和平为战争的终极目的；有鉴于列国的史实，我们不能不惴惴于此。许多专以致胜为功业的尚武城邦仅仅能适合战场和战时的生活。一旦得逞其霸图而停止了战斗，他们既无可施其伎俩，便觉情境相违了，处于和平的世代，这些人好像一把尘封的锈剑。这在当初未曾以正当的闲暇生活善导他们的立法家，实际上是不能辞其咎的。

## 章十五

我们曾经说明天赋、习惯和理性可为培养人生诸善德的根基；我们已论述了其中的第一项，说明我们的公民应该具备怎样的天赋。这里当考虑其他两项，并论究训练习惯和教导理性的孰先孰后。而且这两项训导的方式必须尽可能地互相协调；若两不谐和，则不仅理性无由发扬最优良的宗旨，而经过训练所养成的习惯也将显出相似的缺憾。注意到了这些问题，我们可以明确地说：第一，人生的经历，有如一切生物的创生程序，其诞生必先有所因，[始于父母的婚配而后有胎婴这个后果，但这一后果]既诞世而为人，则以此作为起因，又当各有其后果（目的）：操修理性而运用思想正是人生至高的目的。所以，我们首先应凭理性和思想，调节公民们的生育（婚配）和习惯的训练。其次，人们都区分有灵魂和躯体两者，其灵魂又可分成非理性和理性两个部分；相应地人们都有两种境界（状态）——情欲境界和玄想境界。就创生的程序而言，躯体先于灵魂，灵魂的非理性部分先于理性部分。情欲的一切征象，例如愤怒、爱恶和欲望，人们从开始其生命的历程，便显见于孩提；而辨解和思想的机能则按照常例，必须等待其长成，岁月既增，然后日渐发展：这些可以证见身心发育的程序。于是，我们的结论就应该是：首先要注意儿童的身体，挨次而留心他们的情欲境界，然后才及于他们的灵魂。可是，恰如对于身体的维护，必须以有造于灵魂为目的，训导他们的情欲，也必须以有益于思想为目的。

…………

## 章十七

儿童既脱离母胎而自行生长，所给的食料对他们的体力（生理）影响很大。关于儿童的营养问题，我们无论从动物界方面看来或鉴于那些力求其子嗣体魄强壮而健斗的野蛮民族所施行的实例，都是明确的，乳类最适宜于儿童身体的发育。如欲免于疾病，应戒儿童饮酒以愈少为愈好。及时诱导孩儿作适宜于他们肢体的各种活动是有益的；有些非希腊民族，为了防护其孩儿柔软的肢体受到扭曲或损伤，迄今仍旧应用一些器械来帮助孩儿们保持其正常姿态。让婴孩尽早训练成耐冷的习惯也是有益的；这种习性既可促进健康也可作为长大后征入军役的先期锻炼。有好些野蛮民族，在儿童诞生后就把他浸入寒溪，——例如克尔得人——或裹在单薄的襁褓内：这些风俗的用意就在增强他们的体质。凡在儿童身上可能培养的习惯，都应及早开始，然后渐渐加强这些训练。儿童的体质富于内热，自然适于耐寒训练。

婴孩期的保育可依照我们上述的要领和其他相似的方针进行。从婴孩期末到五岁止的儿童期内，为避免对他们身心的发育有所妨碍，不可教他们任何功课，或从事任何强迫的劳作。但在这个阶段，应使进行某些活动，使他们的肢体不致呆滞或跛弱；这些活动应该安排成游戏或其他的娱乐方式。儿童游戏要既不流于卑鄙，又不致劳累，也不内涵柔靡的情调。负责这一职司的官员——通常都称为"教育监导"——应注意并选定在这一年龄的儿童们要倾听的故事或传奇。所有这些都须为他们日后应该努力的事业和任务预先着想；即使是一些游戏也得妥为布置，使他们大部分的活动实际成为自由人各种事业和任务的模仿。有些人企图在他们的礼法中禁止孩儿放声号哭；这是不正确的。孩儿的号哭有如成人的逆气蓄力那样扩张肺部，确实有助于儿童的发育。

教育监导应注意儿童日常生活的管理，尤应注意不要让儿童在奴隶们之间消遣他们的光阴。凡儿童在七足岁以下这个时期，训导都在家庭中施行；这个时期容易熏染，任何卑鄙的见闻都可能养成不良的恶习。所以，立法家的首要责任应当在全邦杜绝一切秽亵的语言。人如果轻率地口出任何性质的恶言，他就离开恶行不远了。对于儿童，应该特别谨慎，不使听到更不使口出任何恶言。凡不顾一切禁令，仍然发作秽亵的语言和举动，必须予以相应的惩罚。这些犯禁的人，如果是比较年轻的自由人，还没有被容许据有会餐食桌的一席的，要给予体罚和其他斥责；要是年龄已大而犹做出类乎奴隶的卑鄙言行，就该课以罚金。

不端正的语言既须禁止，显然，我们也应该杜绝秽亵的图画展览和秽亵的戏剧表演。因此执政人员就得查察全邦的雕塑和图画，不让它们描摹任何秽亵的形象。但在某些祀神的庆祝节日，古传的礼法倘使特许有鄙俗的节目，自当列为这类禁令的例外。在这些节日，我们该注意到，传统的风俗是容许成年男子，为他们自己并为他们的妻子和子女祈福于诸神，而参与这些庆典的。青年们在未得参加会餐席次与前辈传杯共饮以前，立法家应规定他们不得观听俚歌或滑稽戏剧。到了这个年龄，他们业已受到充分的教育，这些表演的不良影响，便不足为害了。

这里我们既涉及了这些问题，就顺便作了些必要的简略说明；随后，等讨论到政府对这些事项究属应否加以管理，以及管理应采取怎样的方针和法规时，我们还得重加考虑，再行论究。悲剧名角色奥多罗[9]从来不许任何其他演员——即使是不足道的演员——先于他登台，他认为"观众（听众）总是爱好他们最初所听到的歌声的"：这句话是含有深刻意义的。我们无论和人或物相接触，实际都显见相同的情况：对最初相接触的人和物常常留下优先的印象。所以，人在幼时，务使他隔离于任何下流的事物，凡能引致邪愿和恶毒性情的各种表演都应加意慎防，勿令耳濡目染。已经安全地度过了开始的五年，儿童就可以在往后的两年，即到七周岁为止，旁观他人正在从事而他们将来也应从事的各种功课和工作。

[于是，我们进入正规的集体教育这个阶段。]这个阶段要分成两个时期——从七岁至发情为第一期（少年期），自发情至二十一岁为第二期（青年期）。那些对人生历程以七数为纪的古哲大体无误；但[对于教育设施作实际区划时，]我们还该细察自然的情况，做好精审的安排。教育的目的及其作用有如一般的艺术，原来就在效法自然，并对自然的任何缺漏加以殷勤的补缀而已。继此以往，我们可考虑以下三个论题：第一，应否给儿童（少年）教育订立若干规程；第二，儿童（少年）教育究竟应该由城邦负责，还是依照现今大多数国家通行的习俗，由私家各自料理；第三，这些教育规程应该有怎样的性质和内容。

## 卷八（节录）

### 章一

大家当一致同意，少年的教育为立法家最应关心的事业。[这种论断具有两项理由：一，]邦国如果忽视教育，其政制必将毁损。一个城邦应常常教导公民们使能适应本邦的政治体系[及其生活方式]。同某些目的相符的[全邦公众的政治]性格（情操）原来为当初建立政体的动因，亦即为随后维护这个政体的实力。平民主义的性格创立了平民政体并维护着平民政体；寡头主义的性格创立了寡头政体并维护着寡头政体；政体随人民性格的高下而有异，必须其性格较高而后可以缔造较高的政治制度。[二，]又，人要运用每一种机能或每一种技术，必须先行训练并经过相当的复习，使各各为之适应。那么，他们在作为一个城邦的分子以前，也必须先行训练和适应而后才能从事公民所应实践的善业。

既然一城邦就[所有的公民]全体而言，共同趋向于一个目的，那么，全体公民显然也应该遵循同一教育体系，而规划这种体系当然是公众的职责。[一，]按照当今的情况，教育作为各家的私事，父亲各自照顾其子女，各授以自己认为有益的教诲，这样在实际上是不适宜的。教育（训练）所要达到的目的既然为全邦所共同，则大家就该采取一致的教育（训练）方案。[二，]又，我们不应假想任何公民可私有其本身，我们毋宁认为任何公民都应为城邦所公有。每一公民各成为城邦的一个部分；因此，任何对于个别部分的照顾必须符合于全体所受的照顾。这里，有如其他某些事情，拉栖第蒙人是应该受到表扬的；他们对于儿童（少年）的训练特别具有深心，把教育作为公共的要务，安排了集体的措施。

### 章二

现在，教育应该订有规程（法制）以及教育应该由城邦办理这两点已经明白论定。我们接着就该考虑这种公办的教育要具有怎样的性质和怎样实施的问题。关于教育的内容，当今各家的意见是有分歧的。或从普通的善德或从最优良的生活方面着想，大家对于儿童（少年）所应学习的题材，都各有不同的观念；教育究竟应偏重于理智还是偏重于道德性格（情操），大家也往往含糊其辞。我们试审察一下现世的实况，[那些当师保的人]各行其是，迷离恍惚，无可折中：谁知道[他们]设教的方针是注意人生实用的业务，抑或专心于善德的操修，又或志在促进一切卓越的智能。人们对于各类学术各有所崇尚[而对于学术的分类却并无明确的观念]；我们倘使询问究竟哪些功课有益于培养善德，大家就绝不会作出一致的答复。即使同样是尊重善德的人们，对于善德的意义就各有不同的理解；既然如此，则对于培养善德的门径，自然也就互有歧异了。

儿童教育当然包括那些有用而确属必需的课目。但这里无须把一切实用的课目全都收纳。业务应该分为适宜于和不适宜于自由人操作的两类；授给儿童的实用知识就应该以这个分类为依据，勿使形成"工匠（卑陋）的"习性。任何职业，工技或学课，凡可影响一个自由人的身体、灵魂或心理，使之降格而不复适合于善德的操修者，都属"卑陋"；所以那些有害于人们身体的工艺或技术，以及一切受人雇佣、赚取金钱、劳悴并堕坏意志的活计，我们就称为"卑陋的"行当。在适合自由人学习的各种课目（学术）中，有些也应该作某种程度的限制；这些课目要是过度的着意用力，以求擅精，也会像上述的工技那样妨碍身心。人或有所实践或有所学习，我们当凭其功用（目的）而论其高卑。人们所行或所学如果是为了自身的需要，或是为了朋友，或是为了助成善德的培养，这不能说是非自由人的作业；但相同的作业，要是依从他人的要求而一再操作，这就未免鄙贱而近乎奴性了。

章三

现行教育规程的各门课目[10]，如上所说，一般都包含两种观念。基础课目常常是四门，即读写、体操和音乐，有些人便加上了绘画。读写和绘画，大家都认为在人生许多实务上可以得到效用；用体操则通常都借以培养勇毅的品德。至于音乐训练的目的何在，那就颇为迷惑而多所争执。现在，人们研习音乐，目的大都在于娱乐，但是在从前，音乐所以列为教育的一门是基于比较高尚的意义的。我们曾经屡次申述，人类天赋具有求取勤劳服务同时又愿获得安闲的优良本性；这里我们当再一次重复确认我们全部生活的目的应是操持闲暇。勤劳和闲暇的确都是必需的；但这也是确实的，闲暇比勤劳为高尚，而人生所以不惜繁忙，其目的正是在获致闲暇。那么，试问，在闲暇的时刻，我们将何所作为？总不宜以游嬉消遣我们的闲暇。如果这样，则"游嬉"将成为人生的目的（宗旨）。这是不可能的。游嬉，在人生中的作用实际上都同勤劳相关联。——人们从事工作，在紧张而又辛苦以后，就需要（弛懈）憩息；游嬉恰正使勤劳的人们获得了憩息。所以在我们的城邦中，游嬉和娱乐应规定在适当的季节和时间举行，作为药剂，用以消除大家的疲劳。游嬉使紧张的（生命）身心得到弛懈之感；由此引起轻舒愉悦的情绪，这就导致了憩息。[闲暇却是另一回事：]闲暇自有其内在的愉悦与快乐和人生的幸福境界；这些内在的快乐只有闲暇的人才能体会；如果一生勤劳，他就永远不能领会这样的快乐。

人当繁忙时，老在追逐某些尚未完成的事业。但幸福实为人生的止境（终极）；惟有安闲的快乐[出于自得，不靠外求，]才是完全没有痛苦的快乐。对于与幸福相谐和的快乐的本质，各人的认识各不相同。人们各以自己的品格（习性）估量快乐的本质，只有善德最大的人，感应最高尚的本源，才能有最高尚的快乐。

　　于是，显然，这里须有某些课目专以教授和学习操持闲暇的理性活动；凡有关闲暇的课目都出于自主[而切合人生的目的，]这就实际上适合于教学的宗旨，至于那些使人从事勤劳（业务）的实用课目固然事属必需，而被外物所役，只可视为遂生达命的手段。所以，我们的祖先把音乐作为教育的一门，其用意并不是说音乐为生活所必需——音乐绝不是一种必需品。他们也不以此拟于其他可供实用的课目，例如"读写"。读写（书算）可应用到许多方面；赚钱、管家、研究学术以及许多政治业务，无不有赖于这一门功课。绘画也可作为实用课目的实例是练习了这种课目的人们较擅于鉴别各种工艺制品[在购买器物时可作较精明的选择]。音乐对于这些实务既全无效用，也不像体操那样有助于健康并能增进战斗力量——对这两者，音乐的影响是不明显的。音乐的价值就只在操持闲暇的理性活动。当初音乐的被列入教育课目，显然由于这个原因：这确实是自由人所以操修于安闲的一种本事。荷马诗篇的一叶就见到这样的含义，其首句是：

"侑此欢宴兮会我嘉宾，"
接着在叙述了济济的良朋后，续句是：
"怡我群从兮独爱诗人。"
又，在另一叶中，奥德修也说到，当英贤相聚，欣逢良辰，共同乐生励志的，莫如音乐。

　　　　华堂开绮筵，共听诗人吟，
　　　　列坐静无喧，清音自雅存。

　　我们认为上述各节，足以证明父辈对于诸子应该乐意他们受到一种既非必需亦无实用而毋宁是性属自由、本身内含美善的教育。这种教育或限于一门或兼备几门课目；如果有几门则应该是哪些课目，以及这些课目应该怎样研习——所有这些问题都要在以后另述。这里，我们所已达到的结论没有违背昔贤的传统；音乐这样一门[不切实用亦非必需的]课目总是很早已被古人列入教育规程之内了。我们还尽可以这么说，某些为了实用而授予少年的课目，例如读写，也并不完全因为这只是切合实用的缘故；[无关实用的]其他许多知识也可凭所习的读写能力，从事进修。相似地，教授绘画的用意也未必完全为了要使人购置器物不致有误，或在各种交易中免得受骗；这毋宁是目的在养成他们对于物体和形象的审美观念和鉴别能力。事事必求实用是不合于豁达的胸襟和自由的精神的。

在教育儿童时，我们当然应该先把功夫用在他们的习惯方面，然后再及于理性方面，我们必须首先训练其身体，然后启发其理智。所以，我们开始要让少年就学于体育教师和竞技教师；体育教师将培养他们身体所应有的正常习惯，竞技教师将授以各项角赛的技能。

章四

在那些素以重视少年（儿童）训练著称的诸城邦中，有些专门培养少年们的运动员习性和本领，完成这种训练实际上常常对他们身体的发育和姿态多所损害。拉栖第蒙人并不采取这种错误的体育方针；可是，他们对少年进行严酷的锻炼，认为养成勇毅的品德莫善于这样的野蛮（兽性）措施。但是教导少年们专练这么一种品德，或特别重视这么一种品德，我们已屡次说过，这也是一个错误；而且即使就专门训练勇德而言，他们的这种方法也是乖谬的。在动物界中，以及在野蛮民族中，我们如果加以细察，就可以显见，凡属最凶猛的往往未必真正勇毅，凡真是勇族和猛兽，其性情毋宁是比较温和（驯顺）或比较近似雄狮的脾气。世上确有好多野蛮民族习于杀戮，甚至宰食生人，滂都海（黑海）沿岸各族中，阿卡亚部落和亨尼沃契部落[11]就都是那样的凶猛，另有些内陆的部落也一样，甚至更为残暴——但这些常常以掳掠为事的盗匪部落并无真正的勇德。从史实看来，即以拉根尼（斯巴达）本族而论，在从前他们是惟一勤于严格训练而恪守纪律的城邦，只有在那时期，他们才较他族为强；现在他们对于运动竞赛和战场决斗两都失败了。他们过去的优胜并不在他们训练的方法有什么特长,仅仅因为他们的对手当初对于少年完全没有训练,所以他们得独擅于往昔。凶猛总是低了一着,得胜的应该是高尚雄强的心怀,只有真正勇毅的人们才能正视危难而毫不畏缩,狼或其他凶猛的野兽绝不会面对威胁而慷慨赴斗。驱策少年从事野蛮的活动,而不给予确属必要的教练,他们就一定趋于鄙陋。只要他们培养成一种仅有的品德,以便将来给政治家的措施或决策服役,史实已经证明,他们随后所能发挥的本领实际上远不及曾经受过多方面训练的青年。我们现在无须称道斯巴达人过去的伟业,应该以当前的情况衡量他们的训练工作。过去,他们没有敌手。如今斯巴达式训练就得和其他教育规程较量短长了。

目前,大家已普遍认识到体育训练的重要,关于实施的方式也都有所领会了。在发情年龄以前的儿童应教以轻便的体操(竞技);凡有碍生理发育的剧烈运动和严格的饮食限制都不适宜。早期的过度锻炼所遗留的恶劣影响是很深刻的。在《奥林匹亚赛会历年优胜选手题名录》[12]中,先在儿童竞赛得奖,随后这个同一选手又在成人竞赛时得奖者,总共只有二三例[13]而已;理由是明显的:早期教练中的剧烈运动实际上损耗了儿童选手们的体魄。[所以,在发情年龄以前的体育规程只能是一些轻便的操练。]发情后的三年可授以其他功课[例如读写、音乐和绘画];到了十八岁的青年才适宜于从事剧烈运动并接受严格的饮食规则。要求人们同时进行心理活动和体力活动是不合适的。这两类不同的工作对人身自然会产生相异、而且实际上是相反的效果:肢体在工作时,停歇了心理活动,心理在思索时,肢体也就呆滞了。

## 章七

人们如欲有所作为,必须注意两项标的——可能标的和适当标的;人们努力以赴各自的标的,尤应注意这些标的的可能性和适当性确实与本人的情况相符合。就音乐而言,这些情况随人的年龄而相异。年老气衰便难再唱高音乐调，他就只能低吟较轻柔的词曲。苏格拉底认为轻舒柔靡的软调使人如入醉乡，不宜用作教育；但饮酒陶醉，其始兴奋，而随后则使人不胜困疲，所以有些音乐家批评他的比拟为不伦，认为苏格拉底立说有误。我们应该想到年华荏苒，人生终必衰老，那时就愿有低柔的乐调和音节了；而且这类乐调和旋律也正须应用于少年时代的音乐教育。对于儿童们，凡内含有益的教训并可培养秩序[14]的曲调就应该一律教授；而吕第亚调则两者兼胜，尤为相宜。这样，音乐教育显然应该要求符合三项标准——中庸标准、可能标准和适当标准[15]。

[古希腊]亚里士多德著；吴寿彭译：《政治学》，商务印书馆，2009年。

## 注释

〔1〕三端：天赋、习惯、理性为人生入德三端。天赋，即本能，为人和动物诞生时所共同具备；人类则在诞生以后因教育的功夫，养成习惯，发展理性而独具才德，继此以下，议论转入"教育"主题。

〔2〕前面：本卷章七。

〔3〕理性方面的启导：参看《形而上学》。"一切潜能（才能），或如感觉，秉于内涵（天赋）；或如吹笛，得之实习（习惯），或如艺术，得之于研究（理智）。凡由习惯和理智所得的才能必先经操练；非理智潜能之内涵于蕴受者，不假操练而自备。"

〔4〕灵魂：卷一章十三中灵魂内分别有"理性"和"无理性"两要素。此节又另作"内涵理性"和"服从理性的本能"的分别。

〔5〕人为世界：指以人手所制的诸事物而言，认为人类先制低级事物，再用低级事物为原料和工具，进而制造高级事物。

〔6〕这一部分：指内涵理性的部分。

〔7〕最高最优的宗旨（目的）：亚氏将灵魂分为（一）（1）"不涵理性部分"和（二）"内涵理性部分"，这第二部分又别为二，（2）"实践理性"，（3）"玄想理性"。三者自下面上达，其所表现的品德，亦自低而渐高：由（一）（1）所表现的作为，见其节制（syphrosyne），由（二）（2）见其"周详"（phronesis，明哲），由（二）（3）见其"智慧"（sophos）。众人行为或能遍见三德，自当以智慧为最高，或仅见二德，则智慧高于周详，周详高于节制。

〔8〕其他各期：依周伊特、纽曼等解作14至21岁的青年期以及21岁以上至某岁的成人期。巴克尔解作青年期（14至21岁）中各阶段。

〔9〕色奥多罗：为亚里士多德前一代的雅典悲剧名角，其歌喉自然动人，一时无双。

〔10〕各门课目：实用的业务和善德的操修。

〔11〕亨尼沃契部落：亨尼沃契人本来为拉根尼人的别支远裔。

〔12〕《奥林匹亚赛会历年优胜选手题名录》：当为书卷形式的名单。亚历山大城编年学家所引用的优胜选手题名录始于公元前776年。5世纪末，埃利斯城智者希庇亚（Hippias）首先把这类题名录编成卷册行世，其后亚里士多德曾作续编。

〔13〕二三例：其一例为克洛顿的米洛，米洛在童年赢得儿童级角斗首奖，此后（前532—前512）21年间连得6次首奖，为古希腊著名的运动员。

〔14〕秩序：这里或译"美感"。

〔15〕中庸标准、可能标准和适当标准：中庸标准当取杜里调。可能标准是说老人仅能低唱柔调，少年可兼习高音和低音乐调。适当标准则以吕第亚调有所兼胜，对少年特别适当。

# 昆体良《雄辩术原理》选

昆体良（Marcus Fabius Quintilianus，约35—96），古罗马教育家、演说家，古希腊、古罗马教育思想集大成者。出生于西班牙北部，少年时到罗马求学，后在修辞学校工作，曾担任罗马皇储教师、罗马帝国国立修辞学讲座首位主讲教师（教授），还兼任律师。这些经历使他把理论与实践紧密地结合起来。代表作《雄辩术原理》（或译为《论演说家的教育》《论演说家的培养》），是他长期教学和演说实践的经验总结。

《雄辩术原理》（*Institutio Oratoria*）是西方第一部专门系统论述教学理论的著作。该书以培养演说家和雄辩家为目的，高度肯定教育在人的成长中发挥的巨大作用。儿童教育部分是全书的精华，认为教师应热爱儿童，对儿童实施科学合理的学前教育，了解和研究儿童的心性。教学方面，初步设想了分班授课制，首次提出双语教学，主张劳逸结合、量力而行、善用奖惩等教学原则，提倡启发诱导和问答等教学方法。书中还对教师提出要求，诸如德才兼备、关爱学生、娴熟的教学技巧、因材施教、奖惩得当等。

## 第一卷（节录）

### 第一章

1.儿子刚一出生的时候，但愿作父亲的首先对他寄以最大的希望，这样，才会一开始就精心地关怀他的成长。抱怨"只有极少数人生来具有接受教育的能力，而多数人由于悟性鲁钝，对他们的教育是徒然浪费劳力与时间"，这是没有根据的。恰恰相反，大多数人既能敏捷地思考，又能灵敏地学习，因为此种灵敏是与生俱来的。正如鸟生而能飞，马生而能跑，野兽生而凶残，唯独人生而具有敏慧而聪颖的理解力。所以，心智的根源也是来自天赋。

2.只有那些天生的畸形和生来有缺陷的人才是天生愚鲁而不可教的人，这样的人肯定会有，然而很少。这种说法的证明是，绝大多数儿童都表现出他们是大有培养前途的，如果在以后的岁月中这种希望成了泡影，那就说明，缺少的不是天赋能力，而是培养。

3.也许有人会说，有的人天赋能力确是比别人强。我承认这是事实，因而人们的实际成就也有差别。但是，受了教育而一无所获的人是没有的。但愿相信这个真理的人，一旦做了父亲时，最细心地关注一个未来雄辩家的前程。

4.最要紧的是，孩子的保姆应当是说话准确的人。克里希普[1]（Chrysippus）曾希望，如果可能，她最好是受过教育的妇女；无论如何也应当挑选最好的保姆。毫无疑问，首先应注意的是她们的道德，同时语言也必须正确。

5.儿童首先听到的是她们的声音，首先模仿的是她们的言语。我们天生地能历久不忘孩提时期的印象，如同新器皿一经染上气味，其味经久不变，纯白的羊毛一经染上颜色，其色久不能改；越是令人讨厌的习惯，越是牢不可破，因为好的习惯变坏是容易的，但何时能使坏习惯变好？所以，即使还在婴儿时期，也不要让他学会以后不应当学习的用语。

6. 父母的教育水准越高越好，我不是专指父亲而言，因为我们听说过，格拉古兄弟[2]（Gracchi）的辩才应大大归功于他们的母亲康纳丽娅（Cornelia）（她的书信甚至到今天也能证明她在文体上的修养）。据说，李流士[3]（Laelius）的女儿在谈吐中显露出她父亲的那种典雅；昆图斯·荷尔腾秀斯（Quintus Hortensius）的女儿在三执政面前发表的演说[4]直到现在还被人们传诵，这不仅是由于对一个女性的尊重。

7. 如果父母本身没有受到良好教育的幸运，也不要因此就减少对孩子教育的注意，正因为他们学识少，他们就应该在对孩子的成长有益的其它事情上更加勤勉。

8. 关于未来雄辩家的陪伴，我要重复上面关于保姆所说的话。

至于说到教仆（paedagogi），我主张他们应受过良好的教育，否则，他们也要认识到自己在教育上的不足；最坏的事情莫过于有些人刚刚学会几个字母就据此误认为自己是有知识的人。由于他们不愿意放弃教师的作用，一旦他们受权行使某种权威（这类人总是以权威作为吹嘘的资本）时，他们就变得专横甚至粗暴，他们不过是将自己的愚蠢无知灌输给托付给他的人。

9. 他们的不良行为也同样对学生的道德有害。据巴比伦人狄奥根尼[5]（Diogenes）说，亚历山大的家庭教师里奥尼达（Leonidas）的某些坏习惯稍稍浸染了他，于是从童年受教育直到长大成人，甚至成了最伟大的国王，这些习惯仍然难以改掉。

10. 如果读者认为我要求太多了，那末他应当考虑到，我们所要培养的是一个雄辩家，即令形成他的性格的条件已经具备，那也是一桩艰巨的事业，此外还有更多得多的困难工作要做，因为还需要持久的学习，需要有最优秀的教师，以及各种各样的必需的锻炼。

11. 所以我们要为培养学生建立最完善的准则，如果有了准则有的人却不遵守，那么他们的失败不在于方法，而在于人。

如果孩子没有幸运能得到我所期望的那种保姆、教仆或陪伴人，无论如何也要有一个在语言上有良好修养的人陪在孩子身边，如果保姆或教仆在孩子面前说话不当，他就立即加以纠正，以防止这些不正确的语言变成根深蒂固的习惯。但是应当了解，这不过是亡羊补牢，我在前面所说的才是正确的方法。

…………

18. 在儿童能说话以后，不能无所事事，那末有什么更好的事可做呢？七岁以前的收获无论怎样微小，为什么就要轻视它呢？诚然，七岁以前学习的东西无论怎么少，但有了这个基础，到了七岁就可以学些程度更深的东西，否则到了七岁还只能从最简单的东西学起。

19. 这样每年取得的点滴进步就增加了总的进步，儿童时代节约下来的时间对于青年时期是有益的。

这条规则也适用于七岁以后的年龄，这样凡是每个儿童都要学习的东西，他就不会开始得太晚。所以，早期年龄阶段的光阴不要浪费，因为初步识字仅仅靠记忆，而记忆力不仅存在于儿童时期，而且儿童时期的记忆甚至更加牢固，正因为如此，就更没有借口浪费早期年龄的光阴。

20. 我并非不知道年龄差别，而主张在那个柔弱的年龄使他们负担很重，强求他们完成挤得满满的作业，因为最要紧的是要特别当心不要让儿童在还不能热爱学习的时候就厌恶学习，以至在儿童时代过去以后，还对初次尝过的苦艾心有余悸。

要使最初的教育成为一种娱乐，要向学生提出问题，对他们的回答予以赞扬，决不要让他以不知道为快乐；有时，如果他不愿意学习，就当着他的面去教他所妒嫉的另一个孩子，有时要让他和其他孩子比赛，经常认为自己在比赛中获胜，用那个年龄所珍视的奖励去鼓励他在竞赛中获胜。

21. 我们声称培养雄辩家，而给予的教育却是微不足道的。但是，甚至专门学问也有它的幼稚阶段；如同最强壮的身体的培养是从吃奶与摇篮开始，将来要成为优秀的雄辩家的人，也得经过呱呱堕地、咿呀学语、辨认不清字母的形状的阶段。即令学习到的东西不太充分，也不要因此就根本不去学习。

22.……愈是年纪小，头脑就愈易于接受小事情，正如只有在身体柔软的时期，四肢才能任意弯曲，强壮本身也同样使头脑对多数事物更难于适应。

23.如果不是相信学问的初步基础只有最出色的教师才能打得牢固，如果不是相信这些初步基础对最终的结果有重要影响，马其顿国王菲力浦还会选定当代最伟大的哲学家亚里斯多德给他的儿子亚历山大教授初步识字，亚里斯多德又会接受这一任务吗？

…………

## 第二章

1.现在孩子已渐渐长大，离开了母亲的膝上，并开始认真地学习，这时跟着就应考虑一个问题，是把孩子关在家里、关在私舍的围墙之内好呢，还是把他交给人数众多的学校，即是说，交给公职教师好呢？

2.据我观察，那些为闻名的国家的政体奠定了基础的政治家和有声望的著作家们是赞成后一种方式的。

但是无庸讳言，也有一些人，由于他们对私人家庭教育的偏爱，不赞成几乎是得到公认的公共教育方式。这些人似乎拘泥于两个理由，一个理由是，在那种最易沾染邪恶习气的年龄避免许多人厮混在一起，就能更好地规范年轻人的道德，（我认为这里所说的刺激不道德行为发生的原因是虚妄的）。另一个理由是，无论谁担任教师，他都宁愿自由地把时间用在一个学生身上，而不愿把时间分散用在许多学生身上。

3.前一个理由的确值得很好考虑，因为学校即令有利于学习，但如果它有害于道德的话，那末，在我看来，有德行的生活较之最出色的雄辩才能也要重要得多。然而，我认为，德行和雄辩才能这两者是密不可分的。

我认为，一个没有良好德行的人就不可能是一个真正的雄辩家，即使他能够成为雄辩家，我也不愿意着到这样的雄辩家。

所以，我首先要谈谈这个问题。

4.人们认为，在学校里道德被败坏了，因为学校有时的确使道德败坏，但这种情况也同样在家里发生，这样的事例是多不胜数的。同样也有不胜枚举的事例说明，无论在家庭还是在学校，都可以保持纯洁的道德。造成这些差别的是学生的天赋素质和对他们的培养。假如他的心性有邪恶的倾向，假如在早期年龄对他的培养和防范疏忽大意，与世隔离同样能提供失德的机会。因为家庭教师本身就可能是品行恶劣的，与邪僻的奴隶接触，丝毫也不比同放荡的自由民青年接触更安全。

5. 如果孩子的天赋素质是良好的，如果父母没有闭目塞听、怠惰疏忽，他们就可能选择德行良好的教师（这是明达的父母首先要注意的事），选择最严格的教育方法，同时还可以在孩子身边安置一个行为端正的人或忠实可靠的被释奴隶，作为他的朋友和监护人。有了他们的经常陪伴，即使是值得为之耽心的人，在道德上也会得到提高。

············

11. 然而，假定作父亲的或由于权势、或由于有钱、或由于友谊，能得到一位尽善尽美的优秀教师，他又能把整天的时间用在一个学生身上吗？难道有任何一个学生能够持久地专心致志而没有疲倦的时候，如象眼睛能持续地看着同一目的物吗？更何况学生的绝大部份时间应当用在自己学习上？

12. 学生在写字、默诵、思索的时候，并不需要教师守在身边，当他们从事这些练习中的任何一种时，任何人的陪伴对他都是一种妨碍。并不是每一种阅读都需要随时有一个讲解者或解释者，因为如果那样，如何才能通晓这么多作家的作品呢？所以，一天中教师真正用于进行教学的时间是很短的。

13. 所以，即使个别教育是必需的，个别教育也可以一个接一个地给予很多学生。

还有更多的学科必须由一个教师同时对很多学生进行教学。更不必说雄辩术教师的分析和演讲，无论听众有多少，一定要让每一个人都能听清楚。

············

15. 也许有人说，对于纠正错误和进行讲解，人数多了是一个障碍。假使情况的确如此（一般说来，有什么事情能在一切方面都使我们满意呢？），下面就将这些不利因素与公共教育的有利因素作一对比。

我并不希望把孩子送到一个无人照管的地方去。好的教师也不应当超过自己的管理能力接受过多的学生来增添麻烦。此外，最要紧的是要建立和教师之间的亲密友谊，使他的教学工作不是出于完成任务，而是出于对学生的热爱。这样一来，我们就永远不会因学校人数众多而困恼。

16. 任何一个稍懂一点儿文墨的教师，即使是为了自己的荣誉，也不会不对他所发现的专心致志而又有才华的学生加以特别鼓励。纵然学校应当避免过大（如果由于教师成绩卓著而有众多学生归于门下的话，我不同意避免过大的立场），这条规则也不能引申到连一切学校都取消。取消学校是一回事，选择最好的学校是另一回事。

············

23. 我想起了我的老师们所采用的一种有益的教学方法。他们将我们分成班级（Classes），按照各人的能力轮流发表演讲，能力强的就先演讲。

24. 老师对学生的演讲作出评价。获得表扬是一种巨大的荣誉，能获得全班第一名就更加光荣。

每个学生在班上的名次并不是一次确定了就永久不变的，每个月都给失败者以再次争取获胜的机会。这样，在前几次获胜的学生不敢松懈自己的努力，而不甘心失败之心激励着未成功者努力争取荣誉，洗刷掉自己前次失败的羞耻。

25. 根据我自己的想法来判断，我坚持认为这种方法能提供较之教师的训诫、教仆的监督和家长的期望所能提供的更强有力的激励。

26. 对于高年级的学生，竞赛能促进他们的进步，而对于初学者和心性尚未定型的学生，更乐于模仿同学而不是模仿教师，因为模仿同学更容易些。因为刚刚开始学习的人不敢奢望达到他们所认为的雄辩才能的最高水平，他们宁肯选择与自己的水平最接近的人去模仿，犹之登高必自卑，涉远必自迩。

27. 这是遵循这样一条真理：教师本身要小心谨慎，如果他希望自己的学生成为有用的人而不是华而不实的人，他在教育头脑尚未成熟的学生时，不要使他负担过重，要节制自己的力量，俯就学生的能力。

............

## 第三章

1. 一个高明的教师，当他接受付托给他的儿童时，首先要弄清他的能力和天赋素质（natural disposition）。儿童能力的主要标志是记忆力，记忆力包括两个方面：敏于接受知识和记得牢固。次一个标志是模仿能力，这是儿童可以接受教育的象征，但是有个条件，只应模仿所教的东西，而不是模仿别人的动作或走路的姿势，例如，模仿别人的缺点。

2. 故意以喜欢模仿别人的动作来逗人发笑的孩子，我是不指望他具有出众的才能的。从小就表现出真正有才能的孩子也一定是举止端庄的人，不然的话，我认为一个资质鲁钝的人丝毫也不比一个聪明而行为不正的人更坏；但是倾向高尚的人决不会是鲁钝怠惰的人。

3. 我的理想的学生要乐于接受教给他的知识并就某些事物提出问题，然而他仍然必须遵循教师的指引而不能跑在教师的前面。早熟的才智鲜有能结好果者。

4. 所谓早熟，是指这样一些学生，他们刚刚开始学习就被厚颜无耻所驱使，自负而迫不及待地要显露一下自己。但是他们用来显露身手的，也不过就是刚刚学到的一点东西；他们把单字拼凑起来，毫无惧色地炫耀自己的一点儿知识，一点儿也不谦虚。他们的言词虽则流利，但却浅薄。

............

6. 当教师注意了上述各点时，次一个问题就是如何把握学生的心理（mind）。有些学生是懒惰的，除非你加紧督促；有的学生不能忍受管束；恐吓能约束一些学生，却使另一些学生失去生气；有的学生需要长期的用功才能塑造成人，而另些学生通过短期的努力却能取得更大进步。

7. 假定交给我的学生因称赞而受到鼓励，因荣誉而感到喜悦，在失败时容易哭鼻子。对这样的学生必须用成功的希望去培育他的力量，用责备督促他向进步快的学生学习,用荣誉去鼓舞他。对这样的学生,我永远不会耽心他会变得懒惰。

8. 对于一切儿童都应当允许他们有些休息,这不仅仅是因为没有什么东西能经受持久的劳累,(即使是那些没有感觉没有生命的东西也以轮换的休息而有松弛的时候,以便保持活力),而是因为专心致志的学习有赖于学生的意愿,而意愿是不能通过强制得到的。

9. 因此,如果学生的精力和精神因休息而得到恢复,他就能以更旺盛的力量和更清晰的头脑进行学习,而这种力量通常是不能用强迫得到的。

10. 我不会因学生爱好游戏而感到不高兴,那是天性活泼的标志;那种总是迟钝麻木、没精打采的、甚至对那个年龄所应有的激动也漠然无动于衷的学生,我是不指望他能热心学习的。

11. 但是,应当给休息规定一个限度,否则,你不让他休息时,就使他产生对学习的厌恶,而过度放纵的休息则容易养成懒惰的习惯。有些娱乐有助于发展敏锐的智力,如象比赛轮流提出各种各样的问题之类。

12. 在游戏中,学生的道德品质也能毫无保留地按照本来面目表现出来;教师们要记住,没有哪个年龄的孩子会幼稚到不能立刻学会分辨是非;在幼稚无知的年龄,当他还不知道弄虚作假,最愿意听从教师的教育时,是最容易受到熏陶的。因为你可以破除已经铸成的缺点,然后及时加以补救。

13. 所以,从一开始就要告诫学生,决不能表现出自私、无耻和失去自制,他应牢记维吉尔[6](Virgil)的名言:"少年时代养成的习惯是多么重要"(Adeo in teneris consuescere mulfum est)。

14. 至于说到对学生的体罚,虽然这是公认的习惯而克里希普也并不反对这点,但我是无论如何不赞成的;首先因为这是一种不光彩的惩罚,它只适用于对奴隶的惩罚,事实上它无疑是一种凌辱(试设想,如果将这种惩罚用于别的年龄,那就可以明显地看出来);其次,如果孩子的倾向卑劣到不能以申斥矫正,他就如同最坏的奴隶,对鞭笞习以为常;最后,如果有人经常跟在他身边监督他勤奋学习,这样的惩罚就完全没有必要。

15. 现时，用以补救教仆的疏忽大意的办法是在儿童做了错事时惩罚他们，而不是责令他们去做应当做的事。

此外，当你用鞭笞强迫儿童以后，待他到了青年时期，这种恐吓手段已不能再用，而他又有更困难的功课要学习的时候，你又如何对付他呢？

16. 更有进者，当孩子受到鞭笞的时候，由于痛楚和恐惧，他禁不住要发出以后会令其感到羞耻的不体面的哭叫，这种羞耻心使他心情沮丧、压抑，使他不敢见人，经常感到抑郁。

17. 在挑选监护人和教师时，如果一点儿也没有注意选择品行端庄的人，我简直说不出口那些屑小之辈是多么可耻地滥用了体罚的权力，而不幸的儿童的恐怖心理又会有时给别人提供多么好的机会。我不打算详细讨论这个问题，上面所说的已经足够了。这里只须指出，对于如此纤弱、如此无力抗拒虐待的幼年，任何人都不允许滥用权威。

············

## 第四章

1. 对于已经学会顺利地阅读和写字的孩子，下一步就是接受文法教师的教育。至于我说的是希腊文的文法教师还是拉丁文的文法教师，那是不关紧要的，虽然我倾向于先学希腊文的文法。

············

5. 一个教师要能中肯而流利地讲述上列有关文法学习的各种知识，口头表达能力也是很重要的。

由于上述原因，那种认为文法的教学微不足道、空洞无物的观点是不屑一顾的。因为，如果不通过文法的学习为未来的雄辩家打下牢固的基础，你筑起的任何上层建筑物都会倒塌的。文法这门知识是青年所必需，老年所喜爱，又是燕居时的良伴，在各种学问之中，只有这门学问有用甚于炫耀。

6. 但愿任何人都不要轻视文法基础，这不是因为区分辅音和元音以及区分半元音和不发音的字母有多大困难，而是因为，只要深入到这所圣殿的内室，可以说，很多精微奥妙的东西就会呈现在面前，它们不仅有助于使孩子的智力变得敏锐,而且也为运用最渊博的知识和学问开辟了前景。

............

23. 一个自己获得了足够的知识而又打算将自己所学的东西拿去教给学生的教师——真正准备好了的人是很少的——会不满足于教给学生名词有三种"性",或者指出哪两类名词同性或哪些名词不分性(其三种"性"相同)。

24. 即使他指出一种希腊人称之为 epicene 的不规则变化的名词,这种名词的一种性意味着两种性,以及他指出不管其字形是阴性还是中性而实际上有的属阴性、有的属阳性的名词,如 muraena, Glycerium 等,我也不会匆匆忙忙就认为这是这位教师真正勤奋的证明。

............

## 第八章

............

2. 所以,为了使我的学生能够正确地做到上述各点,我在这里要确立的只有一条通用的原则,这就是,但愿他理解他所读的内容。此外,他的朗读应当首先是刚健、高雅而又带有一定程度的轻快悦耳;当然不是像读散文那样,因为他读的是诗,而诗也就是歌,诗人也自称是歌唱家,但这不是说要堕落到现在已成为时尚的那种漫不经心的单调节拍或柔弱娇气,装模作样地故意把声音拖得很长。这种娇柔造作,用凯撒还是一个孩子时所说的话来予以斥责是最合适不过的,凯撒说:"你唱歌的时候唱得难听,你读书的时候像是唱歌。"

3. 此外,我不愿意我的学生像有些教师所主张的那样去模仿戏剧舞台上演员的腔调。然而我的确希望说话的声音应有适度的调节,使所说的话与诗人自己说的话区别开来。

4. 总之,需要在教育中认真注意的还有其它事情,首先要紧的是,当儿童的头脑尚未发展成熟、没有定型而又幼稚无知、不管接触什么都会留下深刻印象的时候,他们不仅要学习什么是雄辩才能,更重要的是学习什么是良好的道德。

5. 因此，一个值得称赞的现在流行的习惯是首先从读荷马和维吉尔的作品开始，虽然理解他们的作品的价值需要有更成熟的判断力，但是要获得判断力，时间是充裕的，因为这些作品不是只读一次，而是要反复地读。与此同时，要以英雄史诗的崇高精神激发学生的思想，用它的主题的庄严伟大鼓舞学生，在学生的头脑中灌注最高尚的情感。

……

第十章

……

11. 如果同意这些见解，那么音乐也是培养雄辩家所必需的，因为据我观察，被雄辩家所放弃而被哲学家所拾取的这一门学科是我们的本业的一个组成部分，它实际上是属于我们的，如果没有这门学科的知识，就不会有完美的雄辩之才。

12. 决不会有人怀疑，许多智慧超群的人在学习音乐时也是伶俐的学生。毕达哥拉斯及其信徒们使一个无疑是从古代继承下来的观点变成了家喻户晓的观点，这个观点就是，宇宙是按照相同的规律构成的，这些规律后来就被七弦琴的乐曲所模仿，他们不满足于被称之为"和声"的不同成分的和谐一致，还创造了一种符合天体运动的乐曲。

……

22. 现在让我们讨论一下，一个未来的雄辩家能够从学习音乐中得到什么好处。

音乐有两种表现方式，即口头发音和身体的动作，这两者都要有适度的调节。音乐家亚里斯托色奴[7]（Aristoxenus）将发音区分为节奏（rhythm）和旋律（melody），前者与节拍有关，后者与歌声及音调有关。难道所有这一切不都是雄辩家所必需的吗？其中一个对姿态有影响，第二个影响到语言的安排，第三个与语调的抑扬变化有关，在法庭辩论中和在其它场合一样，这种语调的变换需要千变万化。

……

49. 关于几何学的用处，还可以从以下事实得到充分证明：许多用其它方法难以解决的问题[8]，如分割的方法、无限分割和进率问题等，通常只能用几何证明的方法解决。因此，如果一个雄辩家要能就各种各样的题目发表演说，（我在第二卷中将讨论这些问题），那么，没有几何学的知识，任何人也不能成为完美的雄辩家。

## 第十一章

1. 只要未来的雄辩家打算在演说的声调和姿态上成为能手，就不能不对喜剧演员给予一定程度的重视。我不希望我们将要培养成为雄辩家的孩子说话时像妇女那样尖声尖气，或者像老头子那样说话的声音颤抖。

2. 他不应当模仿醉汉的错误的语调，也不要模仿放肆的奴隶的阿谀逢迎的态度，也不要学习表示爱慕、贪婪和畏缩的情绪。这些东西对一个雄辩家都是不必要的，当孩子还处在特别敏感的尚未成熟的童年时代时，这些东西会污染他们的心灵，因为经常模仿就会变成习惯。

............

13. 这一切不仅对于练习说话的语调和姿势是十分有用的，它们也大大有助于培养雄辩才能。

14. 当学生年龄还小，还不宜接受更高深的教育时，就要用上述方法进行训练。一旦到了他能够读懂演讲词并能鉴赏其价值时，就要把孩子交给一位训练有素的、态度认真的教师，不仅训练他阅读的声调，而且要求他将精选的篇章背下来，然后，就让他象站在真正的法庭中进行辩论一样，把他所背的东西讲出来。通过这种练习，他就同时学到了口头表达和声调，并锻炼了记忆力。

............

19. 然而，这类练习不应当延续到童年时代过去以后。即使在儿童时代，也不要在这方面花时间过多。因为我不希望雄辩家的手势完全像舞蹈演员那样装模作样。我所希望的是，儿童时代的这些练习，以后还继续起作用，在作学生时学到的优雅的动作，以后能不知不觉地伴随我们终身。

## 第十二章

............

8. 我们不必耽心学生难以经受住功课的劳累。因为没有哪一个年龄能像童年那样不以疲劳为苦。看来这似乎是件怪事，但它可以从经验得到证明：头脑在定型以前是更易于学习的。

…………

10. 此外，儿童的天性比成人更能经受劳累。儿童经常摔跌在地上，用双手和两膝爬行，以后，持续不断的游戏，整天东奔西跑，他的身体不像成人的身体那样容易受伤，因为他们身体轻，负担轻；我想，他们的心智也是如此不易疲劳，因为他们的活动不费力，专心学习也不用很费劲，他们不过是需要教师加以塑造的具有很大可塑性的材料。

11. 此外，除童年时代的一般柔性之外，他们能更信赖地接受教师的教导，而不去估量自己已经取得的进步，他们对自己的功课的性质还不了解。我们经常看到，艰苦的思考比艰苦的工作对感官的影响更大。

12. 除了儿童时期，决不可能有这么充足的时间用于学习功课，因为在这个年龄，他的进步都是来自听教师讲课。以后，当儿童要自己写作，或根据自己的思考去创作的时候，他就既没有时间也不愿意从事我们前面所讨论的各种练习了。

### 第二卷（节录）

#### 第一章

1. 等到孩子超过了应有的年龄才把他送给雄辩术教师，通常是送给拉丁语雄辩术教师，有时也送给希腊语雄辩术教师，这已经成了流行的习惯，这种习惯的流行愈来愈广。流行这种习惯有两个原因：雄辩术教师特别是拉丁语雄辩术教师放弃了自己的部分职责，而文法教师又僭越了不属于他们的职责。

…………

7. 一个值得研究的问题是，儿童要到什么时候才已成熟到可以进雄辩术学校。关于这个问题，应考虑的不是儿童的实际年龄，而是他的学业已进步到何种程度。究竟应在何时把儿童交给雄辩术教师，简单地说，我认为这个问题的最好答案是：当他具备了条件的时候。

8.然而，这一点是以前面讨论过的问题为转移的。如果文法教师的职能竟扩张到教授议事性演讲，对雄辩术教师的需要就要在时间上后延；如果雄辩术教师不拒绝肩负起的确属于他的任务的基础部分，一旦学生开始写记叙文、开始有关赞扬和批评的小文章的习作练习时，就需要有雄辩术教师的指导。

............

## 第二章

1.当孩子的学业已进步到能够理解我们称之为雄辩术教育的初步基础的时候，就应当让他接受雄辩术教师的教育。

对于雄辩术教师，我们首要的任务是要弄清他是否具有良好的德行。

............

3.因为学生是在已经长大以后进雄辩术学校的，他们要在那里一直呆到进入青年时期；因此，在这个阶段我们必须倍加谨慎，务必要以教师的纯正的德行保持学生在未成熟的年龄免遭损害，并以教师的威信防止学生在这个孟浪的年龄流于放荡。

4.仅仅教师自己作出严于律己的榜样是不够的，他还必须以严格的纪律约束学生的行为。

最要紧的是，教师要以慈父的态度对待学生，他应当想到，父亲把孩子托付给他，他就是处于代行父亲职责的地位。

5.他既不应自己有恶习，也不应容忍学生有恶习。他应当严峻而不冷酷，和蔼而不纵容，否则，冷酷会引起厌恶，纵容会招致轻视。他要经常讲解什么是荣誉与善良，因为愈是经常告诫，就愈少需用惩罚。他不应当发脾气，但又不应当对应该纠正的错误视而不见。他的教学应当简明扼要，他应忍劳耐苦，对学生的要求应坚持，但又不要过分苛求。

6.他应当善于回答学生提出的问题，向不发问的学生提问。对学生朗读的表扬既不可吝啬，也不可浪费，因为吝啬使学生产生对课业的厌恶，浪费则产生自满。

7. 在纠正学生的过失时，既不能讽刺挖苦，也不应辱骂。有些教师在责备学生的过失时好像是在嫌恶学生，这就会挫伤学生勤奋学习的积极性。

8. 教师每天要给学生朗读，要多朗读，使学生听了以后能够记住。因为在阅读课本的过程中虽也可以教给他们大量可资模仿的范文，然而所谓活的声音（living voice）更富于营养，特别是教师的声音，如果学生受到正确的教育，学生是既爱听、又尊敬的。我们多么乐于模仿我们所喜爱的人，这不是笔墨所能形容的。

9. 大多数教师听任学生自由地站起来，大声喝彩，这是决不应当允许的；青年人在听别人说话时，即使表示赞同，也应该是态度平和的。这样才能使学生习惯于信赖教师的评价，知道只有得到教师称赞的才是好的。

10. 现时流行的一种最坏的习惯是所谓"恭维"（Politene），即不管是好是坏，学生们都不分青红皂白地互相喝彩，这是一种不合适的、戏剧性的、与纪律严格的学校不相容的习惯。此外，它对于学习还是一个具有破坏性的敌人。因为如果不管说了点什么就立即得到暴风雨般的准备好了的赞扬，在他们看来用心和勤奋就完全是多余的了。

11. 所以，无论是听别人讲还是自己讲，都要注视着教师的面部表情，只有这样才能分辨出什么是值得称赞的，什么是不值得称赞的，正如经常写字，熟能生巧一样，从听讲中能获得评价的能力。

12. 当今学校的学生，坐着的时候身体前倾，准备随时一跃而起，每当一个学生发言结束时，他们不仅站起来，而且跳出自己的座位，狂呼乱叫地喝彩。他们互相赞扬。演讲的成功就在于这种赞扬声中。其结果是，他们的华而不实和自命不凡竟发展到这种程度，当他们被同学的喧闹声所陶醉的时候，如果教师的赞扬不能如其所望，他们就对教师产生恶感。

13. 教师还应当要求学生在听自己讲话的时候要集中注意力，并保持安静。因为名家的演讲不应去迎合学生的标准，而是相反，学生的演讲要去适应名家的标准。此外，如果可能，教师要细心观察每个学生所赞扬的是什么地方，他是如何赞扬的，教师对自己演讲中的优点感到高兴不是由于这些优点本身，而是由于学生能正确理解，能分出好坏。

14. 我不赞成让儿童和青年坐在一起。因为，虽然受托监督他们的学业和品行的教师可以对年龄较大的学生以适当的纪律约束，但年幼的学生和年龄大的学生还是应分开，这不仅是为了使他们避免放荡行为，而且要避免放荡行为的任何嫌疑。

15. 我认为只是简要地指出上述各点是应该的。我认为没有必要向教师提出忠告，无论是他还是他的学校，都要避免更粗鄙的恶习。如果有一位父亲怕麻烦而不给自己的儿子选择一位在德行上没有明显缺陷的教师，他应该相信，如果他在这个问题上疏忽大意，我为了青年的利益所制定的一切规则，都是无用的。

第三章

1. 有些人认为，即使他们觉得孩子已经成熟到可以进雄辩术学校，也不要立即把学生交给最优秀的教师，而是要有一段时间先接受次等教师的教育，他们所持的理由是，中等能力的教师更适合于初级阶段的教学，因为他们更易于被学生理解、模仿，他们也更愿意承担初级知识教学这一麻烦的任务。对于这种见解，我不能默不作声。

2. 我想，不需费很多时间就可以证明：灌输良好的教训是多么好，要消除已经根深蒂固的缺点又是多么困难，因为接手的教师要肩负两重责任，要消除错误教学的影响比从头教起要困难得多。

…………

5. 至于我自己，我认为凡是不愿屈尊去教这种程度的学生的人，完全不能称为教师。我认为，只要愿意，最优秀的雄辩家也是最能从事这种教学的人。首先，凡是在雄辩术上超群出众的人也最理解获得雄辩能力的基础；

6. 其次，因为在教学中，方法是最重要的，最有学识的人也懂得最好的教学方法；最后，如果一个人没有扎实的基础，也就不能在较高程度的学科上有重大成就。除非要我们相信，费迪亚斯[9]（Phidias）把朱匹特[10]（Jupiter）的塑像塑造好了而让另一个水平更高的艺术家去完成作品附件的装饰，或者要我们相信一个雄辩家不知道单字如何发音，或者一位著名的医生不会医治小毛病。

..............

11. 我在前面说的是论述为什么要将学生交付给最优秀教师的充足理由，因为第一流的教师所教的学生由于受到良好的教育，当他们演讲时，他们所说的话都是值得模仿的，如果他们出了错误，也可以及时得到纠正。相反，文墨不多的教师甚至会对错误加以赞扬，这是无异于通过他的评判向听众对错误进行表扬。

12. 因此，教师应当是德才兼备的人，他应该象荷马史诗中的费尼斯（Phoenis）一样，既教学生怎样演讲，又教学生怎样做人。

### 第四章

..............

7. 在我看来，最没有前途的孩子是批评能力的发展早于想像力发展的孩子。我所企求的第一个要求是，要有块好的原材料，即使是丰腴过度也罢。随着岁月的流逝，它会得到很多改进，理智会削去它的赘物，有些东西会被生活本身磨损掉，只要在开始的时候不要把金属板[11]拉得太薄，使它能经得起凿、刻，不至于稍微刻深一点就破成碎片就行了。

8. 凡是读过西塞罗著作中下述言论的人对于我在上面所述的观点是不会感到吃惊的。西塞罗说："我真正希望年轻的学生能表现出丰富的创造性。"所以我们要特别当心使孩子在学习时避免麻木不仁的教师，正如嫩弱的幼苗要避开干涸的土壤一样。

9. 因为跟这种教师学习，学生就会变得发育不全、见识短浅，不敢超越于平庸的日常琐谈之上。他们错认消瘦为健康，错认癖好为判断力，因为他们仅仅满足于不犯错误，而恰恰犯了没有优点的错误。在我看来，判断力的成熟也不要来得太早，不要让尚在酿造中的新酒立刻变成醇酒，这样才能经得起岁月的流逝，与年俱进。

10. 有必要提醒教师注意，在纠正学生的错误时，如果过于吹毛求疵，学生就会丧失努力的信心，意志消沉。最后会憎恶他的功课，耽心动辄出错，什么功课也不想做。

............

12. 因此，对这个年龄的学生，教师要尽量和蔼，不论对错误的纠正多么严格，也要以温和的方式进行。学生的作业有一部分应受到表扬，有一部分要马虎过去，有一些要重做时，一定要说出重做的理由。有时，在隐晦难解之处要加上教师自己的批语以进行启发。有时，教师要学生听写一篇范文，以资模仿，让学生立即爱上这篇范文，就像是自己写的一样。这种做法是有益的。

13. 如果他的作文过于马虎草率，我就把题目重新讲解一遍，要他重写，告诉他，他一定能写得更好。我经常发现这种办法是有用的。因为再没有什么东西能比取得更好成绩的希望更能使学习变得愉快。

14. 对不同年龄的学生，纠正错误要用不同的方法。作业的分量和改正错误的标准都应适合学生的智力水平。当学生有某种大胆而充满活力的举动时，我往往是对年轻的学生说，这一次我称赞他的举动，但以后我不会允许他这样放肆，这样，他就因认识到他的能力而高兴，而又不至丧失自己的判断力。

............

## 第五章

............

13. 雄辩术教师不仅要亲自给学生讲授这些功课，他还要经常向学生提问，以测验学生的鉴别能力。这种课堂提问还可以防止学生漫不经心，防止他们对教师的讲课听而不闻。同时，这样做就可以引导班上的学生自己发现问题，运用他们的智力，而这正是这种教学方法的最终目的。因为，除了使我们的学生不需要总是有人教，我们的教学还能有什么别的目的呢？

............

16. 教师是否要自称堪作学生学习雄辩术的典范、而阅读西塞罗和狄摩西尼斯（Demosthenes）的作品并没有更多好处呢？

如果学生在演讲中出了错误，是否要在课堂上当众纠正，而纠正别人演讲词中的错误难道不是更有教育意义、更能使学生愉快接受吗？因为每个人都宁愿看到纠正别人的错误，而不愿看到纠正自己的错误。[12]

…………

第六章

1. 教学方法有多种多样。有的雄辩术教师不仅仅指导学生对演讲题的材料作安排，而且自己讲一通，补充很多证据以及足以激动人心的段落。

2. 另一些教师只是提出一个大致的轮廓，在学生演讲之后，再指出学生的错误之处，对某些段落加以细心的修饰，就象他们自己站在法庭上发表讲话那样认真地要求他们。两种方法都是有用的，所以，我认为应将二者结合起来。但是，如果不得不选用其中的一种方法，那么，更有益的办法是在开始的时候给他们指出正路，而不要等到他们走错了路以后再把他们从岐路上叫回来。

3. 我这样主张的第一个理由是，用第二种教学方法，学生只是用耳朵听教师纠正错误，而在对演讲题的各个子题给他们一个大纲时，他们就要用手写，以便把它们记下来，并且要进行思考。其次，学生更易于接受正面的教育，而不愿意听到责备。有些个性强的学生，特别具有当今那种动辄冒火的态度的学生，他们一听到别人的规劝就动肝火，沉默地抵制。

4. 但这不是我们不应当十分坦率地指出他们的缺点的理由。否则，别的学生就会认为，凡是老师没有纠正的，就都是对的。这两种方法必须结合起来，根据具体情况恰如其分地掌握。

5. 对于初学者，要根据各人的能力，预先给他们的演讲题提出一个纲要。但是，如果他们表现出已有足够的能力模仿向他们提出的范文，那就只需给他们提出一个简略的纲要，他们现在已可以按照这个简略纲要靠自己的力量去进行，而不需要从旁帮助。

6. 有时，要完全让他们自己想办法，否则他们就会养成事事依赖别人的坏习惯。这样他们就不能学会自己努力表现出创造性。但是，一旦他们已经充分理解应该怎样演讲，教师的任务就接近完成了。如果他们还是出现错误，教师就要重新对他们作指导。

7.我们可以向空中的飞鸟学习。它们衔来食物，分给幼弱而羽毛未干的小雏，但是，当小雏长大以后，父母就在它们面前飞翔，教给它们走出鸟巢，在附近学飞。然后，当它们证明力量已经足够的时候，就让它们自由地飞向天空。

## 第七章

1.我们现在所谈到的这个年龄的学生，我认为有一个共同的习惯必须根本改掉，即不应该强迫他们把自己写作的东西全都读熟，象实行的习俗那样，在规定的日期背诵。诚然，这种习惯主要是来自学生的家长。他们认为，只有让学生一有机会就发表演讲，学生才会切实用功学习，而学业的进步仰赖于应用者甚于一切。

…………

## 第八章

1.善于精细地观察学生能力的差异，弄清每个学生的天性的特殊倾向，人们通常认为这是优秀教师的标志之一。这是有道理的，因为各个人的才能的确有着不可思议的差别，人心之不同，各如其面。

…………

3.大多数教师认为用下述的教学方法是有益的，这就是，教学要能培植各人的天赋特长，要沿着学生的自然倾向最有效地发展他的能力。如同一个体操教师，当他走进挤满了少年的体育馆时，用各种方法对他们的身体和精神状态进行测验，然后才决定每个人接受哪一类竞赛的训练。

4.他们认为一个雄辩术教师也应如此，他应敏锐地观察哪些学生的天性乐于运用简洁优美的演说风格，哪些学生乐于运用单刀直入的、庄重的、和颜悦色的、猛烈的、华丽的或机智的演说风格，然后在教学中适合各人的特殊情况和需要，使每个学生能发挥各自的长处。

5.人们说，自然(nature，即天性)如果辅之以精心的培养，就能获得更大的力量。如果引导一个人与自己的自然倾向背道而驰，他就不可能在与他的天性不适合的学业中取得成就，他的似乎与生俱来的才能由于受到忽视就会被削弱下去。

6.在我看来，这种见解只是部分正确的，——一个以理智为指导的人，即使对已经得到公认的观点，也有运用自己的判断力的自由——识别各个学生的特殊才能肯定是十分重要的，谁也不会使我相信，用这个观点对课业加以区分是不必要的。

……

## 第九章

1.在关于教师的职责作了如此详细的说明以后，现在我对学生只提出这样一个忠告，即是，他们要尊师不亚于重道，要视教师如慈父；这不是指身体，而是指精神。

2.这种敬师的感情对他们的学业是大有帮助的。因为在这种感情影响之下，学生不仅将愉快地听讲，而且会相信教师的教导，愿意仿效教师。当汇集到学校去的时候，他们会愉快地、欢欣地聚合在一起，他们的错误被纠正时不会生气，他们受到称赞时会感到鼓舞；他们会以专心学习尽力争取教师的珍爱。

3.因为教师的职责是教，学生的职责是证明他们是可教的；否则，这种职责如果缺少一个方面，另一方面就是无用的。犹之乎生儿育女是父母双方的事，又如同播种，如果没有先已耕松了的熟土的培育，就会徒劳无益。同样，如果没有传递者和接受者之间协调一致的合作，雄辩术是不能达到完满成熟的境界的。

……

## 第十九章

1.雄辩才能是更多地得之于教育，还是更多地来自天性，我知道这也是一个问题。然而这个问题与本书的主题无关，因为只有借助于这两个方面的结合，才能培养出理想的雄辩家；但是我认为具有重要意义的是，我们在何种程度上认为在这一点上存在问题。

2.如果你假定其中一个方面绝对不依赖于另一个方面，那么，没有教育的帮助，天性仍然能取得很大成就，而没有天性的帮助，教育是毫无用处的。另一方面，如果它们以同等的比重结合起来，我想我们就能发现，中等的雄辩家得之于天性者更多，而优秀的雄辩家则更多得之于教育。试以农业为例，即使精耕细作，也不能使不毛之地土质改良，肥沃的土地未经耕种也能长出有用的产品。但如果在肥沃的土壤上再加以耕耘，就能产出比土地的自然肥力所能产出的更多的产品。

## 第十二卷（节录）

### 第一章

1. 我们所要培养的理想的雄辩家应当是如加图（Marcus Cato）的定义中所描绘的那种人，即"善良的、精于雄辩的人"。但是，加图在这个定义中置于首位的要求即"善良的人"是更重要、更有意义的。一个雄辩家必须是善良的，这一点很重要，因为如果以雄辩的才能去支持罪恶，那么无论从私人的还是从公众的角度看，没有什么东西比雄辩术更有害的了，而我自己竭尽全力帮助培养雄辩才能，就应当受到世人的谴责。因为我不是给战士提供武器，而是给强盗提供武器。

......

25. ……我所要培养的人是具有天赋才能、在全部高等文理学科（liberal arts）上都受过良好教育的人，是天神派遣下凡来为世界争光的人，是前无古人的人，是各方面都超群出众、完善无缺的人，是思想和言论都崇高圣洁的人。

......

### 第二章

1. 既然雄辩家是善良的人，我们不能想像这种人是没有高尚道德的人；高尚道德虽然来自某种天性的冲动，它仍需教育使之完善。雄辩家的学习首要的是培养德行，他必须了解一切关于正义的、值得尊敬的事项，不了解这些，任何人既不能成为善良的人，也不能成为精于雄辩的人。

2. 除非我们接受某些人的意见，即认为德行是天性造就的，完全不是由教育形成的；他们好像认为最低贱的手工艺没有师傅的帮助是不能学会的，但他们却说，我们具有美德（没有什么东西能比美德把人提高到更接近永生的神）不是求得的，不是努力得来的，而是生来如此。

3. 如果一个人不知道什么叫节制，他能成为自制的人吗？如果一个人不知道如何使自己的头脑摆脱对痛苦、死亡和惩罚的恐惧，他能成为勇敢的人吗？如果一个人没有深入研究过什么是公正与善良，如果他从来没有从任何浅近的论文探讨过自然给全人类规定的或为某些特定民族和国家制订的法律原理，他能成为一个公正的人吗？人们把这一切都看成是多么无用的事！又把这一切看得多么容易！

4. 但是，我不打算就这个问题再说什么。我想，只要稍有一点文化修养的人是不会有争议的。

现在我要转到下一个问题，不论何人，如果没有洞察人的本性，如果没有通过学习和反省形成自己的道德，他就不可能在演说上臻于尽善尽美之境。

5. 在西塞罗的《论雄辩家》第三卷中，克拉苏（Lusius Crassus）说得很有道理，他说，举凡谈及公正、正义、真理、善良的一切事情以及性质与此相反的任何事情，都是雄辩家所应关心的；当哲学家们以雄辩的力量就上述德行进行谆谆教诲的时候，他们所用的是雄辩家的武器，而不是他们自己的武器。但是他承认，有关这些问题的知识现在只得从哲学中去寻找，因为在他看来，哲学显然拥有更丰富得多的这方面的知识。

[古罗马]昆体良著；任钟印选译：《昆体良教育论著选》，

人民教育出版社，1989年。

## 注释

〔1〕克里希普（前282—前206）：希腊禁欲派哲学家。现保存有他的著作片段。

〔2〕格拉古兄弟：指提比略·格拉古（Tiberius Gracchus）和盖约·格拉古（Gaius Gracchus）兄弟，罗马共和国时代的改革家。前者于公元前133年被选为保民官，公元前132年被杀；后者于公元前123年被选为保民官，亦被杀。

〔3〕李流士：莱利阿，绰号Sapiens（明哲、持重之士），生于公元前186年。

他有两个女儿，一个嫁给范纽斯（Gaius Fannius），另一个嫁给斯契伏拉（Mucius Scaevola）。

〔4〕昆图斯·荷尔腾秀斯（Quintus Hortensius）的女儿在三执政面前发表的演说：昆图斯·荷尔腾秀斯（前114—前50），罗马雄辩家。这里所说的是他的女儿荷尔腾西亚（Hortensia）为了豁免课予若媪们的赋税而向三执政奥斯塔微亚努（Ostavianus）、安东尼（Antony）和里庇达斯（Lepidus）提出的指控。

〔5〕狄奥根尼：巴比伦塞路西亚地方人，活动于约公元前240—前152年，著作已不复存。

〔6〕维吉尔（前70—前19）：亦作Vergil，全名Publius Vergilius Maro，罗马诗人。

〔7〕亚里斯托色奴：希腊哲学家、音乐家，大伦都人，活动于公元前330年左右，他是亚里士多德的学生。

〔8〕难以解决的问题：是指将形状不规则的面积分割成许多可以计算其面积大小的、相等的、形状规则的小块，以测量出整个不规则形的面积。

〔9〕费迪亚斯（前500—前432）：希腊著名艺术家。

〔10〕朱匹特：罗马神话中的古罗马主神，相当于希腊著名希腊神话中的宙斯。

〔11〕金属板：一种能在上面刻画的薄金属板。

〔12〕这一节是说明学生阅读名家演说词的重要性。

## 奥古斯丁《忏悔录》选

奥古斯丁（Aurelius Augustinus，354—430），古罗马基督教神学家、哲学家。生于北非，早年在迦太基等城市接受过较为系统的古典文化教育，青年时期信奉摩尼教，成年后对哲学和神学产生浓厚兴趣，并皈依了"三位一体"的正统天主教，晚年成为希波主教和拉丁基督教世界影响力最大的神学思想家。他依据柏拉图的"理念说"和"灵魂不死"等理论诠释《圣经》，并加以发挥创造，使宗教和哲学相结合，创立了基督教宗教哲学。代表作有《忏悔录》《上帝之城》《论三位一体》等。

《忏悔录》（Confessiones）是一部以自传形式阐明基督教徒的教学过程和

原理的书。在《忏悔录》中，奥古斯丁结合自己的经历，阐述了对教育的一系列看法：上帝可以通过万物存在而认识，知识、理性只能服从于信仰；提出"原罪论""预定论""禁欲主义"等；轻视自然科学，认为《圣经》是一切知识的源泉等。奥古斯丁的基督教宗教哲学成为中世纪基督教教义的理论基础，对西欧中世纪教育的发展产生了深远影响。

## 卷一（节录）

### 六

那时我只知道吮乳，舒服了便安息，什么东西碰痛我的肉体便啼哭，此外一无所知。

稍后，我开始笑了，先是睡着笑，接着醒时也会笑。这些都是别人告诉我的，我相信，因为我看见其他婴孩也如此，但对于我自己的这些情况，一些也记不起来。逐渐我感觉到我在什么地方，并要向别人表示我的意愿，使人照着做；但是不可能，因为我的意愿在我身内，别人在我身外，他们的任何官感不可能进入我的心灵。我指手画脚，我叫喊，我尽我所能作出一些模仿我意愿的表示。这些动作并不能达意。别人或不懂我的意思，或怕有害于我，没有照着做，我恼怒那些行动自由的大人们不顺从我，不服侍我，我便以啼哭作为报复。照我所观察到的，小孩都是如此，他们虽则不识不知，但比养育我的、有意识的人们更能告诉我孩提时的情况。

我的幼年早已死去，而我还活着。……
…………

### 七

…………

谁能告诉我幼时的罪恶？因为在你面前没有一人是纯洁无罪的，即使是出世一天的婴孩亦然如此。谁能向我追述我的往事？不是任何一个小孩都能吗？在他们身上我可以看到记忆所不及的我。

但这时我犯什么罪呢？是否因为我哭着要饮乳？如果我现在如此迫不

及待地，不是饮乳而是取食合乎我年龄的食物，一定会被人嘲笑，理应受到斥责。于此可见我当时做了应受斥责的事了，但我那时既然不可能明了别人的斥责，准情酌理也不应受此苛责；况且我们长大以后便完全铲除了这些状态，我也从未看到一人不分良莠而一并芟除的。但如哭着要有害的东西，对行动自由的大人们、对我的父母以及一些审慎的人不顺从我有害的要求，我发怒，要打他们、损害他们，责罚他们不屈从我的意志这种种行动在当时能视为是好事情吗？

可见婴儿的纯洁不过是肢体的稚弱，而不是本心的无辜。我见过也体验到孩子的妒忌：还不会说话，就面若死灰，眼光狠狠盯着一同吃奶的孩子。谁不知道这种情况？母亲和乳母自称能用什么方法来加以补救。不让一个极端需要生命粮食的弟兄靠近丰满的乳源，这是无罪的吗？但人们对此都迁就容忍，并非因为这是小事或不以为事，而是因为这一切将随年龄长大而消失。这是唯一的理由，因为如果在年龄较大的孩子身上发现同样的情况，人们绝不会熟视无睹的。

············

## 八

是否我离开了幼年时代而到达童年时代，或童年到我身上替代了幼年？但前者并没有离去，它能往何处去呢？可是它已经不存在了。我已经不是一个不言不语的婴儿，已经成为牙牙学语的孩子了。据我记忆所及，从此以后，我开始学语了，这也是我以后注意到的。并不是大人们依照一定程序教我言语，和稍后读书一样；是我自己，凭仗你，我的天主赋给我的理智，用呻吟、用各种声音、用肢体的种种动作，想表达出我内心的思想，使之服从我的意志；但不可能表达我所要的一切，使人人领会我所有的心情。为此，听到别人指称一件东西，或看到别人随着某一种声音做某一种动作，我便记下来：我记住了这东西叫什么，要指那件东西时，便发出那种声音。又从别人的动作了解别人的意愿，这是各民族的自然语言：用面上的表情、用目光和其他肢体的顾盼动作、用声音表达内心的情感，或为要求、或为保留、或是拒绝、或是逃避。这样一再听到那些语言，按各种语句中的先后次序，我逐渐通解它们的意义，便勉强鼓动唇舌，借以表达我的意愿。

……

九

……

主啊，是否有人怀着如此伟大的精神，以无比的热情依恋着你，我说，是否有人——因为有时由于愚昧无知也能到此地步——虔诚依恋着你，抱着宏伟的毅力，身受世界上谁都惊怖战栗、趋避唯恐不及的木马刑、铁爪刑等楚毒的刑罚，而竟处之泰然，甚至还热爱着战慄失色的人们，一如我们的父母嘲笑孩子受老师的扑责？我是非常怕打，切求你使我避免责打，但我写字、读书、温课，依旧达不到要求，依旧犯罪。

主啊，我并不缺乏你按照年龄而赋畀的记忆和理解力；但我欢喜游戏，并受到同样从事游戏者的责罚。大人们的游戏被认为是正经事，而孩子们游戏便受大人们责打，人们既不可怜孩子，也不可怜大人。但一个公正的人是否能赞成别人责打我，由于我孩子时因打球游戏而不能很快读熟文章，而这些文章在我成年后将成为更恶劣的玩具？另一面，责打我的人怎样呢？假如他和同事吵架，被同事打败，那他便发出比我打球输给同学时更大的嫉恨！

……

十

……

我是在犯罪，主、天主，自然万有的管理者与创造者，但对于罪恶，你仅仅是管理者。主、我的天主，我违反父母师长的命令而犯罪。不论他们要我读书有何用意，以后我却能好好用我所学。我的不服从，不是因为我选择更好的，而是由于喜欢游戏，喜欢因打架胜人而自豪，喜听虚构的故事，越听耳朵越痒心越热，逐渐我的眼睛对大人们看的戏剧和竞技表演也发出同样的好奇心了。招待看戏的人，用这种豪举来增加声望，他们差不多都希望自己的孩子日后也能如此，但假如孩子因看戏而荒废学业，他们是宁愿孩子受扑责的。

............

## 十二

旁人对我青年时代的担心过于童年。我童年不欢喜读书，并且恨别人强迫我读书；但我仍受到强迫，这为我是好的，而我并不好好地做：不受强迫，我便不读书。虽是好事，不情愿做也不会做好。况且强迫我的人也并不做得好；但我的天主，你却使之有益于我。因为他们除了想满足对傥来的财富与可耻的光荣贪得无厌的欲壑之外，何尝想到强迫我读书有什么其他目的。"你对我们每人头发的数目也清楚的"，你利用一切催促我读书的人的错误使我得益，又利用我急于学业的错误而加之惩罚；我年龄虽小，但已罪大恶极，确应受惩罚。你利用那些不为我利益打算的人来造就我，又使犯罪的我受到应受的处分。你促使一切不正常的思想化成本人的罪刑，事实确然如此。

## 十三

............

现在，请我的天主，请你的真理在我心中响亮地喊吧："不是如此，不是如此。最先受的教育比较好得多！"我宁愿忘掉埃涅阿斯的流浪故事和类似的文字，不愿忘掉阅读书写的知识。文法学校门口挂着门帘，这不是为了保持学术的珍秘，却更好说是掩盖着那里的弊病。他们不必哗然反对我，我已不再害怕他们，我现在是在向你、我的天主，向你诉说我衷心所要说的，我甘愿接受由于我过去流连歧途应受的谴责，使我热爱你的正道。请那些买卖文法的人们不用叫喊着反对我，因为如果我向他们提一个问题："是否真的如诗人所说，埃涅阿斯到过迦太基？"学问差一些的将回答说不知道，明白一些的将说没有这回事。如果我问埃涅阿斯的名字怎样写，凡读过书的人都能正确答复，写出依据人与人之间约定通行的那些符号。如果我再问：忘掉阅读，忘掉书写，比起忘掉这种虚构的故事诗，哪一样更妨害生活？那么谁都知道凡是一个不完全丧失理智的人将怎样答复。

............

## 十四

为何当时我对于讴歌这些故事的希腊文觉得憎恨呢？的确荷马很巧妙地编写了这些故事，是一个迷人的小说家，但对童年的我却真讨厌。我想维吉尔对于希腊儿童也如此，他们被迫读维吉尔，和我被迫读荷马一样。读外国文字真是非常艰苦，甜蜜的希腊神话故事上面好像撒上了一层苦胆。我一个字也不识，人们便用威吓责罚来督促我读。当然拉丁文起初我也不识，但我毫无恐惧，不受磨折地，在乳母们哄逗下，在共同笑语之中，在共同游戏之时，留心学会了。我识字是没有遇到也没有忍受强迫责罚，我自己的意志促引我产生概念，但不可能不先学会一些话，这些话，不是从教师那里，而是从同我谈话的人那里学来的，我也把我的思想说给他们听。

于此可见，识字出于自由的好奇心，比之因被迫而勉强遵行的更有效果。……

…………

## 十九

我童年时可怜地躺在这些风尚的门口，那里是我鏖战的沙场，那里我更怕违反文法，不怕因自己犯文字错误而妒忌不犯错误的人。

我的天主，我向你诉说以往种种，并向你忏悔我当时获得赞扬的往事，而当时我的生活标准便是使那些称道我的人满意，我尚未看出垢污的深渊，"我失足于其中，远远离开了你的双目"。

在你眼中还有什么人比我更恶劣呢？由于我耽于嬉游，欢喜看戏，看了又急于依样葫芦去模仿，撒了无数的谎，欺骗伴读的家人，欺骗教师与父母，甚至连那些称道我的人也讨厌我。我还从父母的伙食间中，从餐桌上偷东西吃，以满足我口腹之欲，或以此收买其他儿童从事彼此都喜爱的游戏。在游戏中，我甚至挟持了求胜的虚荣心，往往占夺了欺骗的胜利。但假如我发现别人用此伎俩，那我绝不容忍，便疾言厉色地重重责备，相反，我若被人发觉而向我交涉时，却宁愿饱以老拳，不肯退让。

这是儿童的天真吗？不是，主，不是，请许我如此说，我的天主。因为就是这一切,从对伴读家人、老师,对胡桃、弹子、麻雀是如此,进而至于对官长、君主,对黄金、土地、奴隶也就如此;随着年龄一年一年伸展,一如戒尺之后继之以更重的刑具。

## 卷四(节录)

### 十六

当时像我这样一个听命于各种私欲的坏奴才,能阅读一切所谓自由艺术的著作,能无师自通,有什么用处?我读得津津有味,但并不能辨别出书中所有正确的论点来自何处。我背着光明,却面向着受光明照耀的东西,我的眼睛看见受光照的东西,自身却受不到光明的照耀。我不靠别人的讲解,不费多少劲,能理解一切有关修辞、论辩、几何、音乐、数学的论著,主、我的天主,你都清楚,因为我的聪明,我思想的敏锐,都是你的恩赐;但我并不以此为牺牲而祭献你。所以这些天赋不仅没有用,反而害了我。我争取到我的产权中最好的一部分,我不想在你身边保守我的力量,反而往远方去,挥霍于荒淫情欲之中。良好的赋禀,不好好使用,为我有什么用处?因为一般勤学聪敏的人认为极难理解的那些问题,为我毫无困难,只有向他们解释时,才能感觉到疑难之处,他们中间最聪明的,也不过是最先能领会我的解释的人。

## 卷七(节录)

### 十二

我已清楚看出,一切可以朽坏的东西,都是"善"的;唯有"至善",不能朽坏,也唯有"善"的东西,才能朽坏,因为如果是至善,则是不能朽坏,但如果没有丝毫"善"的成分,便也没有可以朽坏之处。因为朽坏是一种损害,假使不与善为敌,则亦不成其为害了。因此,或以为朽坏并非有害的,这违反事实;或以为一切事物的朽坏,是在砍削善的成分:这是确无可疑的事实。如果一物丧失了所有的"善",便不再存在。因为如果依然存在的话,则不能再朽坏,这样,不是比以前更善吗?若说一物丧失了所有的善，因之进而至于更善，则还有什么比这论点更荒谬呢？因此，任何事物丧失了所有的善，便不再存在。事物如果存在，自有其善的成分。因此，凡存在的事物，都是善的；至于"恶"，我所追究其来源的恶，并不是实体；因为如是实体，即是善；如是不能朽坏的实体，则是至善；如是能朽坏的实体，则必是善的，否则便不能朽坏。

## 卷十（节录）

### 八

在那里，一切感觉都分门别类、一丝不乱地储藏着，而且各有门户：如光明、颜色以及各项物象则属于双目，声音属耳，香臭属鼻，软硬、冷热、光滑粗糙、轻重，不论身内身外的、都属全身的感觉。记忆把这一切全都纳之于庞大的府库，保藏在不知哪一个幽深屈曲的处所，以备需要时取用。一切都各依门类而进，分储其中。但所感觉的事物本身并不入内，库藏的仅是事物的影像，供思想回忆时应用。

谁都知道这些影像怎样被官觉摄取，藏在身内。但影像怎样形成的呢？没有人能说明。因为即使我置身于黑暗寂静之中，我能随意回忆颜色，分清黑白或其他色彩之间的差别，声音绝不会出来干扰双目所汲取的影像，二者同时存在，但似乎分别储藏着。我随意呼召，它们便应声而至；我即使钳口结舌，也能随意歌唱；当我回忆其他官感所收集的库藏时，颜色的影像虽则在侧，却并不干涉破坏；虽则我并不嗅闻花朵，但凭仗记忆也自能辨别玉簪与紫罗兰的香气；虽则不饮不食，仅靠记忆，我知道爱蜜过于酒，爱甜而不爱苦涩。

这一切都在我身内、在记忆的大厦中进行的。那里，除了遗忘之外，天地海洋与宇宙之间所能感觉的一切都听我指挥。那里，我和我自己对晤，回忆我过去某时某地的所作所为以及当时的心情。那里，可以复查我亲身经历或他人转告的一切；从同一库藏中，我把亲身体验到的或根据体验而推定的事物形象，加以组合，或和过去联系，或计划将来的行动、遭遇和希望，而且不论瞻前顾后，都和在目前一样。我在满储着细大不捐的各式影像的窈深缭曲的心灵中,自己对自己说:"我要做这事,做那事","假使碰到这种或那种情况……","希望天主保佑,这事或那事不要来……"我在心中这么说,同时,我说到的各式影像便从记忆的府库中应声而至,如果没有这些影像,我将无法说话。

············

## 九

但记忆的辽阔天地不仅容纳上述那些影像。那里还有未曾遗忘的学术方面的知识,这些知识好像藏在更深邃的府库中,其实并非什么府库;而且收藏的不是影像,而是知识本身。无论文学、论辩学以及各种问题,凡我所知道的,都藏在记忆之中。这不是将事物本身留在身外仅取得其影像。也不是转瞬即逝的声音,仅通过双耳而留遗影像,回忆时即使声息全无,仍似余韵在耳;也不像随风消失的香气,刺激嗅觉,在记忆中留下影像,回忆时如闻香泽;也不比腹中食物,已经不辨滋味,但回忆时仍有余味;也不以肉体所接触的其他东西,即使已和我们隔离,但回忆时似乎尚可捉摸。这一类事物,并不纳入记忆,仅仅以奇妙的速度摄取了它们的形影,似被分储在奇妙的仓库中,回忆时又奇妙地提取出来。

············

## 十一

于此可见,这一类的概念,不是凭借感觉而摄取的虚影,而是不通过印象,即在我们身内得见概念的真面目;这些概念的获致,是把记忆所收藏的零乱混杂的部分,通过思考加以收集,再用注意力好似把概念引置于记忆的手头,这样原来因分散、因疏略而躲藏着的,已和我们的思想相稔,很容易呈现在我们思想之中。

我们已经获致的,上文所谓在我们手头的概念,我们的记忆中不知藏有多少,人们名之为学问、知识。这些概念,如果霎时不想它们,便立即引退,好像潜隐到最幽远的地方,必须重新想到它们时,再把它们从那里——因为它们并无其他藏身之处——抽调出来,重新加以集合,才会认识……

[古罗马]奥古斯丁著;周士良译:《忏悔录》,商务印书馆,2015年。

中编

# 近代教育经典名著研读

近代在中国一般指鸦片战争至五四新文化运动之前。由于蔡元培北京大学改革具有跨时代意义，对中国教育迈入现代化功不可没，故在教育史上，放入现代更为合适。从世界范围来看，近代这一概念虽系中国特有，但就教育学的发展而言，亦可将文艺复兴至19世纪中期科学教育学形成纳入这一时段。

# 第三章　中国近代教育经典名著选

中国近代教育始于屈辱，面对西方的船坚炮利，无奈被迫截断传统而与欧美接轨，背负着沉重的救亡图存使命。本部分所选魏源、张之洞、郑观应、康有为、严复、梁启超6人的教育名著，具有典型的新旧杂糅、中西交汇特色。其中，既有以复杂心态坚守传统、有限学习西方者，亦有猛力抨击旧制度、积极倡言西学者。

## 魏源教育论著选

魏源（1794—1857），原名远达，后更今名，字默深，又字墨生、汉士，湖南邵阳人，晚清思想家、政治家、文学家。28岁中举人，50岁中进士，35岁任内阁中书，57岁任高邮知州。晚年弃官归隐，潜心佛学，法名承贯。提倡"经世致用"的今文经学，反对当时的教育制度，斥空谈性理的宋学与烦琐考据的汉学为"俗学"；反对八股取士，主张废除书法试帖，改革科举制度；强调后天的学习和锻炼对于增长知识或丰富经验的重要性；主张向西方学习先进的科学技术和军事知识。著作主要有《海国图志》《古微堂集》《元史新编》等。

《默觚》撰于清道光十五至十九年（1835—1839），分为《学篇》和《治篇》两大部分。《学篇》共14篇，主要探讨学习、修身、哲学思想等方面的内容，重视实际生活体验，反对专从书本上寻求知识的治学方法，提出"披五岳之图，以为知山，不如樵夫之一足；谈沧溟之广，以为知海，不如估客之一瞥";《治篇》共16篇,主要探讨政治、人才、治国方略等方面的内容,提出"教人者,成人之长,去人之短也。惟尽知己之所短而后能去人之短,惟不恃己之所长而后能收人之长"。

## 默觚(节录)

### 《学篇二》(节录)

"及之而后知,履之而后艰"[1],乌有不行而能知者乎?翻《十四经》[2]之编,无所触发,闻师友一言而终身服膺[3]者,今人益于古人也;耳聒[4]义方[5]之灌,若罔闻知,都一行之善而中心惕然者,身教亲于言教也。披五岳之图[6],以为知山,不如樵夫之一足;谈沧溟[7]之广,以为知海,不如估客[8]之一瞥;疏八珍[9]之谱,以为知味,不如庖丁之一啜[10]。《诗》曰:"如彼行迈,则靡所臻。"[11]

### 注释

[1]及之而后知,履之而后艰:语见韩愈《答李翱书》。大意是:接触实际才会知道真相,经过实践才会晓得困难。

[2]《十四经》:十四部儒家经典。汉代开始,把《易》《诗》《书》《礼》《春秋》立于学官,名"五经"。唐增《周礼》《仪礼》《公羊传》《谷梁传》,为"九经"。唐文宗刻石经,又加《孝经》《论语》《尔雅》,称"十二经"。到宋代,复增《孟子》,为"十三经"。宋时又曾在"十三经"外加《大戴礼》,称"十四经"。

[3]服膺:谨记在心。《礼记·中庸》:"得一善,则拳拳服膺而弗失之矣。"朱熹注:"服,犹著也;膺,胸也。奉持而著之心胸之间,言能守也。"

[4]聒:多声乱耳。

[5]义方:正道。《左传》隐公三年:"臣闻爱子,教之以义方。"后来因此称父教为义方。

[6]披五岳之图:见《尔雅·释山》。"泰山为东岳,华山为西岳,霍山为南岳,恒山为北岳,嵩山为中岳。"今以衡山为南岳。

[7]沧溟:大海。

〔8〕估客：商人。

〔9〕八珍：古代八种烹饪法，后来用于泛指珍贵的食品。

〔10〕啜：尝；饮。

〔11〕如彼行迈，则靡所臻：见《诗经·小雅·雨无正》。郑《笺》："如行而无所至也。"

《学篇三》（节录）

圣其果生知乎，安行乎？〔1〕孔何以发愤而忘食？〔2〕姬何以夜坐而待旦？〔3〕文何以忧患而作《易》？〔4〕孔何以假年而学《易》乎？〔5〕圣人之过，圣人知之，贤人不知也；贤人之过，贤人知之，众人不知也。假年学《易》，可无大过，小过虽圣人不免焉。众人之过，过于既形；圣人之过，过于未形。故惟圣人然后能知过，惟圣〔人〕然后能改过。"不远复，无祗悔。"〔6〕"颜氏之子，其殆庶几乎！"〔7〕"其心三月不违仁，其余则日月至焉。"〔8〕知过密不密之别也，复道远不远之别也。故志士惜年，贤人惜日，圣人惜时。《诗》曰："夙夜基命宥密，于缉熙，单厥心，肆其靖之。"〔9〕

**注释**

〔1〕圣其果生知乎，安行乎：见《礼记·中庸》。"或生而知之，或学而知之，或困而知之，及其知之一也。或安而行之，或利而行之，或勉强而行之，及其成功一也。"

〔2〕孔何以发愤而忘食：见《论语·述而》。"叶公问孔子于子路，子路不对。子曰：'女奚不曰：其为人也，发愤忘食，乐以忘忧，不知老之将至云尔。'"

〔3〕姬何以夜坐而待旦：姬，周王族姬姓，这里指周公。《孟子·离娄下》："周公思兼三王以施四事，其有不合者，仰而思之，夜以继日，幸而得之，坐以待旦。"

〔4〕文何以忧患而作《易》：文，指周文王。相传《易》为周文王所作。又传伏羲画卦，文王作辞，说法不一。《易·系辞》："作《易》者其有忧患乎！"

〔5〕孔何以假年而学《易》乎：见《论语·述而》。"子曰：'加我数年，五十以学《易》，可以无大过矣。'"

〔6〕不远复，无祗悔：语见《易·复卦·爻辞》。不远复，失之不远而复。祗，大。无祗悔，无大过错。

215

〔7〕颜氏之子，其殆庶几乎：语见《易·系辞》。"子曰：'颜氏之子，其殆庶几乎！有不善未尝不知，知之未尝复行也。'"本以"庶几"为近似之意，后用"殆庶"为近乎圣人之称。颜子即颜回。

〔8〕其心三月不违仁，其余则日月至焉：语见《论语·雍也》。"子曰：'回也，其心三月不违仁，其余则日月至焉而已矣。'"

〔9〕夙夜基命宥密，于缉熙，单厥心，肆其靖之：语见《诗经·周颂·昊天有成命》。毛《传》："基，始；命，信；宥，宽；密，宁也。"郑《笺》："不敢自安逸，早夜始顺天命。不敢解倦，行宽仁安静之政，以定天下。宽仁所以止苛刻也，安静所以止暴乱也。"又毛《传》："缉，明；熙，广；单，厚；肆，固；靖，和也。"郑《笺》："广，当为光；固，当为故；字之误也。于美乎，此成王之德也！既光明矣，又能厚其心矣，为之不解倦，故于其功终能和安之。谓夙夜自勤，至于天下太平。"

## 《学篇九》（节录）

曷谓道之器？[1] 曰"礼乐"；曷谓道之断[2]？曰"兵刑"；曷谓道之资[3]？曰"食货"[4]。道形诸事谓之治；以其事笔之方策[5]，俾天下后世得以求道而制事，谓之经；藏之成均、辟雍[6]，掌以师氏、保氏、大乐正[7]，谓之师儒[8]；师儒所教育，由小学进之国学，由侯国贡之王朝，谓之士；士之能九年通经者，以淑其身，以形为事业，则能以《周易》决疑[9]，以《洪范》[10]占变[11]，以《春秋》断事[12]，以《礼》、《乐》服制兴教化，以《周官》致太平[13]，以《禹贡》行河[14]，以《三百五篇》当谏书[15]，以出使专对[16]，谓之以经术为治术。曾有以通经致用为诟厉[17]者乎？以诂训音声蔽小学[18]，以名物器服蔽《三礼》[19]，以象数蔽《易》[20]，以鸟兽草木蔽《诗》[21]，毕生治经，无一言益己，无一事可验诸治者乎？乌乎！古此方策，今亦此方策；古此学校，今亦此学校；宾宾焉[22]以为先王之道在是，吾不谓先王之道不在是也，如国家何？《诗》曰："匪先民是程，匪大犹是经，维迩言是争。"[23]

## 注释

〔1〕曷谓道之器：曷，何，什么。道、器，中国哲学上的一对基本范畴。

《易·系辞》："形而上者谓之道，形而下者谓之器。""道"是无形象的，含有规律和准则的意义；"器"是有形象的，指具体事物或名物制度。这里的"器"是指"礼乐"。

〔2〕断：判断，决罪。

〔3〕资：用。

〔4〕食货：食与货，生民之本。《汉书·食货志》："《洪范》八政，一曰食，二曰货。食，谓农殖嘉谷，可食之物；货，谓布帛可衣，及金刀龟贝，所以分财布利，通有无者也。二者生民之本。"

〔5〕方策：方即木板，策即竹片，古代没有纸，用木板、竹片作书。

〔6〕成均、辟雍：成均，古代大学之称。辟雍，《礼记·王制》："大学在郊，天子曰辟雍。"

〔7〕师氏、保氏、大乐正：周代官名。《周礼》：师氏"掌以三德、三行教国子"，保氏"掌谏王恶而养国子以道，乃教之六艺"。《礼记·王制》："大乐正论造士之秀者以告于王。"

〔8〕师儒：《周礼·太宰》谓"二曰师以贤得名，四曰儒以道得民"。《注》谓"师，诸侯师氏有德行以教民者；儒，诸侯保氏有六艺以教民者"。

〔9〕决疑：用占筮解决疑难。

〔10〕《洪范》：《洪范》，《尚书》篇名。汉夏侯始昌、夏侯胜始以《尚书》及《洪范五行传》说灾异。

〔11〕占变：预知灾祸变化。

〔12〕以《春秋》断事：汉代人往往引《春秋》判断争讼，《汉书·艺文志》录《公羊董仲舒治狱》十六篇，又名《春秋决事》《春秋决狱》，原书已佚，现有清人辑佚本一卷。

〔13〕以《周官》致太平：《周官》，即《周礼》。汉刘歆、郑玄皆以《周礼》为周公致太平之迹。

〔14〕以《禹贡》行河：《禹贡》，《尚书》篇名，相传为大禹治水所作。行河，即治水。

〔15〕以《三百五篇》当谏书：《三百五篇》，指《诗经》。《汉书·儒林·王式传》："式为昌邑王师。昭帝崩，昌邑王嗣立，以行淫乱废。……式系狱当死，使者责问曰：'师何以亡谏书？'式对曰：'臣以《诗》三百五篇朝夕授王。……臣以三百五篇谏，是以亡谏书。'"

〔16〕以出使专对：见《论语·子路》。"子曰：'诵诗三百，授之以政，不达，使于四方，不能专对，虽多亦奚以为。'"

〔17〕诟厉：耻辱。

〔18〕诂训音声蔽小学：诂训，以今语解释古书的文义。音声，即音训或声训，取声音相同或相近的字来解释字义。汉之前，小学教授六艺，故礼、乐、射、御、书、数都称为小学；到了汉代，以小学作为文字训诂之学的专称；隋唐以后，小学类的书籍又分为训诂学、文字学、音韵学三类。

〔19〕《三礼》：儒家经典《周礼》《仪礼》《礼记》的合称。

〔20〕以象数蔽《易》：《左传·僖公十五年》谓"龟，象也。筮，数也。物生而后有象，象而后有滋，滋而后有数"。注谓"言龟以象示，筮以数告。象数相因而生，然后有占，占所以知吉凶"。

〔21〕以鸟兽草木蔽《诗》：见《论语·阳货》。"子曰：'小子何莫学夫《诗》？《诗》可以兴，可以观，可以群，可以怨。迩之事父，远之事君。多识于鸟兽草木之名。'"

〔22〕宾宾焉：恭敬勤劳貌。

〔23〕匪先民是程，匪大犹是经，维迩言是争：见《诗经·小雅·小旻》。郑《笺》："哀哉今之君臣谋事，不用古人之法，不犹大道之常，而徒听顺近言之同者，争言之异者。"

## 《治篇七》（节录）

不知人之短，不知人之长，不知人长中之短，不知人短中之长，则不可以用人，不可以教人。用人者，取人之长，辟人之短；教人者，成人之长，去人之短也。惟尽知己之所短而后能去人之短，惟不恃己之所长而后能收人之长；不然，但取己所明而已，但取己所近而已。语有之，夜行者前其手，然而桥足也[1]。开明于东而万有皆烛[2]，其不在穷理乎？《诗》曰："他人有心，予揣[忖]度之。"知己知人之谓耶！

[清]魏源：《魏源集》（上册），中华书局，1976年。

**注释**

〔1〕夜行者前其手，然而桥足也：夜晚行路，手在前面摸索，脚抬得高高的。

桥,作"高"解。

〔2〕开明于东而万有皆烛:明,指太阳。太阳从东方升起,照亮了万物,故以"开明"指东方。《淮南子·坠形训》:"东方曰东极之山,曰开明之门。"

## 张之洞《劝学篇》选*

张之洞(1837—1909),字孝达,号香涛,晚年自号抱冰老人,直隶南皮(今属河北沧州)人,晚清政治家,后期洋务派代表人物。15岁中举人,26岁中进士,授翰林院编修,后历任浙江乡试副考官、湖北学政、四川学政、国子监司业、两广总督等。52岁调补湖广总督,又开办汉阳铁厂、湖北枪炮厂和湖北纺纱、织布、缫丝、制麻四局。70岁起任军机大臣,兼管学部。其教育思想主要体现在《劝学篇》中,主张"中学为体,西学为用",认为"中学"为一切学问之基础;教育内容上,提出"新旧兼学,政艺兼学""中学治身心,西学应世事";创办了各类学堂,如在山西设令德堂,在广州设广雅书院,在湖北设两湖书院,创立存古学堂;强调师范教育的重要性,与张百熙主持制定了新学制。著作主要有《劝学篇》《輏轩语》《广雅堂集》等。

《劝学篇》刊行于光绪二十四年(1898),共24篇,其中内篇9篇,外篇15篇。"内篇务本,以正人心;外篇务通,以开风气":"本"指维护封建统治的纲常名教;"通"指西方的先进知识。中心是全面阐发"中学为体,西学为用"的思想,提出"中学为内学,西学为外学,中学治身心,西学应世事"的观点,主张先明内学,然后择西学以用之。其中《游学》《设学》《学制》《广译》等篇专门讨论教育问题。

* 张之洞教育论著选文的标点及分段皆为编者所加。

## 设学第三

今年特科之诏[1]下，士气勃然，濯磨兴起。然而六科之目[2]，可以当之无愧，上幅圣心者，盖不多觏[3]也。去年有旨令各省筹办学堂，为日未久，经费未集，兴办者无多。夫学堂未设，养之无素，而求之于仓卒，犹不树林木而望隆栋，不作陂池而望巨鱼也。游学外洋之举，所费既巨，则人不能甚多，且必学有初基，理已明、识已定者，始遣出洋，则见功速而无弊。是非天下广设学堂不可，各省各道各府各州县皆宜有学。京师省会为大学堂，道府为中学堂，州县为小学堂。中小学以备升入大学堂之选。府县有人文盛、物力充者，府能设大学，县能设中学，尤善。小学堂习四书，通中国地理、中国史事之大略、算数绘图格致之粗浅者。中学堂各事，较小学堂加深，而益以习五经，习通鉴[4]，习政治之学，习外国语言文字。大学堂又加深加博焉。

或曰："天下之学堂以万数，国家安得如此之财力以给之？"曰："先以书院改为之。"学堂所习，皆在诏书科目之内，是书院即学堂也，安用骈枝[5]为？

或曰："府县书院，经费甚薄，屋宇甚狭，小县尤陋，甚者无之，岂足以养师生、购书器？"曰："一县，可以善堂之地、赛会演戏之款改为之。一族，可以祠堂之费改为之。""然数亦有限，奈何？"曰："可以佛道寺观改为之。"今天下寺观，何止数万？都会百余区，大县数十，小县十余，皆有田产，其物业皆由布施而来，若改作学堂，则屋宇田产悉具，此亦权宜而简易之策也。方今西教[6]日炽，二氏[7]日微，其势不能久存，佛教已际末法中半之运[8]，道家亦有其鬼不神[9]之忧。若得儒风振起，中华乂安[10]，则二氏固亦蒙其保护矣。大率每一县之寺观，取什之七以改学堂，留什之三以处僧道。其改为学堂之田产，学堂用其七，僧道仍食其三。计其田产所值，奏明朝廷旌奖。僧道不愿奖者，移奖其亲族以官职。如此，则万学可一朝而起也。以此为基，然后劝绅富捐资以增广之。昔北魏太武太平真君七年，唐高祖武德九年，武宗会昌五年，皆尝废天下僧寺矣。[11]然前代意在税其丁，废其法，或为抑释以伸老，私也；今为本县育才，又有旌奖，公也。若各省荐绅[12]先生，以兴起其乡学堂为急者，当体察本县寺观情形，联名上请于朝，诏旨宜无不允也。

其学堂之法约有五要①：

一曰：新旧兼学。学四书、五经、中国史事、政书、地图为旧学，西政、西艺、西史为新学。旧学为体，新学为用，不使偏废。

一曰：政艺兼学。学校、地理、度支、赋税、武备、律例、劝工、通商，西政也。算、绘、矿、医、声、光、化、电，西艺也（西政之刑狱立法最善。西艺之医，最于兵事有益，习武备者必宜讲求）。才识远大而年长者，宜西政。心思精敏而年少者，宜西艺。小学堂先艺而后政，大中学堂先政而后艺。西艺必专门，非十年不成。西政可兼通数事，三年可得要领。大抵救时之计，谋国之方，政尤急于艺。然讲西政者亦宜略考西艺之功用，始知西政之用意。

一曰：宜教少年。学算，须心力锐者；学图，须目力好者；学格致、化学、制造，须质性颖敏者；学方言，须口齿清便者；学体操，须气体精壮者。中年以往之士，才性精力已减，功课往往不能中程[13]，且成见已深，难于虚受，不惟见功迟缓，且恐终不深求，是事倍而功半也。

一曰：不课时文。新学既可以应科目，是与时文无异矣。况既习经书，又兼史事、地理、政治、算学，亦必于时文有益。诸生自可于家习之，何劳学堂讲授，以分其才思、夺其日力哉？朱子曰："上之人曾不思量，时文一件，学子自是著急，何用更要你教。"（《语类》卷一百九）谅哉言乎！

一曰：不令争利。外国大小学堂，皆须纳金于堂，以为火食束脩之费，从无给以膏火者。中国书院积习，误以为救济寒士之地，往往专为膏火奖赏而来，本意既差，动辄计较锱铢[14]，忿争攻讦，颓废无志，紊乱学规，剽袭冒名，大雅扫地矣。今纵不能遽从西法，亦宜酌改旧规，堂备火食，不令纳费，亦不更给膏火，用北宋国学积分之法，每月核其功课，分数多

---

① 五要，疑为六要之误。

者，酌予奖赏。数年之后，人知其益，即可令纳费充用，则学益广、才益多矣。

一曰：师不苟求。初设之年，断无千万明师。近年西学诸书，沪上刊行甚多，分门别类，政艺要领，大段已详。高明之士，研求三月，可以教小学堂矣。两年之后，省会学堂之秀出者，可以教中学堂矣。大学堂初设之年，所造亦浅，每一省访求数人，亦尚可得。三年之后，新书大出，师范愈多，大学堂亦岂患无师哉？

若书院猝不能多设，则有志之士当自立学会，互相切磋。文人旧俗，凡举业[15]楷书，放生惜字[16]，赋诗饮酒，围棋叶戏[17]，动辄有会，何独于关系身世安危之学而缓之？古人牧豕都养，尚可听讲通经，岂必横舍千间，载书兼两，而后为学哉？[18]始则二三，渐至什佰，精诚所感，必有应之于千里之外者。昔原伯鲁以不悦学而亡[19]，越句践以十年教训而兴[20]，国家之兴亡，亦存乎士而已矣。

[清]张之洞：《张文襄公文集》，中国书店，1990年。

## 注释

[1]今年特科之诏：特科，科举制度中于常科之外特设的科举，有经济特科等。此指1898年1月27日，总理衙门、礼部就贵州学政严修请设经济专科折，议分特科、岁举两途。先行特科，次行岁举。

[2]六科之目：指特科约以六事，即内政、外交、理财、经武、格物、考工。

[3]觏：同"遘"，遇见。

[4]通鉴：《资治通鉴》，宋司马光撰。这里指清代官撰的《御批通鉴辑览》。

[5]骈枝：《庄子·骈拇》中"骈拇枝指"的简化词。原指畸形的手指和足趾，这里喻指多而无用的东西。

[6]西教：指西方传入的基督教。

[7]二氏：释氏（释迦牟尼）和老氏（老聃），指佛教和道教。

[8]佛教已际末法中半之运：佛家有所谓正、象、末三法，正法五百年，象法一千年，末法一万年。这里是说佛法已到末法的中期，即将衰灭。

[9]其鬼不神：语见《老子》。不神，不灵。

〔10〕乂安：亦作"艾安"，太平无事。

〔11〕昔北魏太武太平真君七年，唐高祖武德九年，武宗会昌五年，皆尝废天下僧寺矣：太平真君，北魏太武帝拓跋焘的年号。太平真君七年（446），太武帝拓跋焘尽杀长安僧人，焚毁塔寺经象，并通令全国执行。唐高祖李渊武德九年（626）、武宗李瀍会昌五年（845），也有毁坏佛寺的事情发生。

〔12〕荐绅：缙绅。指地方绅士。

〔13〕中程：合格、及格的意思。程，程式。

〔14〕锱铢：均为古代很小的重量单位。比喻极微小的数量。

〔15〕举业：科举考试的八股文、试帖诗。

〔16〕放生惜字：放生，释放生物，以示慈悲修德。惜字，敬惜字纸。

〔17〕叶戏：叶子戏，一种古老的中国纸牌博戏。

〔18〕古人牧豕都养，尚可听讲通经，岂必横舍千间，载书兼两，而后为学哉：牧豕都养，事见《汉书·公孙弘卜式儿宽传》。西汉公孙弘"家贫，牧豕海上。年四十余，乃学《春秋》杂说"，后任丞相。儿宽以郡国选诣博士，受业孔安国，"贫无资用，尝为弟子都养"。都养，厨工，即一面学习，一面为诸弟子烹炊。横，同"黉"，横舍即学校。两，同"辆"，兼两是说不止一车。

〔19〕昔原伯鲁以不悦学而亡：原伯鲁，周大夫，事见《左传·昭公十八年》。原伯鲁不悦学，鲁国闵子马说："夫学，殖也。不学将落，原氏其亡乎！"后来原氏果亡。

〔20〕越句践以十年教训而兴：句践（？—前465），即勾践，春秋越王。越被吴击败后，句践卧薪尝胆，矢志复仇，经十年生聚，十年教训，终于兴兵灭吴。

## 学制第四

外洋各国学校之制，有专门之学，有公共之学。专门之学，极深研几[1]，发古人所未发，能今人所不能，毕生莫殚，子孙莫究，此无限制者也。公共之学所读有定书，所习有定事，所知有定理，日课有定程，学成有定期（或三年，或五年），入学者不中程不止，惰者不得独少，既中程而即止，勤者不必加多，资性敏者同为一班，资性钝者同为一班，有间断迟误者附其后班，生徒有同功，师长有同教，此有限制者也。无事无图，无堂无算，师无不讲之书，徒无不解之义。师以已习之书为教，则师不劳。徒以能解之事为学，则徒不苦。问其入何学堂，而知其所习何门也。问其在学堂几年，而知其所造何等也。文武将吏，四民[2]百艺，其学无不皆同。小学堂之书较浅，事较少，如天文、地质、绘图、算学、格致、方言、体操之类，具体而微。中学堂书较深，事较多。（如小学堂地图则极略，仅具疆域山水大势，又进则有府县详细山水，又进则有铁路、电线、矿山、教堂。余书仿此。）方言则兼各国，算学则讲代数、对数，于是化学、医术、政治，以次而及，余事仿此。大学堂又有加焉。小学、中学、大学，又各分为两三等，期满以后，考其等第，给予执照。国家欲用人才，则取之于学堂。验其学堂之凭据，则知其任何官职而授之。是以官无不习之事，士无无用之学。

其学堂所读之书，则由师儒纂之，学部定之，颁于国中。数年之后，或应增减订正，则随时修改之。

其学堂之费，率皆出地方绅富之捐集，而国家略发官款以补助之。入学堂者但求成才，不求膏火，每人月须纳金若干，以为饮食束脩之费，贫家少纳，富家多纳。其官绅所筹学堂之费，专为建堂、延师、购书、制器之用，不为学生膏奖[3]（亦有义学[4]，以教极贫子弟，学生出资甚微，然义学甚少，所教极浅）。来学者既已出费，则必欲有所得而后归。学成之后，仕宦工商，各有生计，自无冻馁。此以教为养之法也。是以一国之内，尝有小学数万区，中学数千，大学百数，由费不仰给于官、亦不尽仰给于绅故也。其善有三：出资来学则不惰，志不在利则无争，官不多费则学广。苏子瞻[5]沮新法学校之说曰："必将发民力以治宫室，敛民财以养游士。"[6]如西法所为，可无多费之虞矣。王介甫[7]悔新法学校之误曰："本欲变学究为秀才，不谓变秀才为学究。"[8]如西法所为，可无变为学究之患矣。凡东西洋各国，立学之法，用人之法，小异而大同，吾将以为学式。

[清]张之洞：《张文襄公文集》，中国书店，1990年。

**注释**

〔1〕极深研几：见《易·系辞上》。"夫《易》，圣人之所以极深而研几也。"这里指学问极深，需要钻研。

〔2〕四民：指士农工商。

〔3〕膏奖：指膏火和奖赏。

〔4〕义学：当时一种免费私塾，经费主要来源于地租。

〔5〕苏子瞻：苏轼，字子瞻，自号东坡居士，北宋著名文学家。

〔6〕必将发民力以治宫室，敛民财以养游士：见《经进东坡文集事略》第二十九卷《议学校贡举状》。

〔7〕王介甫：王安石，字介甫，北宋政治家、文学家。

〔8〕本欲变学究为秀才，不谓变秀才为学究：此语初为陈师道《后山谈丛》所引。后顾炎武又将其引入《日知录》科举部"经义论策"条。唐代取士，明经一科，有"学究一经"的科目。宋代简称"学究"，为礼部贡举十科之一。学究本指读书人，后也专指迂腐浅陋的读书人。

## 郑观应教育论著选

郑观应（1842—1922），原名官应，字正翔，号陶斋，广东香山（今广东中山）人。早年绝意科举，16岁到上海学商，32岁任太古轮船公司买办。38岁后，被李鸿章先后委任为上海机器织布局、轮船招商局、上海电报局总办。50岁投资并管理了轮船招商局，54岁任汉阳铁厂总办，64岁任粤汉铁路总办。在教育思想上，主张"主以中学，辅以西学"；变革科举，兴办学校，设立新式学校；提倡西学，将西学列为学校必修课程；重视女子教育。他的教育思想与其"富强救国"的核心思想紧密相连，强调教育应该培养实用型人才。著作主要有《救时揭要》《易言》《盛世危言》等。

《学校》《西学》均选自《盛世危言》，撰于清光绪十八年（1892）。前者提出广泛设立学校以及传授西学，指出在西方学校是最重要的机构，学校分为三等（初学、中学和上学），采取分班教学制度，各级学校都用西学培养人才。后者强调西学对于国家富强的重要性，明确提出"中学其本也，西学其末也"的观点，主张将西学纳入考试科目，并把西学分为"天学""地学"和"人学"：天学以天文为纲，地学以地舆为纲，人学以方言文学为纲。其所论西学与洋务派不同。

## 学校上

学校者，造就人才之地，治天下之大本也。古者家有塾，党有庠，州有序，国有学，比年入学，中年考校。一年视离经辨志，三年视敬业乐群，五年视博习亲师，七年视论学取友，谓之小成。九年知类通达，强立而不反，谓之大成。[1]而又教以弦诵，舒其性情。故其时博学者多，成材者众也。比及后世，学校之制废，人各延师以课其子弟。穷民之无力者荒嬉颓废，目不识丁，竟罔知天地古今为何物，而蔑伦悖理之事，因之层出不穷。此皆学校不讲之故也。

今泰西各国犹有古风，其学校规制大略相同，而德国尤为明备。学之大、小各有次第。乡塾散置民间，由贫家子弟而设，由地方官集资经理。无论贵贱男女，自五岁以后皆须入学，不入学者罪其父母[2]。（即下至聋、瞽、喑、哑残疾之人，亦莫不有学，使习一艺以自养其天刑之躯。立学之法可谓无微不至矣。）初训以幼学[3]，间附数学入门、本国地理等书。生徒百数以内者一师训之，百数以外至千数则分数班。每班必有一师。此班学满乃迁彼班，依次递升，不容躐等。察其贫者免出脩脯[4]，稍赡者半之。郡院学者之脩脯，亦不过一钱至半元而止。院中生徒亦分数班。班有专师，有专教算学之师，有专教格物[5]之师，有专教重学[6]、理学[7]、史鉴[8]、舆地[9]、绘画、各国语言文字之师。期满考列上等，则各就其艺能，或入实学院，或入技艺院。其实学分上、下两院，皆以实学为主，约分十三班：初入院在末班，每班留学一年，阅十三年遍历诸班，方能出院。上院考出，入太学院，免三年军籍。下院虽列首班，仍充军籍，三年可入技艺等院。太学之掌教，必名望出众、才识兼优者，方膺此任。院中书籍、图画、仪器无一不备。

一经学、二法学、三智学、四医学。经学者，教中之学。（即耶稣、天主之类）法学者，考古今政事利弊异同，及奉使外国，修辞通商，有关国例之事。智学者，格物、性理、文字语言之类。医学者，统核全身内、外诸部位，经络表里功用、病源、制配药品、胎产接生诸法。技艺院者，汽机、电报、采矿、陶冶、制炼、织造等事物。格物院与技艺院略同。大抵多原于数学，数学则以几何原本为宗。其次力学。（力学者考究各物之力量）化学考核[10]金石[11]、植物、胎卵[12]、湿化[13]各物化生[14]之理。其次为天学[15]、测步[16]、五星[17]、七政[18]之交会[19]伏留[20]。其次为航海之学，必娴于地理、测量、驾驶者，方能知船行何度，水性何宜，台飓、沙礁若何趋避。武学院课与实学院同，但多武艺、兵法、御马诸务。通商院则以数学、银学、文字三者为宗，其于各国方言土产、水路陆程、税则和约，以及钱币银单、条规则例、公司保险各事，无不传习。农政院、丹青院[21]、律乐院[22]、师道院[23]、宣道院[24]、女学院、训瞽院[25]、训聋喑院[26]、训孤子院、训罪童院[27]、养废疾院，更有文会、夜学、印书会、新闻馆。别有大书院九处，书籍甚富，听人观览借钞，但不能携之出院。每岁发国帑以赡生徒。其教法之详，教思之广如此。

大抵泰西各国教育人才之道计有三事：曰学校，曰新闻报馆，曰书籍馆[28]。而学校又有三等，一初学以七岁至十五岁为度，求粗通文算，浅略地球史志为准，聪颖者可兼学他国语言文字；中学以十五岁至二十一岁为度，穷究各学，分门别类，无一不赅[29]；上学以二十一岁、二十六岁上下为度，至此则精益求精，每有由故得新，自创一事，为绝无仅有者。

夫欲制胜于人，必尽知其成法，而后能变通，而后能克敌。彼萃数十国人材，穷数百年智力，掷亿万兆资财而后得之，勒为成书，公诸人而不私诸己，广其学而不秘其传者，何也？彼实窃我中国古圣之绪馀，精益求精，以还之中国。虽欲自私自秘焉，而天有所不许也。后之视今，亦犹今之视昔。彼泥古不化，诋为异学，甘守固陋以受制于人者，皆未之思耳。今中国既设同文、方言各馆，水师、武备各堂[30]，历有年所，而诸学尚未深通，制造率仗西匠，未闻有别出心裁创一奇器者，技艺未专，而授受之道未得也。诚能将西国有用之书，条分缕晰，译出华文，颁行天下各书院，俾人人得而学之。以中国幅员之广，人材之众，竭其聪明才力，何难驾西人而上之哉！

夏东元编：《郑观应集》，上海人民出版社，1982年。

## 注释

〔1〕古者家有塾，党有庠，州有序，国有学，比年入学，中年考校。一年视离经辨志，三年视敬业乐群，五年视博习亲师，七年视论学取友，谓之小成，九年知类通达，强立而不反，谓之大成：语出《礼记·学记》。

〔2〕不入学者罪其父母：指强迫义务教育。

〔3〕幼学：幼儿教育。

〔4〕脩脯：均系肉干，指古代学生向教师赠送的礼物。以后借指致送教师的酬金，也叫修金。

〔5〕格物：清末对声、光、化、电等自然科学的统称，亦称格致。

〔6〕重学：力学。

〔7〕理学：此处泛指自然科学。

〔8〕史鉴：历史学。

〔9〕舆地：地理学。

〔10〕核：仔细考察。

〔11〕金石：矿物。

〔12〕胎卵：指胎生卵生。

〔13〕湿化：指无性繁殖。

〔14〕化生：即出生，指生物遗传。

〔15〕天学：天文学。

〔16〕测步：古人谓"日月转运于天，犹如人之行步"，故称测算、推算天文之学为测步或推步。

〔17〕五星：指水、火、木、金、土。

〔18〕七政：指日月和五星运行。

〔19〕交会：指日月的相交和会合。

〔20〕伏留：指在地球上观察到的行星运行的天文现象。

〔21〕丹青院：图画艺术学院。

〔22〕律乐院：音乐学院。

〔23〕师道院：教育学院、师范学院。

〔24〕宣道院：神学院、宗教学院。

〔25〕训瞽院：盲人学校。

〔26〕训聋喑院：聋哑学校。

〔27〕训罪童院：犯罪儿童教养院。

〔28〕书籍馆：图书馆。

〔29〕赅：兼备、完备。

〔30〕同文、方言各馆，水师、武备各堂：指洋务派设立的京师同文馆（1862）、上海广方言馆（1863）和各地设立的水师学堂、武备学堂，如天津水师学堂（1881）、天津武备学堂（1886）等。

## 西学（节录）

今之自命正人者，动以不谈洋务为高，见有讲求西学者，则斥之曰名教罪人[1]，士林败类。噫！今日之缅甸、越南，其高人亦岂少哉！其贤者蹈海[2]而沉湘[3]，不贤者靦颜[4]而苟活耳。沟渎之谅[5]，于天时人事何裨乎？且今日之洋务，……如君父之有危疾也，为忠臣孝子者，将百计求医而学医乎？抑痛诋医之不可恃，不求不学，誓以身殉，而坐视其死亡乎？然则西学之当讲不当讲，亦可不烦言而解矣。

古曰："通天地人之谓儒。"又曰："一物不知，儒者所耻。"今彼之所谓天学者，以天文为纲，而一切算法、历法、电学、光学诸艺，皆由天学以推至其极者也。所谓地学者，以地舆为纲，而一切测量、经纬、种植、车舟、兵阵诸艺，皆由地学以推至其极者也。所谓人学者，以方言文字为纲，而一切政教、刑法、食货、制造、商贾、工技诸艺，皆由人学以推至其极者也。皆有益于国计民生，非奇技淫巧之谓也。此外，有剽窃皮毛、好名嗜利者，则震惊他人之强盛，而推崇过当，但供谈剧，亦实不能知其强盛之所以然，此则无本之学，不足登大雅之林也。

夫所贵乎通儒者，博古通今，审时度势。不薄待他人，亦不至震骇他人；不务匿己长，亦不敢回护己短，而后能建非常之业，为非常之人。中外通商已数十载，事机迭出，肆应乏才[6]，不于今日急求忠智之士，使之练达西国制造、文字、朝章、政令、风化，将何以维大局制强邻乎？且天下之事业、文章、学问、术艺，未有不积小以成高大，由浅近而臻深远者，所谓合抱之木生于毫末，九层之台起于垒土，千里之行始于足下是也。……

论泰西之学，派别条分，商政、兵法、造船、制器，以及农、渔、牧、矿诸务，实无一不精，而皆导其源于汽学、光学、化学、电学。以操御水、御火、御风、御电之权衡，故能凿混沌之窍[7]，而夺造化[8]之功。方其授学伊始，易知易能，不以粗浅为羞，反以躐等[9]为戒。迨年日长，学日深，层累而上，渐沈浸于史记、算法、格致、化学诸家，此力学者之所以多，而成名者亦弥众也。今人自居学者，而目不睹诸子之书，耳不闻列朝之史，以为西法创自西人，或诧为巧不可阶[10]，或斥为卑无足道。噫！异矣！

…………

尤有进焉者：国于天地，必有与立，盛衰兴废，各有所以致此之由。学校者人才所由出，人才者国势所由强，故泰西之强强于学，非强于人也。然则欲与之争强，非徒在枪炮战舰也，强在学中国之学，而又学其所学也。今之学其学者，不过粗通文字语言，为一己谋衣食，彼自有其精微广大之处，何尝稍涉藩篱？故善学者必先明本末，更明所谓大本末而后可。以西学言之：如格致制造等学其本也，[各国最重格致之学，英国格致会颇多，获益甚大，讲求格致新法者约十万人。]语言文字其末也。合而言之，则中学其本也，西学其末也。主以中学，辅以西学。知其缓急，审其变通，操纵刚柔，洞达政体。教学之效，其在兹乎？

夏东元编：《郑观应集》，上海人民出版社，1982年。

**注释**

〔1〕名教罪人：指背叛封建礼教的人。名教，指以正名定分为主的封建礼教。

〔2〕蹈海：投海。战国鲁仲连反对秦称帝，不愿做秦的臣民，声称只好投东海以示抗议。事见《史记·鲁仲连邹阳列传》。

〔3〕沉湘：战国楚国爱国诗人屈原遭陷害被放逐，长期流浪。他不满楚国的政治腐败，自己的政治理想又无法实现，遂投汨罗江（今湖南省境）而死。事见《史记·屈原传》。

〔4〕靦颜：惭愧貌。靦，音 tiǎn。

〔5〕沟渎之谅：见《论语·宪问》。"岂若匹夫匹妇之为谅也，自经于沟渎而莫之知也？"自经，自缢。沟渎，沟壑，山沟。此处引申为只守小节小信，轻率地自尽。

〔6〕肆应乏才：指缺乏善于应付各种事情的人才。肆应，各方响应。引申指善于应付各种事情。

〔7〕凿混沌之窍：《庄子·应帝王》有浑沌凿窍的故事，这里指研究发现自然界中的未知事物，改造世界。混沌，亦作"浑沌"，古人想象中的天地未开辟以前的元气状态。窍，孔穴。

〔8〕造化：创造化育。

〔9〕躐等：逾越等级。《礼记·学记》："幼者听而弗问，学不躐等也。"

〔10〕阶：登上，达到。

# 康有为教育论著选

康有为（1858—1927），原名祖诒，字广厦，号长素，又号更生，广东南海人，近代政治家、思想家、维新运动领袖。幼年受过严格的传统教育，30岁赴北京参加顺天乡试，上万言书给光绪帝，请求及时变法，但受阻。33岁起，在广州万木草堂讲学4年。35岁中举人，37岁中进士。在清政府签订《马关条约》之际，联合1200余名举人发动"公车上书"。后发起组织强学会、圣学会、保国会（强国会）等，推动"戊戌变法"。失败后，组织保皇会、孔教会。68岁，在上海创办天游学院，采用导生制教学。教育思想主要有：废除八股，改革科举制，建立资本主义教育制度；重视学生德智体诸方面的发展；以西学替代词章、帖括、训诂之学；重视女子教育；派遣留学生，学习西方科学技术和社会政治学说等。著作主要有《孔子改制考》《新学伪经考》《戊戌奏稿》《大同书》《长兴学记》等。

《长兴学记》是康有为在广州长兴里万木草堂讲学的记录，反映了其教育理念和思想体系。他强调学习的重要性，提出兼重德育、智育和体育，明确学纲之四言及为学之目，提倡关心国家大事、独立思考和互相启发的优良学风。

## 学记（节录）

鄙人戆愚，文质无底，虽尝钻励，粗知记诵，非能知学也。二三子以蹞踔[1]之志，斐然之资，荡涤污泽，噬肯来游[2]，鄙人无以告焉。然尝侍九江之末席[3]，闻大贤之余论，谨诵所闻，为二三子言之。二三子之来游，非为学耶？学者，效也。有所不知，效人之所知；有所不能，效人之所能。若已知已能，共知共能，则不必学；不知不能，而欲知欲能，故当勉强也。董子曰："勉强学问，则闻见博而知益明；勉强行道，则行日起而有功。"[4]

夫性者，受天命之自然，至顺者也。不独人有之，禽兽有之，草木亦有之。附子性热，大黄性凉是也。若名之曰人，性必不远，故孔子曰："性相近也。"[5]（孟子"性善"之说，有为而言；荀子"性恶"之说，有激而发；告子[6]"生之谓性"，自是确论，与孔子说合，但发之未透。使告子书存，当有可观。王充、荀悦、韩愈即发挥其说。[7]程子、张子、朱子分性为二，有气质，有义理，研辨较精。[8]仍分为二者，盖附会孟子，实则性全是气质，所谓义理，自气质出，不得强分也。余别有《论性篇》。）夫相近，则平等之谓。故有性无学，人人相等，同是食味别声被色，无所谓小人，无所谓大人也。有性无学，则人与禽兽相等，同是视听运动，无人禽之别也。

学也者，由人为之勉强，至逆<sup>[9]</sup>者也。不独土石不能，草木不能，禽兽之灵者亦不能也。鹦鹉能言，舞马能舞，不能传授扩充，故无师友之相长，无灵思之相触，故安于其愚，而为人贱弱也。犀象至庞大，人能御之，虎豹鸷猛，人能伏之，惟其任智而知学也。顺而率性者愚，逆而强学者智，故学者惟人能之，所以戴天履地，而独贵于万物也。之京师者，能为燕语，入吴、越者，能作吴言，游于贵人之门者，其舆服甚都矣，其外有以灌输之也。终身不出乡，老于山居谷汲者，虽饶衍，朴鄙可笑，蔽其所见而无所学也。况以天地为之居，以万物为之舆，以圣人为之师者乎？

同是物也，人能学则贵异于万物矣；同是人也，能学则异于常人矣；同是学人也，博学则胜于陋学矣；同是博学，通于宙<sup>[10]</sup>合<sup>[11]</sup>则胜于一方矣，通于百业则胜于一隅矣。通天人之故，极阴阳之变，则胜于循常蹈故，拘文牵义者矣。故人之所以异于人者，在勉强学问而已。夫勉强为学，务在逆乎常纬<sup>[12]</sup>，顺人之常。有耳目身体，则有声色起居之欲，非逆不能制也；顺人之常，有心思识想，则有私利隘近之患，非逆不能扩也。人之常俗，自贵相贱，人之常境，自善相高，造作论说，制成事业，与接为构，而目惑荧而心洽就。其为是俗，非一人也，积千万人，积亿兆人，积京垓秭<sup>[13]</sup>壤沟人，于是党类立矣。其为是俗，非一时也，积日月年，积百十年，积千万年，于是积习深矣。欲矫然易之，非至逆安能哉？故其逆弥甚者，其学愈至，其远于人愈甚，故所贵勉强行道也。《大戴·保傅篇》曰："胡越之人，生而同声，嗜欲不异，及其长而成俗也，累数译而不能通。"故孔子曰："习相远。"习即学也，惟其学相远，故人与禽兽相远，人与人相远，学人与学人相远。其相远之道里，不啻<sup>[14]</sup>百十里也，不啻千万里也，不啻亿兆里，至于无可计议，无可知识里也。今譬若尧、舜之与秦政、隋炀，周、孔之与张献忠、李自成，相去之远，巧历岂能算之哉？吾党嚣然操简毕，被章缝<sup>[15]</sup>，而为士人，其得天厚矣。亦勉于学思，以异于常人而已。

然学也者，浩然而博，矫然而异，务逆于常，将何所归乎？夫所以能学者人也，人之所以为人者仁也。孟子曰："人者仁也。"荀子曰："人主仁心设焉，知其役也。"董子曰："仁者人也，义者我也。"[16]自黄帝、尧、舜开物务成[17]，以厚民生，周公、孔子垂学立教，以迪[18]来士，皆以为仁也。旁及异教，佛氏之普度，皆为仁也。故天下未有去仁而能为人者也。虎狼鹰鹯，号称不仁，而未尝食其类，则亦仁也。人莫不爱其身，则知爱父母，其本也。推之天下，其流也有远近之别耳，其为仁一也。是故，其仁小者则为小人，其仁大者则为大人。故孝弟于家者，仁之本也；睦姻于族者，仁之充也；任恤于乡者，仁之广也。[19]若能流惠于邑，则仁大矣；能推恩于国，则仁益远矣；能锡[20]类于天下，仁已至矣。《记》曰："凡有血气之物，莫不有知，有知之物，莫不知爱其类。"[21]圣人至仁，亦仅能自爱其类，不能及物。为人亦为我也，所谓仁至义尽也。夫即能仁及天下，亦仅能自爱其类，尽乎人道耳。吾仁亦有所限，方自谦然，岂为高远哉？孔子曰："我欲仁斯仁至矣！"[22]先师朱先生[23]曰："伯夷之清易，伊尹之任难，故学者学为仁而已。"若不行仁，则不为人，且不得为知爱同类之鸟兽，可不笃哉！

孔子曰："学之不讲，是吾忧也。"[24]陆子[25]曰："学者一人抵当流俗不去"。故曾子谓以文会友，以友辅仁，朋友讲习磨励激发不可寡矣。顾亭林[26]鉴晚明讲学之弊，乃曰："今日祗当著书，不当讲学。"于是后进沿流以讲学为大戒。江藩[27]："刘台拱言义理而不讲学，所以可取。"其悖谬如此。近世著书，猎奇炫博，于人心世道绝无所关。戴震死时乃曰："至此平日所读之书，皆不能记，方知义理之学可以养心。"段玉裁[28]曰："今日气节坏，政事芜，皆由不讲学之过。"此与王衍[29]之悔清谈无异。故国朝读书之博，风俗之坏，亭林为功之首，亦罪之魁也。今与二三子剪除棘荆，变易陋习，昌言追孔子讲学之旧。若其求仁之方，为学之门，当以次告也。

从上圣贤，开义甚广，近世儒先，学规良多。或有为而言，或因时立教，或便于入门而归宿未精，或偏重一义而该举未备。鄙人深思古义，综约教恉，下学上达，原始要终，尊德道学，由内及外，群言淆乱则折衷于洙泗[30]之圣，末世昏浊则上探于三代之英。道器[31]兼包，本末并举，盖皆人道之宜，天理之节，始于为士，终于为圣，由斯道矣。诸子勖哉！

[清]康有为著；楼宇烈整理：《长兴学记》，中华书局，1988年。

## 注释

〔1〕蹎跻：一说为暴长貌。又一说为无常、不定。

〔2〕噬肯来游：噬，通"逝"，及也。一说为发声词，无义。《诗·唐风·有秋之杜》："彼君子兮，噬肯来游。"

〔3〕尝侍九江之末席：光绪二年（1876），康有为应乡试不售，始从朱次琦学于九江礼山草堂三年。朱次琦是当时著名的今文经学家，主张学以"经世致用"。他的教育，对于促成康有为改良主义思想体系的建立，有很重要的影响。

〔4〕勉强学问，则闻见博而知益明；勉强行道，则行日起而有功也：见《汉书·董仲舒传》。

〔5〕性相近也：见《论语·阳货》。

〔6〕告子：战国时人。他主张"性无善不善"说，认为"人性之无分于善不善也，犹水之无分于东西也"。又说，"生之谓性"，"食色性也"。见《孟子·告子上》。

〔7〕王充、荀悦、韩愈即发挥其说：王充认为"天地合气，万物自生，犹夫妇合气，子自生矣"（《论衡·自然篇》），又认为"人性有善有恶，犹人才有高有下也。高不可下，下不可高，谓性无善恶，是谓人才无高下也"（《本性篇》）。荀悦（148—209）：东汉末政论家、史学家，在人性问题上主张"三品"的区分，"上下不移，其中则人事存焉"《申鉴·杂言下》。韩愈认为人性有上、中、下三品之分。

〔8〕程子、张子、朱子分性为二，有气质，有义理，研辨较精：程子，即程颢（1032—1085）、程颐（1033—1107），世称"二程"，北宋哲学家、教育家，认为性分天地之性与气质之性。他们的学说后为朱熹继承发展，称为程朱学派。张子，即张载，主张人性分天地之性与气质之性，强调"学以变化气质"。朱子，即朱熹，认为"有天地之性，有气质之性。天地之性则太极本然之妙，万殊之一本也。气质之性则二气交运而生，一本而万殊者也"《性理大全》。

〔9〕勉强，至逆：见下文"逆而强学"，意与"顺而率性"相反。至，极，最。

〔10〕宙：往古来今的意思。

〔11〕合：六合，指天地四方，泛指天下。

〔12〕常纬：指当时的"积习"，即上文所说的"陋学"，"循常蹈故拘文牵义者"，实际是指当时学术界占统治地位的朴学和宋学。

〔13〕京垓秭：据《孙子算经》卷上，我国古代十万为亿，十亿为兆，十兆为京，十京为垓，十垓为秭。一说万万垓为秭。

〔14〕不啻：不止，不仅。

〔15〕嚣然操简毕，被章缝：嚣然，闲暇貌。简毕，即简札；书籍。章缝，章服，古代有等级标志的礼服。

〔16〕仁者人也，义者我也：见《春秋繁露·仁义法第二十九》。

〔17〕开物务成：通晓万物之理，并按理办事，而得到成功。

〔18〕迪：启迪，开导。

〔19〕故孝弟于家者，仁之本也；睦姻于族者，仁之充也；任恤于乡者，仁之广也：孝、友、睦、姻、任、恤为六行，西周大司徒教民的六项行为标准。见《周礼·地官·司徒》。

〔20〕锡：赐，与。

〔21〕凡有血气之物，莫不有知，有知之物，莫不知爱其类：见《礼记·三年问》。"凡生天地之间者，有血气之类，必有知，有知之属，莫不知爱其类。"

〔22〕我欲仁斯仁至矣：见《论语·述而》。

〔23〕朱先生：指朱次琦。

〔24〕学之不讲，是吾忧也：见《论语·述而》。"子曰：德之不修，学之不讲；闻义不能徙，不善不能改：是吾忧也。"

〔25〕陆子：指陆九渊（1139—1193），南宋哲学家、教育家，讲学于象山，提出"心即理"说。

〔26〕顾亭林（1613—1682）：名炎武，明清之际思想家、学者。

〔27〕江藩（1761—1830）：清经学家，惠栋的再传弟子。

〔28〕段玉裁（1735—1815）：清末经学家、小学家，曾师事戴震。

〔29〕王衍（256—311）：西晋清谈家，名士王戎之弟，喜谈老庄，所谈义理，随时更改，时人称为"口中雌黄"。后被石勒所俘，劝勒称帝，以图苟活，为勒所杀。临死乃说："吾曹虽不如古人，向若不祖尚浮虚，勠力以匡天下，犹可不至今日，然而晚矣。"（《晋书·王衍传》）

〔30〕洙泗：洙水、泗水，指孔子聚徒讲学的地方。后以洙泗代称鲁国的文化和孔子的"教泽"及儒家。

〔31〕道器：中国哲学的一对基本范畴。《易·系辞上》："形而上者谓之道，形而下者谓之器。"

## 严复教育论著选

　　严复（1854—1921），字又陵，又字几道，晚年号愈壄老人，福建侯官（今福建闽侯）人，近代启蒙思想家、翻译家、教育家。12岁考入福州船政学堂，23岁留学英国格林威治皇家海军学院，26岁任北洋水师学堂教习、总办，42岁创办天津俄文馆兼任总办。43岁在天津创办《国闻报》。晚年曾担任京师大学堂总监督、北京大学校长等职务，致力于教育事业和学术研究。自42岁至54岁，翻译了多部作品，《天演论》《原富》《法意》《群学肄言》等，传播了西方资本主义思想。在教育思想上，提倡"西学"，批判"中学"，强调学习西方的社会科学与自然科学，主张变革科举，开办新式学堂，建立新的教育制度，实行义务教育。著作有《侯官严氏丛刊》《严几道诗文钞》《愈壄堂诗集》等。

　　《救亡决论》撰于清光绪二十一年（1895），严厉批判了科举制度及其产物——八股文。他批判中国传统的"旧学"、科举词章、金石书法等，强调学习西方科学知识和技术的重要性；揭露八股文的三大祸害——"锢智慧""坏心术"和"滋游手"，认为必须废除八股文，改革科举制度，以选拔真正的人才。《救亡决论》是研究清末学校与科举、西学与中学论争的重要论文。

## 救亡决论（节录）

　　天下理之最明而势所必至者，如今日中国不变法则必亡是已。然则变将何先？曰：莫亟于废八股。夫八股非自能害国也，害在使天下无人才。其使天下无人才奈何？曰：有大害三：

　　其一害曰：锢智慧。今夫生人之计虑智识，其开也，必由粗以入精，由显以至奥，层累阶级，脚踏实地，而后能机虑通达，审辨是非。方其为学也，必无谬悠[1]影响[2]之谈，而后其应事也，始无颠倒支离之患。何则？其所素习者然也。而八股之学大异是。垂髫童子，目未知菽粟之分，其入学也，必先课之以《学》《庸》《语》《孟》[3]，开宗明义，明德新民[4],讲之既不能通,诵之乃徒强记。如是数年之后,行将执简操觚[5],学为经义,先生教之以擒挽之死法[6],弟子资之于剽窃以成章。一文之成,自问不知何语。迨夫观风使[7]至,群然挟兔册[8],裹饼饵,逐队唱名,俯首就案,不违功令[9],皆足求售,谬种流传,羌无一是[10]。如是而博一衿[11]矣,则其荣可以夸乡里;又如是而领乡荐[12]矣,则其效可以觇民社[13]。至于成贡士[14],入词林[15],则其号愈荣,而自视也亦愈大。出宰百里[16],入主曹司[17],珥笔[18]登朝,公卿跬步[19],以为通天地人之谓儒[20]。经朝廷之宾兴[21],蒙皇上之亲策,是朝廷固命我为儒也。千万旅进,人皆铩羽[22],我独成龙,是冥冥中之鬼神,又许我为儒也。夫朝廷鬼神皆以我为儒,是吾真为儒,且真为通天地人之儒。从此天下事来,吾以半部《论语》治之足矣[23],又何疑哉!又何难哉!做秀才时无不能做之题,做宰相时自无不能做之事,此亦其所素习者然也。谬妄糊涂,其曷足怪?

其二害曰:坏心术。揆皇始创为经义之意[24],其主于愚民与否,吾不敢知。而天下后世所以乐被其愚者,岂不以圣经贤传,无语非祥,八股法行,将以"忠信廉耻"之说渐摩天下,使之胥出一途,而风俗亦将因之以厚乎?而孰知今日之科举,其事效反于所期,有断非前人所及料者。今姑无论试场大弊,如关节、顶替、倩枪、联号[25],诸寡廉鲜耻之尤,有力之家,每每为之,而未尝稍以为愧也。请第试言其无弊者,则孔子有言:"知之为知之,不知为不知,是知也"[26],故言止于所不知,固学者之大戒也。而今日八股之士,乃真无所不知。夫无所不知,非人之所能也。顾上既如是求之,下自当以是应之。应之奈何?剿说[27]是已。夫取他人之文词,腆然自命为己出,此其人耻心所存,固已寡矣。苟缘是而侥幸,则他日掠美作伪之事愈忍为之,而不自知其为可耻。然此犹其临场然耳。至其平日用功之顷,则人手一编,号曰揣摩风气。即有一二聪颖子弟,明知时尚之日非,然去取所关,苟欲求售,势必俯就而后可。夫所贵于为士,与国家养士之深心,岂不以矫然自守,各具特立不诡随[28]之风,而后他日登朝,乃有不苟得不苟免[29]之慨耶!乃今者,当其做秀才之日,务必使之习为剽窃诡随之事，致令羞恶是非之心[30]，旦暮梏亡，所存濯濯[31]。又何怪委贽通籍[32]之后，以巧宦为宗风，以趋时为秘诀。否塞晦盲[33]，真若一丘之貉。苟利一身而已矣，遑恤民生国计也哉！且其害不止此。每逢春秋两闱[34]，其闱内外所张文告，使不习者观之，未有不欲股弁[35]者。逮亲见其实事，乃不徒大谬不然，抑且变本加厉。此奚翅[36]当士子出身之日，先教以赫赫王言，实等诸济窍飘风[37]，不关人事，又何怪他日者身为官吏，刑在前而不慄，议在后而不惊。何则？凡此又皆所素习者然也。是故今日科举之事，其害不止于锢智慧，坏心术，其势且使国宪王章渐同粪土，而知其害者，果谁也哉？

其三害曰：滋游手[38]。扬子云有言："言，心声也；书，心画也。"[39]故知语言文字二事，系生人必具之能。人不知书，其去禽兽也，仅及半耳。中国以文字一门专属之士，而西国与东洋则所谓四民之众，降而至于妇女走卒之伦，原无不识字知书之人类。且四民并重，从未尝以士为独尊，独我华人，始翘然以知书自异耳。至于西洋理财之家，且谓农工商贾皆能开天地自然之利，自养之外，有以养人，独士枵[40]然，开口待哺。是故士者，固民之蠹也。唯其蠹民，故其选士也，必务精，而最忌广；广则无所事事，而为游手之民，其弊也，为乱为贫为弱。而中国则后车十乘，从者百人，孟子已肇厉阶[41]。至于今日之士，则尚志不闻，素餐[42]等诮。十年之间，正恩[43]累举，朝廷既无以相待，士子且无以自存。槭朴丛生[44]，人文盛极。然若以孙文台杀荆州太守坐无所知者[45]例之，则与当涂公卿，皆不容于尧舜之世者也。况夫益之以保举，加之以捐班[46]，决疣溃痈[47]，靡知所届[48]。中国一大豕也，群虱总总，处其奎蹄曲隈，必有一日焉，屠人操刀，具汤沐以相待，至是而始相吊焉，固已晚矣。[49]悲夫！

夫数八股之三害，有一于此，则其国鲜不弱而亡，况夫兼之者耶！今论者将谓八股取士，固未尝诚负于国家，彼自明以来用之矣，其所收之贤哲钜公，指不胜屈，宋苏轼尝论之矣[50]。果循名责实之道行，则八股亦何负于天下？此说固也，然不知利禄之格既悬，则无论操何道以求人，将皆有聪明才智之侪入其彀[51]。设国家以饭牛取士，亦将得宁戚、百里大夫；[52]以牧豕取士，亦将得卜式、公孙丞相[53]。假当日见其得人，遂以此为科举之恒法，则诸公以为何如？夫科举之事，为国求才也，劝人为学也。求才为学二者，皆必以有用为宗。而有用之效，征之富强；富强之基，本诸格致。不本格致，将无所往而不荒虚，所谓"蒸砂千载，成饭无期"者矣。彼苏氏之论，取快一时，盖方与温公、介甫立异抵巇[54]，又何可视为笃论耶！总之，八股取士，使天下消磨岁月于无用之地，堕坏志节于冥昧之中，长人虚骄，昏人神智，上不足以辅国家，下不足以资事畜[55]。破坏人才，国随贫弱。此之不除，徒补苴罅漏，张皇幽渺[56]，无益也，虽练军实、讲通商，亦无益也。何则？无人才，则之数事者，虽举亦废故也。舐糠及米[57]，终致危亡而已。然则救之之道当何如？曰：痛除八股而大讲西学，则庶乎其有瘳[58]耳。东海可以回流，吾言必不可易也。

难者曰：夫八股锢智慧，坏心术，滋游手，积将千年之弊，流失败坏，一旦外患凭陵，使国家一无可恃。欲战则忧速亡，忍耻求和，则恐寖微寖灭。当是之时，其宜改弦更张，不待议矣。顾惟是处存亡危急之秋，待学问以图功，将何殊播谷饲蚕，俟获成献功，以救当境饥寒之患。道则是矣，于涂无乃迂乎？今先生论救亡而以西学格致[59]为不可易，夫格致何必西学，固吾道《大学》之始基也，独其效若甚赊[60]，其事若甚琐。朱晦翁《补传》一篇，大为后贤所聚讼[61]，同时陆氏兄弟[62]，已有逐物破道之讥。前明姚江王伯安，儒者之最有功业者也，格窗前一竿竹，七日病生。[63]其说谓"格"字当以孟子格君心之非，及今律格杀勿论诸"格"字为训[64]，谓当格除外物，而后有以见良知之用，本体之明[65]。此尤事功无待格致之明证，而先生谓富强以格致为先务，蒙[66]窃惑之。其说得详闻欤？

王栻主编：《严复集》，中华书局，1986年。

**注释**

〔1〕谬悠：荒诞无稽。

〔2〕影响：指不真实。

〔3〕《学》《庸》《语》《孟》：分别指《大学》《中庸》《论语》《孟子》。

〔4〕开宗明义，明德新民：语见《礼记·大学》开首。"大学之道，在明明德，在亲民，在止于至善。"宋程颐注："亲，当作新。"

〔5〕执简操觚：犹言伸纸执笔。简，竹简。觚，古代用来写字的木简。操觚，指作文。

〔6〕擒挽之死法：擒挽，八股文的一种写法。这里泛指八股文的死板写作方法。

〔7〕观风使：指科举考试的主考官。清代学政及地方官到任时，命题考试士子，称"观风"。

〔8〕兔册：《兔园册》，唐朝人编，五代时流行于村塾，作为学童读本。这里借指学习八股文的教本。

〔9〕功令：考试法规。

〔10〕羌无一是：没有一件是对的。羌，发语词。

〔11〕博一衿：意即考中秀才。古时学子服青衿，博得一领青衿，指成为府州县学生员。

〔12〕领乡荐：意即考中举人。唐制，由州县地方官推举赴京师应礼部试，称"乡荐"。后称乡试中试为"领乡荐"。

〔13〕觊民社：觊觎人民和国家的事，意即跻身统治阶层。

〔14〕贡士：原指地方政府荐给中央的人才，这里指举人到京城参加会试，考中后经殿试成进士。

〔15〕词林：翰林院。

〔16〕宰百里：管辖百里以内的区域，这里指任知县等地方官。

〔17〕曹司：中央各部下面的官署。

〔18〕珥笔：古时史官、谏官入朝把笔插在冠侧以便随时记录，称"珥笔"。这里指史官和谏官。

〔19〕公卿跬步：指离公卿的地位十分接近。跬步，半步。

〔20〕通天地人之谓儒：语见扬雄《法言·君子》。汉儒认为自然界的现象与人事有关，如天上的彗星出现、地上发生地震，都是上天对人君的告诫，只有儒者才能了解这种天地人之间的关系。

〔21〕宾兴：指朝廷对科举考试的人以宾客礼款待，并加以推荐。

〔22〕铩羽：羽毛摧落，喻受挫折。这里指没有考中。

〔23〕吾以半部《论语》治之足矣：宋朝宰相赵普曾对宋太宗说，"臣有《论语》一部，以半部佐太祖定天下，以半部佐陛下致太平"。事见《鹤林玉露·地集》卷一。这里借用来讽刺儒者的愚昧无知和狂妄自大。

〔24〕揆皇始创为经义之意：意为揣度首先创行用经义取士的目的。揆，揣度。

〔25〕关节、顶替、倩枪、联号：关节，即"通关节"，指考生与考官勾结，暗中作弊。顶替，冒名请人代考。倩枪，请同考的人代做考卷。联号，考试前买通编号的人，把自己和帮手的号码编成联号，以便作弊。

〔26〕知之为知之，不知为不知，是知也：语见《论语·为政》。

〔27〕剿说：抄袭别人的东西。

〔28〕诡随：谲诈善变。

〔29〕不苟得不苟免：指不贪财、不贪生怕死。《礼记·曲礼上》："临财毋苟得，临难毋苟免。"

〔30〕羞恶是非之心：见《孟子·告子上》。"恻隐之心，人皆有之；羞恶之心，人皆有之；恭敬之心，人皆有之；是非之心，人皆有之。"

〔31〕旦暮梏亡，所存濯濯：见《孟子·告子上》。"牛山之木尝美矣，以其郊于大国也，斧斤伐之，可以为美乎？是其日夜之所息，雨露之所润，非无萌蘖之生焉，牛羊又从而牧之，是以若濯濯也。……则其旦昼之所为，有梏亡之矣。"梏亡，经搅乱而亡失。濯濯，光秃秃的样子。

〔32〕委贽通籍：委贽，古代臣下向君主献礼，表示献身。贽，通"质"。《国语·晋语九》："臣闻之，委质为臣，无有二心，委质而策死。"韦昭注："言委贽于君，书名于册，示必死也。"通籍，把名籍通达到朝廷。这里委贽、通籍都表示开始做官。

〔33〕否塞晦盲：否塞，上下阻塞不通。否，音 pǐ。晦盲，昏暗不明。

〔34〕春秋两闱：指乡试和会试。科举时代，每三年举行一次考试。在二月举行会试，考进士，称春试，亦称春闱。在八月举行乡试，考举人，称秋试，亦称秋闱。闱，指考场。

〔35〕股弁：两腿发抖。

〔36〕奚翅：何止是。

〔37〕济窍飘风：语见《庄子·齐物论》。"泠风（小风）则小和（发出小的相和

声），飘风（大风）则大和，厉风（烈风）济（止）则众窍为虚（各种窍穴都寂静无声）。"这里指朝廷命令像风停声寂不起作用。

〔38〕滋游手：增加游手好闲的人。

〔39〕言，心声也；书，心画也：语见《法言·问神》。

〔40〕枵：音 xiāo，腹中空虚，饥饿。

〔41〕孟子已肇厉阶：事见《孟子·滕文公下》。"彭更问曰：'后车数十乘，从者数百人，以传食于诸侯，不以为泰乎？'"孟子曰："非其道，则一箪食不可受于人；如其道，则舜受尧之天下，不以为泰。子以为泰乎？"

〔42〕素餐：指不劳而坐食、无功而受禄。

〔43〕正恩：指正科、恩科。科举时代按照规定年限举行的考试，称正科。在规定年限以外，特恩开科取士，称恩科。

〔44〕械朴丛生：比喻人才众多。这里指八股出身的人很多。

〔45〕孙文台杀荆州太守坐无所知者：孙文台，即孙坚，三国时吴主孙权的父亲。荆州太守王叡素待孙坚无礼。孙坚率兵诈入荆州城内，以"坐无所知"（坐食不干事，什么都不了解）的罪名逼杀王叡。

〔46〕捐班：出钱买官。

〔47〕决疣溃痈：这里指用卑鄙的手段来谋取官职。

〔48〕靡知所届：不知道极限在哪儿。这里指为了谋取官职，什么手段都使得出来。

〔49〕中国一大豕也，群虱总总，处其奎蹄曲隈，必有一日焉，屠人操刀，具汤沐以相待，至是而始相吊焉，固已晚矣：事见《庄子·徐无鬼》。"濡濡者，豕虱也，择疏鬣自以为广宫大囿，奎蹄曲隈，乳间股脚，自以为安室利处，不知屠者之一旦鼓臂布草操烟火，而己与豕俱焦矣。"总总，状多。奎，两髀（股外）间。曲隈，弯曲隐蔽处。

〔50〕彼自明以来用之矣，其所收之贤哲钜公，指不胜屈，宋苏轼尝论之矣：见《宋史·苏轼传》。"至于贡举之法，行之百年，治乱盛衰，初不由此。陛下视祖宗之世，贡举之法与今为孰精？言语文章与今为孰优？所得人才与今为孰多？天下事与今为孰办？"

〔51〕将皆有聪明才智之俦入其彀：彀，音 gòu，箭所能射及的范围。《唐摭言·述进士上篇》："文皇帝（唐太宗）……尝私幸端门，见新进士缀行而出，喜曰：'天下英雄，入吾彀中矣！'"

〔52〕设国家以饭牛取士，亦将得宁戚、百里大夫：饭牛，喂牛。事见《离骚》王逸注："宁戚，卫人……修德不用，退而商贾。宿齐东门外；桓公夜出，宁戚方饭牛叩角而商歌，桓公闻之，知其贤，举用为客卿，备辅佐也。"百里大夫，即百里奚，春秋时虞国人，曾到东周，时王子颓爱好牛，便以会养牛自荐。后来辅佐秦穆公，为大夫，执国政。事见《史记·秦本纪》。

〔53〕卜式、公孙丞相：卜式，汉朝河南人，因牧羊致富。汉武帝令他在上林苑牧羊，官至御史大夫。公孙丞相，即公孙弘，汉朝薛人。家贫，在海边牧猪。汉武帝时做丞相。事见《汉书·公孙弘卜式儿宽传》。

〔54〕温公、介甫立异抵巇：温公，司马光，死后赠太师、温国公。他对科举的主张见《议学校贡举状》："进士专尚属辞，不本经术；明经专于诵书，不识义理。"他认为辞章记诵不能见真学问，主张进士考经义、子史、时务，明经考大义、时务。介甫，王安石，字介甫。他主张由学校来培养人才，用经义策论来考试，反对考诗赋和记诵。抵巇(xī)，攻击，辩驳。

〔55〕事畜："仰事俯畜"，旧谓对上侍奉父母，对下养育妻子儿女。泛称维持一家生活。

〔56〕补苴罅漏，张皇幽眇：语出韩愈《进学解》。补苴(jū)罅(xià)漏，补空罅、塞漏洞。罅，裂缝，漏洞。苴，做鞋垫的草，可以补塞鞋上的空洞。张皇，夸大。幽眇，精微。

〔57〕舐糠及米：语见《史记·吴王濞传》。"里语有之，'舐糠及米'。"索隐："言舐糠尽则至米，谓削土尽则至灭国也。"

〔58〕妘：安定。

〔59〕格致：《大学》曰"古之欲明明德于天下者，先治其国；欲治其国者，先齐其家；欲齐其家者，先修其身；欲修其身者，先正其心；欲正其心者，先诚其意；欲诚其意者，先致其知，致知在格物"。严复所说的"格致"，指西方的自然科学，和《大学》的格物致知所指品德修养不同。

〔60〕赊：迟缓。

〔61〕朱晦翁《补传》一篇，大为后贤所聚讼：朱晦翁，即朱熹。《补传》，指朱熹编著《大学章句》时补上的文字："所谓'致知在格物'者，言欲吾之知，在即物而穷其理也。"意思是对事物的推究，可以认出那个"理"来。《补传》的观点后来遭到许多人反对，故文中说"大为后贤所聚讼"。

〔62〕陆氏兄弟：指陆九龄、陆九渊。陆九龄，字子寿；陆九渊，字子静，宋金

溪（今属江西）人。他们提出"心即理"的命题，反对朱熹的"即物穷理"，主张尊德性，即从提高品德入手，向内用功夫，反对朱熹的"道问学"，即从研究事事物物入手，从外物上用功夫。

〔63〕前明姚江王伯安，儒者之最有功业者也，格窗前一竿竹，七日病生：王伯安，即王守仁。事见钱德洪《阳明先生年谱》。王守仁早年信奉朱熹的"即物而穷其理""一草一木，皆含有至理"的理论，曾站在窗前，面对竹子，苦思冥想，想通过那个竹子"格"出"理"来。"格"了七天，他病倒了，后来不再相信朱熹的理论。

〔64〕其说谓"格"字当以孟子格君心之非，及今律格杀勿论诸"格"字为训：见《传习录》。王守仁用《孟子·离娄》的"格君心之非"及明朝法律上"格杀勿论"的"格"字来解释"格物"的"格"字。格君心之非，即改正君子心中的邪念。格，击杀。

〔65〕格除外物，而后有以见良知之用，本体之明：格除外物，即除去私欲。王守仁认为私欲除去了，就能显出本心的光明来。

〔66〕蒙：愚昧无知。此为自称谦辞。

# 梁启超教育论著选[*]

梁启超（1873—1929），字卓如，号任公，别号饮冰室主人，广东新会（今属广东江门）人，近代思想家、政治家、史学家、文学家、教育家。16岁中举，后结识康有为并投其门下，成为戊戌变法的主要领导人之一。参与主办《时务报》《清议报》《新民丛报》等报刊。24岁到湖南长沙任时务学堂中学总教习。推动戊戌变法，失败后，东渡日本，流亡10余年，辛亥革命后回国。晚年专事讲学和著述，52岁任清华研究院导师，兼南开等几所大学教授。教育思想方面，充分认识到教育的地位和作用，多次指出"教育为立国之根本"；主张变革科举制度，倡导在全国范围设立完整的各级各类学校；提出改革课程内容，设立西学；改革教学法，实施直观的教学原则。著作主要有《饮冰室合集》《变法通议》《上南皮张尚书论改书院课程书》《倡设女学堂

---

[*] 梁启超教育论著选文的标点及分段皆为编者所加。

启》等。

《变法通议》共有14篇文章，较系统和详细地提出思想、政治、经济、文化、教育等各领域的变法主张。他针对当时中国落后、急需变法的现状，主张改革官制和科举取士制度，兴办新式学校培养变法人才；同时，强调了师范教育、女子教育以及儿童教育的重要性。关于学校教育的议论，集中在《学校总论》《论科举》《论师范》《论女学》《论幼学》等篇中。

## 学校总论（节录）

吾闻之《春秋》三世之义[1]，据乱世以力胜，升平世智力互相胜，太平世以智胜。草昧伊始，蹄迹交于中国，鸟兽之害未消，营窟悬巢，乃克相保，力之强也。顾人虽文弱，无羽毛之饰，爪牙之卫，而卒能槛絷兕[2]、虎，驾役驼、象，智之强也。数千年来，蒙古之种，回回之裔，以房掠为功，以屠杀为乐，屡躁各国，几一寰宇，力之强也。近百年间，欧罗巴之众，高加索之族，藉制器以灭国，借通商以辟地，于是全球十九，归其统辖，智之强也。世界之运，由乱而进于平；胜败之原，由力而趋于智。故言自强于今日，以开民智为第一义。

智恶乎开，开于学；学恶乎立，立于教。学校之制，惟吾三代为最备：家有塾，党[3]有庠，术[4]有序，国有学，立学之等也；八岁入小学，十五而就大学，入学之年也；[5]六年教之数与方名，九年教之数日，十年学书记，十有三年学乐诵诗，成童学射御，二十学礼，受学之序[6]也；比年入学，中年考校，以离经辨志为始事，以知类通达为大成，课学之程也[7]。《大学》一篇，言大学堂之事也；《弟子职》一篇，言小学堂之事也；《内则》一篇，言女学堂之事也；《学记》一篇，言师范学堂之事也。《管子》言农工商，群萃而州处，相语以事，相示以功，故其父兄之教不肃而成，其子弟之学不劳而能，是农学工学商学，皆有学堂也[8]。孔子言以不教战，是谓弃民[9]。晋文[10]始入而教其民，三年而后用之；越王栖于会稽，教训十年[11]，是兵学有学堂也。其有专务他业，不能就学者，犹以十月事讫，使父老教于校室[12]（见《公羊传》宣十五年注），有不帅教者，乡官简而以告，其视之重而督之严也如此。故使一国之内，无一人不受教，无一人不知学。《兔罝》之野人，可以备干城；[13]《小戎》之女子，可以敌王忾；[14]贩牛之郑商，可以退敌师；[15]斫轮之齐工，可以语治道；[16]听舆人之诵，可以定霸；[17]采乡校之议，可以闻政[18]。举国之人，与国为体，填城溢野，无非人才。所谓以天下之目视，以天下之耳听，以天下之虑虑，三代盛强，盖以此也。

马贵与[19]曰："古者户口少而才智之民多，今户口多而才智之民少。"余悲其言。虽然，盖有由也。先王欲其民智，后世欲其民愚。天下既定，敌国外患既息，其所虑者，草泽之豪杰乘时而起，与议论之士援古义以非时政也。于是乎为道以钤制之。国有大学，省有学院，郡县有学官，考其名犹夫古人也；视其法犹夫古人也，而问其所以为教，则曰制义也，诗赋也，楷法也，不必读书通古今而亦能之，则中材以下，求读书求通古今者希矣。非此一途不能自进，则奇才异能之士，不得不辍其所学，以俛焉而从事矣。其取之也无定，其得之也甚难，则倜傥之才，必有十年不第，穷愁感叹，销磨其才气，而无复余力以成其学矣。如是则豪杰与议论之士必少，而于驯治天下也甚易。故秦始皇之燔诗书，明太祖之设制艺，遥遥两心，千载同揆[20]，皆所以愚黔首[21]，重君权，驭一统之天下，弭内乱之道，未有善于此者也。譬之居室，虑其僮仆窃其宝货，束而缚之，置彼严室，加扃鐍焉，则可以高枕而卧，无损其秋毫矣；独惜强寇忽至，入门无门，入闺无闺，悉索所有，席卷以行，而受缚之人，徒相对咋舌，见其主之难，而无以为救也。

凡国之民，都为五等：曰士，曰农，曰工，曰商，曰兵。士者学子之称，夫人而知也。然农有农之士，工有工之士，商有商之士，兵有兵之士。农而不士，故美国每年农产值银三千一百兆两，俄国值二千二百兆两，法国值一千八百兆两，而中国只值三百兆两。工而不士，故美国每自创新艺，报官领照者，二万二百十事，法国七千三百事，英国六千九百事，而中国无闻焉。商而不士，故英国商务价值二千七百四十兆两，德国一千二百九十六兆两,法国一千一百七十六兆俩,而中国仅二百十七兆两。兵而不士,故去岁之役,水师军船九十六艘,如无一船;榆关防守兵几三百营,如无一兵。今夫有四者之名,无士之实,则其害且至于此。矧[22]于士而不士,聚千百帖括卷折考据词章之辈,于历代掌故,瞠然未有所见,于万国形势,瞢然未有所闻者,而欲与之共天下,任庶官,行新政,御外侮,其可得乎?

今之言治国者,必曰仿效西法,力图富强,斯固然也。虽然,非其人莫能举也。今以有约之国十有六,依西人例,每国命一使;今之周知四国,娴于辞令,能任使才者,几何人矣?欧、美、澳洲、日、印、缅、越、南洋诸岛,其有中国人民侨寓之地,不下四百所,今之熟悉商务,明察土宜,才任领事者,几何人矣?教案、界务、商务,纷纷屡起,今之达彝情[23],明公法,熟约章,能任总署章京、各省洋务局者,几何人矣?泰西大国常兵皆数十万,战时可调至数百万,中国之大,练兵最少亦当及五十万,为千营,每营营哨官六员,今之习于地图,晓畅军事,才任偏裨者,几何人矣?娴练兵法,谙习营制,能总大众,遇大敌,才任统帅者,几何人矣?中国若整顿海军,但求与日本相敌,亦须有兵船百四十余艘,今之深谙海战,能任水弁者,几何人矣?久历风涛,熟悉沙线,堪胜船主、大副、二副者,几何人矣?陆军每营,水师每船,皆需医师二三人,今之练习医理,精达伤科,才任军医者,几何人矣?每造铁路,十英里需用上等工匠二员,次等六十员,今之明于机器,习于工程学,才任工师者,几何人矣?中国矿产,封鐍千年,得旨开采,设局渐多,今之能察矿苗,化分矿质,才任扑人者,几何人矣?各省议设商务局以保利权,今之明商理,习商情,才任商董者,几何人矣?能制造器械,乃能致强,能制造货物,乃能致富,今之创新法,出新制,足以方驾彼族,衣被天下者,几何人矣?坐是之故,往往有一切新法,尽美尽善,人人皆知,而议论数十年,不能举行者,苟漫然举之,则偾[24]辙立见,卒为沮抑新法者所诟詈,其稍有成效之一二事,则任用洋员者也。而轮船招商局、开平矿局、汉阳铁厂之类,每年开销之数,洋人薪水,几及其半。海关厘税,岁入三千万，为国饷源，而听彼族盘踞，数十年不能取代。即此数端论之，任用洋员之明效，大略可睹矣。然犹幸而借此以成就一二事，若决然舍旃[25]，则将并此一二事者而亦无之。呜呼！同是圆颅方趾[26]，戴天履地，而必事事俯首拱手，待命他人，岂不可为长太息矣乎！

梁启超：《饮冰室合集》，中华书局，1936年。

## 注释

〔1〕三世之义：古代公羊学派对历史所划分的三个演变阶段，即据乱世、升平世和太平世，是一种历史演变思想。

〔2〕兕：音sì，犀牛一类猛兽。

〔3〕党：古代地方组织，五百家为党。

〔4〕术：见本书《学记》注〔12〕。

〔5〕八岁入小学，十五而就大学，入学之年也：见《大戴记·保傅篇》。"古者年八岁而出就外舍，学小艺焉，履小节焉。束发而就大学，学大艺焉，履大节焉。"外舍，即小学。束发，即成童，年十五岁。

〔6〕受学之序：指《礼记·内则篇》所记载的先秦时期小学教育的学习次序。

〔7〕比年入学，中年考校，以离经辨志为始事，以知类通达为大成，课学之程也：见《礼记·学记》。"比年入学，中年考校。一年视离经辨志；三年视敬业乐群；五年视博习亲师；七年视论学取友；谓之小成。九年知类通达，强立而不反，谓之大成。"

〔8〕农工商，群萃而州处，相语以事，相示以功，故其父兄之教不肃而成，其子弟之学不劳而能，是农学工学商学，皆有学堂也：见《管子·小匡》。

〔9〕以不教战，是谓弃民：见《论语·子路篇》。"以不教民战，是谓弃之。"

〔10〕晋文：指晋文公（前697—前628），春秋时晋国君，名重耳，曾出奔在外十九年。

〔11〕越王栖于会稽，教训十年：越王，即勾践（？—前465），春秋末年越国君主，曾被吴国打败，后卧薪尝胆，刻苦图强，任用范蠡、文种等人整顿国政，十年生聚，十年教训，终于转弱为强，灭亡吴国。

〔12〕其有专务他业，不能就学者，犹以十月事讫，使父老教于校室：见何休《春秋公羊经传解诂》卷七。

〔13〕《兔罝》之野人，可以备干城：见《诗经·周南·兔罝》。"肃肃兔罝，椓之丁丁，赳赳武夫，公侯干城。"朱熹注："化行俗美，贤才众多，虽罝兔之野人，而其才之可用犹如此，故诗人因其所事以起兴而美之，而文王德化之盛，固可见矣。"

〔14〕《小戎》之女子，可以敌王忾：忾，恨怒之意。秦襄公恨怒西戎而征伐不休，妇人无怨旷之志，而能闵念其君子，故曰敌王所忾。《诗·秦风·小戎序》："《小戎》，美襄公也，备其兵甲以讨西戎，西戎方强，而征伐不休，国人则矜其车甲，妇人能闵其君子焉。"

〔15〕贩牛之郑商，可以退敌师：指弦高犒师事，见《左传·僖公三十三年》。弦高，春秋时郑国商人，路过滑国，遇见偷袭郑国的秦军，他便假托君命，以牛十二头犒师，并派人回郑告急。秦将见郑已有准备，即退兵。

〔16〕斫轮之齐工，可以语治道：见《庄子·天道》。文载齐桓公读书于堂上，轮扁斫轮于堂下，二人对答事。轮扁谓："臣也，以臣之事观之。斫轮，徐则甘而不固，疾则苦而不入。不徐不疾，得之于手而应于心，口不能言，有数存焉于其间。臣不能以喻臣之子，臣之子亦不能受之于臣，是以行年七十而老斫轮。古之人与其不可传也死矣，然则君之所读者，古人之糟魄已夫！"

〔17〕听舆人之诵，可以定霸：见《左传·僖公二十八年》。"夏四月戊辰，晋侯宋公、齐国归父崔夭、秦小子慭次于城濮。晋师背鄐而舍，晋侯患之，听舆人之诵曰：'原田每每，舍其旧而新是谋。'公疑焉。子犯曰：'战也。战而捷，必得诸侯。若其不捷，表里山河，必无害也。'"晋侯，即晋文公。舆人，众人。

〔18〕采乡校之议，可以闻政：《左传·襄公三十一年》载"郑人游于乡校，以论执政。然明请毁乡校"。子产曰："何为？夫人朝夕退而游焉，以议执政之善否。其所善者，吾则行之，其所恶者，吾则改之；是吾师也，若之何毁之？我闻忠善以损怨，不闻作威以防怨。岂不遽止，然犹防川，大决所犯，伤人必多，吾不克救也。不如小决使道，不如吾闻而药之也。"

〔19〕马贵与：马端临，字贵与，宋元时史学家，著有《文献通考》三百四十八卷，记载上古到宋宁宗时典章制度的沿革。

〔20〕揆：揣度，度量。

〔21〕黔首：秦代对国民的称谓。《史记·秦始皇本纪》："二十六年……更名民曰黔首。"这里是指老百姓。

〔22〕矧：音shěn，况且，何况。

〔23〕彝情：常情。

〔24〕偾：覆败。

〔25〕旃：音zhān，犹"之"。

〔26〕圆颅方趾：指人类。《淮南子·精神训》："故头之圆也像天，足之方也像地。"

## 论师范（节录）

今之识时务者，其策中国也，必曰兴学校。虽然，若同文馆、水陆师学堂等，固不得谓之非学校焉矣，然其成效也若彼。今使但如论者之意，自京师以及各省府州县，遍设学校，复古法，采西制以教多士，则其总教习当以数百，分教习当以数千，试问海内之士，其足以与斯选者，为何等人也？欲求之今日所谓耆学名宿，则彼方裹其所学，率天下士而为蠹鱼[1]为文鸟[2]，是欲开民智而适以愚之，欲使民强而适以弱之也。若一如今日诸馆诸学堂之旧例，则为之师者，固不知圣教之为何物，六籍之为何言，是驱人而梵毁诗书，阁束传记，率天下士而为一至粗极陋之西人。夫国家岁费巨万之帑，而养无量数至粗极陋之西人，果何取也？今夫由前之说，此吾国数百年积弱之根原；由后之说，则数十年来变法之所以无效也。

故欲革旧习，兴智学，必以立师范学堂为第一义。日本寻常师范学校之制（日本凡学校，皆分二种：一高等；二寻常）。其所教者有十七事：一、修身；二、教育；三、国语（谓日本文语）；四、汉文；五、史志；六、地理；七、数学；八、物理、化学（兼声、光、热、力等）；九、博物（指全体学、动植物学）；十、习字；十一、图画；十二、音乐；十三、体操；十四、西文；十五、农业；十六、商业；十七、工艺。今请略依其制而损益之：一须通习六经大义，二须讲求历朝掌故，三须通达文字源流，四须周知列国情状，五须分学格致专门，六须伢习诸国言语。以上诸事，皆以深知其意，能以授人为主义。至其所以为教之道，则微言妙义，略具于《学记》之篇，循而用之，殆庶几矣。

是故居今日而言变法，其无遽立大学堂而已，其必自小学堂始。自京师以及各省府州县，皆设小学，而辅之以师范学堂。以师范学堂之生徒，为小学之教习，而别设师范学堂之教习，使课之以教术。即以小学堂生徒之成就，验师范学堂生徒之成就。三年之后，其可以中教习之选者，每县必有一人。于是荟而大试之，择其尤异者为大学堂中学堂总教习，其稍次者为分教习，或小学堂教习。则天下之士，必争自鼓舞，而后起之秀，有所禀式，以底于成，十年之间，奇才异能，遍行省矣。不由此道，时曰无本，本之既拔，而日灌溉其枝叶以求华实，时曰下愚。

梁启超：《饮冰室合集》，中华书局，1936年。

## 注释

〔1〕蠹鱼：蛀蚀书籍的小虫，引申为侵蚀国家财富的人。
〔2〕文鸟：一种小鸟，与蠹鱼同为被贬之物。

# 第四章　外国近代教育经典名著选

在西方，这一时期教育与教育理论上所取得的进步与成就，与西方历史一样，超越过往几千年。英、法、德等主要西方国家均诞生了卓越的教育理论家和系统的教育理论著作，教育学成为一门独立的学科并趋于成熟，奠定了现代教育理论体系的坚实基础。

## 夸美纽斯《大教学论》选

扬·阿姆斯·夸美纽斯（Johannaes Amos Comenius，1592—1670），捷克杰出教育家。出生于磨坊主家庭，12岁成为孤儿，先后在兄弟会学校、拉丁文法学校完成初等与中等教育。1611年，入德国那撒公国赫波恩学院学习神学，两年后转入海德堡大学。1614年，担任拉丁文法学校校长，后兼任兄弟会学校校长。1628年，被迫离开捷克，侨居波兰，任兄弟会学校校长，兼任兄弟会长老。其间，开始进行系统的教育研究，先后写成《母育学校》（1630）、《语言学入门》（1631）、《大教学论》（1632）、《泛智论导言》（1639）等。1641—1648年，先后受邀到英国、瑞典、法国工作。1650年，被推举为捷克兄弟会大主教。不久，应邀赴匈牙利创办泛智学校，创作《世界图解》。1654年，回到波兰后不久，其住宅、手稿及大批书籍毁于战火。1656年，应邀到荷兰阿姆斯特丹并度过余生。夸美纽斯生活于宗教改革动荡时期，经历了民族压迫、宗教迫害和"三十年战争"的磨难，一生背井离乡、颠沛流离，但始终未放弃教育事业，亦从未中断对教育理论的研究和新教科书的编写工作。他为捷克的独立奋斗了一生，更是把一切献给了教育事业，所创立的教育学体系奠定了近代教育理论的基本框架，被誉为"教育学之父"等。

《大教学论》（*Didactica Magna*）出版于1632年。其内容远远超出"教学"的范围，实际上是一部系统的教育学著作，堪称近代教育学的奠基之作。全书33章，主要内容包括：人生与教育目的、改革旧教育建立新教育（1—14章），体育（15章），教学原则和教学组织形式（16—22章），道德教育（23—26章），学制系统及各级学校课程设置（27—32章），总结新教育的优势及可行性（33章）。

## 第十章 学校教育应该是周全的（节录）

一　我们已经说过，人人应该受到一种周全的教育，并且应该在学校里面受到。但是大家不可认为我们要求人人懂得（确切地或深刻地懂得）一切艺术与科学。这种知识的本身是没有用处的，并且人生短促，也没有人能够做到这一点。因为我们知道，每种科学都是极广泛、极复杂的……，即使智力很高的人，要想用考察与实验的方法去彻底精通它，也得占去他们一生一世的时光。……我们希望人人都去学习的是存在中的一切最重要的事物的原则、原因与用途。……

二　所以我们应该集中我们的精力，……在学校里面，并且借助学校做到（1）通过科学与艺术的研究来培植我们的才能；（2）学会语文；（3）形成诚笃的德行；（4）虔诚地崇拜上帝。

三　……人之所以真正成为人，无疑地是由于学校的媒介，所谓真正的人就是……：（1）一个理性的生物；（2）一个为一切生物之主并为自己之主的生物；（3）一个为造物主所爱的生物。……

四　所以，这三种品质必须在一切学校的一切青年身上培植。……

五　事物本身，在与我们有关方面说来，可以分为三类：（1）我们所能观察的东西，如同天地，以及天地之中的一切；（2）我们所能模仿的东西，如同一切事物中的稀有的秩序，这是人在行动中所应模仿的；（3）我们所能享受的东西，如同上帝的仁慈以及他在现世与永生所赐的种种的福。……

六　……学问、德行和虔信对于每个人都是同样重要的；无论我们从心灵的本体去看，或从我们被创造到这个世界来的目的去看，都是如此。

七　心灵的要素包含三种能力，使我们回想到没有经过创造的三位一体，就是智性、意志和记忆。智性的本分是观察事物之间的区别，甚至观察最细微的细节。意志是关于选择的——就是说，选择有益的事物而拒绝无益的事物。记忆是把用过智力与意志的一切事物保存起来，以备日后使用，并且提醒心灵，使它记得自己是依赖上帝的，知道自己的责任；在这一方面，它又叫作良心。……

……这种种能力（智性、意志与良心）是组成同一个心灵的，不能拆开，所以心灵的三种装璜，即博学、德行与虔信也是不能拆开的。

…………

一八　一个人的整个生活全视儿童时期所受的教导为转移，所以，除非人人的心都在小时候有所准备，能去应付人生中的一切意外，否则任何机会都会被错过。

## 第十六章　教与学的一般要求；即一定能产生结果的教与学的方法（节录）

### 原则一

七　自然遵守适当的时机。

比如：一只鸟儿要想繁殖它的种类，……它只在春天去繁殖，因为那时太阳给万物带回了生命与精力。并且繁殖也分好几个步骤。当天气还冷的时候，鸟儿把鸟卵怀在体内去给它们温暖，因为在体内，它们就不至受到寒冷的侵袭；一旦天气渐趋温暖，它便把蛋儿放到巢里，但是要到温暖的季节到来以后，娇嫩的幼鸟有了逐渐习惯光亮与温暖的机会的时候，才把它们孵化出来。

八　模仿。——同样，园丁当心地不违背季节去作任何事情。所以……他只在春天去种植，因为那时候水分已在开始从树根往上升，树木的上部在开始发芽了。对幼树很重要的是此后所需的各种处理，如下肥、修剪、剪枝之类，也必须选择恰当的时候。甚至树木本身的发芽、开花、生长、成熟，也是有它的正当时机的。

……

九　偏差。——学校犯了一种直接违反这个原则的双重错误。

1. 没有选择运用心灵的正当时机。

2. 心灵的运用没有正确地划分阶段，使一切进展能经各个必经的阶段去得到，一点也不漏掉。当孩子还是一个儿童的时候，他是不能够受教的，因为他的悟性的根芽离地面还太远。一旦老了，那时再去教他又太迟了，因为那时智性和记忆已在衰退。在中年的时候，教导是困难的，因为智性的力量分散到了形形色色的事物上面，不容易集中起来。所以，我们应该选定青年时期。这时生命和心灵都是生意盎然的，都在蓄集力量；一切事情都是精力饱满的，……。

一〇　纠正。——所以我们的结论是：

1. 人类的教育应从人生的青春开始，就是说，要从儿童时期开始。……

2. 早晨最宜于读书。……

3. 一切学科都应加以排列，使其适合学生的年龄，凡是超出了他们的理解的东西就不要给他们去学习。

## 原则二

一一　自然先预备材料，然后再给它形状。

比如：鸟儿想要产生一个和自己相似的生物，它便先用自己的一滴血去怀下胚胎；然后再预备生蛋的鸟巢，但是不到幼鸟已经形成，在蛋壳里面动弹的时候，不把它们孵化出来。

一二　模仿。——同样，小心谨慎的建筑家在开始兴造一所建筑以前，便先去收集许多木材、石灰、石头、铁，以及其他种种必需的东西，使自己日后不因缺乏材料以致被迫停止工作，或发现建筑物的坚固性受了损害。……

……

一三　偏差。——学校是违背了这个原则的犯人：第一，因为它们不经心，事先不去准备书籍、地图、图象、表解之类的机械帮助，不为一般的使用把它们准备好，而只在到了需要这样或那样的时候，他们才去做实验、画图、笔录、抄写等等工作，这种工作由一个不熟练的或是不当心的教员（这种教员的数目一天天在增加）做出来，结果是可悲的。……

一四　第二，因为甚至在学校所用的书籍里面，也没有遵守先材料、后形状的自然秩序。到处都是恰恰相反的情形。总是不自然地把事物的分类放在关于事物本身的知识前，虽则在被分类的事物没有出现以前，分类是不可能的。……

…………

十九　纠正。——所以，为使学校得到彻底的改进起见，下面各项是必需的：

1. 书籍与教学所需的材料必须事先准备好。
2. 悟性应该先在事物方面得到教导，然后再教它用语文去把它们表达出来。
3. 一切语文都不要从文法去学习，要从合适的作家去学习。
4. 关于事物的知识应该放在关于它们的组合的知识之前。
5. 例证应比规则先出现。

原则三

二十　自然选择一个合适的物件去动作，或是先把它加以合适的处理，使它变得合适。

比如，一只鸟儿不把别的东西放在它所伏着的巢里，它只把一件能孵出小鸟的东西放在里面，就是一个蛋。假如一块小石头，或任何其他东西掉到巢里去了，它就会认为没有用处，把它扔掉。但孵卵的过程中，它却把温暖给蛋里的物质，照顾它，直到孵出小鸟为止。

二一　模仿。——同样，建筑家尽量挑选质地优良的木材，砍下来，把它弄干、弄方，锯成木板。然后选择建筑的地点，把那地方扫除干净，打下一个新的基础，或是修整旧有的基础供他利用。

..........

二四　偏差。——学校是违背这个原则的犯人：不是因为它们收容了智性低劣的人（因为我们认为，一切青年都应该入学），主要是因为：

1. 这些幼小的植物不是移植到花园里的，即不是完全信托给学校，使凡是应当训练成人的人在他们的训练没有完毕以前，谁也不许离开这个工场。

2. 一般地说把最可贵的知识、德行与虔信的接穗接得太早了，在树干还没有生根以前就去接；就是说，在那些天性没有学习倾向的人的学习欲望还没有被激发起来以前就去接。

3. 在接穗以前，旁枝或吸根没有去掉；就是说，心灵还没有习于约束与秩序，从一切懒惰的倾向中解脱出来。

二五　纠正。——必须使：

1. 凡是进了学校的人都要坚持学习。

2. 在开始任何专门学习以前，学生的心灵要有准备，使能接受那种学习。

3. 应为学校清除一切障碍。

..........

## 原则四

二六　自然的作为不是杂乱无章的，它在前进的时候，是界限分明地一步一步进行的。

比如：生一只鸟儿的时候，它的骨骼、血脉、神经是在各别的不同时间里面形成的；在某一个时候，它的肉变结实了，在另外一个时候，它得到了覆盖身体的皮肤或羽毛，在另外一个时候，它学会了怎样飞。

二七　模仿。——一个建筑家打基础的时候，并不同时又去修墙，更不去修建屋顶，这些事情他只在适当的时候与适当的地点分别去进行。

..........

三○　偏差。——学校因为想要一次教给学生好些事情，于是就产生了混乱。……这就正像一个鞋匠同时想作六七双新鞋子，他一只一只轮流拿起来，才几分钟又放下了；又像一个面包师一样，他想把各种面包都放到他的炉灶里面，但是立刻又得把它们拿出来，放进去一种的时候便得把另外一种拿走。……

三一　纠正。——我们……不要使学文法的学生再学辩证法，也不要在他们的功课里面加上修辞学，去把他们弄迷糊。我们也要等拉丁文学好了再教希腊文，因为心灵同时从事几件事情的时候，它是不能把精力集中在一件事情上面的。

…………

三二　所以，学校应当这样组织，使学生在一定的时候只学一件事情。

原则五

三三　在自然的一切作为里面，发展都是内发的。

比如：以一只鸟儿而论，首先形成的不是足爪、羽毛或皮肤，而是体内各部分，体外各部分要到后来有了合适的时机再去形成。

三四　模仿。——同样，园丁并不把穗接在外表的树皮里面，也不接在木材的外层，而是切一个切口，切到木髓里面，把接穗尽量深深地插进去。

他就这样把接口弄得很牢固，使树汁不能跑掉，而被迫流到枝条里面，竭尽全力去把枝条灌活。

…………

三六　偏差。——有些教员在这一点上犯了错误，他们不对他们所教的孩子把学科彻底讲解清楚，却无止无休地要他们默写，要他们死记硬背。即使其中有人愿意讲清楚教材，也不知道怎样去讲清楚，就是说，不知道怎样去照料知识的根芽，不知道怎样进行知识的接穗。他们这样把学生弄得精疲力竭，就像一个想要在树上切一个切口的人一样，不去用刀，却用一根棍棒或者一个木锤去代替。

三七　纠正。——所以：

1. 学生首先应当学会理解事物，然后再去记忆它们，在这两点经过训练之前，不可强调言语与笔墨的运用。

2. 教师应该知道一切可以使悟性变锐敏的方法，应当熟练地应用那些方法。

原则六

三八　自然在它的形成进程中是从普遍到特殊的。

比如：一只鸟儿要从一个鸟卵产生出来。……是按照下列的程序。整个鸟卵得到了温暖；温暖产生运动，这种运动生出一个血脉系统，这就构成了一只整个的鸟儿的轮廓（划分了将要变成鸟头、鸟翼、鸟足等等的各部分）。在这个轮廓没有完成以前，个别的部分是不会被完成的。

三九　模仿。——建筑家把这种情形当作他的模范。他首先在他的头脑里，或在纸面上，或用木头替建筑大体做出一个计划。然后再奠基，筑墙，修建屋顶。在这种步骤没有完成以前，他是不会注意到完成一座房屋所必需的小节，如同门、窗、梯级等等东西的；最后他才加上装璜，如同绘画、雕刻和地毯之类。

…………

四三　偏差。——由此可见，不先把整个知识领域的一般轮廓放在学生跟前就去详细教授科学的各个部门是错误的，谁也不应该这样受到教导去精通知识的某一个部门，而没有彻底懂得它与其余一切部门的关系。

四四　由此又可知道，艺术、科学和语文教学，如果先不教明初步概念，便是教得不好的。……

四五　纠正。——医治这种没有系统的毛病的方法是：孩子们刚刚开始学习的时候，他们应当学到一般文化的基本原则，就是说，所学的科目要这样排列，使后学的功课不要带来新的材料，而只扩充孩子们业已学会的初步知识。……

（1）每种语文、科学或艺术必须先教它的最简单的原理，使学生对它能得到一种概念。（2）第二步就可以把规则和例子放在他的跟前，进一步去发展他的知识。（3）然后他就可以系统地学习那门学科，并且学习它的例外的与不规则的地方。（4）最后，就可以给他一种评注，虽则只有在绝对必要的情况之下才能给他。因为凡是开始就彻底学会了一门学科的人是很少用得着评注的,他是不久就可以自己去写评注了的。

原则七

四六　自然并不跃进,它只一步一步地前进。

一只小鸟的发展包括某些不能够省略或延搁的渐进的步骤,一直到它最后破壳而出为止。当它破壳而出时,母鸟并不让幼鸟去飞、去觅食(实际上它也做不到),它只自己喂它,用自己的身体替它保持温暖,这样去促进它的羽毛生长。当幼鸟的羽毛业已长好的时候,它并不立即把它从巢里抛出去,使它飞,而是首先教它在鸟巢里面展动它的翅膀,或蹲在鸟巢边上,然后再到靠近鸟巢的巢外去飞,先从一枝树枝飞到另外一枝树枝,然后再从一株树木飞到另外一株树木,再后才从一个山头飞到另外一个山头,最后一直到它具有充分的自信,能在旷野飞行为止。我们容易看出,这种种步骤之中的每一步骤都是必须在适当的时候去做到的;不仅时候应当合适,而且步骤也应当是渐进的;不仅要渐进,而且要是一种不变的渐进。

四七　模仿。——建筑家也是这样进行工作的。他并不从山墙或墙壁去着手工作,而是从基础去开始。一旦基础打好以后,他并不去修屋顶,而是去造墙壁。一句话,各个阶段的接连次序是依它们的相互关系而定的。

………………

四九　偏差。——所以,假如教员不为本身设想并为学生设想,不把他们所教的学科分成阶段,使每一阶段不仅可以直接导入另一阶段,而且每一个阶段都可以在一定的时限以内教完,这显然是很荒谬的。因为除非立定目标,预备好达到目标的方法,并且计划好利用这种方法的适当制度,那是容易有所省略或颠倒的,结果就是失败。

五〇　纠正。——所以:

1. 各个班级的一切功课都应该仔细分成阶段,务使先学的能为后学的开辟道路,指出途径。

2. 时间应该仔细划分,务使每年、每月、每日、每时,都有一定的工作。

3. 时间与学科的划分应该严格遵守，务使无所省略或颠倒。

### 原则八

五一　自然如果开始了什么工作，不到工作完成，决不离弃。

假如一只鸟儿受了自然冲动的督促，开始去孵卵，它不到孵出了小鸟是不离开的。假如它只孵几个小时，卵内的胚胎便会冷掉，死掉。甚至小鸟孵出以后，它也并不停止给它们的温暖，它一直要孵到小鸟已长强壮，生了羽毛，能御寒冷为止。

五二　模仿。——画家开始作画以后，如果中途不间断，直到画成为止，他也就会画出最好的作品。因为在这种情形之下，颜色就会结合得更好，粘得更牢。

…………

五五　偏差。——所以，假如孩子们连续上了几个月或者几年学之后，又长久地退出学校，去作别的事情，那是有害的，假如教员一会儿开始这门学科，一会儿又去开始那门学科，什么都没有满意地做完，也是同样有害的；最后，假如他不为每一小时派定一定的工作，把工作做完，使他的学生在每个时限之内得以向着所望的目标得到明显的进步，那也同样是致命的。……

五六　纠正。——所以：

1. 凡是进了学校的人，就应该继续留在学校，直到变成一个具有充分的学识、德行与虔信的人为止。
2. 学校必须设在一个安静的地点，要远离尘器和分心的事物。
3. 凡是学习计划规定该学的就必须学，一点不要规避。
4. 任何学童都不得凭借任何口实离开学校或逃学。

### 原则九

五七　自然小心地避免障碍和一切可能产生伤害的事物。

比如，当一只鸟儿正在孵化鸟卵的时候，它是不会让冷风，更不会让雨或雹去接触鸟卵的。而且它也会把蛇与鸷鸟等等赶走。

五八　模仿。——同样，建筑家也尽可能使他的木料、砖头和石灰保持干燥，不让他所建成的东西被破坏或塌下来。

..............

六一　偏差。——所以，当一个学生正在开始学习一门学科的时候，给他介绍一些争论之点。也就是让一个正在学习新事物的心灵采取一种怀疑的态度，这是愚蠢的。这不等于把一株刚刚开始生根的植物连根拔了起来吗……但是，假如青年人没有受到保护，避免不正确的、难理解的、写得不好的书本以及不良伴侣的侵袭，情形恰恰就是这样的。

六二　纠正。——所以我们要注意：

1. 学生除了适合他们班级的书本以外，不可得到别的书本。
2. 这种书本要是可以正当地称为智慧、德行与虔信的源泉的。
3. 在学校里面和在学校附近，学生都不许和不良的伴侣混在一起。

## 第二十章　科学教学法（节录）

一　……所谓正确的教学，我的意思是指把容易、彻底和迅速结合在一起的教学。

..............

三　凡想探索科学的神秘的青年，就必须小心地遵守这样四条规则：

1. 他必须保持他的心眼的纯洁。
2. 他必须使目标接近他的心眼。
3. 他必须注意。
4. 他必须按照一种合适的方法，从一个目标走向另一个目标。因为，这样他就可以有把握地、容易地领会一切事物。

四　凡是超过了我们的能力的，我们便不能够去支配，……但是防备它布满尘埃或变模糊则是我们的力所能及的。所谓尘埃，我的意思是指心灵的懒惰、无益和空虚的占用。因为我们的心灵是不断活动着的，像一块不断研磨的磨石一样，它由……外感官替它从各方面去供给原料，……但是主要的监视者——理性，如果不去不断监视，它便会得到没有价值的原料。所以，假如青年人不去从事没有价值的事情，假如他们经过了熟练的训练，能够喜爱有价值的和有用的事物，这个内心的磨盘……，就不至于布满尘埃了。

五　……凡是放到青年人的智力跟前的事物必须是些真实的事物，不是事物的影子。……它们必须是"事物"；所谓"事物"是指一定的、真实的、有用的，能够在感官与想象上面印上印象的东西。但是它们只有相离很近时才能生出这种印象。

六　我们由此可以为教师们找出一条金科玉律。在可能的范围以内，一切事物都应该尽量地放到感官跟前。一切看得见的东西都应该放到视官的跟前，一切听得见的东西都应该放到听官的跟前。气味应当放到嗅官的跟前，尝得出和触得着的东西应当分别放到味官和触官的跟前。……

七　关于这一点，我们有三个有力的理由。第一，知识的开端永远必须来自感官……所以，智慧的开端当然不仅在于学习事物的名目，而在于真正知觉事物的本身！要到事物被感官领会到了的时候，文字才可实现它的功用，给它以进一步的解释。

八　第二，科学的真实性与准确性依靠感官的证明多于其他一切。因为事物自己直接印在感官上面，而印在悟性上面则是间接的，是通过感官的。有一件事实可以表明这一点，就是从感觉得来的知识，我们立刻就相信，而先验的推理和别人的指证则总要诉之于感觉。推理所得的结论，除非它可以用例证去证实（例子的可靠性有赖于感官知觉），否则我们不会相信它。……假如我们想使我们的学生对事物获得一种真正和可靠的知识，我们就必须格外当心，务使一切事物都通过实际观察与感官知觉去学得。

九　第三，感官既是记忆的最可信托的仆役，所以，假如这种感官知觉的方法能被普遍采用，它就可以使知识一经获得之后，永远得以记住。比如，假如我尝过一次糖，看见过一只骆驼，听见夜莺唱过歌，或者到过罗马，每回都用心地把事实印在我的记忆中，那些事情便会是鲜明的、永存的。……

………………

一〇　假如事物的本身不能得到，便可以利用它们的模型图象。制造范本或模型，以供教学之用，植物学家、几何学家、动物学家和地理学家也可以采用同样的原则，他们应当利用他们所描述的事物的图象去阐明他们的描述。物理学书和其他地方也要这样办。比如，假如采用下述的计划，利用目击的演示，人体就可以得到很好的解释。应当找一付骨骼（大学里面通常所藏的也可以，木制的也可以），这付骨架上面应当有肌肉、肌、神经、静脉、动脉以及肠、肺、心、横隔膜和肝。这些东西应当用皮革作成，里面塞满羊毛，大小应当正确，应当放在正确的位置上，在每个器官上面应当写上它的名称和功用。……

　　…………

　　一二　……我们现在需要谈谈光亮了，没有光亮，事物呈现到眼睛跟前也是没有用处的。教学艺术的光亮是注意，有了注意，学生才能使他的心理不跑野马，才能了解放在跟前的一切事物。……假如一个教师想用知识去照耀一个置身在无知之中的学生，他就必须首先激起他的注意，使他能用一种贪婪的心理去吸取知识。……

　　一三　……我们现在要说说事物呈现到感官跟前所应采取的方式了。……如果要使事物明晰地被看到，那就必须：（1）把它放在眼睛跟前；（2）不要太远，要放在一个合理的距离以内；（8）不要放在一边，要直接放在眼睛前面；（4）使事物的前方不要偏离观看的人，而要对准观看的人；（5）眼睛先看整个事物；（8）然后再去分辨它的各个部分；（7）把各部分依次从头至尾考察一遍；（8）要注意每一部分；（9）直到通过它们的主要属性，全被领会为止。假如这些条件正确地被遵守了，视觉便会成功，但是，如果其中有一个条件被忽略了，成功便只是局部的了。

　　…………

　　一五　这种种，凡是教授科学的人都应该遵守，它们可以用九条极有用的规则表示出来。

　　（1）凡是应该知道的就必须教。

　　……教学的人要当心，不可对学生隐藏任何事情，无论是有意，……或者是疏忽。……诚实与勤劳是必需的两件事情。

一六　（2）凡是所教的都应该当作能在日常生活中应用并有一定用途的去教。

这就是说，学生应当懂得，他所学的东西……是我们身边的事实之一，他们应当懂得适当地熟识它对生活是大有用处的。这样一来，他的精力和精确性就可以得到长进。

一七　（3）凡是所教的都应该坦率地教，不可错综复杂地教。

这是说，我们应当直接去看事物，不可斜看，……斜看……会把它弄歪曲，弄混淆。事物应当就它们的真实性质放到学生的眼前，不可隐在字句、隐喻或夸张里面。……

一八　（4）凡是所教的都必须顾到它的真实的性质与起源去教；就是说，要通过它的原因去教。

…………

一九　（5）假如要学任何事物，它的一般原则必须首先得到解释。然后才可考虑它的细节，不到那时候不能考虑。

…………

二〇　（6）一件东西的一切部分，甚至最小的部分，都必须顾到它们的秩序、地位和彼此的关系去学习，不能稍有例外。

…………

二一　（7）一切事物都必须按照适当的顺序去教授，一次不可教一件以上。

…………

二二　（8）对于任何学科，非到彻底懂得之后，不可中途离弃。

……学生对于一门科学中的任何一点，在没有彻底精通并意识到他已彻底精通以前，是不可前进的。应当采用的方法是加强教学、考试和复述，直至达到预期的结果为止。……

二三　（9）应该强调事物之间所存在的区别，使我们所得的关于它们的知识来得明白而清晰。

……事实太多使一个学生吃不消，种类太多可以使他弄不清。所以，必须设法补救：在第一种情形之下要有次序，有了次序就可以一件一件地学；在第二种情形之下要仔细考虑自然界中存在的差别，以便永远看得清一件事物与另一件事物的区别是什么。……

二四　……必须把学校里所教的科学按照前述法则计划好。假如这样做了，每个教师就都不易射不中目的了。

[捷克]夸美纽斯著；傅任敢译：《大教学论》，人民教育出版社，1984年。

## 洛克《教育漫话》选

约翰·洛克（John Locke，1632—1704），英国哲学家、教育家。他出生于英格兰一个自由派律师家庭，曾就读于威斯敏斯特公学与牛津大学。尽管他是学校公认的优秀学生，但内心深处却十分厌恶当时流行的古典教学内容和经院式的教学方法，认为这与现实生活需要相距悬殊，进而萌生了革新思想。35岁那年，洛克结识了英国著名政治家沙甫兹伯利伯爵，受其青睐，担任其孙子的家庭教师。这段执教生涯，使洛克得以将自己的教育革新思想付诸实践，获得了较为丰富的教育经验。

《教育漫话》(Some Thoughts Concerning Education)，主题论述"绅士教育"，同时夹杂有关教育目的、教育作用等问题的论述。全书共217节，主要分为3部分：第1—30节论述身体保健；第31—146节论述道德教育；第147—216节论述智育；第217节为结论。

### 教育漫语（节录）

一　健康之精神寓于健康之身体，这是对于人世幸福的一种简短而充分的描绘。凡是身体精神都健康的人就不必再有什么别的奢望了；身体精神有一方面不健康的人，即使得到了别的种种，也是徒然。人们的痛苦或幸福，大部分是自己造成的。不善用心的人作事决不能够遵循正当的途径；身体孱弱的人，就是有了正当的途径也决不能获得进展。我承认有些人的身心生来就很坚实、健康，用不着别人多少帮助；他们凭着天赋的才力，自幼便能向着最好的境界去发展；凭着天赋的体质，生成能够做出伟大的事业。但是这样的人原是很少的；……

健康

二　我觉得孩子们的精神容易引导……精神固然是人生的主要部分，而我们关切的主要是内心，可是心外的躯壳也是不可忽略的。所以我打算首先谈谈身体的健康问题……

三　我们要能工作，要有幸福，必须先有健康；我们要能忍耐劳苦，要能出人头地，也必须先有强健的身体……

娇生惯养

四　我现在所要讨论的健康问题，不是说医生对于有病的、身体脆弱的儿童应该怎么办，而是说，父母对于儿女的本来健康的，至少是没有疾病的体格，在不借助于医药的范围以内，应该怎样维护它，改进它。……我打算详细说明一下；只是我有一种一般而准确的观察，希望妇女们仔细想想。这就是大多数儿童的身体，都因娇生惯养之故弄坏了，至少也受了损害。

温暖

五　第一件应该当心的事是：无论冬天夏天，儿童的衣着都不可过暖。我们初生的时候，面孔的娇嫩并不在身体其他部分之下。但是因为习惯了，它便较之其他部分受得起风寒了。

……只要我们从小习惯了，有许多看去似乎不可能的事情，我们的本性全是可以适应的。……

…………

六　我说到孩子的时候，都是用个"他"字来代表，因为我这篇文字的主要目的是在讨论青年绅士从小至大的养育方法，对于女孩子的教育不见得全能适用，虽则不同的性别所需的不同的对待，并不是一件难于辨别的事。

…………

### 习惯

一〇 我知道，户外游戏只有一宗危险，就是怕他跑来跑去，跑得热了的时候，坐在或躺在寒冷或潮湿的地上。这我是承认的，而且他们劳动或运动得发热的时候，如果饮了冷饮料，那是最足以使人感受寒热等等疾病，……。不过在他年幼的时候，随时有人照管，这种危险很容易防止。及他到了儿童时代，只要时时严格管教他，不准他坐在地上，渴了的时候，不准他喝冷饮料，那么一旦这种克制的功夫形成习惯之后，……就能使他自己照料自己了。……

### 衣服

一一 说到女孩子，我又想起一件事情来了，大家不可忘记，就是令爱的衣服千万不可做得太紧，尤其是胸口一带。你应该让"自然"按照它所认为最好的方式去形成体态。"自然"自己所作为的比我们指导它去作为的不但好得多，而且精确得多。……

一二 胸部狭窄，呼吸短促，肺弱和佝偻，是紧身和狭小的衣服的必然的、而且几乎是常见的结果。原来是想使他腰部苗条，身材秀丽的，结果反而害了他们。身体上各种器官所预备的养料，"自然"不能照着本来的意思去分配，身体各部分的发育自然不会匀称。……

…………

### 饮食

…………

一四 早餐晚餐可用牛乳、乳羹、稀粥、粥冻以及我们英国习用的种种食品，它们对于儿童都是顶合适的；只是有一点要注意，就是这种种食品都要清淡，不必多加作料，糖要少加，最好是不加；尤其是一切腊梅属的植物以及别种使血脉偾兴的东西，应该极力避免。他的一切食物里面，盐都不可放得太多，不可使他习于去吃味浓的肉类。……

…………

### 水果

二〇 ……关于水果问题，不是任何一条一般的规则可以包括得了的；因为我并不象某些人一样，差不多希望儿童完全不吃水果，认为水果对于他们完全不卫生；采取这种严峻的方法的结果，儿童反而会更爱水果，只要有了水果就会不分好坏，不管成熟与否一味乱吃的。……第一，不可照我们日常的办法一样，在餐后肚子吃饱了别的东西的时候再吃。我主张应该在餐前或两餐之间吃，儿童应该把它们当作早餐进用。第二，应与面包同吃。第三，要完全成熟了才吃。

……不用糖渍的干水果，我认为也是很卫生的。但是一切糖果都应避免不吃……

### 睡眠

二一　……睡眠是儿童最应多多享受的一件。只有睡眠是儿童可以充分享受的，只有睡眠最能增进儿童的生长与健康。惟一应该规定的一点是，一天二十四小时之间究竟哪一部分应当作为睡眠之用；这一点很容易解决，就是说，他们如能养成早起的习惯，那是再好不过的。早起顶有益于健康；如果有人能够从小养成一种固定的习惯，及时起床，毫不为难，那末，一旦成年之后，他就不会把他的生命之中最好最有用的时间去浪费在昏沉中、床褥上了。儿童早起，自然便得早睡；早睡的结果可使他们养成一种习惯，不去参加那种不健康、不安全的佚荡的夜生活；大凡早睡的人是很少有十分荡检逾闲的。……

### 卧床

二二　他的卧床应该是坚硬的，宁可用絮绒，不可用羽绒。硬床可以锻炼身体；至于每夜睡在羽绒被褥里，却是消融体魄的，那是虚弱的原因，短命的先兆。结石病的起因就是由于腰部穿着过暖之故，此外还有许多别的疾病，以及疾病之源的身体孱弱，……"自然"给予人们的甘露是睡眠。

### 便闭

二三　此外，还有一件对于健康大有影响的事情，就是按时大便；大便过频的人，很少有强健的思虑或强健的身体。但是大便过频的毛病，可以从饮食与药物两方面去医治,……反之,大便闭结也有害处,医治起来却困难得多;泻药虽然在表面上可以通便,实际是反而使得大便愈加闭结。

…………

### 药物

二九　关于他的一般健康事项,我只有药物一个问题要打扰你了。……大家应该神圣地遵守,就是千万别给儿童任何药物去为他预防疾病。……从我的理智与经验两方面,我都觉得儿童的娇嫩的身体应该尽量少加摆布,除非是到了万不得已,绝对需要的时候。……

三○　我对于与身体及健康有关的事项,这就说完了,总结起来,不过下面简简单单几条极易遵守的规则。就是:多吸新鲜空气,多运动,多睡眠;食物要清淡,酒类或烈性的饮料不可喝,药物要用得极少,最好是不用,衣服不可过暖过紧,尤其是头部和足部要凉爽,脚应习惯冷水,应与水湿接触。

### 精神

…………

三三　身体强健的主要标准在能忍耐劳苦,心理健强的标准也是一样。一切德行与价值的重要原则及基础在于:一个人要能克制自己的欲望,要能不顾自己的倾向而纯粹顺从理性所认为最好的指导,虽则欲望是在指向另外一个方向。

### 趁早

三四　我觉得一般人教养子女有个重大的错误,就是对于这一点没有及时加以充分的注意;精神在最纤弱、最容易支配的时候没有习于遵守约束,服从理智。……

…………

### 惩罚

四三　……现在我们应该更进一步,稍微详细讨论一下管教的细节了。我曾一再说到儿童应该严加管束,也许大家不免怀疑我太不从儿童的

271

脆弱的年岁与身体去考虑他们所应受到的对待了。……现在我所申述的只是说，无论需要何种严格的管理，总是儿童愈小愈须多用；一旦施用适度，获得效果之后，便应放松，改而采用比较温和的管教方法。
…………

### 自我克制

四五 ……第一，大凡不能克制自己的嗜欲，不知听从理智的指导而摒绝目前的快乐或痛苦的纠缠的人，他就缺乏一种德行与努力的真正原则，就有流于一无所能的危险。自制的脾气既与他们的不羁的本性根本相反，所以应当及早培养；同时，这种习惯又是未来的能力与幸福的真正基础，所以应当尽早打进他们的心里，当儿童刚有知识，刚能懂事的时候就要着手……

### 消沉

四六 第二，另一方面，如果儿童的精神过于沮丧；如果他们因为管教太严，精神过于颓唐，他们便会失去他们的活力和勤奋，……。
…………

### 奖励

五二 ……我们想使儿童变成聪明、贤良、磊落的人，用鞭挞以及别种奴隶性的体罚去管教他们是不合适的；只有万不得已的时候，和到了极端的情形之下，才能偶尔用用。反之，用儿童心爱的事物去奖励儿童，去讨取儿童的欢心，也应该同样小心地避免。凡是拿苹果、糖球或者别种为儿子所最喜爱的东西去使儿子念书的人，他就是认可了儿子对于快乐的爱恋，是纵容他所应该用尽全力去扑灭的危险的嗜好。……

五三 我的意思并不是说，我不准儿童享受一切无伤健康或者无损德行的舒适和快乐。我的意思恰恰与此相反，我主张无论什么可以使得他们得到快乐而无妨害的娱乐，儿童都可以大量地享受，以便尽量把他们的生活弄得快乐，有兴致；不过有一点要注意，他们获得这种种快乐，只是因为得到了父母与导师的重视与嘉许的结果；决不可因为他们不爱作某件事情，或者非用某种快乐去吸引就不愿作，所以便以此为报酬去给予他们。

### 名誉

五六　……儿童一旦懂得尊重与羞辱的意义之后，尊重与羞辱对于他的心理便是最有力量的一种刺激。如果你能使儿童爱好名誉，惧怕羞辱，你就使他们具备了一个真正的原则，这个原则就会永远发生作用，使他们走上正轨。……

我承认，这件事情最初看去不是没有困难的；但是我觉得我们还是值得去寻求达到这种目的的方法（寻得以后，还要实行），我认为这是教育上的一大秘诀。

〔英〕约翰·洛克著；傅任敢译：《教育漫话》，人民教育出版社，1985年。

## 卢梭《爱弥儿》选

让-雅克·卢梭（Jean-Jacques Rousseau，1712—1778），法国启蒙思想家、教育家。出生于瑞士一个钟表匠家庭，自幼生活艰辛，母亲早逝。10岁时，父亲远走他乡，自此过着漂泊流浪的生活。他酷爱书籍，广泛涉猎，到法国后深受启蒙思想家特别是伏尔泰的影响，参加了《百科全书》的撰写工作，成为思想进步、学识渊博之人。卢梭提倡自然主义教育，主张让儿童的身心自由发展，关注儿童天性问题，被称为"教育史上的哥白尼"，成为新旧教育的分水岭。代表作有《社会契约论》《忏悔录》《爱弥儿》等。

《爱弥儿》(Emile)是一部半小说半论文体的教育著作，构建了基于虚构人物——富家孤儿"爱弥儿"和他未来妻子"苏菲"的教育体系。全书共5卷，主要探讨的是自然主义教育理论：核心是"归于自然"，遵循儿童的天性；目的是培养"自然人"；原则是正确看待儿童并给儿童充分的自由；方法是按照年龄实施自然教育——婴儿期（0—2岁）教育（第1卷），强调孩子自然发展和体育教育的重要性，提出父母和教育者应亲自参与教育过程；童年期（2—12岁）教育（第2卷），认为感官教育是重点，反对过早进行理性教育，主张基于经验的学习；青少年期（12—15岁）教育（第3卷），重点是智育，仍应基于经验和感官认知；青年期（15—20岁）教育（第4卷），重点是德育，正确处理社会和人际关系，强调博爱和责任感；专门的女孩教育问题（第5卷），适当进行爱情教育。

### 第一卷（节录）

出自造物主之手的东西，都是好的，而一到了人的手里，就全变坏了。……他不愿意事物天然的那个样子，甚至对人也是如此，必须把人象练马场的马那样加以训练；必须把人像花园中的树木那样，照他喜爱的样子弄得歪歪扭扭。

不这样做，事情可能更糟糕一些；我们人类不愿意受不完善的教养。在今后的情况下，一个生来就没有别人教养的人，他也许简直就不成样子。偏见、权威、需要、先例以及压在我们身上的一切社会制度都将扼杀他的天性，而不会给它添加什么东西。……

……

我们生来是软弱的，所以我们需要力量；我们生来是一无所有的，所以需要帮助；我们生来是愚昧的，所以需要判断的能力。我们在出生的时候所没有的东西，我们在长大的时候所需要的东西，全都要由教育赐与我们。

这种教育，我们或是受之于自然，或是受之于人，或是受之于事物。我们的才能和器官的内在的发展，是自然的教育；别人教我们如何利用这种发展，是人的教育；我们对影响我们的事物获得良好的经验，是事物的教育。

所以，我们每一个人都是由三种教师培养起来的。一个学生，如果在他身上这三种教师的不同的教育互相冲突的话，他所受的教育就不好，而且将永远不合他本人的心意；一个学生，如果在他身上这三种不同的教育是一致的，都趋向同样的目的，他就会自己达到他的目标，而且生活得很有意义。这样的学生，才是受到了良好的教育的。

在这三种不同的教育中，自然的教育完全是不能由我们决定的，事物的教育只是在有些方面才能够由我们决定。只有人的教育才是我们能够真正地加以控制的；不过，我们的控制还只是假定的，因为，谁能够对一个孩子周围所有的人的言语和行为通通都管得到呢？

一旦把教育看成是一种艺术，则它差不多就不能取得什么成就，因为，它要成功，就必须把三种教育配合一致，然而这一点是不由任何人决定的。我们殚思极虑所能做到的，只是或多或少地接近目标罢了；不过，要达到这一点，还需要有一些运气咧。

············

我们生来是有感觉的，而且我们一出生就通过各种方式受到我们周围的事物的影响。可以说，当我们一意识到我们的感觉，我们便希望去追求或者逃避产生这些感觉的事物，我们首先要看这些事物使我们感到愉快还是不愉快，其次要看它们对我们是不是方便适宜，最后则看它们是不是符合理性赋予我们的幸福和美满的观念。随着我们的感觉愈来愈敏锐，眼界愈来愈开阔，这些倾向就愈来愈明显；但是，由于受到了我们的习惯的遏制，所以它们也就或多或少地因为我们的见解不同而有所变化。在产生这种变化以前，它们就是我所说的我们内在的自然。

……如果我们所受的三种教育只不过是有所不同的话，这是可以的；但是，当三种教育彼此冲突的时候，当我们培养一个人，不是为他自己，而是为了别人的时候，又怎样办呢？这样，要配合一致，就不可能了。由于不得不同自然或社会制度进行斗争，所以必须在教育成一个人还是教育成一个公民之间加以选择，因为我们不能同时教育成这两种人。

············

要有所成就，要成为独立自恃、始终如一的人，就必须言行一致，就必须坚持他应该采取的主张，毅然决然地坚持这个主张，并且一贯地实行这个主张。我等待着人们给我展现这样的奇迹，以便知道他是一个人还是一个公民，或者，他要同时成为这两种人，又是怎样做的。

············

现在要谈一谈家庭教育或自然的教育了。如果一个人唯一无二地只是为了他自己而受教育，那么，他对别人有什么意义呢？如果一个人所抱的两重目的能够结合为一个单独的目的，那么，由于消除了人的矛盾，他就消除了他的幸福生活中的一大障碍。要判断这个人，就必须看他成人以后是怎样的；必须在了解了他的倾向，观察了他的发展、注意了他所走的道路之后，才能作出判断；一句话，必须了解自然的人。……

…………

在社会秩序中，所有的地位都是有标记的，每个人就应该为取得他的地位而受教育。如果一个人是按照他命定的地位而培养的，则对其他的地位就不再适宜了。只有在命运同父母的职业一致的时候，教育才是有用的，而在其他的情况下，未尝不是由于教育给了学生的偏见，反而对他有害处。……

在自然秩序中，所有的人都是平等的，他们共同的天职，是取得人品；不管是谁，只要在这方面受了很好的教育，就不至于欠缺同他相称的品格。……从我的门下出去，……他首先是人：一个人应该怎样做人，他就知道怎样做人，他在紧急关头，而且不论对谁，都能尽到做人的本分；命运无法使他改变地位，他始终将处在他的地位上。……

我们要真正研究的是人的地位。在我们中间，谁最能容忍生活中的幸福和忧患，我认为就是受了最好教育的人。由此可以得出结论：真正的教育不在于口训而在于实行。我们一开始生活，我们就开始教育我们自己了；我们的教育是同我们的生命一起开始的，我们的第一个教师便是我们的保姆。"教育"这个辞，古人用时还有另外一个意思，那就是"养育"，不过，这个意思现在我们已经不再用它了。……教育、教训和教导，是三样事情，它们的目的也象保姆、塾师和教师的一样，是各不相同的。然而，这些区别没有被人们弄清楚；为了要受到良好的教育，儿童是不应该只跟从一个向导的。

…………

人们只想到怎样保护他们的孩子，这是不够的。应该教他成人后怎样保护他自己，教他经受得住命运的打击，教他不要把豪华和贫困看在眼里，教他在必要的时候，在冰岛的冰天雪地里或者马耳他岛的灼热的岩石上也能够生活。……所以，……问题在于教他如何生活。……

…………

新生的婴儿需要伸展和活动他的四肢，以便使它们不再感到麻木，因为它们蜷成一团，已经麻木很久了。不错，人们是让他的四肢伸展着的，但是人们却不让它们自由活动，甚至还用头巾把他的头包起来，似乎人们害怕他有活命的样子。

这样一来，促进身体内部发育的动力便在它要给孩子以运动时遇到了不可克服的障碍。孩子继续不断地枉自挣扎一阵，以致耗尽了他的体力，或者延迟了他的发育。他在衣胞里还没有他扎着尿布那样感到局促、痛苦和拘束。我看不出他生出来有什么好处。

…………

遵循自然，跟着它给你画出的道路前进。它在继续不断地锻炼孩子；它用各种各样的考验来磨砺他们的性情；它教他们从小就知道什么是烦恼和痛苦。出牙的时候，就使他们发烧；肠腹疼痛的时候，就使他们产生痉挛；咳嗽厉害的时候，就使他们喘不过气来；肠虫折磨他们；多血症败坏他们的血液；各种各样的酵素在他们的血中发酵，引起危险的斑疹。在婴儿时期，他们差不多都是在疾病和危险中度过的；出生的孩子有一半不到八岁就死了。通过了这些考验，孩子便获得了力量；一到他们能够运用自己的生命时，生命的本原就更为坚实了。

…………

一个好教师应该具有哪些品质，人们对这个问题是讨论了很多的。我所要求的头一个品质（它包含其他许多品质）是：他绝不做一个可以出卖的人。有些职业是这样的高尚，以致一个人如果是为了金钱而从事这些职业的话，就不能不说他是不配这些职业的：军人所从事的，就是这样的职业；教师所从事的，就是这样的职业。那么，谁来教育我的孩子呢？这，我已经向你说过，要你自己。我不能教。你不能教！……

............

  所以，我决定给我一个想象的学生，并且还假设我有适合于进行其教育的年龄、健康、知识和一切才能，而且，从他出生的时候起就一直教育到他长大成人，那时候，他除了他自己以外，就不再需要其他的指导人了。我觉得，这个方法可以用来防止一个对他不信任的作者误入幻境；……。

............

  我只谈一下我跟一般人意见不同的地方。我认为，一个孩子的教师应该是年轻的，而且，一个聪慧的人能够多么年轻就多么年轻。如果可能的话，我希望他本人就是一个孩子，希望他能够成为他的学生的伙伴，在分享他的欢乐的过程中赢得他的信任。……

............

  我也认为，跟一个青年人相处四年，或教他二十五年，其间是有很大的差别的。你是在你的儿子已经成长的时候才给他找一个教师的；而我则希望他在出生以前就有一个教师。你所请来的这位教师每五年可以换一个学生；而我请来的这位教师则永远只教一个学生。……此外，我宁愿把有这种知识的老师称为导师而不称为教师，因为问题不在于要他拿什么东西去教孩子，而是要他指导孩子怎样做人。他的责任不是教给孩子们以行为的准绳，他的责任是促使他们去发现这些准绳。

  如果说一定要十分仔细地挑选一个老师，那么，也必须容许老师去挑选他的学生，尤其在打算挑一个学生来做样子的时候更是如此。不能根据孩子的天赋和性格来挑选，因为，一方面只有在我的工作完成的时候才知道他有怎样的天赋和性格，另一方面我是在他出生以前就接受了他作为学生的。假如我能够选择的话，我便照我假想的学生那样选择一个智力寻常的孩子。我们要培养的，只是一般的平常人；只有他们所受的教育才能作为跟他们相同的人的教育的范例。

............

  ……我不认为爱弥儿生长名门有什么不好。这毕竟是抢救了一个为偏见所牺牲的人。

爱弥儿是一个孤儿。他有没有父母，这倒没有什么关系。我承担了他们的责任，我也继承了他们的全部权利。他应该尊敬他的父母，然而他应该服从的只是我。这是我的第一个条件，或者说得确切一点，我唯一的条件。

我对上述条件还要附加一点，……除了我们两人同意以外，谁也不能把我们分开。

……我绝不愿意其他的人来搞坏我的事业；我希望单独教他，要不然，我宁可不插手这件事情。

## 第二卷（节录）

我们在这里开始谈人生的第二个时期，幼儿期到这里就该结束了，因为"幼儿"和"儿童"不是同义语。前者包括在后者之中，意思是指"不会说话的人"。……

当小孩子开始说话后，他们哭的时候就要少一些。这种进步是很自然的：一种语言代替了另外一种语言。……

…………

爱弥儿将来是不使用学走车、小推车和引步带的，当他知道怎样把一只脚移到另一只脚的前边时，我们就只是在有石子的地方才扶他一下，而且也只是为了使他很快地走过去。我不但不让他待在空气污浊的屋子里，反而每天都把他带到草地上去。在那里，让他跑，让他玩，让他每天跌一百次，这样反而好些：他可以更快地学会自己爬起来。从自由中得到的益处可以补偿许多的小伤。……

另外一种进步使孩子们觉得哭泣是没有那么必要的，这种进步就是他们的体力的增长。由于他们能更多地依靠自己，所以就不用经常地求助于人。有了体力，他们运用体力的智慧也跟着发展起来。正是在这第二个阶段开始了他个人的生活；在这个时候，他也意识到了他自己。记忆力使自我的感觉延续到他一生的每一个时刻；他真正地成为一个人，成为他自己。……

…………

……真正自由的人，只想他能够得到的东西，只做他喜欢做的事情。这就是我的第一个基本原理。只要把这个原理应用于儿童，就可源源得出各种教育的法则。

…………

……要让他在他的行动和你的行动中都同样感到有他的自由。当他的体力满足不了他的需要的时候，就要弥补他的体力之不足，但是只能够补充到恰好够使他自由活动，而不能让他随意地使唤人，因此，要使他在得到你的帮助的时候有一种羞愧的感觉，从而渴望自己能够及早地不要人家帮忙，及早地体体面面自己做自己的事情。

大自然是有增强孩子的身体和使之成长的办法的，我们绝不能违反它的办法。当一个孩子想走的时候，我们就不应该硬要他呆着不动，但是，如果他想呆在那里，我们就不应当逼着他去走。只要不用我们的错误去损害孩子的意志，他是绝不会做没有用处的事情的。只要他愿意，就让他跑跑跳跳、吵吵闹闹好了。他的一切运动，都是他日益增强的身体所必需的；不过，我们应当提防他去做他力所不能和必须别人代替他做的事情。因此，我们要仔细地分别哪些需要是他真正的需要、是自然的需要，哪些需要是由于他开始出现的幻想造成的，或者是由于我曾经谈到过的生活的过于优裕引起的。

…………

你要特别注意，切勿教孩子学会一套虚假的客气话，因为这种话可以让他在需要的时候当作咒语，使他周围的一切都听从他的意志的指挥，使他可以立刻得到他想要的东西。有钱的人实行了过分讲究礼仪的教育，因此必然使孩子们变得怪文雅的，他们给孩子们规定了一套辞令，好让他们说得谁也不敢反对，因此，他们的孩子说起话来既没有求人的语气，也没有求人的态度；他们求人的时候也如同命令人一样地傲慢，甚至还要过分，好像非要别人服从不可似的。……

……………

不要把你自己的过失推诿给别人：孩子们固然要受到他们耳濡目染的坏事的败坏，但同他们受你的教育不善的败坏相比，在程度上还是要轻一些的。你为了向他们灌输你所谓的良好的观念，就成天讲道说教，卖弄学问，结果，在灌输你那个思想的同时，又把二十个一点价值也没有的观念灌输给他们了：你尽管有满脑子的想法，可是没有看到在他们脑子中将产生什么效果。……

……………

要尊重儿童，不要急于对他作出或好或坏的评判。让特异的征象经过一再地显示和确实证明之后，才对它们采取特殊的方法。让大自然先教导很长的时期之后，你才去接替它的工作，以免在教法上同它相冲突。……

……………

我认为，小孩子是学不懂你教他的那些寓言的，因为，不论你怎样努力地把那些寓言写得很简单，然而由于你想通过它去进行教育，所以就不能不在其中加上一些小孩子无法理解的思想，而且，那些寓言虽然是写成了诗体便于背诵，但诗韵本身反而使它们更难于理解；所以，寓言写是写得很有趣了，但因此也就牺牲了它的鲜明的寓意。有许多的寓言是孩子们根本无法读懂的，而且对他们也是一无用处的。……

……………

我只补充一句话，而这句话是可以作为一个重要的准则的，那就是：一般地说，你不急于达到什么目的，反而可以很有把握和十分迅速地达到那个目的。

[法]卢梭著；李平沤译：《爱弥儿：论教育》上卷，人民教育出版社，1985年。

# 裴斯泰洛齐《葛笃德如何教育她的子女》选

约翰·享利赫·裴斯泰洛齐（Johann Heinrich Pestalozzi，1746—1827），瑞士民主主义教育家、教育改革家。出生于苏黎世一个医生家庭，父亲早亡，由母亲教养；童年时跟随身为乡村牧师的外祖父生活，深切认识到农民的悲惨境况；大学毕业后，受卢梭思想影响，开始了"拯救农村，教育救民"的探索。为通过教育改善平民特别是乡村贫民的生活状况，进而推动社会改良，60余年如一日地致力于教育实验和教育理论探索，先后在新庄"贫儿之家"（孤儿院）、斯坦兹孤儿院、布格多夫中学、伊弗东学校进行教育革新实验，并产生了重大影响。尤其是在伊佛东学校的教育实验取得了显著成效，使该校成为当时欧洲的"教育圣地"，吸引欧洲各地的教育家来取经学习。

裴斯泰洛齐一生热爱教育事业，执着于教育革新追求，在教育理论上有许多独创见解。他强调教育的首要功能与最终目的是促进人的发展，尤其是能力的发展，从而使人成为真正独立的人，并在社会上获得应有的地位；首次明确提出"教育心理学化"口号，要求把教育与教学工作置于儿童本性发展的自然法则基础上，协调发展儿童的道德、智慧和身体等各方面能力；提出并探索要素教育理论，认为教育都存在一些最简单的要素，教师从要素开始可以简化教学方法，提高教学效率，让儿童更快更好地学习；系统、具体阐述并实践了初等学校各科教学法。裴斯泰洛齐的教育思想与教育实践，对赫尔巴特、福禄培尔、第所多惠等教育家，以及19世纪欧美国家的教育变革产生了重要影响，兴起了"裴斯泰洛齐运动"。其代表作有《林哈德和葛笃德》《葛笃德如何教育她的子女》《天鹅之歌》等。

《葛笃德如何教育她的子女》（How Gertrude Teaches Her Children）系书信体教育小说，共15封书信，系统地阐述了裴氏的教育教学思想。第1—3封信体现了作者教育活动的思想基础和彻底进行教育改革的认识；第4—12封信介绍了教育心理学化理论和智育理论，包括要素教育论、直观性原则和初等学校各科教学法；第13封信论述了实践技能的重要性，认为为了使儿童个性和能力协调发展，必须重视培养儿童的体力活动能力；第14—15封信讨论了道德教育与宗教教育问题。

## 第五封信　知识的三个来源（节录）

……就我所知，总体说来，有三个来源。

第一个来源是大自然本身，凭借它的力量，我们的心智由模糊的感觉印象上升到清晰的概念。从这个来源派生出以下一些原理，这些原理应该看作是我正在寻求其本性的那些规律的基础。

1. 一切作用于我们感官的事物之所以是帮助我们形成正确意见的手段，仅仅由于它们的现象呈现在我的感官面前的是永恒的、不变的、主要的特性，不同于外表变化或外部特征。另一方面，它们又是错误的和迷惑的渊源，那是因为呈现在我们感官面前的现象是偶然特性，而不是它们的主要特性。

2. 每个感觉印象，当它完善地、牢固地印入一个多少有联系的完整的感觉印象系列，亦即人类的心智的时候，它可能容易地被添加上去，好像是不经心地被添加上去一样。

…………

4. ……一个人越是对众多事物进行本质的、综合的、广泛的观察，融会贯通，局限片面的观点就越不能将他引入歧途而导致对事物本性产生误解。而且，他接受大自然综合感觉印象的训练越少，就越容易在不同条件下，以对某一对象的个别观察搅乱了对事物基本特性的观察，甚至把本质的观察掩盖了。

5. 最复杂的感觉印象是建立在简单要素的基础上的。你对简单的要素完全弄清楚了，那么，最复杂的感觉印象也就变得简单了。

6. 当你对一件事物的本性或外貌进行探讨时，运用的感官越多，你就越能获得对该事物精确的知识。

在我看来这些就是自然机制的原理，这些原理本身正是从我们心灵的本性中导出的。这些原理又是与自然机制本身的普遍规律相联系的。对此，我现在只说："完善是大自然的伟大规律：一切不完善的东西都不是真实的。"

这些自然机制规律的第二个源泉，是与我们本性中情绪方面紧密交织的感觉印象的能力。

这种能力在其一切活动中摇摆于两种愿望之间：一是对各种事物进行学习和认识，二是享受各种事物，这种享受的愿望使学习和认识失去推动力。仅仅作为一种生理能力，我们人类的惰性被好奇心所刺激，而好奇心又被惰性所抑制。但是，无论是刺激力还是抑制作用，都只具有自然价值。然而，好奇心作为我们探究能力的感觉基础有巨大的价值。……

…………

自然机制规律的第三个源泉在于我们的学习能力与外界条件的关系。

人是受其居住地方限制的。如果他把住所悬挂于成百条线之上，在它周围划上成万条圆圈，那么，他有什么超越蜘蛛之处呢？……它们行为的实质在于：它们坐在其所划的圆圈的中心。但是，人所选择的不是去编织中心；他只是学习世界一切现实存在事物的自然面貌。当世界万物给他感觉印象时，世界万物是如何接近他所编制的中心的，他就如何去学习，两方面绝对成正比［在多数情况下，毋需他帮忙］。

## 第六封信　数目、形状、语言（节录）

朋友，你至少看到，为了使你明白我的理论，我煞费苦心。当你感到我收效甚微的时候，就请看在我煞费苦心的份上，予以原谅吧。

…………

……当自然机制的原理和规律开始对于我变得越来越清晰的时候，我马上想到它需要的不过是把它运用于教学的一些分科，多少世纪的经验已经运用它来发展人类才能，我认为这些就是一切教学艺术和知识的要素，即读、写、算，等等。

但是，当我试着这样做的时候，经验的增长使我逐渐发展了这样的信念，即这些教学分科不能看作是一切教学艺术和知识的要素，相反，它们肯定从属于这个课题的远为一般的见解。这一真理对教学十分重要。认识这一真理，是通过在这些分科工作中发展起来的。在过去长时间里，我只是孤立地看待它，后来也仅仅与有关分科联系起来看，把各种分散的经验联系起来。

这样，我发现阅读教学需要从属于说话能力。在努力探寻教学生说话的方法中，我才发现把这种艺术和大自然的顺序结合起来的原则，大自然的顺序是单词由声音发展而来，从单词又逐渐发展到语言。

其次，在致力于书写教学时，我发现需要把这种教学从属于绘画教学，在从事绘画教学中又要联系并从属于测量的教学。再次，进行拼法教学使我产生为早期儿童编写课本的需要，使用这种课本，我确信可以把三四岁儿童的实际知识提高到超过一般学校里七八岁的儿童。我的这些从实践中得到的经验，一方面确实一一地帮助了我的教学，同时也使我感到，我仍然不知道我的课题的真正范围和内在深度。

我长期探寻一切教学艺术的共同心理根源，因为我确信只有通过这个共同的心理根源，才可能发现一种形式，在这个形式中，人类的教养是经由大自然自身的绝对规律来决定的。很明显，这种形式是建立在心智的一般结构的基础上的，依靠这种心智结构，我们的理解力把感官从大自然接受来的感觉印象在想象中结合成一个整体，即形成一个概念，然后，逐渐地使这种概念清晰起来。

我对自己说："每一条线，每一个量，每一个词，都是由成熟的感觉印象产生的理解的结果，必须看作是使我们的概念一步步走向清晰的手段。"其次，一切教学基本上就是这么回事。所以，教学的原则必须从人类心智发展的永恒的第一个形式中引伸出来。

…………

……教学首先把混乱、模糊的感觉印象一个一个地呈现到我们的面前，然后把这些孤立的感觉印象以变化的姿势放到我们眼前，最后把它们跟我们早先已有的整个系统组合起来，清晰概念就是这样形成的。

这样一来，我们的学习就是从混乱走向确定；从确定走向明白；从明白走向完全清晰。

但是，大自然在大发展过程中总是坚持这样一条伟大的规律，就是要让我们的知识清晰，依赖于客观对象接触我们感官的远近。接触你感官的周围的一切之所以会混乱不清和难以弄清，在其他条件相等情况下，是与它远离你的感官成比例的；相反地，接触你感官的每一件事物之所以确定和容易弄清晰和弄明白，是与它靠近你的五官成比例的。

…………

你，你自身，就是你所有的感觉印象的中心；你自身也是你感觉印象的一个对象。你对自己内在的一切比对身外的一切更容易弄清晰，弄明白。你对自身内在的一切的感觉是一种确定的感觉印象；只有那些外在于你的东西才可能对你来说是混乱的感觉印象。由此可知，在涉及你自身范围内，你的自我认识的过程是比对来自你身外的东西的认识过程要短一步的。

你对自身的一切知道得很清晰，你自己知道的一切都是你的东西，并且是通过你自身而清晰起来的。因此，这条获得清晰概念之路在这一方向上比其他任何道路上更容易、更可靠；在所有的原理中没有比这个原理更清楚的了，即人对真理的认知，来自他关于自身的认知。

…………

在我长期奋斗之后，或确切地说在我胡乱幻想之后，我一心一意地要探明，一个有教养的人当他希望把呈现在眼前的含混不清的任何对象一一区别开来，并且逐渐使自己获得清晰的概念时，他是怎么做的而且如何肯定会做的。

在这种情况下，他将注意三件事情：

1. 在他面前的对象有多少？有哪几种？
2. 它们的外貌、形式或轮廓。
3. 它们的名称；他如何用一种声音或词来称呼它们。

这种人进行这样的观察活动而获得结果，显然意味着他已经形成了下面的能力：

1. 按照外貌而认识出不同的对象的能力和能讲出外貌所包含的内容的

能力；

2. 说出这些对象的数目并对自己说出它们的多或少来的能力；

3. 用语言称呼出这些对象数目和形状并且不会遗忘的能力。

我还认为，数目、形状和词一起，就是教学的基本手段，因为任何对象的外部特征的总和，就是由它的轮廓和它的数目组成的，并通过语言为我们的意识所掌握。

那么，从这种三重原则出发，并遵循它进行工作，肯定就是教学艺术的一条永恒不变的规律：

1. 教儿童把眼前任何物体看作一个单位，就是说，看作是从那些互相联系的东西中分离出来的单位；

2. 教他们认识每一物体的形状，就是说，它的大小和比例；

3. 尽可能快地使他们熟悉一切用以描述他们所知道的物体的词和名称。

由于儿童的教学应该从这三个基点上着手进行，那么十分明显，教学艺术首先要用来培养基本的计算能力、测量能力和说话能力，这些能力是一切精确认识物体意义的基础。我们应当用最严格的心理学的艺术来培养它们，努力强化它们，使之强而有力，并且作为发展和教养的手段，使它们达到最简单、最牢固、最和谐的程度。

在认识这些基本点时，我遇到的唯一困难是：为什么经过我们五官认识到的对象的一切特性，并非恰好跟知识的基本点如数目、形状和名称完全一致呢？但是我马上发现，所有可能的对象绝对地都有数、形、名；但是通过五官而认知的其他特点则不是所有对象都共有的，后来我又发现了事物的数、形、名跟其他特点之间基本的和确定的区别。我认为其他特性不是人类知识的基本点。其次，我发现其他特点能够包括在这些基本点之中。因此，教儿童时，所有其他特点必须跟形、数、名联系起来。我现在看到，通过认知任何对象的统一性、形和名，我的知识就是准确的了；逐渐学习了它的其他特点，我的知识就变得清晰了；通过对它的一切特性的认知，我的知识就变得确定无误了。

我进而发现，我们的知识来自三种基本能力：

1. 来自发音能力，语言的本源；

2. 来自形成映象的不确定的简单的感觉能力，一切对形状的意识都是从这种能力中产生的；

3. 来自确定的、不再仅仅是形成映象的感觉能力，统一性的意识以及跟它一起的计算和数学能力，肯定从这种确定的感觉能力引发出来。

我接着想，教导我们人类的教学艺术一定要跟这三种基本能力——声音、形状、数目的最基本和最简单的成果——联系起来；我还想到，这三种基本能力的最简单的成果，假如不被看作是大自然自身所决定的一切教学的共同出发点的话，那么，各个部分的教学就不能在我们本性的整体上得到什么满意的效果。从这种认识得出的结论就是，一切教学的出发点必须符合于这样一些形式，即普遍地、和谐地从这三种基本能力的成果出发，同时这些形式从根本上肯定会促使所有教学稳定地、不间断地发展这三种基本能力，把三者结合起来运用并看作是同等重要的。唯有这种途径才有可能引导我们在所有这三个分科中，从模糊的感觉印象达到精确的感觉印象，从精确的感觉印象达到清晰的表象，从清晰的表象达到确定无误的概念。

最后，在这里，我发现了教学艺术跟大自然之间普遍的和根本的和谐；或者确切地说，发现了教学艺术跟它的原型的一致。大自然通过这种原型使我们清晰地认识世界万物的本质及其极度的简明性。这样一个难题解决了：如何发现所有教学方法和艺术的共同根源以及相应的形式，凭借这种形式，通过我们自身固有本性的实质来决定我们人类的发展。把机械学的规律运用到教学形式的困难排除了，我把机械学的规律看作是所有人类教学的基础，而所谓的教学形式，由于多少世纪的经验已经为人类所掌握，并用来促进我们人类的发展。所谓运用机械学的规律，就是把它们运用到读、写、算等等的教学活动中去。

## 第十四封信 道德教育（节录）

我很快认识到，热爱、信任、感激和乐于服从这些情感肯定已经在我内心里发展了，然后才能用来侍奉上帝。我必定首先热爱人、信任人、感激人和服从人，然后才能渴求热爱、感激、信任和服从上帝。任何人如果不爱自己已经见过的兄弟，怎么能爱未曾见过的上帝呢？

于是，我问自己：我是怎么会热爱、信任、感激并且服从人的呢？人类的爱、感激和信任等感情是如何在人的本性中产生的呢？人的服从的行为又是如何产生的呢？我发现，它们主要来源于婴儿与其母亲之间的关系。

母亲出自动物的本能不得不照料孩子，喂养孩子，保护孩子，使孩子高兴。她就是这样做的。她满足孩子的需求，排除任何使孩子不快的事情。孩子无力自理，她就来帮助他。孩子得到母亲的关怀便感到快乐。爱的情感便在他的心里萌生。

如果把一样孩子从没见过的东西放在他面前，他就会惊奇、恐惧，于是，他就哭。母亲把他紧紧地搂在怀里，爱抚他，转移他的注意力，孩子就不哭了，可是他的眼睛还是潮湿的。当那件东西再次出现时，母亲把他搂到怀里，微笑地看他。这次他便不再哭泣，他会用清澈明亮的眼睛回答母亲的微笑。信任的情感便在他心里萌发。

孩子需要什么，母亲就赶忙来到摇篮边。孩子饿了，母亲就出现在他身边。孩子渴了，母亲就给他喝的。听到母亲的脚步声，孩子就安静下来。看见母亲，他就伸出双手。他的眼睛盯着母亲的乳房，他满足了。在他看来，母亲和满足完全是一回事。他感激了。

爱、信任、感激的萌芽很快成长起来。孩子分辨得出母亲的脚步声，看到她的身影就微笑。他爱那些像他母亲的人。在他看来，像他母亲的人都是慈爱的。他笑盈盈地望着母亲的脸，笑盈盈地望着所有人的脸。他爱那些同母亲亲近的人，拥抱她所拥抱的人，亲吻她所亲吻的人。人类爱的种子，兄弟爱的情感便在他的心里萌发了。

服从的行为究其根源是和动物本性的最初心向相对立的。它的培养依赖艺术。服从不是纯本能的简单结果，但同本能密切相关。它的最初阶段明显是本能的。有了需求才有热爱，需要营养才产生感激，得到关怀才产生信任；同样，有了强烈的请求才会产生服从。孩子等急了就哭。他先是不耐心，后来才服从。耐心在服从之前得到发展。只有通过耐心，孩子才变得服从。这种德行的最初表现形式仅仅是被动的，一般是由于意识到了只有服从才能满足需要而产生出来的。但是这种德行也是在母亲的怀抱里发展起来的。孩子必须等到妈妈为他解怀，等到妈妈把他抱起来才能有奶吃。主动服从的发展要晚得多，而认为服从母亲对自己有好处的意识更是后来的事。

人类的发展是在为满足物质需要的强烈欲望中开始的。母亲的乳头使儿童对物质需求的最初激情平静下来，于是增长了对母亲的爱，不久以后惧怕感又产生了。母亲的怀抱消除了孩子的惧怕感。这些行为产生出对母亲的爱和信任感的结合，使儿童对母亲的感激发展起来。

孩子跃跃欲试，大自然却无动于衷。孩子敲木头和打石头，而大自然却不动声色，于是他就不敲不打了。现在，对孩子的非分欲望，母亲也无动于衷了。他时而大发脾气，时而大声喧哗，母亲仍然不动声色。他不哭了，渐渐习惯于使自己的意志服从于母亲的意志。耐心的种子萌发了，服从的种子也萌发了。

服从和爱、感激和信任二者结合在一起就萌发了良心。对爱自己的母亲发脾气是不对的，这种初始的模糊感觉产生了；母亲生活在世上不纯粹是为了他一个人，这种初始的模糊感觉产生了；这个世界上的一切东西并不都是为了他才存在的，这种初始的模糊感觉也随着产生了。同时，也萌生了这样一种感觉：他自己在这个世界上不仅仅是为了自己。初始的、朦胧的权利和义务感萌发了。

这就是道德的自我发展的基本原理，这些原理是在母亲和孩子之间的自然关系中展现出来的。然而，在这种母与子之间的自然关系中，还存在着人类特有的心理状态，即人类依赖于造物主的自然萌芽的全部实质。也就是说，人类通过信仰而依赖上帝的一切情感的萌芽，从实质上说同婴儿依赖于其母亲所产生的情感的萌芽是一回事。这些情感的发展方式也是一模一样的。

幼儿聆听、信任和追随母亲与上帝，然而，此时他并不知道自己相信的是什么，也不懂得自己做的是什么。同时，就在这个时期，他的信仰和行动开始失去其初始的根基。孩子的独立能力逐渐增长，使他抛开母亲的手。他开始意识到自己的个性，心中产生一种秘密的想法："我不再需要我的母亲了。"母亲从孩子的目光中察觉到他这种思想在滋长，把自己的宝宝更紧地搂到怀里，用他未曾听到过的声音说："孩子，你不再需要我了，我不能再保护你了，但有上帝，你需要上帝，他会把你抱到他的怀里的。在我不能给你欢乐和幸福的时候，上帝能给你欢乐，为你造福。"

于是，一种难以言表的东西在孩子心中升起，这是一种神圣的情感，一种信仰的欲望，这使他超越了自我。他一听母亲讲到上帝，就为有上帝而感到欣喜。在母亲的怀抱里发展起来的爱、感激和信任的情感扩展了，发展到把上帝奉为父亲，奉为母亲。服从的实践有了更加广阔的天地。从这个时候起，孩子就像信赖自己的母亲一样信赖上帝，他为了上帝的缘故做正当的事，就像过去为了母亲的缘故而做正当的事一样。

由此可见，母亲试图通过对上帝的信仰倾向，把孩子初始的自主性和新近发展起来的道德感结合起来。这种纯洁、善良的初步尝试向我们指明，如果教育和教学确实旨在使我们获得崇高的品德，就必须注意这些基本原理。

[瑞士]裴斯泰洛齐著；夏之莲等译：《裴斯泰洛齐教育论著选》，
人民教育出版社，2001年。

## 赫尔巴特《普通教育学》选

约翰·弗里德里希·赫尔巴特（Johann Friedrich Herbart，1776—1841），德国哲学家、心理学家、教育学家，科学教育学奠基人。自幼受到良好的家庭教育，1788年就读于奥尔登堡文科中学，以优异成绩毕业；1794年入耶拿大学学习法学，但却对哲学产生了浓厚兴趣，成为费希特的学生，潜心学习康德等人的哲学思想；1797年以后，一度担任家庭教师，从事研究与教学实践；1802年，获哥廷根大学哲学博士学位，取得该校教授备选资格，讲授哲学、教育学、心理学；1809年，到哥尼斯堡大学任康德哲学教席，其间撰写了大量著作，创办了教学论研究所、教育研究所、师范研究班、附属实验学校等，融汇教育理论研究与教育实践；1833年，重返哥廷根大学任哲学教授，直至逝世。

赫尔巴特深受裴斯泰洛齐教育思想影响，继续探索"教育心理学化"问题，基于伦理学与心理学建立科学教育学，前者规定教育目的，后者决定教育方法；把系统知识传授作为学校教育过程的首要任务，构建了以管理、教学和训育为框架的教育理论体系；提出二重教育目的观、教育性教学思想、形式阶段说和多方面兴趣课程论等，成为西方"传统教育理论"的主要标志。代表作为《普通教育学》《教育学讲授纲要》《心理学研究》等。

《普通教育学》(*Allgemeine Padagogik*) 是教育学史上第一部具有科学体系的教育学著作，集中反映了赫尔巴特的教育理论与思想。作者以心理学的观点来阐明教育学的一些重要问题，特别是教学论方面的问题，把伦理学和心理学作为教育科学的理论基础，论述了儿童管理的必要性与方法，提出了"教育性教学"、教学阶段理论、德育等教育教学理论。全书分为四个部分：绪论部分论述了教师学习教育学的意义、教育性教学、教育目的等问题；第一编"教育的一般目的"，论述儿童管理，以此为先导说明"真正的教育"问题；第二编"兴趣的多方面性"，阐述教学论思想，分别论述多方面性的概念、兴趣的概念、多方面兴趣的对象、教学及其过程和结果等；第三编"性格的道德力量"，论述教育与训练意志性格的关系，包括性格及其意义、道德概念及道德性格的表现形式、性格形成的自然过程、训练等。

## 第二章　真正的教育（节录）

### 一、教育的目的是单纯的还是多方面的

为了努力达到科学的统一性，思想家常常人为地误将许多就其性质来说相近的事物挤压在一起，推论出相互关系来，甚至陷入这样的错误境

地：从知识的统一性中推导出事物的统一性来，而且以前者的统一性来假定后者的统一性。这些错误观念却并不影响教育学，甚至使人感到有这样的需要：用一种思想来理解像教育这样一种工作的整体（它具有无穷多的部分，而各部分又是最紧密地联系在一起的），从这种思想中能够显示出计划的统一性与精力的集中性。假如注意一下教育研究必须得出的结果，以便使该结果完全可以得到应用，那么我们就会被驱使去要求和假定教育研究结果不可能没有这种统一性，并且在其中还将希望获得教育原则的统一性。所以问题是多方面的：第一，假如这种统一性原则确实存在的话，那么人们是否知道在一个概念之上建立一门科学的这种方法？第二，也许事实上存在于那里的这种原则是否真正能产生一门完整的科学？第三，这种科学的结构以及它所产生的这种观念是不是唯一的，或者是否含有其他即使不太适当却是自然的、不能完全排斥的成分？……但现在，直到哲学探索在某时变得清清楚楚以前，教育还无暇休息。我们更希望教育学尽可能对哲学的怀疑保持独立性。出于这一切理由，我在这里采取这样的办法：使其对读者容易些，不太会误入歧途；使其对科学来说，各点都能顾及。但这对最后作全面考虑与对整体作总结来说，在某种程度上都欠佳，因为有一些问题总会在孤立地作出的考虑中遗漏掉，而且在使各种现象达到最完美统一方面也会有些欠缺的。这些讨论是针对那些感到有责任去整理教育学的人们的，或者说确切一点，是针对那些有责任用自己的方法去创建教育学的人们的。

从教育的本质来看，统一的教育目的是不可能产生的。这是因为一切都必须从这样一种思想出发来进行考虑：教育者要为儿童的未来着想。因此，学生将来作为成年人本身所要确立的目的，是教育者当前必须关心的，他必须为使孩子顺利地达到这些目的而事先使其作好心理准备。同时，他不应该挫伤未来成年人的活动，因此现在不应该把这些活动局限在几方面，同样也不应该通过分散这种活动来削弱它。他既不应该忽视活动的强度，又不应该忽视它的广度，被他忽视的，今后儿童会重新向他索取。不管困难大小，有一点是清楚的：因为人的追求是多方面的，所以教育者所关心的也应当是多方面的。

可是，我并不是说，教育的多方面不容易归纳到一个或几个主要的形式概念中去，相反，我们认为，学生未来目的范围立即可以分为：一种纯粹可能的目的领域和一种完全与此区分开来的必要的目的领域。前者他也许今后总会把握住，并在任何范围内去追求的；而后者，假如忽略过去的话，儿童是决不会原谅自己的。总而言之，教育目的可以区分为……意向目的和道德目的。……

## 二、兴趣的多方面性——道德性格的力量

### 1. 教育者如何才能在事先把握学生只有在将来才有可能达到的目的

这种目的的对象作为纯粹意向的事情对于教育者来说是根本不感兴趣的。只有未来成人的愿望本身，乃至他出于这种愿望对自己提出来的要求的总和，才是教育者本着善意去实现的对象；而学生必须赖以应付其自身各种要求的能力、原始的兴趣和活动，按培养完美的人的思想来看，这些方面乃是教育者作出判断的对象。因此，这里浮现在我们眼前的……主要是成长着的一代人的活动，即他那内在的和明显地表露出来的活动力与敏捷性的总和。这种总和越大，越充实，越广泛，越和谐，就越完美，而我们带着善意要去实现目的的把握就越大。

但是，花朵切不可过分开放，圆满的状态切不可因为在各方面过于分散而成为它的弱点。人类社会早就发现分工是必要的，这样每个人都可以把他所做的事做好。但是，要做的事越局限，分得越细，那么每个人从其他人方面要接受的东西也就越多。……在人类真正的较高级活动领域中，分工不应该分到使每个人相互都不了解的程度。大家都必须热爱一切工作，每个人都必须精通一种工作。但是，这种专一的精通是各人意向中的事情，而多方面的可接受性，只能产生于个人从一开始就作出的多方面的努力之中，这就是教育的任务。因此，我们把教育目的的第一部分叫作兴趣的多方面性。我们必须把兴趣的多方面性同过分强调多方面性，即许多事情都浅尝辄止，区别开来。……

### 2. 教育者如何把握学生的必要的目的

因为按照正确的认识，道德只有在个人的意志中才有它的地位，所以我们当然先应这样来理解：德育……要在学生心灵中培养起明智及其适宜的意志来。

……

我观察人生，发现许多人，他们把道德看成是一种约束，很少有人把它看成是生活本身的原则。大多数人具有一种与善无关的性格，只有符合他意向的生活计划；他们只是偶然行善，而如果较好的行为可以使他们达到同一目标的话，他们便乐意避免做坏事。各种道德原则对他们来说都是些无聊的东西，因为他们觉得从这些原则中除了对思想过程处处产生约束以外得不到其他什么结果；事实上如果有什么方式可以来对付这种约束的话，他们都是欢迎的。……假如德育的任务就是使学生达到它所要求的水平的话，那么我们的工作就容易了，我们只要关心学生不受嘲笑，不受侮辱，使他们自信地成长起来，并获得关于荣誉的某些原则。这些原则是学生容易接受的，因为这些原则讲的荣誉不是那种难以获得的东西，而是一种自然所赋予他的占有，这种占有只需按照通常方式在某些情况下加以保护，使它发生效力就可以了。但是，谁可以为我们担保，未来的成人不会自己去寻求善良，把善良作为自己意志要达到的对象，作为生活目标，作为自我批判的准绳呢？到那时，谁来保护我们，去回答因此而受到的严厉批评呢？这种批评比如：未来的人要我们说出，为什么在出现了培养善的机会时，我们却擅自放弃这种机会呢？这种机会也许可以带来真正能提高智慧的良机，而绝不可能带来"已受过教育"的自负！这种例子是有的。……似乎没有一个人愿意当着一个具有严格道德观念的成人受到严厉的谴责，就像他不愿意任何人无理地要求对他施加影响，使他有可能变坏一样。

所以，使绝对明确、绝对纯洁的正义与善的观念成为意志的真正对象，以使性格内在的、真正的成分——个性的核心——按照这些观念来决定性格本身，放弃其他所有的意向，这就是德育的目标，而不是其他。……

### 三、把学生的个性作为出发点

教育者力求教育的普遍性，而学生是个别的人。

有些经验认为，在使理智的生物作这样那样的转化时会碰到种种困难，而使其发挥功能时（这种功能恰恰是很大的）却会相反地较容易些。我们必须毫无异议地接受这些经验，不必认为心灵是由种种官能混合起来的，也不必认为大脑是由各种能为大脑负担部分工作的积极有助的器官构造成的。

无论怎样要求，我们用实验来证明脑子素质的弹性，而决不去借口尊重这种素质的优越性来为我们的惰性辩护。我们仍可以预见，即使对人类作最纯粹的、最成功的描述，这种描述同时也始终是对特殊的个人的说明。是的，我们甚至感到，……我们必须突出个性。我们终于明白，为不同的人准备与确定不同的工作，这对人类是多么有益。同时，青年人的个性是在教育者努力教育中愈益显露出来的。……

从上述这一切中可以得出关于教育目的的消极规定来。……那就是说，应当尽可能避免侵犯个性。为此，我们特别要求教育者识别他本人的癖性，当学生的行为与他的愿望不一致，而在两者之间又不存在带有实质性的优劣时，……他必须立即放弃他自己的愿望，……甚至必须抑制对这种愿望的表达。……他应从事他本身的那种永远可以在儿童心灵中找到宽广而无人问津的活动余地的建树工作；他应当避免接受劳而无功的工作；他应当乐意不让学生个性能够获得的唯一荣誉枯萎凋零，那就是让这种个性具有鲜明的轮廓，乃至明显地显露出来。……

### 四、关于把上述不同目的综合起来考虑的需要

只要不无视事实上存在的多方面的要求的话，我们就不能从一点出发来阐明我们的教育意图，除非我们必须把多方面要求归纳到一点上，作为我们单纯的计划的目的，否则，我们的工作究竟从哪儿开始呢？到哪儿结束呢？如何从那种种迥然不同的角度每时每刻向我们提出来的迫切要求中解脱出来呢？谁曾用心教育而不天天都感到必须有一个统一的目的呢？谁想到教育而能不为呈现于眼前的各种各样的问题和任务感到吃惊呢？

个性是否与多方面性相容呢？当我们培养个性时，我们是否可以存留

多方面性呢？个性是突出的，多方面性是平平的，没有棱角的，因为多方面性应当按我们的要求被平衡地培养起来。个性是确定的，有界限的；多方面兴趣是向各个方向伸展的。多方面性必须作自我牺牲，而个性是不易触动，或者可能会收缩起来的。多方面性变换着向各个方向移动，而个性却安静地停留在自身之中，以便总有一次能猛烈地冲出来。

个性与性格的关系如何呢？个性与性格似乎是相吻合的，或者说它们恰恰是相互排斥的。因为我们从性格上认识一个人，就应当从道德性格上去认识他，所以那种缺少道德的个人在道德方面是识别不出的，相反可以在许多其他个性特征上被识别出来。正是这些特征似乎才是形成他性格的成分。

诚然，最严重的困难存在于教育目的本身的两个主要部分之间。多方面性怎么能接受道德的严格限制呢？同时道德的谦恭所具有的庄严朴质怎么能容忍五光十色的多方面兴趣来文饰呢？

假如教育学一旦突然抱怨，认为它在大体上是被相当平庸地考虑出来并得到推行的，那么这只能表明它是听从了那样一些人的意见，他们关于人的解释对我们没有多大帮助，不能使我们从两种看来必须相互调和的、可悲的观点中间解脱出来。因为，假如仅仅向上看到我们的最高目的，那么个性与人世间的多方面兴趣通常就会被遗忘掉，直到不久之后连最高目的也被遗忘掉为止。当人们迷蒙地把道德置于对超验力量的信仰中时，那么支配世界的实际权力与手段就会落到无信仰者的手中。

……认真仔细地剖析各种主要概念，即多方面性、兴趣、性格、道德等，这自然是我们的主要工作，因此我们确实必须尽一切努力来对待它，而这也是我们事先为自己确定的。在作剖析的时候，这样那样的关系也许会自然而然地清楚起来。但是，关于个性问题，它显然是一种心理现象，因此，对个性的探讨属于前面已提到的教育学的第二部分。这部分必须建立在理论的观念上，而现在论述的却必须建立在实践的观念上。

但我们在这里绝不能把个性撇在一边，否则，我们将因为常常会想到它而受到干扰，妨碍我们充分自信地去思索教育目的的主要部分。所以我们必须就在这里采取一些步骤，用性格以及多方面性的分析来补偿个性的分析，然后才能把已经说明了的观念与关系在思想上迁移到下列各篇中去，才能继续从各方面去探讨教育对象而不失之偏颇。但仅仅教条是绝不能代替自己亲身体验的。

..............

### 七、略论真正教育的措施

兴趣来源于使人感兴趣的事物与活动。多方面的兴趣产生于这些事物与活动的富源之中。创造这种富源，并把它恰如其分地奉献给儿童乃是教学的任务。这种教学将使儿童把从经验与交际开始的初步活动继续下去，并使之得到充实。

为了使性格向道德的方向发展，必须使个性好像浸入一种流体成分中那样，按照环境状况使它受阻挡，或者有助于它流动，但在多数情况下使它几乎感觉不到成分的存在。这种成分就是训育。它主要是对任性起作用的，但部分地也对认识起作用。

在前面论述管理的时候已谈及训育了，而在绪论中已谈到过一些教学。为什么在系统思考教育措施时将教学放在第一位，而把训育放在第二位？假如这个问题论述得不够明了的话，那么在这里我重新提醒大家，在注意这个论述时请密切注意多方面兴趣与道德性格之间的关系。假如道德在多方面性中没有根基的话，那么我们自然可以有理由撇开教学来探讨训育了；那样的话，教育者就必须直接控制个人，激发他，驱使他，使善在他身上有力地生长起来，使恶劣的习性销声匿迹。教育者可以自问：这样一种人为的、被强调的单纯的训育至今是否有可能？假如不可能，那么教育者必须有一切理由假定，人们首先应通过扩展了的兴趣来改变个性，必须使其接近一般形式，然后才可以设想个性有对普遍适用的道德规律发生应变的可能；同时在对付过去业已变坏了的儿童时，除了应考虑他现存的个性之外，还应着重估量他对新的和较好的思想范围的可接受性与他接受它们的时机，以便当这种估计得出否定的结论时可以要求用严密而持久的管理来代替真正的教育。而这种管理在某些时候必须委托给国家或其他有影响的外界团体来承担。

[德]赫尔巴特著；李其龙译：《普通教育学》，人民教育出版社，2015年。

## 福禄培尔《人的教育》选

弗里德里希·威廉·奥古斯特·福禄培尔（Friedrich Wilhelm August Fröbel，1782—1852），德国教育家，近代学前教育理论的创始人，幼儿园的首创者。出生于牧师家庭，幼年失怙，一度寄居于舅舅家，国民学校毕业后，做了两年林务员学徒，对植物学、数学产生了兴趣。1799年，进入耶拿大学哲学院学习数学和自然科学，但一年后即因无力负担学费而辍学。此后的几年间，做过见习林务员、土地测量员和农场秘书等。1805年，受聘到法兰克福模范学校任教，获得到瑞士伊弗东学院拜访裴斯泰洛齐的机会，并于6年后再次回到伊弗东学习、任教了两年，深受裴氏影响，开始重点关注学前教育。1811—1813年，先后在哥廷根大学与柏林大学学习深造。1816—1833年，先后在德国格利斯海姆、卡伊尔霍和瑞士瓦赫滕泽、维利绍等地创办新式学校，推行裴斯泰洛齐的教育理念，特别是在卡伊尔霍学校长达10余年教学实践的基础上创作了《人的教育》一书。1834—1835年，接替裴斯泰洛齐担任一所孤儿院院长。1836年，返回图林根，完全献身于学前儿童教育，直至生命结束。1837—1839年，先后在勃兰根堡、德累斯登创办儿童教育机构和儿童指导员训练班。1840年，勃兰根堡幼儿教育机构被命名为"德国幼儿园"。1844年，迁往马林塔尔城堡，并在此培养了一批幼儿园教师。此后，德国掀起幼儿园教育运动（"福禄培尔运动"），并于1848—1849年达到高潮。借助这一运动，福禄培尔的教育思想迅速在许多国家和地区广泛传播开来，其本人也被誉为"幼儿园之父"。

福禄培尔创立了世界上第一所幼儿园，创造了幼儿园的教育活动形式——作业，发明了针对幼儿游戏和作业而设计的玩教具——"恩物"，构建了以游戏和作业为基本框架的幼儿园教育理论体系，探索了儿童身心发展的连续性和阶段性规律以及本能的发展，对幼儿园的任务、教育内容和方法做了比较全面的阐述。代表作有《人的教育》《慈母曲及唱歌游戏集》《幼儿园教育学》等。

《人的教育》（*The Education of Man*）集中阐释了福禄培尔关于儿童发展及儿童教育的理论体系。全书共5章：总论（第一章），幼儿期的人（第二章），少年期的人（第三章），学生期的人（第四章），整体的概观与结论（第五章）。总论部分阐述了教育的一般原理，认为儿童的身心发展是一个具有阶段性和连续性的过程，强调教育应适应自然的原则；主体部分（二至四章）对儿童的发展过程进行了划分，将儿童的成长阶段划分为三个相互联系和不断前进的阶段，即婴儿期、幼儿期、少年期，论述了每个阶段儿童身心发展特点及教育任务。

## 第二章　幼儿期的人（节录）

在人的心灵和精神中，在人类的思想发展史中，在人类意识的历史中，在儿童身上，在每个儿童从他出生到世界上起直到最后作为一个人自己意识到身居伊甸园以及在这里体验到展现在他面前的美丽的自然为止所获得的经验里，正如圣书里所向我们讲述的那样，复现着万物发展和被创造的历史。同样地，在每一个儿童身上，在以后的时期里，按其本性会重复同样的行为，这种行为标志着道德的解放、人的解放的开始和全人类理性的开始，而且这种解放和理性，为创造人类自由起见，是必然要开始的。从自身中去认识、去捉摸、去洞察整个人类发展的历史，直到该历史目前已经到达的一点，或者直到任何固定的一点，这一切，乃是每一个心灵和人，特别是注意到自己发展的每一个心灵和人的使命。为此，每一个人，凡能够做到的，应被要求把他自己和别人的一生及早地和经常地作为一个继续不断地、按照上帝的法则发展着的整体来认识和看待，并且每一个人都应当这样来认识和看待他自己和别人的一生。只有按照这种方式，人才能理解历史，理解人类发展的历史，理解自身，理解他自身发展的历史、现象和事实，理解他自己的心灵、性情和精神的历史。只有这样，他才能理解别人，只有这样，父母才能理解他们的孩子。

变内部为外部，变外部为内部，并寻求两者的统一，这是表达人的命运的一般的外部形式。所以，人所接触的每一个外部事物，都要求人们去认识它，从它的本质上和它的联系上去承认它。人具有感官，即借以实现这种要求的工具，它也充分和足够地体现了"感官"一词的含义，即"自发的内化"。

但是，每一个事物，每一个生物，只有当人把它同它的对立物联系起来，并发现了它与对立物的统一性、一致性和同一性……越多，对它的认识便越全面。

..........

按照通过对立物认识事物的规律，幼儿的听觉器官首先得到发展。然后，通过听觉和在听觉的引发、制约、刺激下，视觉也得到发展。通过幼儿身上这两种感觉的发展，才使父母和周围的人有可能在物体同它们的对立物之间、物体同言语之间、然后是物体同符号之间建立最密切的联系，结合得像一个东西一样，像一个相互交错、相互重叠的共存之物一样，从而引导幼儿去观察事物和进一步认识事物。

随着感觉的向前发展，幼儿身上又同时地、有规律地发展对身体和四肢的运用，而发展的顺序又决定于它们自身的性质和物质世界事物的特性。

..........

在发展的这一阶段上，对于一个出生到世界上的、正在形成中的人来说，至关紧要的仅仅在于他的身体、他的感官、他的四肢的运用，仅仅是为了运用、应用和练习，而并不是为了从身体、感官和四肢的运用和通过其运用而产生的结果。运用的结果对他来说是完全无关紧要的，或更确切地说，他还根本没有预感到这一点。因此在这一阶段上开始的儿童游戏是运用四肢进行的：运用他的双手、手指、他的嘴唇、他的舌头、他的双脚以及他的眼睛和面部表情。

..........

在发展了的感官、身体和四肢活动到了儿童开始自动地向外表现内在本质的程度时，人的发展的婴儿期也告终止，并开始了幼儿期。在这个阶段以前，人的内在东西还是一个不分化的、无多样性的统一体。随着言语的开始便开始了分化，即人的内在本质中按手段和目的联系起来的多样性的出现。人的内在本质发生分化，向外释放出来，力图向外表现自己，宣告自己的存在。人依靠自己自发的力量在自己外部固定的东西上，并通过固定的东西，把自己内在的本质向外表现，塑造其形象，而人的这种自发和独立的发展，这种内在本质通过自己的力量在固定的东西上自发表现，也可以充分地用Kind（幼儿）一词来表达，K-in-d，即标志着人进一步形成的这个发展阶段。

随着幼年时期的到来，随着人在外部和通过外部表现内部本质并寻找和力求两者一致时，即寻找和力求结合两者的统一的这一时期的到来，真正的人的教育便开始了。这时，虽然身体的保育减少了，但智力的培育和保护却加强了。……

……这一发展阶段上的儿童，应当正确地和确切地看待一切事物，应当正确地、确切地、肯定地和纯正地描绘一切事物，无论就事物本身来说，还是按其本质和特性来说，都应当这样对待。他应当正确地描绘物体与空间和时间的关系，以及物体彼此之间的关系和物体对物体本身的关系，用恰当的名称和词汇表达每一个事物、每一个词本身，按照它的音调、音素、结尾等组成部分加以清楚、纯正地使用。由于人的这一发展阶段要求作为儿童的他清楚、正确、纯正地描绘一切，因此就极其需要把他周围的一切东西正确地、清楚地、纯正地展示在他的面前，使他能够正确地、清楚地、纯正地看到并认识这一切；两者是不可分割和相互依存的。然而在这一阶段，正如语言同说话的人还是一体的一样，对于说话的儿童来说，语言和语言符号同要描绘的对象也是一体的，也就是说，他还不能把词与事物分开，正如他还不能把身体与精神、肉体与灵魂分开一样。它们对他来说，还是一体的、同一的东西。儿童在这一时期的游戏尤其可以表明这一点。儿童在游戏中，只要他能够说话，是很想多说话的。游戏和说话是儿童这时生活的要素，因此，处在人的这一发展阶段上的儿童，视每一个事物是有生命、感情和言语能力的，并相信每一个事物都在听他说话。这正是由于儿童开始把他的内在本质向外表现，所以在他看来，他周围的其他一切东西也能进行与他相同的活动，不管它是一块石头或一块木头，不管是一棵植物、一朵花或一个动物，都是如此。

这样，对于这一发展阶段上的儿童来说，正如他的生活本身得到发展、他同父母和家庭的生活得到发展以及他同一种对于他和对于这些与他共同生活的人来说崇高的、看不见的力量处在一起的生活得到发展一样，特别是他在——像他感觉到的那样——包含着同他相同生活的自然中以及同自然一起的生活也得到了发展。特别是父母和家庭的其他成员在这时必须把儿童在自然中和同自然一起的生活，同自然中明确的、无声的事物一起的生活作为儿童整个生活的关键来加以培育。而这一点，特别应当通过游戏，通过儿童游戏的培育来实现，而这种游戏在最初仅仅是自然的生活。

［德］福禄培尔著；孙祖复译：《人的教育》，人民教育出版社，1991年。

下编

# 现代教育经典名著研读

19世纪后期,在近代教育体系成熟的基础上,西方教育率先迈入现代。而中国则在1919年五四运动后迈入现代教育大门。这一时期的教育经典名著,主要体现了现代教育发展的以下特征:教育理论探索愈益深入,教育思想更加多元,教育实验蔚然成风,更加关注教育平等、教育民主、教学过程、学生学习与发展等,并推动教育改革。

# 第五章　中国现代教育经典名著选

在中国现代，许多爱国人士、社会名流积极投身文化教育事业，在继续探索教育救国道路的同时，系统引进西方教育思想理论与方法，针对当时中国的社会问题、教育问题，大规模实施教育实践与实验，开始本土化探索，推动了轰轰烈烈的教育运动，教育独立、平民教育、职业教育等教育理论与实践深入发展，取得了许多令人瞩目的成就。

## 蔡元培教育论著选

蔡元培（1868—1940），字鹤卿，又字仲申、民友、孑民，浙江山阴（今属浙江绍兴）人，教育家、革命家、政治家、思想家。清末进士及第，戊戌变法后，弃官回乡，投身教育救国，致力于兴办新式学校。辛亥革命后，出任临时政府教育总长，1917年受命担任北京大学校长。南京国民政府时，任大学院院长、中央研究院院长、监察院院长。抗战全面爆发后，投入抗日救亡运动，联合组织成立上海文化界救亡协会。教育上，主张"五育并举"，重视美育，提出"美育代宗教"；坚持"思想自由，兼容并包"办学原则，改革北京大学，推行一系列教育改革；主张文、理科"学""术"分设，相互沟通；积极推动教育独立。其教育理念和实践成为中国教育现代化的重要推动者，对中国近现代教育产生了深远影响。主要著作有《蔡元培全集》《中国伦理学史》《教育学》《蔡元培美学文选》《蔡元培教育论著选》等。

《就任北京大学校长之演说》是1917年1月9日蔡元培就任北京大学校

长时发表的演说。文中提出三个主要观点：抱定宗旨、砥砺德行、敬爱师友。这不仅体现了蔡元培的教育理念，也为北京大学的发展指明了方向。

《教育独立议》是蔡元培于1922年发表的一篇重要文章，主张教育应完全交给教育家办理，不受各派政党或教会的影响，保持独立资格。蔡元培主张教育独立观点，提出的关键措施包括教育经费独立、教育行政独立、教育立法独立、学术独立。这一主张反映了当时教育界对教育独立的需求和期望。

## 就任北京大学校长之演说

（一九一七年一月九日）

五年前，严几道先生为本校校长时，余方服务教育部，开学日曾有所贡献于同校。诸君多自预科毕业而来，想必闻知。士别三日，刮目相见，况时阅数载，诸君较昔当必为长足之进步矣。予今长斯校，请更以三事为诸君告。

一曰抱定宗旨。诸君来此求学，必有一定宗旨，欲求宗旨之正大与否，必先知大学之性质。今人肄业专门学校，学成任事，此固势所必然。而在大学则不然，大学者，研究高深学问者也。外人每指摘本校之腐败，以求学于此者，皆有做官发财思想，故毕业预科者，多入法科，入文科者甚少，入理科者尤少，盖以法科为干禄之终南捷径也。因做官心热，对于教员，则不问其学问之浅深，惟问其官阶之大小。官阶大者，特别欢迎，盖为将来毕业有人提携也。现在我国精于政法者，多入政界，专任教授者甚少，故聘请教员，不得不聘请兼职之人，亦属不得已之举。究之外人指摘之当否，姑不具论，然弭谤莫如自修，人讥我腐败，而我不腐败，问心无愧，于我何损？果欲达其做官发财之目的，则北京不少专门学校，入法科者尽可肄业法律学堂，入商科者亦可投考商业学校，又何必来此大学？所以诸君须抱定宗旨，为求学而来。入法科者，非为做官；入商科者，非为致富。宗旨既定，自趋正轨。诸君肄业于此，或三年，或四年，时间不为不多，苟能爱惜光阴，孜孜求学，则求造诣，容有底止。若徒志在做官发财，宗旨既乖，趋向自异。平时则放荡冶游，考试则熟读讲义，不问学问之有无，惟争分数之多寡；试验既终，书籍束之高阁，毫不过问，敷衍三、四年，潦草塞责，文凭到手，即可借此活动于社会，岂非与求学初衷大相背驰乎？光阴虚度，学问毫无，是自误也。且辛亥之役，吾人之所以革命，因清廷官吏之腐败。即在今日，吾人对于当轴多不满意，亦以其道德沦丧。今诸君苟不于此时植其基，勤其学，则将来万一因生计所迫，出而任事，担任讲席，则必贻误学生；置身政界，则必贻误国家。是误人也。误己误人，又岂本心所愿乎？故宗旨不可以不正大。此余所希望于诸君者一也。

二曰砥砺德行。方今风俗日偷，道德沦丧，北京社会，尤为恶劣，败德毁行之事，触目皆是，非根基深固，鲜不为流俗所染。诸君肆业大学，当能束身自爱。然国家之兴替，视风俗之厚薄。流俗如此，前途何堪设想。故必有卓绝之士，以身作则，力矫颓俗。诸君为大学学生，地位甚高，肩此重任，责无旁贷，故诸君不惟思所以感己，更必有以励人。苟德之不修，学之不讲，同乎流俗，合乎污世，己且为人轻侮，更何足以感人。然诸君终日伏首案前，芸芸攻苦，毫无娱乐之事，必感身体上之苦痛。为诸君计，莫如以正当之娱乐，易不正当之娱乐，庶于道德无亏，而于身体有益。诸君入分科时，曾填写愿书，遵守本校规则，苟中道而违之，岂非与原始之意相反乎？故品行不可以不谨严。此余所希望于诸君者二也。

三曰敬爱师友。教员之教授，职员之任务，皆以图诸君求学便利，诸君能无动于衷乎？自应以诚相待，敬礼有加。至于同学共处一室，尤应互相亲爱，庶可收切磋之效。不惟开诚布公，更宜道义相勖[1]，盖同处此校，毁誉共之。同学中苟道德有亏，行有不正，为社会所訾詈[2]，己虽规行矩步，亦莫能辨，此所以必互相劝勉也。余在德国，每至店肆购买物品，店主殷勤款待，付价接物，互相称谢，此虽小节，然亦交际所必需，常人如此，况堂堂大学生乎？对于师友之敬爱，此余所希望于诸君者三也。

余到校视事仅数日，校事多未详悉，兹所计划者二事：一曰改良讲义。诸君既研究高深学问，自与中学、高等不同，不惟恃教员讲授，尤赖一己潜修。以后所印讲义，只列纲要，细微末节，以及精旨奥义，或讲师口授，或自行参考，以期学有心得，能裨实用。二曰添购书籍。本校图书馆书籍虽多，新出者甚少，苟不广为购办，必不足供学生之参考。刻拟筹集款项，多购新书，将来典籍满架，自可旁稽博采[3]，无虞缺乏矣。今日所与诸君陈说者只此，以后会晤日长，随时再为商榷可也。

高平叔编：《蔡元培教育论著选》，人民教育出版社，1991年。

## 注释

〔1〕相勖：相互勉励。

〔2〕訾詈：指责，诋毁，谩骂。

〔3〕旁稽博采：广泛采集，旁征博引。旁，广大，普遍。稽，考察，考核。博，广泛，普遍。旁稽、博采两词意义相仿，连用表示从多方面考察，吸收每个人的长处之意。

## 教育独立议

（一九二二年三月）

教育是帮助被教育的人，给他能发展自己的能力，完成他的人格，于人类文化上能尽一分子的责任；不是把被教育的人，造成一种特别器具，给抱有他种目的的人去应用的。所以，教育事业当完全交与教育家，保有独立的资格，毫不受各派政党或各派教会的影响。

教育是要个性与群性平均发达的。政党是要制造一种特别的群性，抹杀个性。例如，鼓励人民亲善某国，仇视某国，或用甲民族的文化，去同化乙民族。今日的政党，往往有此等政策，若参入教育，便是大害。教育是求远效的；政党的政策是求近功的。中国古书说："一年之计树谷；十年之计树木；百年之计树人。"可见教育的成效，不是一时能达到的。政党不能掌握政权，往往不出数年，便要更迭。若把教育权也交与政党，两党更迭的时候，教育方针也要跟着改变，教育就没有成效了。所以，教育事业不可不超然于各派政党以外。

教育是进步的：凡有学术，总是后胜于前，因为后人凭着前人的成绩，更加一番功夫，自然更进一步。教会是保守的：无论什么样尊重科学，一到《圣经》的成语，便绝对不许批评，便是加了一个限制。教育是公同的：英国的学生，可以读阿拉伯人所作的文学；印度的学生，可以用德国人所造的仪器，都没有什么界限。教会是差别的：基督教与回教不同；回教又与佛教不同。不但这样，基督教里面，天主教与耶稣教又不同。不但这样，耶稣教里面，又有长老会、浸礼会、美以美会……等等派别的不同。彼此谁真谁伪，永远没有定论。止好让成年的人自由选择，所以各国宪法中，都有"信仰自由"一条。若是把教育权交与教会，便恐不能绝对自由。所以，教育事业不可不超然于各派教会以外。

但是，什么样可以实行超然的教育呢？鄙人拟一个办法如下：

分全国为若干大学区，每区立一大学；凡中等以上各种专门学术，都可以设在大学里面，一区以内的中小学校教育，与学校以外的社会教育，如通信教授、演讲团、体育会、图书馆、博物院、音乐、演剧、影戏……与其他成年教育，盲哑教育等等，都由大学办理。

大学的事务，都由大学教授所组织的教育委员会主持。大学校长，也由委员会举出。

由各大学校长，组织高等教育会议，办理各大学区互相关系的事务。

教育部，专办理高等教育会议所议决事务之有关系于中央政府者，及其他全国教育统计与报告等事，不得干涉各大学区事务。教育总长必经高等教育会议承认，不受政党内阁更迭的影响。

大学中不必设神学科，但于哲学科中设宗教史、比较宗教学等。

各学校中，均不得有宣传教义的课程，不得举行祈祷式。

以传教为业的人，不必参与教育事业。

各区教育经费，都从本区中抽税充用。较为贫乏的区，经高等教育会议议决后，得由中央政府拨国家税补助。

注：分大学区与大学兼办中小学校的事，用法国制。

大学可包括各种专门学术，不必如法、德等国别设高等专门学校，用美国制。

大学兼任社会教育，用美国制。

大学校长，由教授公举，用德国制。

大学不设神学科，学校不得宣传教义与教士不得参与教育，均用法国制。瑞士亦已提议。

抽教育税，用美国制。

高平叔编：《蔡元培教育论著选》，人民教育出版社，1991年。

## 陈独秀教育论著选

陈独秀（1879—1942），原名庆同、乾生，字仲甫，号实庵，安徽怀宁人，新文化运动的倡导者、发起者和主要旗手，中国共产党的主要创始人和早期领导人之一。清秀才，后抛弃八股文科举考试，学习"西学""新学"。1898年入杭州求是学院，1901年赴日本留学，1915年9月在上海创办并主编《青年杂志》，后改为《新青年》。1917年，接受北大校长蔡元培聘请，担任北大文学院院长。1918年，与李大钊等创办《每周评论》。在思想上，受启蒙运动和民主主义影响，坚信民主与科学的力量，强调教育的目的在于培养具有独立思考能力和创新精神的人才，反对封建专制和传统礼教束缚。主张通过教育和思想解放来推动社会进步。在实践上，参与并领导了多次学生运动和工人运动，传播其教育理念。第一次国内革命战争后期，由于党内以陈独秀为代表的右倾思想发展为右倾机会主义错误，革命失败，这也成为他生涯中的一个重要转折点。主要著作有《独秀文存》《陈独秀教育论著选》等，集中体现了他的教育理念。

《敬告青年》是他在1915年9月15日《青年杂志》（后改名《新青年》）

创刊时发表的发刊词，是他对青年一代的深情寄语和殷切期望。他通过这篇文章向青年传递了独立自主、科学进步、开放包容的现代价值观念，批判了当时中国社会普遍存在的陈腐落后思想，呼吁青年要自觉认识到自己的价值和责任，勇于奋斗，排除陈腐思想。他还提出六条标准，引导青年走上正确的道路。

在《教育界能不问政治吗》（1923）一文中，陈独秀提出了对教育与政治关系的深刻见解。他主张教育不应脱离政治而独立存在，认为教育与政治是相互影响和制约的，强调教育者有责任关注政治现实，要培养具有独立思考能力和批判精神的学生，以推动社会进步。

在《收回教育权》（1924）一文中，针对当时外国势力在中国教育领域的渗透与扩张，陈独秀提出了收回教育权的强烈主张。他呼吁国人向土耳其等成功收回教育权的国家学习，坚决反对并抵制外国教育侵略。他还提供了具体的行动方案，如要求政府制定法律法规，加强对外国教会学校的监管。他也呼吁广大民众觉醒，通过舆论和实际行动支持收回教育权运动。

## 敬告青年

窃以少年老成，中国称人之语也；年长而勿衰（keep young while growing old），英美人相勖之辞也；此亦东西民族涉想不同现象趋异之一端欤？青年如初春，如朝日，如百卉之萌动，如利刃之新发于硎，人生最可宝贵之时期也。青年之于社会，犹新鲜活泼细胞之在人身。新陈代谢，陈腐朽败者无时不在天然淘汰之途，与新鲜活泼者以空间之位置及时间之生命。人身遵新陈代谢之道则健康，陈腐朽败之细胞充塞人身则人身死；社会遵新陈代谢之道则隆盛，陈腐朽败之分子充塞社会则社会亡。

准斯以谈，吾国之社会，其隆盛耶？抑将亡耶？非予之所忍言者。彼陈腐朽败之分子，一听其天然之淘汰，雅不愿以如流之岁月，与之说短道长，希冀其脱胎换骨也。予所欲涕泣陈词者，惟属望于新鲜活泼之青年，有以自觉而奋斗耳！

自觉者何？自觉其新鲜活泼之价值与责任，而自视不可卑也。奋斗者何？奋其智能，力排陈腐朽败者以去，视之若仇敌，若洪水猛兽，而不可与为邻，而不为其菌毒所传染也。

呜呼！吾国之青年，其果能语于此乎？吾见夫青年其年龄，而老年其身体者十之五焉；青年其年龄或身体，而老年其脑神经者十之九焉。华其发，泽其容，直其腰，广其膈，非不俨然青年也；及叩其头脑中所涉想所怀抱，无一不与彼陈腐朽败者为一丘之貉。其始也未尝不新鲜活泼，浸假而畏陈腐朽败分子所同化者有之；浸假而畏陈腐朽败分子势力之庞大，瞻顾依回，不敢明目张胆，作顽狠之抗斗者有之。充塞社会之空气，无往而非陈腐朽败焉，求些少之新鲜活泼者，以慰吾人窒息之绝望，亦杳不可得。

循斯现象，于人身则必死，于社会则必亡。欲救此病，非太息咨嗟之所能济，是在一二敏于自觉勇于奋斗之青年，发挥人间固有之智能，决择人间种种之思想，——孰为新鲜活泼而适于今世之争存，孰为陈腐朽败而不容留置于脑里，——利刃断铁，快刀理麻，决不作牵就依违之想，自度度人，社会庶几其有清宁之日也。青年乎！其有以此自任者乎？若夫明其是非，以供决择，谨陈六义，幸平心察之：

### （一）自主的而非奴隶的

等一人也，各有自主之权，绝无奴隶他人之权利，亦绝无以奴自处之义务。奴隶云者，古之昏弱对于强暴之横夺，而失其自由权利者之称也。自人权平等之说兴，奴隶之名，非血气所忍受。世称近世欧洲历史为"解放历史"：破坏君权，求政治之解放也；否认教权，求宗教之解放也；均产说兴，求经济之解放也；女子参政运动，求男权之解放也。

解放云者，脱离夫奴隶之羁绊，以完其自主自由之人格之谓也。我有手足，自谋温饱；我有口舌，自陈好恶；我有心思，自崇所信；决不认他人之越俎，亦不应主我而奴他人：盖自认为独立自主之人格以上，一切操行，一切权利，一切信仰，唯有听命各自固有之智能，断无盲从隶属他人之理。非然者，忠孝节义，奴隶之道德也；德国大哲尼采（Nietzsche）别道德为二类；有独立心而勇敢者曰贵族道德（Morality of Noble），谦逊而服从者曰奴隶道德（Morality of Slave）。轻刑薄赋，奴隶之幸福也；称颂功德，奴隶之文章也；拜爵赐第，奴隶之光荣也；丰碑高墓，奴隶之纪念物也。以其是非荣辱，听命他人，不以自身为本位，则个人独立平等之人格，消灭无存，其一切善恶行为，势不能诉之自身意志而课以功过；谓之奴隶，谁曰不宜？立德立功，首当辨此。

### （二）进步的而非保守的

不进则退，中国之恒言也。自宇宙之根本大法言之，森罗万象，无日不在演进之途，万无保守现状之理；特以俗见拘牵，谓有二境，此法兰西当代大哲柏格森（H.Borgson）之创造进化论（L'Evolution Creatrice）所以风靡一世也。以人事之进化言之：笃古不变之族，日就衰亡；日新求进之民，方兴未已：存亡之数，可以逆睹。矧在吾国，大梦未觉，故步自封，精之政教文章，粗之布帛水火，无一不相形丑拙，而可与当世争衡？

举凡残民害理之妖言，率能征之故训，而不可谓诬，谬种流传，岂自今始！固有之伦理，法律，学术，礼俗，无一非封建制度之遗，持较晰种之所为，以并世之人，而思想差迟，几及千载；尊重廿四朝之历史性，而不作改进之图；则驱吾民于二十世纪之世界以外，纳之奴隶牛马黑暗沟中而已，复何说哉！于此而言保守，诚不知为何项制度文物，可以适用生存于今世。吾宁忍过去国粹之消亡，而不忍现在及将来之民族，不适世界之生存而归消灭也。

呜呼！巴比伦人往矣，其文明尚有何等之效用耶？"皮之不存，毛将焉附？"世界进化，骎骎未有已焉。其不能善变而与之俱进者，将见其不适环境之争存，而退归天然淘汰已耳，保守云乎哉！

### （三）进取的而非退隐的

当此恶流奔进之时，得一二自好之士，洁身引退，岂非希世懿德；然欲以化民成俗，请于百尺竿头，再进一步。夫生存竞争，势所不免，一息尚存，即无守退安隐之余地。排万难而前行，乃人生之天职。以善意解之，退隐为高人出世之行；以恶意解之，退隐为弱者不适竞争之现象。欧俗以横厉无前为上德，亚洲以闲逸恬淡为美风：东西民族强弱之原因，斯其一矣。此退隐主义之根本缺点也。

若夫吾国之俗，习为委靡：苟取利禄者，不在论列之数；自好之士，希声隐沦，食粟衣帛，无益于世，世以雅人名士目之，实与游惰无择也。人心秽浊，不以此辈而有所补救，而国民抗往之风，植产之习，于焉以斩。人之生也，应战胜恶社会，而不可为恶社会所征服；应超出恶社会，进冒险苦斗之兵，而不可逃遁恶社会，作退避安闲之想。呜呼！欧罗巴铁骑，入汝室矣；将高卧白云何处也？吾愿青年之为孔、墨，而不愿其为巢、由；吾愿青年之为托尔斯泰与达噶尔（R. Tagore 印度隐遁诗人），不若其为哥伦布与安重根！

### （四）世界的而非锁国的

并吾国而存立于大地者，大小凡四十余国，强半与吾有通商往来之谊。加之海陆交通，朝夕千里。古之所谓绝国，今视之若在户庭。举凡一国之经济政治状态有所变更，其影响率被于世界，不啻牵一发而动全身也。立国于今之世，其兴废存亡，视其国之内政者半，影响于国外者恒亦半焉。以吾国近事证之：日本勃兴，以促吾革命维新之局；欧洲战起，日本乃有对我之要求。此非其彰彰者耶？投一国于世界潮流之中，笃旧者固速其危亡，善变者反因以竞进。

吾国自通海以来，自悲观者言之，失地偿金，国力索矣；自乐观者言之，倘无甲午庚子两次之福音，至今犹在八股垂发时代。居今日而言锁国闭关之策，匪独立所不能，亦且势所不利。万邦并立，动辄相关，无论其国若何富强，亦不能漠视外情，自为风气。各国之制度文物，形式虽不必尽同，但不思驱其国于危亡者，其遵循共同原则之精神，渐趋一致，潮流所及，莫之能违。于此而执特别历史国情之说，以冀抗此潮流，是犹有锁国之精神，而无世界之智识。国民而无世界智识，其国将何以图存于世界之中？语云："闭门造车，出门未必合辙。"今之造车者，不但闭户，且欲以《周礼·考工》之制，行之欧、美康庄，其患将不止不合辙已也！

### （五）实利的而非虚文的

自约翰·弥尔（J. S. Mill）"实利主义"唱道于英，孔特（Comte）之"实验哲学"唱道于法，欧洲社会之制度，人心之思想，为之一变。最近德意志科学大兴，物质文明，造乎其极，制度人心，为之再变。举凡政治之所营，教育之所期，文学技术之所风尚，万马奔驰，无不齐集于厚生利用之一途。一切虚文空想之无裨于现实生活者，吐弃殆尽。当代大哲，若德意志之倭根（R. Eucken），若法兰西之柏格森，虽不以现时物质文明为美备，咸揭橥生活（英文曰 Life，德文曰 Leben，法文曰 La vie）问题，为立言之的。生活神圣，正以此次战争，血染其鲜明之旗帜。欧人空想虚文之梦，势将觉悟无遗。

夫利用厚生，崇实际而薄虚玄，本吾国初民之俗；而今日之社会制度，人心思想，悉自周、汉两代而来，——周礼崇尚虚文，汉则罢黜百家而尊儒重道。——名教之所昭垂，人心之所祈向，无一不与社会现实生活背道而驰。倘不改弦而更张之，则国力将莫由昭苏，社会永无宁日。祀天神而拯水旱，诵孝经以退黄巾，人非童昏，知其妄也。物之不切于实用者，虽金玉圭璋，不如布粟粪土？若事之无利于个人或社会现实生活者，皆虚文也，诳人之事也。诳人之事，虽祖宗之所遗留，圣贤之所垂教，政府之所提倡，社会之所崇尚，皆一文不值也。

### （六）科学的而非想象的

科学者何？吾人对于事物之概念，综合客观之现象，诉之主观之理性而不矛盾之谓也。想象者何？既超脱客观之现象，复抛弃主观之理性，凭空构造，有假定而无实证，不可以人间已有之智灵，明其理由，道其法则者也。在昔蒙昧之世，当今浅化之民，有想象而无科学。宗教美文，皆想象时代之产物。近代欧洲之所以优越他族者，科学之兴，其功不在人权说下，若舟车之有两轮焉。今且日新月异，举凡一事之兴，一物之细，罔不诉之科学法则，以定其得失从违；其效将使人间之思想云为，一遵理性，而迷信斩焉，而无知妄作之风息焉。

国人而欲脱蒙昧时代，羞为浅化之民也，则急起直追，当以科学与人权并重。士不知科学,故袭阴阳家符瑞五行之说,惑世诬民;地气风水之谈,乞灵枯骨。农不知科学,故无择种去虫之术。工不知科学,故货弃于地,战斗生事之所需,一一仰给于异国。商不知科学,故惟识罔取近利,未来之胜算,无容心焉。医不知科学,既不解人身之构造,复不事药性之分析,菌毒传染,更无闻焉;惟知附会五行生克寒热阴阳之说,袭古方以投药饵,其术殆与矢人同科;其想象之最神奇者,莫如"气"之一说;其说且通于力士羽流之术;试遍索宇宙间,诚不知此"气"之果为何物也!

凡此无常识之思,惟无理由之信仰,欲根治之,厥维科学。夫以科学说明真理,事事求诸证实,较之想象武断之所为,其步度诚缓;然其步步皆踏实地,不若幻想突飞者之终无寸进也。宇宙间之事理无穷,科学领土内之膏腴待辟者,正自广阔。青年勉乎哉!

戚谢美、邵祖德编:《陈独秀教育论著选》,人民教育出版社,1995年。

## 教育界能不问政治吗

我们一方面天天骂军阀官僚包办政治败坏国家,一方面却又天天主张我们不干预政治,这种思想是何等矛盾!中国社会向分士、农、工、商四个阶级,士人(教育界属之)说:我们只要专心办学求学,不必问政治;农民更在那里睡觉,连政治这个名词还不大知道;工人说:我们只求改良生活,我们不愿干预政治;商人也说不谈政治。好了,士、农、工、商都不问政治,有个国家又不能没有政治,如此政治只得让军阀官僚来包办了。因此,我们敢说:中国政治坏到现在这样地步,不是军阀官僚自己要包办政治的罪恶。乃是士、农、工、商都放弃责任而且忍心害理的主张不问政治,甘心让军阀官僚包办的罪恶。单就教育界的士说,政治不清明,财政紊乱,教育费无着,你们如何能办学,求学?于是你们妙想天开的说:教育独立,不问政治。我现在要问:所谓教育独立,是不是离开社会把教育界搬到空中去独立或是大洋中去独立?我又要问:若只是主张教育经费独立,在这种军阀横行的政治之下,政府指定之独立的教育经费有何力量可以保证不被军阀拿去？若无人圆满的解答这两个问题，我们希望"教育独立，不问政治"这种毫无常识的话，勿再出诸知识阶级的教育家及学生之口！现正有些人对于学生请愿被殴风潮又说：我们只主张教育独立、司法独立及驱彭，不干预政治。其实教员学生除了教书读书以外，出来主张教育独立，主张司法独立，主张驱彭，也都是些政治运动了，还说不干预政治，真是掩耳盗铃。亚里斯多德说得好："人是政治的动物"，除非不是人，哪能够不问政治！"不问政治"这句话，是亡国的哀音，是中国人安心不做人的表示！

戚谢美、邵祖德编：《陈独秀教育论著选》，人民教育出版社，1995年。

## 收回教育权

教育改进社今年在南京年会中所通过的各议案，算是收回教育权案有点历史的价值。

无数在外国教会学校诱惑锢蔽之下的中国青年，受了土耳其封闭美国人所办学校的刺激，"收回教育权"的呼声，首由广州学生喊将出来，不期而应者几遍全中国，教育改进社的右派分子，竟为全国青年的呼声所迫，容纳了左派分子之主张，通过了此案。将来实行至何程度，现在虽不可知，而最小限度（一）总可以使外人感觉中国人心犹未死尽，无形的文化侵略究竟不像有形的军事侵略、经济侵略那样便当；（二）总可以使在外人势力之下麻醉久了的青年明白教育权应该收回，是中国教育界所公认，并不是什么过激派的主张。

然而恐怕也只有这两个最小限度的效果，因为他们的议决案中，并没有明白坚决的办法；他们的办法是（一）凡外人借学校实行侵略，经调查确实，应由政府勒令停办；（二）施行甲、乙两种注册；（三）于相当时期接收外人所设学校。

这种明白实行侵略的事实，尚待调查，岂不是笑话！注册是取缔不是收回。相当时期，是不是无期？

他们堂堂的收回教育权案何以这样二百五？这缘故很容易明白。（一）是因为教育改进社完全在研究系操纵之下，他们如何能赞成这样急进的主张！初提此案时，研究名人范源濂犹极力称赞教会学校之成绩，经陈启天等纷起驳斥，才将会场空气转换过来。（二）是因为教育改进社社员中，有许多耶教徒或教会学校出身，他们都加入讨论，议决案怎能不二百五？

我们认真讨论起来，与其主张"收回教育权"，不如主张"破坏外人在华教育权"；因为在国民革命成功以前，目下二百五的中国政府和中国教育界，都不会有收回的决心。至于破坏的责任，便不须依赖政府与教育界，只要在教会学校受奴隶教育的二十万男女青年有这样的觉悟与决心。

戚谢美、邵祖德编：《陈独秀教育论著选》，人民教育出版社，1995年。

## 胡适教育论著选

胡适（1891—1962），字适之，安徽绩溪人，思想家、哲学家、文学家，新文化运动的倡导者。早年就学于上海中国公学，1910年赴美深造，先入康乃尔大学学农科，后转入哥伦比亚大学攻读哲学，师从杜威。1917年回国后，任教于北京大学，曾出任驻美大使、行政院高等顾问等。新文化运动期间，参与编辑《新青年》，大力倡导白话文，反对文言文，提倡思想自由与个性解放，与陈独秀等人共同引领新文化运动。著有《胡适文存》《中国哲学史大纲》《白话文学史》等。学术研究上，胡适主张"大胆假设，小心求证"的实证考据研究方法，提出"研究问题、输入学理、整理国故、再造文明"口号，推动了国学研究，促进了中西学术交流与融合。教育实践上，除教学外，胡适曾担任北大文学院院长、北大校长等，参与创办《每周评论》《努力周报》，创办《独立评论》等，为知识分子提供了思想交流与学术讨论的平台。

《论大学学制》一文写于1919年，主要讨论恢复民国元年大学学制提议的问题。通过对比元年"大学令"与现行学制，胡适指出两者并无根本性区别，恢复旧学制既无必要也不合时宜。文中还详细阐述了北大改革的具体措施,指出改革旨在提高教育效率、促进学生全面发展,应继续推进而非倒退。《论大学学制》体现了胡适对教育改革的深刻理解和前瞻性思考。

在《读书》(1925)一文中,胡适认为读书不仅是获取知识的过程,更是培养思维能力、提升自我修养的重要途径;强调读书要"精"且"博",既要深入钻研某一领域,又要广泛涉猎,以拓宽视野;鼓励读者在读书时保持批判性思维,勇于质疑,善于总结心得,并将所学知识应用于实际生活中。此外,胡适还主张读书应持之以恒,不断积累,方能厚积薄发,有所成就。

在《为什么读书》(1930)一文中,胡适提出了读书的三个核心理由:首先,书籍是人类智慧和经验的传承,读书是接受这份遗产,站在巨人的肩膀上继续探索和创新;其次,提倡"为读书而读书"的理念,认为读书能够提升个人的阅读能力和知识水平,使人能够更深入地理解世界;最后,强调读书能够帮助人们解决实际问题,提供思想材料。

## 论大学学制(节录)
(1919年7月9日)

我且先论工科的问题。北京大学与北洋大学本来都有工科,蔡校长因为这个办法太不经济了,况且北洋也是国立的大学,工科成绩较好,不如由北洋专办工科,把北大的工科并入北洋,而北洋的法科并入北大。这个办法,两校的设备都经济,是一利,两校的教授都经济,是二利,北洋附近多工厂,便于实习,是三利。两校各办所长,不相重复,不相冲突,是四利——有如此四利,而无一弊,何以还有人反对呢?这里面的情形,不消说得,只是一个饭碗问题了。

我再论蔡校长这两年多的种种改革。

第一预科三年改为两年。预科的功课大都是语言文字的预备。中学毕业生不能进大学,已是大不经济了。单习这些大学预备功课,要用三年的工夫,那是更不经济了。预科占了三年,本科也只得三年。三年的本科能学得些什么?蔡校长改预科为两年,是极好的办法。其中只要教授得人得法，两年尽够了。将来中学程度增高，预科还可减少，到后来竟可完全废止。一方面延长本科为四年，开办大学院后，又加上两年，如此方才有高深学问可望。

第二文理两科合并，造谣人说大学废止理科，专办文科，这是极荒谬的话。蔡校长因为学文科的人或专治文学，或专治哲学，于一切科学都不注意，流弊极大。理科的人专习一门科学，于世界思潮及人生问题多不注意，流弊也很大。因此他主张把文理两科打通，并为大学本科。他的目的是要使文科学生多懂得一些科学，不致流为空虚，使理科学生多研究一点人生基础观念，不致流为陋隘。这种制度是世界最新的制度，美国之大学以"文理院"为基本，即是此意。世之妄人，乃引中古相传的学制来驳他，岂非大笑话吗。

第三法科问题。法科也不曾废除。蔡校长因为经济、政治两门在欧美各国都不属于法科，况且新合并之大学本科之哲学史学诸门皆与政治、经济极有关系，故想把这两门加入文理科真成一个完备的大学基础，而法科则专习法律，为养成律师法官之人才。这是欧美各国通行的制度，用意本很好，后来因为法律一门孤立，于事实上颇不方便，故索性把法律一门也合起来，和其他各科同组织一个大学教务处，以归划一。但法科学长一职，至今存在法科大学并不曾废，何用恢复呢。

以上诸项，除预科年限一项系由民国六年北京国立六大学校长联名请教育部核准公布外，其余各项均由去年十月全国专门以上七十余校校长会议通过。又由本年三月教育部召集全国教育调查会详细审定通过，请部颁大学试行，原案具在，利害得失，都可复核。我因为一二腐败政客任意诋毁蔡校长一片苦心，故不能不把这里面的实情报告给全国知道。

白吉庵、刘燕云编：《胡适教育论著选》，人民教育出版社，1994年。

## 读书（节录）

(1925年4月22日)

"读书"这个题，似乎很平常，也很容易。然而我却觉得这个题目很不好讲。据我所知，"读书"可以有三种说法：

一、要读何书　关于这个问题，《京报》副刊上已经登了许多时候的"青年必读书"；但是这个问题，殊不易解决，因为个人的见解不同，个性不同。各人所选只能代表各人的嗜好，没有多大的标准作用。所以我不讲这一类的问题。

二、读书的功用　从前有人作"读书乐"，说什么"书中自有千钟粟，书中自有黄金屋，书中自有颜如玉"，现在我们不说这些话了。要说，读书是求智识，智识就是权力。这些话都是大家会说的，所以我也不必讲。

三、读书的方法　我今天是要想根据个人所经验，同诸位谈谈读书的方法。我的第一句话是很平常的，就是说，读书有两个要素：

第一要精，

第二要博。

现在先说什么叫"精"。

我们小的时候读书，差不多每个小孩都有一条书签，上面写十个字，这十个字最普遍的就是"读书三到：眼到，口到，心到。"现在这种书签虽不用，三到的读书法却依然存在。不过我以为读书三到是不够的；须有四到，是："眼到，口到，心到，手到。"我就拿它来说一说。

眼到是要个个字认得，不可随便放过。这句话起初看去似乎很容易，其实很不容易。读中国书时，每个字的一笔一画都不放过。近人费许多功夫在校勘学上，都因古人忽略一笔一画而已。读外国书要把ABCD……等字母弄很清清楚楚，所以说这是很难的。如有人翻译英文，把port看作pork，把oats看作oaks，于是葡萄酒一变而为猪肉，小草变成了大树。说起来这种例子很多，这都是眼睛不精细的结果。书是文字做成的，不肯仔细认字，就不必读书。眼到对于读书的关系很大，一时眼不到，贻害很大，并且眼到能养成好习惯，养成不苟且的人格。

口到是一句一句要念出来。前人说口到是要念到烂熟背得出来。我们现在虽不提倡背书，但有几类的书，仍旧有熟读的必要，如心爱的诗歌，如精彩的文章，熟读多些，于自己的作品上也有良好的影响。读此外的书，虽不须念熟，也要一句一句念出来，中国书如此，外国书更要如此。念书的功用能使我们格外明了每一句的构造，句中各部分的关系。往往一遍念不通，要念两遍以上，方才能明白的。读好的小说尚且要如此，何况读关于思想学问的书呢？

心到是每章、每句、每字意义如何？何以如是？这样用心考究。但是用心不是叫人枯坐冥想，是要靠外面的设备及思想的方法的帮助。要做到这一点，须要有几个条件：

一、字典、辞典、参考书等等工具要完备。这几样工具虽不能办到，也当到图书馆去看，我个人的意见是奉劝大家，当衣服，卖田地，至少要置备一点好的工具。比如买一本韦氏大字典，胜于请几个先生。这种先生终身跟着你，终身享受不尽。

二、要做文法上的分析。用文法的知识，作文法上的分析，要懂得文法构造，方才懂得它的意义。

三、有时要比较参考，有时要融会贯通，方能了解。不可但看字面。一个字往往有许多意义，读书容易上当。例如 turn 这字：

…………

总之，读书要会疑，忽略过去，不会有问题，便没有进益。

宋儒张载说："读书先要会疑。于不疑处有疑，方是进矣。"他又说："在可疑而不疑者，不曾学。学则须疑。"又说："学贵心悟，守旧无功。"

宋儒程颐说："学原于思。"①

这种看起来，读书要求心到；不要怕疑难，只怕没有疑难。工具要完备，思想要精密，就不怕疑难了。

---

① 原文作"学原子思"，"子"应系"于"之误，径改。

现在要说手到。手到就是要劳动劳动你的贵手。读书单靠眼到，口到，心到，还不够的；必须还得自己动动手，才有所得。例如：

一、标点分段，是要动手的。

二、翻查字典及参考书，是要动手的。

三、做读书札记，是要动手的。札记又可分四类：

（a）抄录备忘。

（b）作提要、节要。

（c）自己记录心得。张载说："心中苟有所开，即便札记。不则还塞之矣。"

（d）参考诸书，融会贯通，作有系统的著作。

手到的功用。我常说：发表是吸收智识和思想的绝妙方法。吸收进来的智识思想，无论是看书来的，或是听讲来的，都只是模糊零碎，都算不得我们自己的东西。自己必须做一番手脚，或做提要，或做说明，或做讨论，自己重新组织过，申叙过，用自己的语言记述过，——那种智识思想方才可算是你自己的了。

…………

第二要讲什么叫"博"。

什么书都要读，就是博。古人说："开卷有益"，我也主张这个意思。所以说读书第一要精，第二要博。我们主张"博"有两个意思：

第一，为预备参考资料计，不可不博。

第二，为做一个有用的人计，不可不博。

第一，为预备参考资料计。

在座的人，大多数是戴眼镜的。诸位为什么要戴眼镜？岂不是因为戴了眼镜，从前看不见的，现在看得见了；从前很小的，现在看得很大了；从前看不分明的，现在看得清楚分明了？王荆公说得最好：

"世之不见全经久矣。读经而已，则不足以知经。故某自百家诸子之书，至于《难经》《素问》《本草》诸小说，无所不读；农夫女工，无所不问；然后于经为能知其大体而无疑。盖后世学者与先王之时异矣；不如是，不足以尽圣人故也。……致其知而后读，以有所去取，故异学不能乱也。惟其不能乱，故能有所去取者，所以明吾道而已。"（答曾子固）

他说："致其知而后读。"又说："读经而已，则不足以知经。"即如《墨子》一书在一百年前，清朝的学者懂得此书还不多。到了近年，有人知道光学、几何学、力学、工程学……等，一看《墨子》，才知道其中有许多部分是必须用这些科学的知识方才能懂的。后来有人知道了论理学，心理学……等，懂得《墨子》更多了。读别种书愈多，《墨子》愈懂得多。

所以我们也说，读一书而已则不足以知一书。多读书，然后可以专读一书。……

............

第二，为做人计。

专工一技一艺的人，只知一样，除此之外，一无所知。这一类的人影响于社会很少，好有一比，比一根旗杆，只是一根孤拐，孤单可怜。

又有些人广泛博览，而一无所专长，虽可以到处受一班贱人的欢迎，其实也是一种废物。这一类人，也好有一比，比一张很大的薄纸，禁不起风吹雨打。

在社会上，这两种人都是没有什么大影响，为个人计，也很少乐趣。

理想中的学者，既能博大，又能精深。精深的方面，是他的专门学问。博大的方面，是他的旁搜博览。博大要几乎无所不知，精深要几乎唯他独尊，无人能及。他用他的专门学问做中心，次及于直接相关的各种学问，次及于间接相关的各种学问，次及于不很相关的各种学问，以次及毫不相关的各种泛览。这样的学者，也有一比，比埃及的金字三角塔。那金字塔（据最近《东方杂志》第二十二卷第六号，页一四七）高四百八十英尺，底边各边长七百六十四英尺。塔的最高度代表最精深的专门学问；从此点以次递减，代表那旁收博览的各种相关或不相关的学问。塔底的面积代表博大的范围，精深的造诣，博大的同情心。这样的人，对社会是极有用的人才，对自己也能充分享受人生的趣味。宋儒程显说的好：

须是大其心使开阔：譬如为九层之台，须大做脚始得。

博学正所以"大其心使开阔"。我曾把这番意思编成两句粗浅的口号,现在拿出来贡献给诸位朋友,作为读书的目标:

为学要如金字塔,

要能广大要能高。

十四·四·二十二夜改稿

白吉庵、刘燕云编:《胡适教育论著选》,人民教育出版社,1994年。

## 为什么读书(节录)

(1930年12月)

为什么要读书?有三点可以讲:第一,因为书是过去已经知道的智识学问和经验的一种记录,我们读书便是要接受这人类的遗产;第二,为要读书而读书,读了书便可以多读书;第三,读书可以帮助我们解决困难,应付环境,并可获得思想材料的来源。我一踏进青年会的大门,就看见许多关于读书的标语。为什么读书?大概诸位看了这些标语就都已知道了,现在我就把以上三点更详细的说一说。

第一,因为书是代表人类老祖宗传给我们的智识的遗产,我们接受了这遗产,以此为基础,可以继续发荣光大,更在这基础之上,建立更高深更伟大的智识。人类之所以与别的动物不同,就是因为人有语言文字,可以把智识传给别人,又传至后人,再加以印刷术的发明,许多书报便印了出来。人的脑很大,与猴不同,人能造出语言,后来更进一步而有文字,又能刻木刻字;所以人最大的贡献就是过去的智识和经验,使后人可以节省许多脑力。非洲野蛮人在山野中遇见鹿,他们就画了一个人和一只鹿以代信,给后面的人叫他们勿追。但是把智识和经验遗给儿孙有什么用处呢?这是有用处的,因为这是前人很好的教训。现在学校里各种教科,如物理、化学、历史,等等,都是根据几千年来进步的智识编纂成书的,一年,两年,或者三年,教完一科。自小学、中学,而至大学毕业,这十六年中所受的教育,都是代表我们老祖宗几千年来得来的智识学问和经验,所谓进化，就是叫人节省劳力，蜜蜂虽能筑巢，能发明，但传下来就只有这一点智识，没有继续去改革改良，以应付环境，没有做格外进一步的工作。人呢，达不到目的，就再去求进步，而以前人的智识学问和经验作参考。如果每样东西，要个个人从头学起，而不去利用过去的智识，那不是太麻烦吗？所以人有了这智识的遗产，就可以自己去成家立业，就可以缩短工作，使有余力做别的事。

第二点稍复杂，就是为读书而读书。读书不是那么容易的一件事情，不读书不能读书，要能读书才能多读书。好比戴了眼镜，小的可以放大，糊涂的可以看得清楚，远的可以变为近。读书也要戴眼镜。眼镜越好，读书的了解力也越大。王安石对曾子固说："读经而已，则不足以知经。"所以他对于本草，内经，小说，无所不读，这样对于经才可以明白一些。王安石说："致其知而后读。"

请你们注意，他不说读书以致知，却说，先致知而后读书。读书固然可以扩充知识；但知识越扩充了，读书的能力也越大。这便是"为读书而读书"的意义。

……总之，读书是为了要读书，多读书更可以读书。最大的毛病就在怕读书，怕读难书。越难读的书我们越要征服它们，把它们作为我们的奴隶或向导，我们才能够打倒难书，这才是我们的"读书乐"。若是我们有了基本的科学知识，那么，我们在读书时便能左右逢源。我再说一遍，读书的目的在于读书，要读书越多才可以读书越多。

第三点，读书可以帮助解决困难，应付环境，供给思想材料。知识是思想材料的来源。思想可分作五步。思想的起源是大的疑问。吃饭拉屎不用想，但逢着三岔路口，十字街头那样的环境，就发生困难了。走东或走西，这样做或是那样做，有了困难，才有思想。第二步要把问题弄清，究竟困难在那一点上。第三步才想到如何解决，这一步，俗话叫做出主意。但主意太多，都采用也不行，必须要挑选。但主意太少，或者竟全无主意，那就更没有办法了。第四步就是要选择一个假定的解决方法。要想到这一个方法能不能解决。若不能，那么，就换一个；若能，就行了。这好比开锁，这一个钥匙开不开，就换一个；假定是可以开的，那么，问题就解决了。第五步就是证实。凡是有条理的思想都要经过这步，或是逃不了这五个阶级。科学家要解决问题，侦探要侦探案件，多经过这五步。

  这五步之中，第三步是最重要的关键。问题当前，全靠有主意（Ideas）。主意从哪儿来呢？从学问经验中来。没有智识的人，见了问题，两眼白瞪瞪，抓耳挠腮，一个主意都不来。学问丰富的人，见着困难问题，东一个主意，西一个主意，挤上来，涌上来，请求你录用。读书是过去智识学问经验的记录，而智识学问经验就是要用在这时候，所谓养军千日，用在一朝。否则，学问一些都没有，遇到困难就要糊涂起来。……古人说："开卷有益"，正是此意。读书不是单为文凭功名，只因为书中可以供给学问知识，可以帮助我们解决困难，可以帮助我们思想。又医如从前的人以为地球是世界的中心，后来天文学家科白尼却主张太阳是世界的中心，绕着地球而行。据罗素说，科白尼所以这样的解说，是因为希腊人已经讲过这句话；假使希腊没有这句话，恐怕更不容易有人敢说这句话吧。这也是读书的好处。有一家书店印了一部旧小说叫做《醒世姻缘》，要我作序。这部书是西周生所著的，印好在我家藏了六年，我还不曾考出西周生是谁，这部小说讲到婚姻问题，其内容是这样：有个好老婆，不知何故，后来忽然变坏，作者没有提及解决方法，也没有想到可以离婚，只说是前世作孽，因为在前世男虐待女，女就投生换样子，压迫者变为被压迫者。这种前世作孽，起先相爱，后来忽变的故事，我仿佛什么地方看见过。后来忽然想起聊斋一书中有一篇和这相类似的笔记，也是说到一个女子，起先怎样爱着她的丈夫，后来怎样变为凶太太，便想到这部小说大约是蒲留仙或是蒲留仙的朋友做的。去年我看到一本杂记，也说是蒲留仙做的，不过没有多大证据。今年我在北京，才找到了证据。这一件事可以解释刚才我所说的第二点，就是读书可以帮助读书，同时也可以解释第三点，就是读书可以供给出主意的来源。当初若是没有主意，到了逢着困难时便要手足无措，所以读书可以解决问题，就是军事、政治、财政、思想等问题，也都可以解决，这就是读书的用处。

至于"读什么书",下次陈钟凡先生要讲演,今天我也附带的讲一讲。我从五岁起到了四十岁,读了三十五年的书。我可以很诚恳地说,中国旧籍是经不起读的。中国有五千年文化,四部的书已是汗牛充栋。究竟有几部书应该读,我也曾经想过。其中有条理有系统的精心结构之作,两千五百年以来恐怕只有半打。"集"是杂货店,"史"和"子"还是杂货店。至于"经",也只是杂货店,讲到内容,可以说没有一些东西可以给我们改进道德增进智识的帮助的。中国书不够读,我们要另开生路,辟殖民地,这条生路,就是每一个少年人必须至少要精通一种外国文字。读外国语要读到有乐而无苦,能做到这地步,书中便有无穷乐趣。希望大家不要怕读书,起初的确要查阅字典,但假使能下一年苦功,继续不断做去,那么,在一二年中定可开辟一个乐园,还只怕求知的欲望太大,来不及读呢。我总算是老大哥,今天我就根据我过去三十五年读书的经验,给你们这一个临别的忠告。

选自《现代学生》第1卷第3、5期

白吉庵,刘燕云编:《胡适教育论著选》,人民教育出版社,1994年。

## 黄炎培教育论著选

黄炎培(1878—1965),号楚南,字任之,原籍江苏川沙(今属上海市),著名民主人士、教育家、职业教育的积极倡导者。1901年考入南洋公学,受教于蔡元培。1902年,参加科举考试中举人,开始义务办学。1917年,联合蔡元培、梁启超、张謇等48人在上海发起成立中华职业教育社,担任董事长。同年创办《教育与职业》杂志,将之作为倡导职业教育的讲坛。1918年,创办上海中华职业学校,实行工读结合的制度,初步开展职业教育实践。黄炎培强调职业教育与社会发展紧密结合,主张"大职业教育主义",提出在农村建立改进试验区,提倡"富政教合一";重视职业教育的理论研究和实践经验总结，重视职业道德教育，要求学生有"金的人格，铁的纪律"。主要著作包括《黄炎培考察教育日记》《新大陆之教育》《东南洋之新教育》等。

《中华职业教育社宣言书》是黄炎培于1917年成立中华职业教育社之际发表的一篇教育文献，标志着以黄炎培为代表的职业教育思潮的正式形成。黄炎培首先揭示了教育与职业之间的严重脱节问题，阐述了职业教育的核心理念和目标。其次，他提出了一系列具体的实施措施，建议推广职业教育，主张改良职业教育和普通教育，强调职业教育应注重实习和实践环节。再次，他还深入分析了当时职业教育存在的问题及其原因。最后，针对这些问题，他提出了相应的解决策略和建议。

《提出大职业教育主义征求同志意见》一文写于1926年，旨在征求同人意见，共同推进职业教育事业进步。黄炎培首先回顾了职业教育发展历程，指出职业教育存在的不足之处，提倡"大职业教育主义"思想，并提出一系列具体的实施策略和措施。其次，提出了"富政教合一"的方针，倡导"手脑并用、做学合一"的教学原则。最后，他倡导"敬业乐群"的职业道德精神。

《我之人生观与吾人从事职业教育之基本理论》一文写于1938年，正值中华民族面临深重危机、国家急需人才振兴之际。黄炎培将个人的人生观与职业教育使命紧密相连。他认为，只有通过教育才能培养出真正的人才，才能实现国家的繁荣富强。职业教育作为教育体系的重要组成部分，更是承担培养实用型人才、推动经济社会发展的重任。

## 中华职业教育社宣言书（节录）

（附组织大纲、募金通启）

今之策国是者，莫不重教育；策教育，莫不谋普及。夫教育曷贵乎普及，岂不曰教育普及，则社会国家一切至重要至困难问题，根本上皆得缘以解决也。今吾中国至重要至困难问题，尚有过于生计者乎！兴学二十余年，全国学校亦既有十万八千余所，何以教育较盛之区，饿莩载涂〔途〕如故，匪盗充斥如故。更进言之，谓今之教育而能解决生计问题，则必受教育者之治生，较易于其未受教育者可知。而何以国中自小学以至大学，学生之毕业于学校而失业于社会者比比。此国人所谛观现象，默审方来，而不胜其殷忧大惧者也。

甲寅之秋，同人有考察京津教育者，某中学学生数百人，其校长见告：吾校毕业生，升学者三之一，谋事而不得事者二之一。乙卯、丙辰两岁，江苏省教育会以毕业生之无出路也，乃就江苏公私立各中学调查其实况。乙卯升学者得百分之二十三，丙辰得百分之三十九，此外大都无业，或虽有业而大都非正当者也。今岁全国教育联合会各省区代表报告，则升学者仅及十之一，或不及十之一。若夫高等小学，今岁调查江苏全省毕业者四千九百八十三人，而收容于各中等学校者，不及四之一，此外大都营营逐逐，谋一业于社会，而苦所学之无可以为用者也。

或曰：此之所云，普通学校耳。则试观夫实业学校、专门学校。有以毕业于纺织专科，而为普通小学校图画教员者矣；有以毕业于农业专科，而为普通行政机关助理员者矣；甚有以留学欧美大学校专门毕业，归而应考试于书业机关，充普通编译员者矣。所用非其所学，滔滔皆是。虽然，此犹足以糊其口也。其十之六七，乃并一啖饭地而不可得。实业学校毕业者且然，其他则又何说。然则教育幸而未发达未普及耳，苟一旦普及，几何不尽驱国人为高等游民，以坐待淘汰于天演耶。曩岁同人鉴于教育之不切实用，相与奔走呼号，发为危言，希图教育当局之省悟。今则情见势绌，无可为讳，盖既不幸言而中矣。

简而言之，吾侪所深知确信而敢断言者，曰今吾中国至重要至困难问题，厥惟生计。曰求根本上解决生计问题，厥惟教育。曰吾中国现时之教育，决无能解决生计问题之希望。曰吾中国现时之教育，不惟不能解决生计问题，且将重予关于解决生计问是〔题〕之莫大障碍。此而不思所以救济，前途其堪问耶！

救济之道奈何？或曰：此社会事业不发达之故。夫人才而有待夫现成之事业耶，抑事业实待人才而兴也？或曰：此用人而违其长者之咎。然吾闻农场尝用农学生矣，其知识其技能，或不如老农也。商店尝用商学生矣，其能力未足应商业用，而其结习，转莫能一日安也。吾侪所深知确信而复敢断言者，曰方今受教育者之不能获职业，其害决非他方面贻之，而实现时教育有以自取之也。

且教育曷贵也，语小，个人之生活系焉；语大，世界国家之文化系焉。今吾国文明之进步何如乎？行于野，农所服者，先畴之畎亩也。游于市，工所用者，高曾之规矩也。夫使立国大地，仅我中华，则率其旧章，长此终古，亦复何害。独念今世界为何等世界，人绝尘而奔，我蛇行而伏。试观美利坚一国，发明新器物，年至四万种。安迭生〔爱迪生〕一人，发明新器物，多至九百种。我未有一焉。谁为为之，无新学识以应用于实际，无新人才以从事于改良，教育不与职业沟通，何怪百业之不进步。由是吾侪深知确信而复敢断言，曰吾国百业之不进步，亦实现时教育有以致之也。

同人于此，既不胜其殷忧大惧。研究复研究，假立救济之主旨三端：曰推广职业教育；曰改良职业教育；曰改良普通教育，为适于职业之准备。

依教育统计，全国中学四百有三所，而甲种实业学校仅九十有四，高等小学七千三百一十五所，而乙种实业学校仅二百三十。夫中学毕业力能升学者，或不及十分之一。高等小学毕业，力能升学者，或不及二十分之一。数若是其少，谋生者数若是其多。乃为学生升学地之中学、高等小学数若是其多，为学生谋生地之实业学校数若是其少，供求不相剂若此，职业教育之推广，其可缓耶！又况甲乙种实业学校，固未足以括职业教育，而尽给社会分业之所需也。虽然，属于普通性质之中学、高等小学数既若是其多，则一时欲广设职业学校，俾适合乎十分之一二十分之一中学、高等小学毕业生升学者与谋生者之比，不惟财力将有所不胜，即进行亦嫌其太骤。故同人所主张，一方推广职业学校职业补习学校；一方于高等小学中学分设职业科。谓惟此于事实较便，影响较广耳。

虽然，仅言推广职业教育，而谓足解此症结，则又何解于实业学校毕业生失业者之纷纷。盖吾国非绝无职业教育，其所以致此，亦有数原因焉：一曰其设置拘统系而忽供求也。美瑟娄博士有言，苟与我六十万金办中国职业教育，我必以二十万金充调查费。夫职业教育之目的，一方为人计，曰以供青年谋生之所急也；一方又为事计，曰以供社会分业之所需也，然则今时之社会，所需者何业，某地之社会，所需者何业，必一一加以调查，然后立一校，无不当其位置，设一科，无不给其要求，而所养人才，自无见弃之患。今则不然，曰农，曰工，曰商，不可不备也。农若干科，工商各若干科，苟为法令所无，匪所宜立也。其所汲汲者，在乎统系分明，表式完备，上以是督，下以是报，而所谓时也，地也，孰所需，孰非所需，均在所不暇计。二曰其功课重理论而轻实习也。自《小学校令》有加设农商科之规定，各地设者不少，顾农无农场也，商无商品也，不过加读农商业教科书数册，其结果成为农业国文、商业国文而已。所谓乙种农、工、商学校，亦复如是。即若甲种，其性质既上近专门，其功课更易偏理论。今之学生，有读书之惯习，无服劳之惯习，故授以理论，莫不欢迎；责以实习，莫不感苦。闻农学校最困难为延聘实习教师。夫实习既不易求之一般教师，则所养成之学生，其心理自更可想。而欲其与风蓑雨笠之徒，竞知识之短长，课功能于实际，不亦难乎。三曰其学生贫于能力而富于欲望也。实习非所注重，则能力无自养成。然而青年之志大言大，则既养之有素矣。上海某银行行长，录用学校毕业生有年，一日本其经验语人曰：今之学生，学力不足，而欲望有余，不适于指挥，徒艰于待遇耳。夫银行，新式事业也，犹且如此。则凡大多数之旧式事业，学徒执役，则极其下贱，学成受侮，则极其轻微，其掉头不屑一顾可知。夫生活程度，必与其生活能力相准。办事酬报，必与其办事能力相当。若任重有所不胜，位卑又有所不屑，奚可哉！此第三病根，实于受普通教育时代种之。故同人所主张：改良职业教育，必同时改良普通教育。

救济之主旨如上述，其施行方法奈何？曰调查，曰研究，曰劝导，曰指示，曰讲演，曰出版，曰表扬，曰通信答问。其所注意之方面，为政府，为学校，为社会，而又须有直接之设施。曰择地创立都市式、乡村式男女子职业学校，日、夜、星期职业补习学校。而又须有改良普通教育之准备。曰创立教育博物院。迨夫影响渐广，成效渐彰，又须设职业介绍部。其为事曰调查，曰通告，曰引导。

田正平、李笑贤编：《黄炎培教育论著选》，人民教育出版社，1993年。

## 提出大职业教育主义征求同志意见

我们同志八九年来所做工作，推广职业学校，改良职业学校，提倡职业补习教育，等等，也算"尽心力而为之"了。可是我们所希望，百分之七八十没有达到。这是什么缘故呢？国事捣乱，教育当然不发达，不差；社会经济困难，职业教育当然不发达，不差；一般教育不发达，职业教育当然不发达，也不差。可是平心想来，这种责任是否可以完全推在"时机"身上？设遇到良好时机，照我们所用方法，是否一定的大收效呢？就是遇到不良好时机，究竟有没有法子可以战胜困难，可以自己造成较好的环境，使我们工作收效呢？想了又想，依这样方针，用这样方法，吾就不说"不对"，吾总要说"不够"。

"不够"怎样呢？以我八九年的经验，很想武断的提出三句话，就是：（一）只从职业学校做工夫，不能发达职业教育；（二）只从教育界做工夫，不能发达职业教育；（三）只从农、工、商职业界做工夫，不能发达职业教育。

只从职业学校做工夫，使得职业学校以外各教育机关总觉你们另是一派，与我们没有相干。岂知人们常说什么界什么界，界是分不来的。不要说师范教育、医学教育等等都是广义的职业教育，就是大学、中学、小学，和职业教育何尝没有一部分关系？大学分科，高中分科，是不用说了，初中何尝不可以兼设职业科，小学何尝不可以设职业准备科？何况初中还有职业指导，小学还有职业陶冶呢。要是此方认为我是职业学校，与一般教育无关系，彼方认为我非职业学校，与职业教育无关系，范围越划越小，界限越分越严，不互助，不合作，就不讲别的，单讲职业教育，还希望发达吗？所以第一层只从职业学校做工夫是不行的。

办职业学校最大的难关，就是学生出路。无论学校办得那么好，要是第一班毕业生没有出路，以后招生就困难了。万一第二班再没有出路，从此没有人上门了。怎样才使学生有出路呢？说几句联络职业界的空话是不够的。设什么科，要看看职业界的需要；定什么课程，用什么教材，要问问职业界的意见；就是训练学生，也要体察职业界的习惯；有时聘请教员，还要利用职业界的人才。不只是参观啦，实习啦，请人演讲啦，都要职业界帮忙哩。最好使得职业界认做为我们而设的学校，是我们自家的学校，那就打成一片了。所以只从教育界做工夫也是不行的。

社会是整个的。不和别部分联络，这部分休想办得好；别部分没有办好，这部分很难办的。譬如农业学校和农家联络，工业学校和工厂联络，是不用说的了。可是在腐败政治底下，地方水利没有办好，忽而水，忽而旱，农业是不会好的；在外人强力压迫底下，关税丧失主权，国货输出种种受亏，外货输入种种受益，工业是不会好的。农、工业不会好，农、工业教育哪里会发达呢？国家政治清明，社会组织完备，经济制度稳固，尤之人身元气浑然，脉络贯通，百体从令，什么事业会好。反是，什么事业都不会好。所以提倡职业教育而单从农、工、商职业界做工夫，还是不行的。

那么，怎样才好呢？积极说来，办职业学校的，须同时和一切教育界、职业界努力的沟通和联络；提倡职业教育的，同时须分一部分精神，参加全社会的运动。消极说来，就算没有她她的声音、颜色，只把界限划起来，此为"职业教育",彼为"非职业教育",已经不行哩。换一句话,内部工作的努力不用说了,对外还须有最高的热诚,参与一切;有最大的度量,容纳一切。其实岂但职业教育,什么教育都该这样,也许什么事业都该这样。这样职业教育方针称他什么呢?大胆的称他"大职业教育主义"。

可是一味务外而置对内工作于不顾,当然不行,是万不可误会我的主张的。

同志诸君以为怎样?赞成呢,反对呢?很愿请教请教。

田正平、李笑贤编:《黄炎培教育论著选》,人民教育出版社,1993年。

## 我之人生观与吾人从事职业教育之基本理论

(一)

人生几个原则,吾人所时时以之自省者:

一、须得清清白白地有计划的做人;

二、须从远处看,从近处做;

三、我恃群以生,须减少个人一切打算,对群谋划量的贡献。

(二)

人有知,乃求真。有为,乃求善。有感,乃求美。而其本在求生。孤生不能,生亦寡趣,乃求群。一切有求,皆从此数者而起。虽时有变态发现,语其常不外乎此。仰观日月诸星天体之无极,而悟我身之小。剖观人体包孕之繁且富,而悟我身之大。追思地球有史之远,而悟我身之暂。推究一切事物之原,而悟人类所知之浅。观万物生理构造、生活状态之相类,而悟物我之平等。观万物生命之同源,与空际电流之有感即应,而悟物我之一体。知大宇间整个生命之有在,而悟我生仅占其一部。我死,质则还之大地;灵则归入浑然元气之中。观有生无生一切物之变动不居,与人类求真、求善、求美之不已,而悟世界之日在进化与其进化之由来。观万物在天演界因优胜而生存,因劣败而灭亡之可幸与可悲,而觉悟而认识我人应有之努力。

（三）

天赋我以知，更赋我以爱。有生而爱其身，爱其群，因生生相倚，而爱其家，爱其族，爱其国。知物我之平等与一体，而爱一切物。大哉生也，善哉爱也。而惨变伏其中。万物因生而有求，求之不得而有争，有争而有杀，则物质限之也。有所爱乃有所憎，爱之极，激成憎之极，因之而有杀，爱限之，而实知限之也。重以人事之纠纷，而一切惨变以起。此诚世界大不幸事。虽从另一面观之，此相争相杀，未始不足以促使自觉、自立、自卫。世界进化，或亦资其一助。然岂富有爱他心者之所忍见而忍闻耶！

欲减免世界一切惨变，使万物相安以生，将用何道乎？从客体言，在增进所以供给生活需求者之分量与效用；从本体言，在广其知以大其爱。二者之间，因果存焉，所求既给，则爱他心油然而生。

物我平等，物我一体，我知之矣。苟人人大其爱，使全球十九万万人间，有相爱，无相憎，无相杀；苟恃人类之知与能，大增其物质之供给，便各足所求，无所用争，无所用杀；苟由人类以推物类，使有生与有生间，无所争，无所杀，不亦善乎！生物学者以为不可能也，我求其可能而亦未得也。我为人类之一，退而求人与人间无所争，无所杀，此在达到某一境地时，或不可能，而今未见其为必不可能也。我人且试为之。

（四）

将免除全人类之惨变，惟有凝和全人类为一体。由小康而大同，先哲言之矣。然未具体言其致此之道。我深思之：全世界人类间，既形成若干固有结合，若欲尽散之而重使凝成一体，不可得也。则惟有就我固有结合与他结合间，先从某局部、某事项构成生活上之联系，日扩大之，日加密之，使渐渐构成生活的整个联系。苟扩大、加密之不已，必有全体凝和之一日。此非全恃人为也。在人群不已演变中，此为自然进达之一境界。盖进化至某一阶段，个人或弱小团体已无单独生存之可能，且欲与他结合间构成联系，而自身不先造成强固有力之个体，则亦不可得也。因此全球现时若干固有结合，即若干国家，各自负有对内、对外两重使命如上述。而对内使命之严重，尤为一般国家所确认。

欲求对内造成强固有力之个体，惟有尽量发挥并凝合一国间地力、物力、人力，以构成整个国力，舍此无他道也。所感为不幸者，世界尚不少凭借此国力，以扩大其相争相杀，凭借国际之联系，以构成分团的相争相杀，至今日而全世界尚留滞在不断地相争相杀之惨酷过程中。

自人类日求真知，促成科学之发达，因而生人、杀人皆激增其分量与速度。人类方惴惴焉日求所以自存，或汹汹焉欲借此灭亡人国以自扩大。汹汹与惴惴之极，所有旧制度、旧习惯，苟认为不适，不惜彻底推翻之，以觅取新途径。至二十世纪之初，此心理遂赫然表现于社会经济组织上与国家政治组织上。

世界之有国家，基于生活环境上种种要求与其演变。然其先天条件，凡以为民而已矣。故政治制度，有正轨焉。在民治、民有、民享三要义下，为适当之设定。对名实不合者，只有去伪以求真。其或废弃一切，采用独裁，此乃迫于某种特殊环境，求一时应付之便利而然。在政治史上只有认为某方面某时期的变态组织，而置之例外，且预料作用终了，自将步上正轨，而决不以此为永久经邦大法也。至于社会经济制度，亦惟有在社会与国家整个利益下，维护个人正当利益。其有凭借特殊地位，谋独占或多占，形成不公平，皆所不取也。政治经种种演变，而提出民主制度；经济经种种演变，而提出社会主义，皆惟吾人信念所在。就国家立场言，无论政治或经济，其原则总在尊重维护民众的权与利而集中并增厚一切力量，献之国家，以完成其对内造成强固有力个体之使命。

如何尽量维护民众的权与利？最有效方法，莫如用启发方式，使人人明了其自身在应尽义务以外，应享权与利之质量与限度，而努力取求，而珍重行使。如何集中并增厚一切力量以献之国家？最有效力法，莫如浚发人人智力，运用科学，以开拓地力与物力。其扼要在从人人日常工作，即以其劳心或劳力换取生活所需求之定型动作上，用启发方式，使人人增益其智能，即知而即行之；并深明其意义，使知人生长日劳心劳力，不专为个人生活计，而在恪尽其直接对群、间接对国的神圣义务。于是地力物力，因从事开拓者知能之正确与纯熟而增厚，因人人对于靖献国家大义之普遍的明了而集中，而国家整个力量，因以强固。其间更将有二大贡献：人人对于其日常劳作，既确认为对群神圣义务，因善意之相感，亦使人人对劳作者进而敬厚有加，相争相杀之风渐化为相亲相爱，当不失为减少人类惨变之一种作用，一也。因其智能增益，重在即知即行，使思想与动作联系，悉其聪明才力，运用于日常工作，因求效率之增加，日从事于工作之改进，促成事物之新发明，从此有裨于文化之发展，借以补吾国二千年来发明阙乏、文化落后之遗憾，二也。

基于如上之认识，乃各求所以致力之道。其道多端，而就吾人思之，所谓用启发方式，使人人明了其自身应尽之义务与应享权与利之质量与限度，而努力取求，而珍重行使，教育是也。所谓人人以其劳心或劳力换取生活需求之定型动作，职业是也。而用启发方式，使人人增益其智能，即知而即行之，并深明其意义，则职业教育是也。

教育、职业教育，经纬万端，而其对于国家主要贡献，不外乎此。一国家之建立，经纬万端，而其所以培养实力之基本条件，不外乎此。

吾人有所见及，立试为之。虽局一隅，必倾全力。小试而成，因以大行，则自我自人，初无所择。盖知而即行，成而不居，以之勉人，亦所以自勉也。至求工作效能之增进，则集合同志，组织必须健全，纪律必须严明，生活必须整饬，劳苦皆所弗辞，盖壹为信念所驱使而然也。

（五）

同人根据上述人生原则以及整个世界观念、人生观念，凭其澈上澈下的认识，辄敢慷慨负荷重大而艰巨如上之使命，以为对国家切要贡献，亦即对世界全人类初步之切要贡献。从事以来，亦有年矣。敬布腹心，以乞知我者之明教。

职业教育目的（民国六年中华职业教育社成立之年公订）：

一、谋个性之发展；

二、为个人谋生之准备；

三、为个人服务社会之准备；

四、为国家及世界增进生产力之准备。

田正平、李笑贤编：《黄炎培教育论著选》，人民教育出版社，1993年。

## 晏阳初教育论著选

晏阳初（1890—1990），原名兴复，字阳初，生于四川巴中，卒于美国纽约，平民教育家、乡村建设运动主要代表人物之一。17岁就读于成都华美高等学校，后赴香港深造。1916年夏，赴美留学。1918年，从耶鲁大学毕业，即赴法国为在欧洲战场上做苦力的华工服务，继而开展华工教育。1920年回国，担任中华基督教青年会全国协会平民教育科科长。1923年，中华平民教育促进会总会成立，担任总干事。此后投身平民教育事业，致力于提高广大农民的文化水平和生活技能，提出"除文盲，作新民"口号，倡导"四大教育""三大方式"，先后在中国多个地区开展平民教育实验，建立多个平民学校与乡村建设试验区，通过教育引导农民自我改善、自我发展。晏阳初的平民教育运动不仅在国内产生了深远影响，在国际上也产生了很大影响，被誉为"国际平民教育和乡村改造运动之父"。著作先后被编成《晏阳初文集》《晏阳初全集》等。

《平民教育的真义》写于1927年，是晏阳初集中阐释平民教育理念和实践的重要文献。他认为平民教育的真义在于勉力躬行，通过深入推进平民教育运动，为底层农民提供文化教育机会，增加他们的知识技能，改善生活生产水平；提出用文艺教育、生计教育、卫生教育、公民教育，以学校、家庭、社会共同参与的教育方式，培养具有知识力、生产力、强健力、团结力的"新民"，从而实现民族复兴和国家富强。节录文批驳了对平民教育的四种误解，以助从事该事业者及普通民众彻底了解"平民教育"。

《中华平民教育促进会定县工作大概》是晏阳初于1933年7月在山东邹平举行的第一届乡村工作讨论会上，代表中华平民教育促进会发表的报告。

这篇报告概述了平民教育运动由基础识字教育向乡村建设深度实验的演进，提出中国农村普遍面临的四大基本问题——愚、贫、弱、私。要根本解决这些问题，必须采取四大教育策略，借助三种教育方式，以确保教育的全面性和深入性。

## 平民教育的真义（节录）
### 平民教育的真义与其他教育的关系

一、引言

自"平民教育运动"开始以来，为时虽仅数年；然影响所及，已遍全国，大而通都大邑，小而穷乡僻壤，都有平民学校的踪迹，先后受平民教育的，已达300余万人（系根据售出之千字课推算）。至于组织平民教育促进分会，专事提倡平民教育的，则有20行省及4特别区。"平民教育"一名词，差不多是家喻户晓了。可是"平民教育"的真义究竟怎样？"平民教育"和其他教育的关系究竟如何？非但一般人一知半解，有许多误会的地方；就是现在从事"平民教育"事业的人，也少有能十分彻底了解的。我们创办"平民教育"的人，实负有解释之责，爰成斯篇，一详述之。

二、我国的"平民教育"就是欧美的"成人补习教育"吗？

开宗明义，我要郑重声明"平民教育"不是欧美的"成人补习教育"；因为这种误解，几乎普通人都是有的。所谓欧美的"成人补习教育"，是为已经受过国家"义务教育"而未受过较高的专门教育的成人而设，目的在使受教者得到职业上和公民上的知识，并能运用此等知识以改善其生活。若我们中国现时一般的人，目不识丁，本来就未受过教育，补什么？习什么呢？还有，"平民教育"也不是美国的"移民教育"。美国的"移民教育"是为不通当地语言文字习惯的外来移民而设，目的就在使受教者通晓运用当地语言文字和习惯，成为美国的国民。若我们中国一般的人，虽然一字不识，虽然没有受过教育，但他们始终是中国人，不是移来的外国人，那里扯得上什么"移民教育"呢？

三、"平民教育"是"义务教育"的仇敌呢？朋友呢？

有许多人以为"平民教育"是代替"义务教育"的，还有许多人以为"平民教育"是与"义务教育"冲突的。其实"平民教育"既不能代替"义务教育"，也不与"义务教育"有什么冲突。

就受教者的年龄来说，全国6岁以上，14岁以下的学龄儿童，是应受义务教育的；其最小限度亦需4年，6岁到10岁。其余14岁或10岁以上未受教育的人，估计总数约在200兆以上，是应受"平民教育"的。不过在城市中，"义务教育"已有相当的设施，所以城市平民学校所收的学生应在14岁以上。但在乡村中，6岁至10岁之最小限度的"义务教育"都未实行，故乡村平民学校中，不能不暂时兼收10岁至14岁的学龄儿童。再就教材来说，"平民教育"的教材，多关于青年与成人在社会上的种种活动，注重适合青年及成人的心理，采取混合编制法。"义务教育"则不然，教材多关于儿童的种种活动，注重适合儿童的心理，采取分科制度。其他如教育年限等等，亦各不相同。总而言之，"平民教育"和"义务教育"，各有特殊的目标和方法，不相雷同，亦不能偏废，更不能说谁代替谁。

至于说到冲突，这简直是笑话，"平民教育"不仅和"义务教育"不相冲突，还能补助"义务教育"呢！为什么？有道理：

第一　父兄们自己没有受过教育，就很难知道教育的重要，也更不注意他们子弟去受教育。倘若他们受过"平民教育"，固然不能得到很多的知识，但至少能叫他们觉悟教育的重要，和不识字的吃亏，更进而推想子弟们不受教育的痛苦，自然而然肯踊跃叫他们去读书了。即或没有义务教育可进，他们也要自动地想法子了。可是，现在呢，一般做父母兄长的，多未受过教育，就是有了义务学校，恐怕他们也不肯送子女弟妹们去上学，宁肯留在家里看小孩子或放牛呢。由此说来，要想"义务教育"发达，先要提倡"平民教育"；"平民教育"实是"义务教育"的先锋。

第二　学校固然是教育儿童最重要的地方，但是家庭里的生活，关系儿童的发展更形密切。故家庭教育，更觉重要。家长的一举一动，对于儿童的影响，既深且大，所以没有受过教育的父母兄长，很难同学校合作。

譬如在学校里，先生讲授卫生，说"随地吐痰"如何危险，如何不合卫生，该应怎样养成不随地吐的习惯，学生都完全明白了；但是一回到家，看见父亲随地乱吐，母亲也随地乱吐，自己也不知不觉跟父亲母亲乱吐起来了。又如学校里讲公民教育，有一项是"不要骂人"，说得学生明白这实是一种恶习惯，要努力克服改正；孰知一跑回家，不是听见父亲骂母亲，就是母亲骂他们自己。或者母亲和邻居相骂，骂忘了形也把他们夹在里面骂起来了。在学校里所得的一点好教训，就无形中在家里打消了。在这种情形之下，纵使"义务教育"实行全国，若无"平民教育"来先教义务学校里学生的父母兄长，"义务教育"的效力一定是事倍功半的。

第三　除上述两项而外，"平民教育"又是促进"义务教育"实现的；因为在一个地方，从事"平民教育"运动，一定要联络当地教育界和其他各界人士，与之合作，做大规模的游行宣传，大规模的招生，大规模的训练教师，大规模的办几十处或几百处平民学校；这样一来，这个地方上教育的空气一定要很浓厚了。教育的空气既浓厚，其他教育也一定要连带受影响，受刺激的。何况"义务教育"原与"平民教育"有互相的关系，更不能不受"平民教育"的影响了。据我们这几年办理"平民教育"的经过看来，因受了"平民教育"的影响，而振兴"义务教育"及其他教育的，比比皆是。

四、"平民教育"就是千字课而已吗？

"平民教育"的工作大概可以分为两步：第一步是"识字教育"，第二步是"继续教育"。有些人说"平民教育"就是千字课，或千字课就是"平民教育"，这实在是大误会而特误会。

先说第一步"识字教育"，要想设施一种教育，识字是必须的基本工具。但我国字繁而且难，故不能不选出最常用的字，去教一般已过学龄期限失学的人，以求速效。现在用的千字课，就是"初步平民教育"的一种工具，他的目标有三种：（1）认识千余个基本汉字，（2）输入这千余汉字所能代表的常识，（3）引起读书的兴趣。这第三个目标"引起读书的兴趣"尤其重要。读完千字课，决不能就算毕了业。"平民教育"的事功，也决不是教完千字课就算全部完成了。况且千字课既不是万应灵丹，也不是百科全书，这是更要大家明白的。

现在人们对千字课的批评分二派：一是瞧得起千字课的，把千字课看得太高了，不是说千字课里没有科学常识，就是说千字课中缺少公民教材；一派是瞧不起千字课的，把千字课看得太低了，说：教千字课，够不上教育两个字。其实这都是不明了千字课的目标，或误解千字课为百科全书的结果。

"识字教育"的工作完成之后，就要谈到"继续教育"了。"继续教育"的目标也有3种：

（一）养成自读、自习、自教的能力。

（二）灌输公民常识，培养中华国民应有的精神和态度。

（三）实施生计教育，辅助、指导、改善平民的生活。在城市中如关于工业、工艺等，在乡村里如关于农业、农艺等是。

那末，怎样才能达到上面说的三种目标呢？这就有下面的三种方法：

（甲）关于普通方面的：

（1）平民补充读物　我国妇女以及农工商贾等，除大街小巷卖的唱本小说外，均无可读之书。著作家及出版者也决不为他们特别编辑、印刷可读之书。在这些人中，不识字的固不能读书，已识字的又苦无书可读，所以编辑一些有价值的、浅显的、平民能够欣赏的补充读物，实为当务之急。这种补充读物，可以印成小丛书、戏剧、小说、诗歌等，或编为定期刊物（如中华平民教育促进会总会出版之《新民》、《农民》，南京平民教育促进会出版之《平民旬报》等是）。内容应无所不包：如关于文化的，关于实用科学的，关于常识的，关于生计的，以及其他种种学科等是。这些补充读物，有可以在平民学校里抽出几分的功夫来讲授的，有可以让他们自己去读的。

（2）平民阅报室　平民阅报室是各地平民教育促进会与当地人士为平校毕业生设立的。一般平民，大都受经济的压迫，实无余钱买多量的书报来参考，若有了公开的平民阅报室，则可以随时尽量阅读了。

（3）平民读书团　读书团是由平民教育促进会干事去辅助指导的。它的功用在互相质疑，互相研究；而且互相交换阅读各人所有的书，这又是很经济的。

（4）平民校友会　现在各地平民学校的毕业生，已自动的组织了许多平民校友会，其目的有三：（一）继续研究学问，（二）彼此联络感情，（三）共同做有组织的社会活动及公益事业。如举行国耻纪念，拒毒运动，卫生运动等是。各地校友会的人数，多则数千，少亦有数百人的。

（乙）关于学校方面的：

（1）高级平民学校　在初级平民学校毕业后，倘若有志继续研究，就可入高级平民学校，高级平民与初级平民学校的组织大略相同，惟特别注重"公民教育"及做人应有的常识。

（2）平民奖学金　高级平民学校毕业生中，如有成绩优异而有志升学的青年，就设法送他们到正式学校里去继续读书。对于贫寒有志的学生，则助以奖学金，这种"奖学金"的办法，有由学校免学膳宿费的，有由平民教育促进会另行筹款津贴的。现在由平民学校转入正式学校的学生，城市，乡村都很不少。盖如此，则有天才的人，不致湮没；且可鼓励后来的人努力。

（丙）关于生计方面的：

（1）在乡村里，如办：（一）农家改进社，（二）农事表证场等，以改进农民的生活及改良我们中国固有的农艺，（2）在城市中，如办：（一）平民银行，（二）平民工厂，以改进我们中国固有的工艺。

总之，在我们中国今日情形之下，最注重的是根据我国一般平民生活程度，经济能力的大小，去一面研究，一面试验，来改进我国固有的农艺工艺，方适应今日平民的需要，方有改进平民生计的可能。若徒高谈外国的法门，照样画葫芦的去办，一定是有弊无利的。

五、"平民教育"是否"社会教育"的别号？

复次"平民教育"不是"社会教育"，我们可以指出两种不同的地方：

（一）所谓"社会教育"，是一种辅助正式学校的教育，譬如图书馆，本身就不在正式的学制系统内；但它对于教育事业却有间接的影响。学生到图书馆里阅读书籍，一方能帮助校内的正课，一方能引起他们研究的兴趣。成人对图书馆里阅读书籍，能补充或继续增长他们在实际生活上所需用的知识，能在图书馆里得到高尚的娱乐，以免浪费时间金钱于无益的消遣。这就是一种"社会教育"，一种间接的或附带的教育事业。他如博物院、音乐厅、陈列所、展览会、阅报室、纪念日、教育电影、通俗讲演、文明新戏、动植物公园等也是"社会教育"。他们的事业虽然不同，却有两种通性：（1）假定受教者已经受过基本教育；（2）和学校系统内的教育事业只有间接的关系。"平民教育"则不然。受初级平民教育者都未曾受过基本教育，目的就在给与他们这种基本教育。照平民教育的学制说，这种基本教育和义务教育相仿佛，"继续教育"里有和"社会教育"相仿佛的。我们只能说"社会教育"是"平民教育"的一部分事业，却不能说"平民教育"就是"社会教育"。

..............

八、结论

最后，再总起来说一说：所谓"平民教育"的"平民"是指一般已过学龄时期而不识字的男女，或一般已识字而缺乏常识的男女。所谓"平民教育"的"教育"共分三步：第一步是"识字教育"，第二步是"公民教育"，第三步是"生计教育"。"平民教育"的最后目的，是在使200兆失学男女皆具共和国民应有的精神和态度。

不过要达到这个目的，是一件很不容易的事。现在急待解决的"平民教育"问题很多很多。例如关于教材的研究，补充读物的编制，干事人才的培养，学制的规定，师资的训练，视导的计划等事，都非一方面专门去做调查、研究、实验、编辑、训练、提倡工夫，一方面与全国人士通力合作不为功。因为这种教育，不仅是我们中国的创举，亦是世界上的创举，所以我们竭诚的希望全中国全世界的人士，多多注意这个问题，并多多的赐予帮助。

马秋帆、熊明安主编：《晏阳初教育论著选》，人民教育出版社，1993年。

# 中华平民教育促进会定县工作大概

## 一、平教运动的发端

这次"乡村建设协进会"开会的价值，非常重大。昨天听见梁漱溟先生关于接近民间工作的报告，及江先生关于徐公桥工作的详述，以及李石曾先生富于科学的研究精神，都是我们从事农村工作的借镜和参考。

近年来最使我兴奋的一件事，就是现在国内各界，大家都能亲身埋首去从事农村工作，不问他们工作范围的大小，只要大家一边做一边学，将来都是复兴民族的功臣，也就是建立国家基础的绝大贡献。但是农村工作，需要时间，彼此务须切磋砥砺，各把经验得失，互相研讨，这是此次开会的最大意义。

平教运动的发端，是在欧战时候，当时各国招募华工，到欧洲工作。兄弟从美国到法国，办理华工教育，目睹华工不识字之痛苦，从那时，得了一些经验，同时联想到国内一般不识字文盲关系国家民族前途的重大，所以回国以后，就从事提倡识字运动。但是在工作经验中相信中国大部分的文盲，不在都市而在农村，中国是以农立国，中国大多数的人民是农民，农村是中国85%以上人民的着落地，要想普及中国平民教育，应当到农村里去。所以同仁才决定到定县去工作。

在定县乡村办平民教育，我们觉得仅教农民认识文字，取得求知识工具而不能使他们有用这套工具的机会，对于农民是没有直接效用的。所以从那时候起，我们更进一步觉悟，在乡村办教育若不去干建设工作，是没有用的。换句话说，在农村办教育，固然是重要的，可是破产的农村，非同时谋整个的建设不可。不谋建设的教育，是会落空的，是无补于目前中国农村社会的。

我们在定县的工作，分为两个段落。一个是准备时期，一个是集中实验时期。从民国十五年冬到十九年秋，算是准备时期，在这时期里，我们的工作，可分为农业教育、农民研究和农村调查三方面。教育方面，专注重平民学校的实验与推广。生计教育方面，偏重普及农业科学的工作。社会调查分普通调查、农业调查，及农业经济调查，尤注重在一般的考察。前两年的工作，同仁的饮食起居，定县人民不能充分了解，颇感困难。但这正是准备时应有的情形，及工作上必经的阶段。后来因同仁的工作精神，感动农民，才逐渐地取得人民的信仰，同时地方政府与士绅也都了解到平校的重要，所以准备时期的工作，才能比较的顺利进行。

经过这四年准备时期，我们决定大家都到定县去，对着全县去工作。我们觉得中国的一个县分，实在是一个社会生活的单位，不仅是行政区域的单位。中国的国家，是由1900多个县分构成的。一县就是一个广义的共同生活区域，为若干隶属的共同生活区所构成，是我们从事乡村工作实行县单位实验的最好单位区域，我们今以定县为一个大的活的研究室，是要每种问题，实际参加人民生活，并不是用政治力量，来建设所谓模范县，也不是如慈善机关来定县施舍教育，是来在人民生活上研究实验，将以研究的得失经验，得出一个方案，贡献于国家社会。

二、农村建设四大问题

在定县，我们研究的结果，认为农村问题，是千头万绪。从这些问题中，我们又认定了四种问题，是比较基本的。这四大基本问题，可以用四个字来代表他，所谓愚、贫、弱、私。

所谓愚，我们知道中国最大多数的人民，不但缺乏智识，简直他们目不识丁，所谓中国人民有80%是文盲。

所谓穷，我们知道中国最大多数人民的生活，简直是在生与死的夹缝里挣扎着，并谈不到什么叫做生活程度，生活水平线。

所谓弱，我们知道中国最大多数人民是无庸讳辩的病夫，人民生命的存亡，简直付之天命，所谓科学治疗、公共卫生，根本谈不到。

所谓私，我们知道中国最大多数人民是不能团结、不能合作、缺乏道德陶冶，以及公民的训练。在这几个缺点之下，任何建设事业，是谈不到的。要根本解决这四个基本问题，我们便要从事四种教育工作，这四种教育是：一、文艺教育，二、生计教育，三、卫生教育，四、公民教育。同时这四大教育，也就是我们从十九年秋季起，决定集中我们人力财力在定县作一个彻底的、集中的、整个的县单位实验的内容。

### 三、四大教育与三大方式

关于文艺教育的工作，是要谋解决愚的问题的。从文字及艺术教育着手。使人民认识基本文字，得到求智识的工具，以为接受一切建设事务的准备。凡关于文字研究，开办学校，教材的编制，教具教学方法的研究，以及于乡村教育制度的确立，都是属于这部分工作范围以内的。

我们工作的原则是只从事研究与实验，设立实验学饮、表演学校，将研究结果，贡献给地方当局，让他们去推广。同时我们还要注意到这种研究出来的文艺教育，是要普遍适用于全国其他各县的，必须合乎农村经济财力的，因为在穷中国办穷教育，必须要用穷的办法。

这方面的工作，我们自信已有相当成功，我们打算在今年以内，能够做到把全县的青年文盲除净，目的是在发见并造成除文盲整套的应用学术。

农民有了基本文字智识，我们把他们组织起来，就是平民学校毕业学生所组织的各村同学会，也就是属于我们社会式教育工作之一。这些同学会，是农村优秀青年组成的，他们是村建设的中心分子，他们有了智识，有了组织，去做建设工作，是容易推动的。

关于生计教育工作，是要谋解决穷的问题的。我们从农业生产，农村经济，农村工业各方面着手。在农业生产方面：注意到选种，园艺，畜牧各部分工作。应用农业科学，提高生产，使农民在农事方面，能接收最低限度的农业科学。在农村经济方面：利用合作方式教育农民，组织合作社，自助社等。使农民在破产的农村经济状况下，能得到相当的补救办法。在农村工艺方面：除改良农民手工业外，并提倡其他副业，以充裕其经济生产能力。

关于卫生教育工作，是要谋解决弱的问题的。我们注重大众卫生与健康，及科学医药之设施。使农民在他们的经济状况之下，有得到科学治疗的机会，能保持他们最低限度的健康。确立一个乡村保健制度，由村而区而县成一个有系统的、整个的县单位保健组织。全县有一个保健院，每区有一个保健所，每村有一个保健员，保健员就是平民学校毕业生同学会会员，受过短期训练的，他们带着保健箱子，到村里各家去施诊，使各村农民，都有受得科学医药治疗的机会。

关于公民教育的工作，是要谋解决私的问题的。我们激起人民的道德观念，施以良好的公民训练，使他们有公共心、团结力，有最低限度的公民常识、政治道德，以立地方自治的基础。我们办教育，固然要注意文艺、生计、卫生，但是我们不要忘记了根本的根本，就是人与人的问题。大家要都是自私自利，国家就根本不能有办法，绝没有复兴的希望。所以我们办公民教育，用家庭方式的教育，在家庭每个分子里，施以公民道德的训练，使每一个分子，了解一个人与社会的关系，以发扬他们公共心的观念。其次我们在这困难严重的局面下，还要注意唤醒人民民族意识，把历代伟大人物可歌可泣的故事，用通俗的文字写出来，用图画画出来，激励农民的民族意识。

今天兄弟说话说得很多，可是兄弟并不能说是在演讲，因为是在一家人面前说话，诸位都有同样的抱负，我们都是自家兄弟，应当彼此切磋琢磨，我相信今天在会的诸位都是新文化的同志。

马秋帆、熊明安主编：《晏阳初教育论著选》，人民教育出版社，1993年。

## 陶行知教育论著选

陶行知（1891—1946），原名文濬，后改知行，又改行知，安徽歙县人，教育家、思想家。1910年考入南京汇文学院（后改名金陵大学）文学系。1914年毕业后赴美国留学，先后就读于伊利诺伊大学、哥伦比亚大学师范学院。1917年回国后，任南京高等师范学校教务长、系主任等职。五四运动后，参加组织中华教育改进社、中华平民教育促进会，从事平民教育和教育改良运动。1927年，在南京郊外创办晓庄乡村师范学校，提出"生活教育"等理论。1932年，创办生活教育社及山海工学团。1935年，参与创立"中国普及教育助成会"，开展"即知即传"的普及教育运动。"一二·九"运动后，在中国共产党影响下，宣传抗日，参加民主运动。1939年，创办主要招收难童的重庆育才学校。1945年加入中国民主同盟，主办《民主》周刊。1946年，在重庆创办社会大学，推行民主教育。1946年4月至7月，于生命的最后100天，在上海的工厂、学校、机关、广场发表演讲100余次；7月25日，病逝于上海。主要著作有《中国教育改造》《古庙敲钟录》《斋夫自由谈》《中国大众教育问题》《行知书信》《行知诗歌集》等。

陶行知深受美国教育家杜威影响，坚持儿童中心论，尊重儿童的主体性与自主性，重视儿童的创造力，始终关注儿童的教育和发展。针对当时中国社会现实及教育问题，他尝试改变教育与生活、学校与社会、理论与实践、书本与经验相脱离之弊，创造了"生活教育"理论，主张"生活即教育""社会即学校""教学做合一"。节录文就是其"生活教育"与儿童教育思想的体现。另外，陶行知倡导面向普通民众的教育，在全民教育、终身教育、创造教育、民主教育等方面皆有重要的思想和理念。

## 生活教育之特质（节录）

您如果看过《狸猫换太子》那出戏，一定还记得那里面有一件最有趣的事情，就是出现了两个包龙图：一个是真的，还有一个是假的。我们仔细想想，是越想越觉得有趣味了。世界上无论什么事，都好象是有两个包龙图。就拿教育来说罢，您立刻可以看出两种不同的教育：一种叫做传统教育；另一种叫做生活教育。又拿生活教育来说吧，您又可以发现两种不同的说法：一种主张"教育即生活"；另一种是主张"生活即教育"。我现在想把生活教育的特质指出来，目的不但要使大家知道生活教育与传统教育之不同，并且要使大家知道把假的生活教育和真的生活教育分别出来。

（一）**生活的**　生活教育第一个特点是生活的。传统的学校要收学费，要有闲空工夫去学，要有名人阔老介绍才能进去。有钱，有闲，有面子，才有书念，那么无钱，无闲，无面子的人又怎么办呢？听天由命吗？等待黄金时代从天空落下来吗？不！我们要从生活的斗争里钻出真理来。我们钻进去越深，越觉得生活的变化便是教育的变化。生活与生活一磨擦便立刻起教育的作用。磨擦者与被磨擦者都起了变化，便都受了教育。有人说，这是"生活"与"教育"的对立，便是"生活"与"教育"的磨擦。我以为教育只是生活反映出来的影子，不能有磨擦的作用。比如一块石头从山上滚下来，碰着一块石头，就立刻发出火花，倘若它只碰着一块石头的影子，那是不会发出火花的。说得正确些，是受过某种教育的生活与没有受过某种教育的生活，磨擦起来，便发出生活的火花，即教育的火花，发出生活的变化，即教育的变化。

（二）**行动的** 生活与生活磨擦，便包含了行动的主导地位。如果行动不在生活中取得主导的地位，那么，传统教育者就可以拿"读书的生活便是读书的教育"来做他们掩护的盾牌了。行动既是主导的生活，那么，只有"为行动而读书，在行动上读书"才可说得通。我们还得追本推源的问：书是从那里来的？书里的真知识是从那里来的？我们是毫不迟疑的回答说："行是知之始"，"即行即知"，书和书中的知识都是著书人从行动中得来的。我要声明著书人和注书人抄书人是有分别。人类和个人的知识的妈妈都是行动。行动产生理论，发展理论。行动所产生发展的理论，还是为的要指导行动，引着整个生活冲入更高的境界。为了争取生活之满足与存在，这行动必需是有理论、有组织、有计划的战斗的行动。

（三）**大众的** 少爷小姐有的是钱，大可以为读书而读书，这叫做小众教育。大众只可以在生活里找教育，为生活而教育。当大众没有解放之前，生活斗争是大众唯一的教育。并且孤立的去干生活教育是不可能的，大众要联合起来才有生活可过，即要联合起来，才有教育可受。从真正的生活教育看来，大众都是先生。大众都是同学，大众都是学生。教学做合一，即知即传是大众的生活法，即是大众的教育法。总说一句，生活教育是大众的教育，大众自己办的教育，大众为生活解放而办的教育。

（四）**前进的** 有人说，生活既是教育，那么，便有生活即有教育，又何必要我们去办教育呢？他这句话，分析是对的，断句是错的。我们承认自古以来便有生活即有教育。但同在一社会，有的人是过着前进的生活，有的人是过着落后的生活。我们要用前进的生活来引导落后的生活，要大家一起来过前进的生活，受前进的教育。前进的意识要通过生活才算是教人真正的向前去。

**（五）世界的**　课堂里既不许生活进去，又收不下广大的大众，又不许人动一动，又只许人向后退不许人向前进，那么，我们只好承认社会是我们的唯一的学校了。马路、弄堂、乡村、工厂、店铺、监牢、战场，凡是生活的场所，都是我们教育自己的场所，那么，我们所失掉的是鸟笼，而所得的倒是伟大无比的森林了。为着要过有意义的生活，我们的生活力是必然的冲开校门，冲开村门，冲开城门，冲开国门，冲开无论什么自私自利的人所造的铁门。所以，整个的中华民国和整个世界，才是我们真正的学校咧。

**（六）有历史联系的**　这里应该从两方面来说。第一，人类从几千年生活斗争中所得到，而留下来的宝贵的历史教训，我们必须用选择的态度来接受。但是我们要留心，千万不可为读历史而读历史。我们必须把历史的教训，和个人或集团的生活联系起来。历史教训必须通过现生活，从现生活中滤下来，才有指导生活的作用。这样经生活滤过的历史教训，可以使我们的生活倍上加倍的丰富起来。倘使一个人停留在自我或少数同伴的生活上，而拒绝广大人类的历史教训，那便是懒惰不长进，跌在狭义的经验论的泥沟里，甘心情愿的做一只小泥鳅。第二，中国已经到了生死关头，争取大众解放的生活教育，自有它应负的历史的使命。为着要争取大众解放，它必须要争取中华民族的解放；为着要争取中华民族的解放，它必须教育大众联合起来解决国难。因此，推进大众文化以保卫中华民国领土主权之完整，而争取中华民族之自由平等，是成了每一个生活教育同志当前所不可推却的天职了。

华中师范学院教育科学研究所主编：《陶行知全集》第三卷，湖南教育出版社，1985年。

## 创造的儿童教育（节录）

　　创造的儿童教育，不是说教育可以创造儿童。儿童的创造力是千千万万祖先，至少经过五十万年与环境适应斗争所获得而传下来之才能之精华。发挥或阻碍，加强或削弱，培养或摧残这创造力的是环境。教育是要在儿童自身的基础上，过滤并运用环境的影响，以培养加强发挥这创造力，使他长得更有力量，以贡献于民族与人类。教育不能创造什么，但他能启发解放儿童创造力以从事于创造之工作。

　　我们晓得特别是中国小孩，是在苦海中成长。我们应该把儿童苦海创造成一个儿童乐园。这个乐园不是由成人创造出来交给小孩子，也不是要小孩子自己单身匹马去创造。我们造一个乐园交给小孩子，也许不久就会变为苦海；单由小孩子自己去创造，也许就创造出一个苦海。所以应该成人加入小孩子的队伍里去，陪着小孩子一起创造。

　　**一、把我们摆在儿童队伍里，成为孩子当中的一员**　　我们加入到儿童队伍里去成为一员，不是敷衍的，不是假冒的，而是要真诚的，在情感方面和小孩子站在一条战线上。我曾经写过一首小诗，描写过我们在小孩队中应有和不应有的态度。

　　儿童园内无老翁，

　　老翁个个变儿童，

　　变儿童，

　　莫学孙悟空！

　　他在狮驼洞，

　　也曾变过小钻风，

　　小钻风，

　　脸儿模样般般像，

　　拖着一条尾巴两股红。

　　我们要加入儿童队伍里，第一步要做到不失其赤子之心，做成小孩子队伍里的一分子。

**二、认识小孩子有力量** 我们加入儿童生活中，便发现小孩子有力量；不但有力量，而且有创造力。我们要钻进小孩子队伍里才能有这个新认识与新发现。

从前当晓庄学校停办的时候，晓庄的教师和师范生不能回晓庄小学任职，私塾先生又被小孩拒绝，农人不好勉强聘请，不得已，小孩自己组织起来，推举同学做校长当教员，自己教，自己学，自己办，并自称自动学校。这是中国破天荒的创造。我听见了这个消息以后，就写了一首诗去恭贺他们：

有个学校真奇怪：

大孩自动教小孩。

七十二行皆先生，

先生不在学如在。

写好之后，交给几位小学生，请他们指教，他们说尽善尽美，于是用快信寄去。

第三天，他们回一封信，向我道谢之外，说这首诗有一个字要改，大孩教小孩，难道小孩不能教大孩吗？大孩能够自动，难道小孩不能自动吗？而且大孩教小孩有什么奇怪呀？这一串炸弹把个大字炸得粉碎，我马上把他改为"小孩自动教小孩"，这样一来，是更好了。黄泥腿的农村小孩改留学生的诗，又是破天荒的证明，证明小孩有创造力。

又有一次我到南通州去推广"小先生"，写了一篇一分钟演讲词，内中有一段："读了书，不教人，甚么人？不是人。"我讲过后有一个小孩子马上来说，陶先生，你的演讲最好把"不是人"改为"木头人"，"木头人"比"不是人"更好了。因为"不是人"三个字不具体，桌子不是人，椅子也不是人，而"木头人"是给了我们一个具体的印象。这也证明小孩子有创造力。我们要真正承认小孩子有创造力，才可以不被成见所蒙蔽。小孩子多少都有其创造的能力。

**三、解放儿童的创造力** 我们发现了儿童有创造力，认识了儿童有创造力，就须进一步把儿童的创造力解放出来。

（一）解放小孩子的头脑。儿童的创造力被固有的迷信、成见、曲解、幻想层层裹头布包缠了起来。我们要发展儿童的创造力，先要把儿童的头脑从迷信、成见、曲解、幻想中解放出来。迷信要不得，成见要不得，曲解要不得，幻想更要不得，幻想是反对现实的。这种种要不得的包头布，要把他一块一块撕下来，如同中国女子勇敢的撕下了裹脚布一样。

　　自从有了裹脚布，从前中国妇女是被人今天裹、明天裹、今年裹、明年裹，骨髓裹断，肉裹烂，裹成一双三寸金莲。

　　自从有了裹头布，中国的儿童，青年成人也是被人今天裹、明天裹、今年裹、明年裹，似乎非把个个人都裹成一个三寸金头不可。如果中华民族不想以三寸金头出现于国际舞台，唱三花脸，就要把裹头布一齐解开，使中华民族的创造力可以突围而出。三民主义开宗明义就说：大凡人类对于一件事，研究其中的道理，首先发生思想，思想贯通，以后才生信仰，有了信仰，才生力量。思想贯通，便等于头脑解放。唯独从头脑里解放出来的创造力，才能打退日本鬼，建立新中国。

　　（二）解放小孩子的双手。人类自从腰骨竖起，前脚变成一双可以自由活动的手，进步便一天千里，超越一切动物。自从这个划时代的解放以后，人类乃能创造工具武器文字，并用以从事于更高之创造。假使人类把双手束缚起来，就不能执行头脑的命令。我们要在头脑指挥之下用手使用机器制造，使用武器打仗，使用仪器从事发明。中国对于小孩子一直是不许动手，动手要打手心，往往因此摧残了儿童的创造力。一个朋友的太太，因为小孩子把她的一个新买来的金表拆坏了，在大怒之下，把小孩子结结实实打了一顿。后来她到我家里来说："今天我做了一件极痛快的事，我的小孩子把金表拆坏了，我给了他一顿打。"我对她说恐怕中国的爱迪生被你枪毙掉了。我和她仔细一谈，她方恍然大悟，她的小孩子这种行动原是有出息的可能，就向我们请教补救的办法。我说："你可以把孩子和金表一块送到钟表铺，请钟表师傅修理，他要多少钱，你就给多少钱，但附带的条件是要你的小孩子在旁边看他如何修理。这样修表铺成了课堂，修表匠成了先生，令郎成了速成学生，修理费成了学费，你的孩子好奇心就可得到满足，或者他还可以学会修理哟。"小孩子的双手是要这样解放出来。中国在这方面最为落后，直到现在才开始讨论解放双手。在爱迪生时代，美国学校的先生也是非常的顽固，因为爱迪生喜欢玩化学药品，不到三个月就把他开除！幸而他有一位贤明的母亲，了解他，把家里的地下室让给他做实验。爱迪生得到了母亲的了解，才一步步的把自己造成发明之王。那时美国小学的先生不免也阻碍学生的创造力的发展。我们希望保育员或先生跟爱迪生的母亲学，让小孩子有动手的机会。

（三）解放小孩子的嘴。小孩子有问题要准许他们问。从问题的解答里，可以增进他们的知识。孔子入太庙，每事问。我从前写过一首诗，是发挥这个道理："发明千千万，起点是一问。禽兽不如人，过在不会问。智者问得巧，愚者问得笨。人力胜天工，只在每事问。"但中国一般是习惯不许多说话，小孩子得到言论自由，特别是问的自由，才能充分发挥他的创造力。

（四）解放小孩子的空间。从前的学校完全是一只鸟笼，改良的学校是放大的鸟笼。要把小孩子从鸟笼中解放出来，放大的鸟笼比鸟笼大些，有一棵树，有假山，有猴子陪着玩，但仍然是个放大的模范鸟笼，不是鸟的家乡，不是鸟的世界。鸟的世界是森林，是海阔天空。现在鸟笼式的学校，培养小孩用的是干腌菜的教科书。我们小孩子的精神营养非常贫乏，这还不如填鸭，填鸭用的还是滋养料让鸭儿长得肥胖的。我们要解放小孩子的空间，让他们去接触大自然的花草、树木、青山、绿水、日月、星辰以及大社会中之士，农，工，商，三教九流；自由的对宇宙发问，与万物为友，并且向中外古今三百六十行学习。创造需要广博的基础。解放了空间，才能搜集丰富的资料，扩大认识的眼界，以发挥其内在之创造力。

（五）解放儿童的时间。现在一般学校把儿童的时间排得太紧。一个茶杯要有空位方可盛水。现在中学校有月考，学期考，毕业考，会考，升学考，一连考几个学校。有的只好在鬼门关去看榜。连小学的儿童都要受着双重夹攻。日间由先生督课，晚上由家长督课，为的都是准备赶考，拼命赶考，还有多少时间去接受大自然和大社会的宝贵知识呢？赶考和赶路一样。赶路的人把路旁风景赶掉了,把一路应该做的有意义的事赶掉了。除非请医生,救人,路是不宜赶的。考试没有这样的重要,更不宜赶。赶考首先赶走了脸上的血色,赶走了健康,赶走了对父母之关怀,赶走了对民族人类的责任,甚至于连抗战之本身责任都赶走了。最要不得的,还是赶考把时间赶跑了。我个人反对过分的考试制度的存在。一般学校把儿童全部时间占据,使儿童失去学习人生的机会,养成无意创造的倾向,到成人时,即有时间,也不知道怎样下手去发挥他的创造力了。创造的儿童教育,首先要为儿童争取时间之解放。

**四、培养创造力** 把小孩子的头脑、双手、嘴、空间、时间都解放出来,我们就要对小孩子的创造力予以适当之培养。

(一)需要充分的营养。小孩的体力与心理都需要适当的营养。有了适当的营养,才能发生高度的创造力,否则创造力就会被削弱,甚而至于夭折。

(二)需要建立下层的良好习惯,以解放上层的性能,俾能从事于高级的思虑追求。否则必定要困于日用破碎,而不能够向上飞跃。

(三)需要因材施教。松树和牡丹花所需要的肥料不同,你用松树的肥料培养牡丹,牡丹会瘦死,反之,你用牡丹的肥料培养松树,松树受不了,会被烧死。培养儿童的创造力要同园丁一样,首先要认识他们,发现他们的特点,而予以适宜之肥料、水分、太阳光,并须除害虫,这样,他们才能欣欣向荣,否则不能免于枯萎。

华中师范学院教育科学研究所主编:《陶行知全集》第三卷,<br>湖南教育出版社,1985年。

## 陈鹤琴教育论著选

陈鹤琴(1892—1982),浙江上虞人,儿童教育家、儿童心理学家,中国现代幼儿教育奠基人。15岁就读于杭州蕙兰大学,1911年考入清华学堂高等科，1914年从清华学堂毕业后赴美留学，先后就读于霍普金斯大学、哥伦比亚大学师范学院。1919年应聘回国，先后任南京高等师范学校教授、东南大学教授兼教务主任，兼任晓庄试验乡村师范学校指导员和第二院（幼稚师范院）院长等职。1923年，创办南京鼓楼幼稚园，并任园长。1940年，创办江西省立实验幼稚师范学校，1943年学校改为幼稚师范学校，形成了由专科部、师范部、小学部、幼稚园、婴儿园组成的较完整的幼稚师范教育体系。中华人民共和国成立后，任南京师范学院教育系心理学教授。作为中国现代儿童教育的奠基人与开拓者，陈鹤琴的研究涵盖了儿童心理、家庭教育、幼儿教育、小学教育、特殊儿童教育、社会教育和文字改革等多个领域。主要著作有《儿童心理之研究》《家庭教育》《活教育理论与实践》，以及《智力测验法》（与廖世承合编）等。

《家庭教育》是中国现代家庭教育的经典之作，涵盖儿童的心理特点、学习性质和原则、具体的家庭教育方法等内容，旨在帮助父母有效地教育和引导孩子；主张尊重儿童"天性""个性"及身心发展特性；父母应通过积极的方式与孩子沟通，采用鼓励和正面的引导方法，避免使用消极的命令或惩罚；父母应成为儿童成长的伴侣，为儿童提供游戏与工作的环境、机会，使儿童在"做"中学习、培养能力。节录文选取儿童学习的刺激、反应和联念三大原则，体现了陈鹤琴现代儿童教育理念。

《活教育的教学原则》节录文呈现了陈鹤琴"活教育"教学原则中的"鼓励儿童去发现他自己的世界、大自然大社会是我们的活教材和注意环境、利用环境"原则，详细地阐述了如何放手、如何尊重儿童主体性，以及如何利用好大自然大社会这个活教材，体现了陈鹤琴的活教育理念。

## 家庭教育（节录）

### 第二章 学习之性质与原则

（一）学习的性质

小孩子究竟怎样学习的？他如何从无知无识到有知有识呢？明了这种

学习的性质，我们就知道我们应当怎样教小孩子的。现在我把学习的意思写出来以资讨论。

小孩子生来有三种基本能力：就是感觉、联念、动作。

这三种能力在初生时虽很薄弱，但到后来渐渐能发展起来的，而且这三种能力愈练习愈强大的。我们先说：

1. 感觉

初生的小孩子生来有几种感觉。他的眼睛虽瞎，但能感觉光线的。他的嘴巴虽哑，但能感觉食物的。他的耳朵虽聋，但三四天后就能听声的。他的皮肤上的感觉虽不敏捷，然痛、触、冷、热都稍微觉得的。他的筋骨肌肉觉得运动的。以上几种感觉，不到几个月功夫就发展很敏捷了。普通的声音他能听得出了；普通的颜色和东西他能看见了；普通的滋味他能尝得出了；普通的气味他能闻得出了；普通痛的、触的、冷的、热的东西，他都能感觉到了。总说一句，普通的感觉不到几个月功夫，都发展得敏捷了。

2. 联念

不过单有感觉而没有联念的能力，也是学不了什么东西的。比方，他现在看见了他母亲这个人，看了之后就忘记了。下次他再看见他母亲的时候，他只看见他母亲这个人而不记得这个人就是方才看见过的那个人。这样，这个小孩子断不会认识他母亲的。又比方此刻他听见他母亲叫唤他，听过之后也就忘记了；那下次他母亲叫唤他的时候，他只听见有人叫唤他，而不知道这个叫唤的人就是上次叫唤他的那个人。这样，这个小孩子永不会听得出他母亲的声音的。初生的小儿有了听觉、视觉之后，还不能十分记得所听见的东西和所看见的声音，所以他不能认识人物，也不能辨别声音。

但是到了年纪大一点的时候，他的记忆力稍微强一些了，他就能记得各种感觉了，认识人物了，辨别声音了。

但只能记忆感觉，而不能把所记忆之感觉、联念合起来也是没有多大用处的。比方，他母亲叫唤他的时候他没有联念的能力；那他只能认识叫唤的声音，而不知道这个声音就是他母亲叫唤的声音。反而言之，若他只看见他母亲这个人，而听不见他母亲的声音，他只认识这个母亲，而不知道这个母亲就是叫唤他的那个人。若有了联念的能力，他一听见他母亲的声音就知道他母亲在旁了。

然而这个联念究竟是什么东西，我们看不出来的，我们只晓得联念的作用而不晓得联念的本质。不过从联念的作用，我们推想联念的本质。假定有二个小孩子同时都被蜜蜂刺了一下；歇了一歇，同时都再看见几个蜜蜂。一个小孩子这次看见蜜蜂时就缩手不敢去拿了，一个小孩子还是要去拿。我们说第一个小孩子再看见蜜蜂的时候，就想到被刺的情形和痛苦；第二个小孩子就没有联念了。我们也可以说第一个小孩子学得蜜蜂要刺人的，第二个小孩子没有学会；我们又可以说第一个小孩子比第二个小孩子聪明一些。

这样说来，联念能力在学习途径上是非常重要的东西。

3. 动作

但小孩子若只能感觉外界的刺激，只能联念感觉而没有反应动作，也是不够的。他一看见了他母亲的人和一听见了他母亲的声音的时候，他应有相当的反应以达到他所需要的目的。否则，是无补于事的。让我再举几个浅近的例子来证明反应动作之必要。设有一个小孩子，他看见了地上的白雪而不能用手去玩弄，那他永不会知道白雪之性质。又假使他看见一辆车子从后拉来而不能退避，那他就要立被撞倒。前者是与事物相接触的经验，为人生不可缺少的动作；后者是由经验而来的适当反应，也是人生不可缺少的动作。但前者是后者之母，没有与事物相接触的经验，临事哪有适当的反应。所以小孩子应有与事物相接触的机会。相接触的机会愈多，则事物之性质愈容易明了，而适应事物之动作也愈容易发生。

总说起来，学习就是先感觉外界的刺激，后把所感觉的事物与所有的感觉联合起来，再发生相当的动作去反应外界的刺激。

刺激与反应是看得出来的，联念是看不出来的。我们一方面须支配小孩子所接触的刺激，一方面须指导小孩子所发出的反应，一方面还须巩固小孩子所有的联念。这三方面都是教育上的重要问题。

（二）学习的原则

现在我们把刺激、反应和联念的原则写在下面，以资参考。

1.刺激的原则

（1）适宜的刺激。小孩子所有的联念与反应，可以说是受刺激支配的。刺激来得优良，联念与反应大概也是优良的；刺激来得卑劣，联念与反应大概也是卑劣的。小孩子初生时是无知无识的，他所看的、所听的和所接触的都要印刻在他的脑海中间，而他的反应动作也是以这种印象为张本的。倘若他所听见的言语都是文雅而不粗俗的，那他将来说的话也一定是文雅不粗俗的；倘若他所看见的东西都是齐整清洁的，那他定能爱护清洁整齐的东西。所以做父母的一方面必须事事以身作则，一方面必须选择优良的环境，使小孩子得到优良的刺激和印象。

（2）实地施教。小孩子的脑筋很简单，我们起先不应用抽象的事情去教他的。比方我们要教他"顾恤他人"这一个美德，我们不应单单对他说："做人不要专为自己，应当体贴别人，顾恤别人，假使别人生病的时候，你应当轻轻地出入，不要乱吵使得病人烦恼不安。"这种抽象的教法，小孩子是不会懂的。我们应该当家中有人生病的时候，实地施教的。那时候，我们做父母的一方面自己要示范给他看，一方面要他实行体恤病人的意思。比方，他的小妹妹生病了，做父母的自己先讲话必低，走路必轻，然后教他也要低声轻步。这样一来，他就了解体恤的意思了。

不但对于道德之培养我们应当实地施教的，就是对于知识之灌输，我们也要从具体而后抽象的。

有一天，我问一个六岁的小孩子说："你曾看见过松鼠吗？"他说："看见过的。"我再问他说："有多少大呢？"他举起两手的食指来在空中摆着两指相距约两寸许的样子回答说"这样大"，我说"你在什么地方看见的？"他说"在书上"。我说"你把那本油印的读本拿来给我看，"他拿给我一看，图中那个松鼠画得"非驴非马"，不像一个松鼠。

你看这个小孩子完全得了一种谬误的观念。他看了这种书上"非驴非马"的死松鼠，就得了这种谬误的印象。要知图是代表事物的，不能当作事物的。即以图画来教小孩子，所画的图必须画得正确。但画得正确的图画万万不及真的活的东西来得好。我们虽然不能事事以真的活的东西来教小孩子，但他小的时候，经验未丰富，想象力薄弱的时候，我们应当先给他看真的和活的东西才好。

2. 联念的原则

关于刺激的两条主要教育原则：①刺激必须优良与②刺激必须正确，我们在上已经约略地说过了。现在我们要问，怎样能够使得优良正确的刺激深刻在小孩子的脑筋里呢？举几条主要的原则如下：

（1）凡能使小孩子快乐的刺激容易印刻在小孩子的脑筋里。小孩子是喜欢游戏的，我们就可以利用他的游戏心理去教育他。比方我们要教他红黄蓝绿等几种颜色，我们不要呆板板地对他说："这是红的，那是绿的。"这样，他未必肯听，也未必能记得牢。若是我们叫他穿颜色的珠子，或是叫他画图画，那他无形中能把各种颜色学会。比方他穿珠子的时候，我们在旁称赞说："这颗绿的珠子多好看，那颗红的珠子多光滑。"又比方他画图的时候，我们也可无意中说这个颜色那个颜色，给他听。这样，那几种颜色他就容易学会了。所以我们必须使小孩子对所学的东西发生乐感才好。

（2）凡刺激发现的时间愈长次数愈多，那联念也愈坚固。比方我们教小孩子唱歌，我们先把歌唱给他听，把调弹给他听。唱弹之后，又叫他唱。他唱得不对，又教他这样唱那样唱。今天唱得不够，明天再唱；明天唱得不够，后天再唱，务使他能唱为止。这种练习原则说起来就明了，但做起来就不容易。做父母的对于这一点也应特别注意的。

3. 动作的原则

（1）小孩子开始学习的时候，做父母的要格外留心以免错误。无论什么事，第一次做得好，第二次就容易做得好；第一次做错，第二次就容易做错。比方小孩子开始用蜡笔画图画的时候，他歪了头，错捻了笔，随便乱画，那以后没有相当的矫正就要歪了头，错捻了笔画了。若当初他学的时候，你先挺了胸，直了头，画给他看，看后，也叫他挺胸直头地画；下次他画的时候，他未必一定挺胸直头的，也许驼背歪头的。但是挺胸直头的趋向比较驼背歪头的趋向来得强大，所以对于第一次的动作，做父母的要格外留意护导，以免错误。

（2）不要有例外。养成好习惯难，养成坏习惯易，做父母或做教师的要使小孩子养成良好的习惯，在好习惯未成的时候，不准小孩子有例外的动作。比方我们要小孩子养成每天早晨大便的习惯。（若早晨起来即大便，那身体就可在一天内觉得很畅适，做事也不致有妨碍。所以我以为在早晨大便比在别的时候都好。）我们第一天就叫他坐在便桶上去解解看，坐了一歇，他不肯坐了。我们用种种方法使他坐着，后来歇了一歇，他果然解了。明天早晨又叫他这样做。到了第四五天，这个好习惯几乎要养成功了。不料，第六天早晨他正要去大便的时候，忽然听见外边喧哗的声音；他要去看看，他母亲始则阻挠他，不准他出去，后来因为他哭了，就让他到外边去了。他一到外边，看见许多人正在那里打架。看了回家已经八点多钟了，赶快吃了一口早饭，就跑到学校里读书去了。到了下午三点多钟正在上课的时候，他忽然要大便了；第二天早晨坐在便桶上坐了半晌仍旧解不出，但到了下午二点多钟的时候又要解了。后来他母亲差不多费了"九虎二牛"之力，才使他养成早起大便的好习惯。倘若那天早晨这位母亲不准他出去看打架，那他大便的习惯早已养成了。所以在养成习惯时，不宜有例外的举动。不但在习惯未养成之时，不应有例外，就是在习惯已养成之后也不应发生与习惯相冲突的事情。……

（3）小孩子学习事物须自己学习的。小孩子生来好动的。因为好动的缘故，他就能与事物相接触；与事物相接触，那他就知道事物的性质，他的动作能力因此得着发展。若我们替他代做，他总是学不会的。比方在陆地上我们教他游泳，我们教他这样做，那样做，费了许多心力；但他学了许多游泳方法之后，一到水里去还是要沉下去的。所以我们要叫他自己游泳，而且要他在水里游泳的。

这种原则说说很容易，做起来却困难极了。小孩子自己要做做，你就替他代做；或者小孩子要动动，你没有机会给他动。比方他现在要学走了，你一看见他跌了一跤，就赶快抱他起来。又比方他看见别人玩皮球也要玩，但你不买一个皮球给他玩。诸如此类，不胜枚举。总之，学一定要自己学的，做父母的一方面不要替他学，一方面给他学的机会就是了。

总结 1.小孩子生来有三种基本能力：（1）感觉，（2）联念，（3）动作。2.学习是反应与刺激的联合。3.刺激必须要选择得适当。4.要实地施教。5.凡能使小孩子快乐的刺激容易印刻在小孩子的脑筋里。6.凡刺激发生的时间愈长，次数愈多，那联念也愈坚固。7.小孩子开始学习的时候，做父母的要格外留心以免错误。8.不要有例外。9.小孩子学习事物须要自己学习的。

陈鹤琴：《家庭教育与父母教育》，上海人民出版社，2016年。

## 活教育的教学原则（节录）

### 原则四　鼓励儿童去发现他自己的世界

学校里所学的实在是很少，即使老师拼命地注入填塞，而儿童所学的东西，还是不够应用的；况且所填塞的东西，都不容易消化，不容易理解，吃了进去，也是如同吞枣，而和学问的修养，仍是没有多大关系的。

在学校里，老师教一样，你学一样，老师教两样，你就学两样，老师不教，你就不学。一学期薄薄的几本教科书，就可作为教师唯一的教书法宝，就可作为儿童唯一的知识宝库。

把一本教科书摊开来，遮住了儿童的两只眼睛，儿童所看见的世界，不过是一本六寸高八寸阔的书本世界而已。一天到晚要儿童在这个渺小的书本世界里面去求知识，去求学问，去学做人，岂不是等于梦想吗？

儿童的世界多么大，有伟大的自然，急待他去发现；有广博的大社会，急待他去探讨。什么四季鲜艳夺目的花草树木，什么光怪陆离的虫鱼禽兽，什么变化莫测的风霜雨雪，什么奇妙伟大的日月星辰，都是儿童知识的宝库。

大社会也是儿童的世界，家庭怎样组织的，乡镇怎样自治的，社会上的风俗习惯怎样成功的，国家怎样富强的，世界怎样进化的，这一切社会的实际问题，都是儿童的活教材。

南京鼓楼幼稚园的小朋友，对于自然就发生很大的兴趣。看见田野的花草，就会去采来问老师，看见花木间的蝴蝶昆虫，就会去捉来研究。地上的石子、矿物，也会去收集陈列。

有一次，有一个小学里的小孩子，在家里开了一个博物展览会，请了许多小孩子来参观。有什么东西展览呢？说来很有趣，在一个房间的角上，展览了什么铜币、贝壳、矿物、鸟蛋、邮票、石子、碎玻璃片，小孩看得很高兴。这是小小的博物世界，是儿童自己发现的，是儿童自己创造的。

不要说大自然大社会应当鼓励儿童自己去发现，就是图画也应当要儿童自己去发现，去培养的。

教师只在教室里教儿童画图，画什么一瓶死花，三只死鸟，几样水果，那引不起儿童画画的兴趣。你一定要带他到大自然里去实地写生，到大社会里去写真，那末儿童画画的兴趣就会增加，画画的技术就会提高。

我知道有一个小孩子得着父亲的鼓励，出去总是带着一本画册的。看见一个挑馄饨担的，他就给他画一张，看见抬轿的，他也画一张。看见乡下人挑着小孩子进城的，他也画一张。社会上一切的对象，都是他画画的好材料。日积月累，他的兴趣一天一天的浓厚，他的作品一天一天的多起来，他的画画技术，也一天一天的精起来了。

儿童的世界，是儿童自己去探讨，去发现的。他自己所求来的知识，才是真知识，他自己所发现的世界，才是他的真世界。

············

**原则六　大自然大社会是我们的活教材**

有一天，我在上海去参观一个小学，还没有走进教室，就听见小朋友齐声朗诵，什么"嗡嗡嗡，嗡嗡嗡，飞到西，飞到东，一天到晚忙做工。"

我就进去，问小朋友说："哪个看见过蜜蜂，举手！"四十来个小朋友之中，只有两个举起手来。这种知识，有什么用呢？这种书本的教学，真是害人！小孩对于蜜蜂，完全没有经验，读了一课蜜蜂，不知道蜜蜂是什么东西？

蜜蜂怎样工作？怎样生活？对于人有什么关系？这种种重要的事实，小孩子茫然不知。小孩子所知道的，只是会飞会叫的飞虫而已。我们为什么不教小孩子去研究真的蜜蜂呢？我们为什么不向大自然领教呢？

有一天，我去参观一个小学。这小学在一个小菜场的后面，参观了之后，我就问教自然的老师："你教自然有什么困难呢？"

他说："自然真不容易教，没有标本，没有仪器，怎样教得好呢？"

我就转过身来指着前面的小菜场对他说："这不是你的标本，你的仪器吗？一年四季，季季有各种菜蔬，天天都有新鲜的鱼虾。在这个时候，你可以买几个红萝卜来，把它切成两段，把生叶子的这一段，用绳子做一个网儿挂起来，再在剖开的一端挖一个洞，洞里放一点泥，种点豆儿葱蒜，天天浇浇水。过了几天，叶子生出来了，葱豆都发出芽来了。再过几天，葱豆都发荣滋长，葱茏可爱，挂在教室里，好像一盏红灯笼，鲜艳夺目，非常美丽。在这个活动里，小朋友可以知道种子怎样发芽，植物怎样生长，也可以把教室布置得新颖悦目。这种教材多么有生气！多么有意义！"

我又对他说："鱼虾是很好的教材，菜场里蚌、蛤、鱼、鳝、虾、蟹，种种不同的生物，都可以做儿童的好教材。你可以买几条鱼来，同儿童研究一下，鱼怎样会游水的，怎样会游上游下，转弯抹角，怎样呼吸，怎样食物，这种种问题，都可以试验研究。

"你滴一点墨水在水里，就可以看出鱼会把墨水从嘴里吸进去，再从腮里吐出来。

"你也可以把鱼剖开来，看鱼鳔是怎样的？鱼鳔有什么用处？假定你再要研究高深一点，你要知道鱼在水里呼吸什么东西，除了吃小虫之外，它是不是需要空气的，你也可以把它试验一下。它不吃小虫，还能活的，若吸不着空气，就会死的，怎样试验呢？这也简单得很！

"你把它放在普通的水里，看它怎样？你再把它放在冷开水里，看它怎样？

"这个小菜场，是你的标本，是你的仪器，是你的宝库，所谓'取之不尽，用之不竭'。这是活教材，这是活知识，这是活教育。小孩子看了一定很高兴，做起来一定很快乐，所得到的知识很丰富，所得到的观念很正确。"

亲爱的教师，大自然是我们最好的教师。大自然充满了活教材，大自然是我们的教科书，我们要张开眼睛去仔细看看，要伸出两手去缜密的研究。

现在，我的房子四周，不知有多少鲜艳的花草，奇异的昆虫，美丽的飞鸟。

昨天有一个朋友，在地上拔了根一尺多长的木本小树对我说："这是做蜡纸的原料。"他把树皮剥下来，叫我拉拉看，我拉了半天，还是拉不断，树皮非常之韧，树皮的纤维非常之细。这种丛木，到了冬天在干枝上开了很美丽的紫花，到了春天在干枝上长了碧绿的叶子，结了珠子似的小果子。

满山遮野，好像杜鹃花似的到处生长。在浙江这种树已经变成宝贝了。十几年来，日本人到中国买了去，做了蜡纸卖给我们。英国人也买了这种树做了蜡纸卖给我们，一年几百万，利权外溢，我们自己还不知道利用。

现在，我住的地方，山前山后到处都有，单单泰和一个地方，不知有多少，全江西那更不必说了。恐怕不但江西有，湖南也有，恐怕广西有，广东也有。所谓"遍地黄金，俯拾皆是"。我们做教师的，应当如何张开眼睛去仔细看看，运用两手去缜密的研究。

这种有价值的活教材，在大自然中多得很。种地是最好的活动，什么菜蔬，什么山薯，什么玉蜀黍，什么萝卜，无数的东西都可以做种植的好材料。

饲养家畜，也是很有价值的好活动，什么养鸡养鸭，养猪养羊，养蜜蜂，养鸽子，都富有生产意义的。

所以，亲爱的教师，书本上的知识，是间接的知识，你要获得直接的知识，确实而经济，你应当从大自然中去追求，去探讨。

大自然固然是我们知识的宝库，是我们的活教材，活教师，我们应当向它领教，向它探讨。大社会何尝不是我们生活的宝库，何尝不是我们的活教材，我们的活教师呢？

这个世界是多么神秘，这个社会是多么复杂。这次的抗敌，是我们民族史上最伟大、最光荣的战争。这次的欧洲大战，是法西斯主义与民主主义的大决斗。我们做教师的，为什么不教学生研究时事，探讨史地？从研究时事中我们可以得到宝贵的教训，从探讨抗日与欧战有关的史地中我们又可以得到宝贵的活知识。我们若一研究这次敌人进攻沿海各城市，就可以研究出各城市对于抗战的重要性。比如敌人为什么要占领宁波、台州、温州、福州、余姚、绍兴呢？理由是很简单很明显的。敌人要封锁我们的海口，要掠夺我们的资源。宁波、台州、温州、福州，都是重要的海口，若被封锁，虽于最后胜利无大关系，但对于我们的运输，确有相当的影响。

这种教学，教师教起来，多么生动，多么深刻；学生学起来，多么兴奋，多么有趣。我们何必一定要把一部活地理四分五裂，呆呆板板的教小孩子死记死读；我们何必一定要把一部中华民族进化史支离破碎，一朝一朝呆呆板板的教小孩子死记死读呢？我们为什么不去研究抗战来做研究史地的中心或出发点呢？我们为什么不研究第二次世界大战来了解各国的史地及其民族的文化呢？大自然大社会都是我们的活教材，我们为什么不从"现代"的活教材研究到"过去"的史事、"过去"的地理呢！

…………

### 原则十一 注意环境，利用环境

"大自然大社会都是活教材"这个意思，我已经在上面详细地说过。现在我要说的，就是在大自然大社会的环境中，你可以找到许多活教材、活教具。

"麻将"不是个个人都喜欢吗？为什么我们喜欢麻将呢？其中必定有奥妙的道理。麻将是骨头做的，摸摸就发生一种触觉的快感。麻将又刻了红红绿绿的颜色，什么红的"中"，绿的"发"。你把牌儿在桌上一拍，就听到清脆悦耳的声音。你在桌上拿起来的时候，就发生一种神秘的心理，这张牌还是"白"呢还是"风"，这里有一种机遇，你若碰到了，那么就运气了，若是碰不到，那只可耐着性等着。麻将实在是好玩的赌具，无怪中国人都喜欢，近几年来，麻将在美国也风行一时呢！

因此在二十年前，我在南京办鼓楼幼稚园的时候，我自己向自己说：麻将是一个很有趣的赌具，为什么我们不把它变成一个好玩的教具呢？假使能变成识字的教具的话，那不是小孩子识起字来很快吗？麻将牌怎样变成教具呢？听起来好像很奇怪，做起来倒很容易，那时候我就跑到夫子庙，叫麻将店的老板，替我刻副活字块。我在儿童用书中选出了二百多个字，每个字刻二块。儿童喜欢颜色的，所以我叫他依照部位，着了红、绿、蓝、紫的彩色。比如"鸡"、"鸭"二个字，"鸟"部用红的颜色，"奚"、"甲"部都用绿的颜色；比如"江"、"草"二个字，三点水用蓝的颜色，草头用绿的颜色；字块这样一着色，就显得格外鲜艳夺目了。

怎样玩呢？有两种玩法：一种是凑对子，一种是拼句子，凑对子是为不识字的儿童玩的，拼句子是为已经识了几个字的儿童玩的。可以让孩子们围坐一张桌上，共同玩耍。

赌具变成教具，多得很呢！我曾经把外国的一种钟面式的赌具，变成一种最好的练习算术教具。它究竟是一种什么赌具呢？是一个洋铁做的小圆盘，盘面上像一个钟，有长针秒针，长针秒针周围都有分数，你把长针一拨，秒针也跟着移动。长针转得快，秒针也转得快，长针停了，秒针也会停的；长针假定所指着的分数是八，秒针所指着的是七，那你就得着五十六分；假使我拨的长针是在九分，秒针是在八分，八九七十二，那我就胜了。你看这个不是个很好玩的九九表吗？小学三年级的学生，学习九九表的时候，正好玩这种教具呢！

在新年的时候，你可以在街上看见一种赌具：许多小孩子围着一个糖摊，在那里转糖，糖摊是一个圆盘，盘的四周放了各种各样的糖菩萨、糖动物，盘的中间是一个轴，轴上挂着一根横木，横木的一端垂着一根针，你假定要赌的话，就给卖糖的一个钱，给了之后，你就可转了，针转到那里，那里的糖人就是你的了。

这种赌具，在新年的时候，到处都可以看得到，它的魔力是非常大的，我们为什么不把它变成一个教具呢？二十年前，我就这样问自己，我就做了一个转盘，教小孩子认识数字，形式虽然稍微有点不同，原则都是一样的，怎样不同呢？盘上画了格子，格子的上面写数目，下面写字，什么字呢？看情形而定，你可以写各种动物的名字，你也可以写各种花木的名字及小孩的名字；学什么，你就写什么；若是你能够在字的底下，再画上图，那就更好了。小孩子可以看了图就认得字，这是一种看图识字识数的好玩具。

赌具固然可以变成教具，玩具更加容易变成教具了。新年的时候，在空场上，摆着一个傀儡戏台，锣鼓一敲，大大小小，老老少少都跑来看了。这种有魔力的民间娱乐的工具，为什么不可以变成一种教具呢？

八年前，我到欧洲去考察教育的时候，在英国、在法国、在苏联都看到傀儡戏。回国后我就在南京鼓楼幼稚园介绍傀儡戏给幼稚生玩，他们玩得很高兴。在上海，介绍给小学生玩，他们玩得很起劲。现在在江西介绍给幼稚师范同学做教具，也做得很有价值。师范生编著剧本，布置戏台，自造傀儡，给幼稚生玩，给民众看，都玩得很起劲，看得很高兴。这是把民间的娱乐工具变成儿童的教具。

赌具固然可以变成教具，民间娱乐的工具，固然可以变成儿童的教具，木屑竹头、破布碎纸，何尝不可以变成教材教具呢？竹圈不是儿童的恩物吗？不是普通的竹子做的吗？竹子可以做碗、做罐头给小孩子玩。木头木片可以做飞机、坦克车、汽车、桌、椅等各种玩具。有一只小猫，看起来那么可爱，它是什么东西做的呢！一只破袜子而已！

纸篓里的废纸，可以变为很好的教材呢！你把碎纸浸在水里，浸了一两天，拿出来用面粉一揉，揉成纸浆，好像粉团一样，你要把它做兔子也可以，把它做老虎也可以，你要把它做立体地图也可以，碎纸是一种很好的教材呢！

你要做一个成功的教师，你一定要注意环境，利用环境，环境中有许许多多的东西，初看看与你所教的没有关系，仔细研究研究看，也可以变成很好的教材，很好的教具呢！

吕静、周谷平编：《陈鹤琴教育论著选》，人民教育出版社，1994年。

## 梁漱溟教育论著选

梁漱溟（1893—1988），原名焕鼎，字寿铭，广西桂林人，生于北京，思想家、教育家，乡村教育运动的倡导者，现代新儒家代表人物之一。1906年考入顺天中学堂，其间参加同盟会，毕业后任《民国报》编辑兼记者，潜心研究佛学。1917年，受聘于北京大学主讲印度哲学，1924年辞职。1931年，赴山东邹平创办山东乡村建设研究院，从事乡村建设实验。抗日战争全面爆发后，任最高国防参议会参议员、国民参政会参政员，后参与发起组织"统一建国同志会"（1941年改组为"中国民主政团同盟"），任中央常务委员，并任机关报《光明报》社长。1946年，参加政治协商会议。中华人民共和国成立后，历任全国政协委员、常务委员、中国文化书院院务委员会主席、中国孔子研究会顾问。代表作有《东西文化及其哲学》《中国文化要义》《印度哲学概论》《乡村建设理论》《人心与人生》等。

梁漱溟的教育思想集中体现在乡村建设和乡村教育理论中，强调教育应以人为本，注重人的全面发展，尤其是道德品质与人生哲学的培养，主张教育与生活的紧密结合。实践上，亲自创办并领导了山东邹平乡村建设研究院，推动实施了一场旨在改造乡村、复兴中国的社会实验。

《东西人的教育之不同》写于1923年，主要讨论了东西方教育在教育目的、内容和方法上的差异。教育目的上，东方教育强调"君子之道"，培养个人的道德品质和社会责任感，西方教育强调知识的获取和对自然的理解；教育内容上，东方教育侧重于传统文化的传承和道德品质的培养，西方教育则更注重自然科学和实用技能的学习；教育方法上，东方教育通常采用背诵和记忆经典文献的方式，西方教育则更注重实验和探索。

《社会本位的教育系统草案》是梁漱溟于1933年主持起草的一份关于"社会教育在学制系统上之地位"的方案，主张以社会为本位，实行乡村教育、成人教育、终身教育，以打破旧的常规教育系统束缚。草案提出了接近于"生活教育"的改革计划，对现代教育事业具有重要的借鉴意义。节录文《学校教育社会教育不可分》《教育宜放长及于成年乃至终身》是该草案的两大基础，体现了梁漱溟对社会教育的基本看法。

## 东西人的教育之不同

记得辜鸿铭先生在他所作批评东西文化的一本书所谓《春秋大义》里边说到两方人教育的不同。他说：西洋人入学读书所学的一则曰知识，再则曰知识，三则曰知识；中国人入学读书所学的是君子之道。这话说得很有趣，并且多少有些对处。虽然我们从前教人作八股文章算得教人以君子之道否，还是问题；然而那些材料——《论语》、《孟子》、《大学》、《中庸》——则是讲的君子之道。无论如何，中国人的教育，总可以说是偏乎这么一种意向的。而西洋人所以教人的，除近来教育上的见解不计外，以前的办法尽是教给人许多知识：什么天上几多星，地球怎样转，……现在我们办学校是仿自西洋，所有讲的这许多功课都是几十年前中国所没有，全不曾以此教人的；而中国书上那些道理也仿佛为西洋教育所不提及。此两方教育各有其偏重之点是很明的。大约可以说，中国人的教育偏着在情意的一边，例如孝弟……之教；西洋人的教育偏着知的一边，例如诸自然科学……之教。这种教育的不同，盖由于两方文化的路径根本异趣；他只是两方整个文化不同所表现出之一端。此要看我的《东西文化及其哲学》便知。昨天到督署即谈到此。有人很排斥偏知的教育；有人主张二者不应偏废。这不可偏废自然是完全的合理的教育所必要。

我们人一生下来就要往前生活；生活中第一需要的便是知识。即如摆在眼前的这许多东西，哪个是可吃，哪个是不可吃，哪是滋养，哪是有毒，……都需要知道；否则，你将怎么去吃呢？若都能知道，即为具有这一方面的知识，然后这一小方面的生活才对付的下去。吾人生活各方面都要各有其知识或学术才行；学问即知识之精细确实贯串成套者。知识或学问，也可出于自家的创造——由个人经验推理而得；也可以从旁人指教而来——前人所创造的教给后人。但知识或学问，除一部分纯理科学如数理论理而外，大多是必假经验才得成就的；如果不走承受前人所经验而创造的一条路，而单走个人自家的创造一路，那一个人不过几十年，其经验能有几何？待有经验，一个人已要老死了；再来一个人又要从头去经验。这样安得有许多学问产生出来？安得有人类文明的进步？所谓学问，所谓人类文明进步实在是由前人的创造教给后人，如是继续开拓深入才得有的。无论是不假经验的学问，或必假经验的学问都是如此；而必假经验的学问则尤其必要。并且一样一样都要亲自去尝试阅历而后知道如何对付，也未免太苦、太不经济，绝无如是办法。譬如小孩子生下来，当然不要他自去尝试哪个可吃，哪个不可吃，而由大人指教给他。所以无论教育的意义如何，知识的授受总不能不居教育上最重要之一端。西洋人照他那文化的路径，知识方面成就的最大，并且容易看得人的生活应当受知识的指导；从苏格拉底一直到杜威的人生思想都是如此。其结果也真能作到各方面的生活都各有其知识，而生活莫不取决于知识，受知识的指导；——对自然界的问题就有诸自然科学为指导，对社会人事的问题就有社会科学为指导。这虽然也应当留心他的错误，然自其对的一面去说，则这种办法确乎是对的。中国人则不然：从他的脾气，在无论哪一项生活都不喜欢准据于知识；而且照他那文化的路径，于知识方面成就的最鲜，也无可为准据者。其结果几千年到现在，遇着问题——不论大小难易——总是以个人经验、意见、心思、手腕为对付。即如医学，算是有其专门学问了；而其实，在这上边尤其见出他们只靠着个人的经验、意见、心思、手腕去应付一切。

中国医生没有他准据的药物学，他只靠着他用药开单的经验所得；他没有他准据的病理学、内科学，他只靠着他临床的问题所得。由上种种情形互相因果，中国的教育很少是授人以知识，西洋人的教育则多是授人以知识。但人类的生活应当受知识的指导，也没有法子不受知识的指导；没有真正的知识，所用的就只是些不精细不确实未得成熟贯串的东西。所以就这一端而论，不能说不是我们中国人生活之缺点。若问两方教育的得失，则西洋于此为得，中国于此为失。以后我们自然应当鉴于前此之失，而于智慧的启牖、知识的授给加意。好在自从西洋派教育输入，已经往这一边去做了。

情意一面之教育根本与知的一面之教育不同；即如我们上面所说知的教育之所必要，在情意一面则乌有。故其办法亦即不同。知的教育固不仅为知识的授给，而尤且着意智慧的启牖。然实则无论如何，知识的授给，终为知的教育最重要之一端；此则与情意的教育截然不同之所在也。智慧的启牖，其办法与情意教育或不相远；至若知识的授给，其办法与情意教育乃全不相应。盖情意是本能，所谓不学而能，不虑而知的：为一个人生来所具有无缺欠者，不同乎知识为生来所不具有；为后天所不能加进去者，不同乎知识悉从后天得来（不论出于自家的创造或承受前人，均为从外面得起的，后加进去的）。既然这样，似乎情意既不待教育，亦非可教育者。此殊不然。生活的本身全在情意方面，而知的一边——包括固有的智慧与后天的知识——只是生活之工具。工具弄不好，固然生活弄不好，生活本身（即情意方面）如果没有弄得妥帖恰好，则工具虽利将无所用之，或转自贻戚，所以情意教育更是根本的。这就是说，怎样要生活本身弄得恰好是第一个问题；生活工具的讲求固是必要，无论如何，不能不居于第二个问题。所谓教育不但在智的启牖和知识的创造授受，尤在调顺本能使生活本身得其恰好。本能虽不待教给，非可教给者，但仍旧可以教育的，并且很需要教育。因为本能极容易搅乱失宜，即生活很难妥帖恰好，所以要调理它得以发育活动到好处；这便是情意的教育所要用的工夫，——其工夫与智慧的启牖或近，与知识的教给便大不同。从来中国人的教育很着意于要人得有合理的生活，而极顾虑情意的失宜。从这一点论，自然要算中国的教育为得，而西洋人忽视此点为失。盖西洋教育着意生活的工具，中国教育着意生活本身，各有所得，各有所失也。然中国教育虽以常能着意生活本身故谓为得，却是其方法未尽得宜。盖未能审察情的教育与知的教育之根本不同，常常把教给知识的方法用于情意教育。譬如大家总好以干燥无味的办法，给人以孝弟忠信等教训，如同教给他知识一般。其实这不是知识，不能当作知识去授给他；应当从怎样使他那为这孝弟忠信所从来之根本（本能）得以发育活动，则他自然会孝弟忠信。这种干燥的教训只注入知的一面，而无甚影响于其根本的情意，则生活行事仍旧不能改善合理。人的生活行动在以前大家都以为出于知的方面，纯受知识的支配，所以苏格拉底说知识即道德；谓人只要明白，他作事就对。这种思想，直到如今才由心理学的进步给它一个翻案。原来人的行动不能听命于知识的。孝弟忠信的教训，差不多即把道德看成知识的事。我们对于本能只能从旁去调理它、顺导它、培养它，不要妨害它、搅乱它，如是而已。譬如孝亲一事，不必告诉他长篇大套的话，只须顺着小孩子爱亲的情趣，使他自由发挥出来便好。爱亲是他自己固有的本能，完全没有听过孝亲的教训的人，即能由此本能而知孝亲；听过许多教训的人，也许因其本能受妨碍而不孝亲。在孔子便不是以干燥之教训给人的；他根本导人以一种生活，而借礼乐去调理情意。但是到后来，孔子的教育不复存在，只剩下这种干燥教训的教育法了。这也是我们以后教育应当知所鉴戒而改正的。还有教育上常喜欢借赏罚为手段，去改善人的生活行为，这是极不对的。赏罚是利用人计较算帐的心理而支配他的动作：便使情意不得活动，妨害本能的发挥；强知方面去作主，根本搅乱了生活之顺序。所以这不但是情意的教育所不宜，而且有很坏的影响。因为赏罚而去为善或不作恶的小孩，我以为根本不可教的；能够反抗赏罚的，是其本能力量很强，不受外面的搅乱，倒是很有希望的。

马秋帆编：《梁漱溟教育论著选》，人民教育出版社，1994年。

# 社会本位的教育系统草案（节录）

## 一　学校教育社会教育不可分

俗常以学校教育社会教育对称，大抵谓：

（甲）学校教育为教育之中心设施或正统：指小学校，中学校，专门学校，大学校等。

（乙）社会教育为片面的补充的设施，非正规教育：指民众教育馆、民众茶园、通俗讲演所、图书馆、博物馆、公共体育场、公共影戏场、识字夜班、民众学校、职业补习学校、函授学校等。

然试一究问其可得而为分别之据者果何在？卒乃不易得。

（子）学校教育有一定数目之受教育者，有一定课程之进行；而社会教育（如图书馆、讲演所等），每每无之。此所谓学校教育即学校式教育；所谓社会教育，即社会式教育。然此于函授学校职业补习学校民众学校已不然，况此两方式绝鲜有何意义，可以演绎为划分两种教育之真据者。

（丑）学校教育以一定课程施之于受教育者，其教育者之积极主动意味多；且其所照顾恒在校内（迨扩充于校外一般社会，即被指为社会教育）。若社会教育则每每仅有一种设备供人自己利用或领略；其范围恒泛及一般，而无所限。然此于学校式之社会教育（例如民众学校）已不然，而况学校教育应否囿于学校内，殆尤不必然也。

（寅）学校教育前后衔接，可成相连贯之一系统；而社会教育但见其为零碎补充的，无有系统。此亦不然。学校教育中之每一个学校教育原多自成一事，非必以此为彼之预备，相连为一事者；而社会教育亦非必不可成系统；——如今之苏俄教育制度是。

（卯）学校教育有年龄限制，且所施教偏于社会未成熟分子。而社会教育恒无年龄限制，且施教所及偏乎成人；故"社会教育"与"民众教育"、"成人教育"等词有时相通或混同。然学校教育非无成人（例如大学校研究院），社会教育非无儿童（例如儿童图书馆等）。况人生受教育期间，是否应集中于其前小半段，正不无可商；以年龄之所偏，判分两种教育，亦难为论据。

总之，两种教育之分判初无学理真据，即于形式上亦复有时难辨。然则何为而有此对称之两种教育见于今之世耶？曰，今之学校教育，一传统教育也；今之社会教育，一新兴教育运动也。正唯传统学校教育有所不足，或且日益形见其缺短，乃有今之所谓社会教育（或民众教育或成人教育）起为补救；此固近今史实之所昭示矣。于此，一以见今日学校教育之不完不妥；一以见今日社会教育亦为一时的措施：两者各不足为准理当事的真教育。真教育行且见其为两者之融和归一；而吾侪今日乃适于此教育的过渡时代也。如何实现此完整合理的一个教育系统，正今日吾侪所有事。

## 二　教育宜放长及于成年乃至终身

教育于人类，所以必要而且可能，盖最足征见于人类自儿童达于成年之期特长，为其他动物所莫得比。自鱼类以迄于人类之脊椎动物，其儿童期之长短，实征兆其远于本能，趋于智慧者为如何，而与后天学习资性大小为正比例也。人类社会所特意施行之教育，自昔皆置于未成熟之阶段，自非无由。然人类天具之学习力固不限于此未成熟期，殆且亘乎终身焉。桑戴克为"成人与学习"之研究，谓"年龄实在对于学习之成功失败是一件小的因素：能力、兴趣、精力和时间乃是重要原因。"——此实一重要根本见地。其假定以一万小时学习时间，五分之四用于六岁至十四岁，而其余五分之一作成一百小时、二百小时之分段，散落用于十四岁至三十五岁；或且为未来教育改造设计之所资，未可知也。吾人试一审今日社会趋势，将见教育时间放散而延长，有事实所不得不然者：

（一）现代生活日益繁复，人生所需要学习者，随以倍增，卒非集中童年一期所得尽学，由此而教育延及成年之趋势，日见重迫。

（二）社会生活既繁密复杂，而儿童较远于社会生活，未及参加，在此种学习上以缺少直接经验，效率转低，或至于不可能，势必延至成年而后可。又唯需要为能启学习之机；而唯成人乃感需要。借令集中此种学习于童年，亦徒费精力与时间，势必待成年需要，卒又以成人教育行之。

（三）以现代文化进步社会变迁之速，苦学习于早，俟后过时即不适用；其势非时时不断以学之不可。

今后社会之渐归于社会本位的组织，大势昭然。如是则不能不倚重多数个人，各为社会生活之有力的参加，而教育于是乃成大问题——如何能为最经济而有效的教育设施，以满足此社会需要？吾信其必为依桑戴克以及诸家所为成人学习之研究，而统盘筹划以建立一个教育系统是已。今之有社会教育、民众教育、成人教育，纷然发达于学制系统之外，极见其不经济者，正以未能从头统盘筹划之故耳。

马秋帆编：《梁漱溟教育论著选》，人民教育出版社，1994年。

## 杨贤江《新教育大纲》选

杨贤江（1895—1931），字英父（英夫/甫），笔名李浩吾、叶公朴等，浙江余姚人，马克思主义教育理论家。1917年，以优异成绩自浙江省立第一师范学校毕业，受聘于南京高等师范学校。1919年，参加少年中国学会。1921年起，担任商务印书馆《学生杂志》编辑长达6年，针对青年和学生的学习、事业、生活等问题，撰写和编发了大量文章。1922年，加入中国共产党，成为党的杰出青年运动领导人之一，在沪杭一带从事革命活动，先后任教于上海大学、上海大学附中等，兼任浙江春晖中学教务主任。1923年，协助恽代英编辑《中国青年》杂志。1926年底，转而从事工人运动和学生运动，参加上海三次工人武装起义。1927年"四一二"政变后，任武汉国民军总政治部《革命军日报》总编辑。同年底，流亡日本，担任中国留日学生中共特别党支部负责人，继续开展革命活动和教育科学研究及翻译工作。1929年回到上海，任中共中央文化工作委员会委员。1931年8月9日，因积劳成疾，在日本长崎病逝。作为中国最早的马克思教育理论家和青年教育家，杨贤江运用历史唯物主义阐明教育的本质与功能。著有《教育史ABC》《新教育大纲》，翻译

《家庭、私有制和国家的起源》等。

《新教育大纲》完成于1929年底，是中国第一部运用马克思主义观点比较系统阐述教育理论的著作，主要探讨了教育的本质、作用、历史、内容、方式、特征，以及教育与社会经济政治的关系、教师的使命和学生运动等问题。选文节录《新教育大纲》第一章的第一、二节，也是本书的重点部分，指出教育是"社会的上层建筑之一"，是"观念形态的劳动领域之一"，其本质是"为帮助人营社会生活之一种手段"，但私有制产生后，教育本质"显然是阶级的"。这有利于帮助人们正确认识教育，从而唤醒追求公平且独立的教育的意识。

## 教育是什么（节录）

我不引用《说文》上或拉丁文语源上的字面解释，也不引用教育名家的定义，我只直截了当地下如此的说明：就是，教育为"观念形态的劳动领域之一"（one of the fields of ideological labour），即社会的上层建筑之一。

什么叫做上层建筑或意识形态？这在本丛书的另外几种书籍上，我相信一定是有详细的说明的。所以这儿不妨说得简单一点。

照唯物史观来说，社会的经济构造是现实的基础，而法制上、政治上、宗教上、艺术上以及哲学上——简言之，就是观念上——的各种形态（即所谓观念形态）都是建立在这个基础上的上层建筑；教育就是这样的上层建筑之一，也就是这样的观念形态之一。上层建筑对下部基础的依存关系是这样：物质生活资料的生产方式（即经济构造）决定社会的政治的及精神的生活过程（即上层构造）；"随着经济基础的变更，在全部庞大的上层建筑中也就会或迟或速地发生变革"。

这就是新兴社会科学已经确定了的学说，我们可以拿来说明教育在这一点上的性质，实为我们最先所应放在心头的一个根本概念。

至教育是"观念形态的劳动领域之一"的解释，正可就教育之最具体的表现就是学校来考察。一般的学校，无论是高级、是中级、是小学，都是社会的劳动领域，为赋与劳动力以特种的资格的地方，就是使单纯的劳动力转变到特殊的劳动力的地方。有的人要在这儿学成一个医生，有的人要在这儿学成一个律师，更有些人要在这儿学成哲学家、文学家、科学家等等。所以养成技师的工业学校与养成僧侣的宗教学学校，在本质上并没有什么大的差异，因为它们都是赋与人们以特殊的劳动力，完成多少专门化的劳动机能之场所。从而学校的构造与学校的分科（商业、工业、师范、医学等等）都是对社会所需要的各种熟练劳动力之表现。

这一个教育的定义，就是根据唯物史观所下的。为使读者格外明了起见，不妨再为引申。

这就该从教育的起源说起。

教育怎样起源的？是根据于什么人性吗？是根据于教育者的意识吗？或是根据于什么天命吗？——即所谓"作之君，作之师"，都不是的。教育的起源并不在于这些玄妙的处所。教育只是一件"日用品"，是与社会的生活过程、物质的生产关系有密切联系的；而且是以这种现实的社会经济生活为基础的，只要是现实的经济关系变了，它是必然地跟着变的。若说教育是与现实的经济生活无关，单凭某个人头脑中的思索所得决定，从来就没这样一回事。

浅言之，教育的发生就只根于当时当地的人民实际生活的需要；它是帮助人营社会生活的一种手段。这所谓生活，一方面是衣食住的充分获得，他方面是知识才能的自由发展；还有，这种生活是集体的社会的，决不是孤立的个人的；所以教育的定义应是社会所需要的劳动领域之一，是给与社会的劳动力以一种特殊的资格的。自有人生，便有教育。因为自有人生，便有实际生活的需要。不过人生的需要，随时随地有不同；教育的资料与方法也跟着需要有变迁。这种变迁的根源，就存于社会的经济构造的转易。故在原始社会是一种教育方式，在奴隶社会是一种教育方式，在封建社会是一种教育方式，在资本主义社会又是一种教育方式。（详细见第二章《教育的进化》）。

说到教育起源由于实用这样的话，有人或许要视为轻视了教育，甚至侮蔑了教育。其实大大地不然。一切科学——无论是自然科学或是社会科学——没有一种是不由实用而产生，不跟着实用以进步的。譬如号称"纯粹思维之学"的数学，从表面上看来，似乎和实用离开得很远，但在最初也是起源于实用的，那就是由于计算东西这一种非常实际的需要而产生。又如天文学，是太古人类为在广大的平原及沙漠中有定方位的必要，为在农业上有知气候及年月日时的必要而产生的。自然，这些学问，在人类的野蛮时代，尚未形成为严格意味的学问，当初不过有点科学的萌芽罢了；至其长成而成立为学问，乃是人类生活上多少有了余裕之后才有的事；即在生产力逐渐进步，人类对于外物能有充分观察及研究的余暇才可办到。所以科学这样东西，最初是当作生产力进步的结果以发生，其后直接地或间接地伴着生产力的进步以进步。换言之，科学的内容，是以该社会之技术的阶段即经济的阶段为基础的。

　　这样，各种科学完全是由实用以生，伴着实用以进步；教育这件事业，本是以传达各种科学的内容为职责，它之不能离开实用，自是当然的事。

　　但或者也有人说：在学问的发达上，难道没有完全离开实用以进行的时候吗？就是难道没有所谓"为学问而学问"这样纯粹为满足知识欲的学问，或把什么实利或应用全不放在眼中，而只以纯粹的学问纯粹的知识相追求的吗？这话可分两层来解答。

　　第一，一切科学上的理论自然不一定是直接为实用的；个个的理论不是全然有它的应用方面的。……

　　…………

　　第二，我们要知道等到学问形成的时候，凡从事学问——如法制、宗教、艺术、哲学以及科学——的人都是属于社会的上层阶级，就是属于支配阶级——因为不是这样，他们就没有余暇来从事；因之，当他们研究以至说明这种学问的时候，必然地反映出他们在社会上的立场。

## 教育的本质及其变质（节录）

教育的本质，已在上节说过，是社会所需要的劳动领域之一，是给与劳动力以一种特殊的资格的；换句通俗的话，教育便是帮助人营社会生活的一种手段。但是这样一种起于人类实际生活需要的教育，并不是终古如斯的；它的意义和它的内容是常常变的。

"在原始社会，教育是全人类都得享受，也是都当享受的。到了社会分成阶级，于是教育也带上阶级的色彩。在支配阶级方面，有俨然的教育制度，有俨然的教育规则，有专供本阶级适用的教育材料。至于被支配阶级，不是全被摈在这种教育制度之外，便被施以欺瞒的教育。

"因为这个缘故，自社会有了阶级的对立和斗争以来，在教育上就也不断地发生对立和斗争。在真正教育史上教育意义的历次变迁，便是在社会阶级关系的历史变动期中所表现的形态，便也成为阶级斗争之一个部门，一个阶级。"

这个转变的关头是在社会的分成阶段。在社会未有阶级即在原始社会时代，教育是全人类的，也是统一的；等社会分层阶级，即在所谓文明时代，教育就变成阶级的，且是对立的。

阶级的和对立的教育，是人类有文明期历史以来的教育的特质；这在教育的本质上言，却是变质。

试就历史来检查教育意义变迁的大概。

人类的过去，约有十之九的大部分可称为氏族制度之时代——假定人类的全历史为五万年，那么怕有四万五千年属于这个时代——即原始生活时代。在氏族制度的社会，大家劳动，大家消费。

至于他们的教育，无待言，自不外当代的人一面利用由前代所传下的精神的及物质的遗产，一面更加上新的经验与发明，以传授给后一代。所以这不是个人的事情，而是社会的事情；这又不是支配的事情，而是平等的事情。

然自人类社会中有私有财产发生并且逐渐发达之后，于是人类全体之生活，遂现出根本的差异。

因为私有制既经发生而且发达，势必有拥护这个私有财产之道德跟着发生发达。教育，一到这儿，也便将拥护私有财产之新道德加入，要把这传授给后代，叫他们负担这一项新的任务。至于这种新道德是否与人类全体之幸福或利益相一致，是与教育不相关的。

在氏族制度社会，各人在才能上虽有差异，但在生存上之权利是平等的。自私有财产发生以后，遂生出各人私有财产之差别。私有多者与私有少者，在生存上的权利也不相平等。一方是"朱门酒肉臭"，他方是"路有冻死骨"。这样所有少者或全然没有者，不得不屈服于所有多者。后者就握有前者的"生杀予夺之权"。在这种社会中，适于所有多者之道德逐渐发达，教育就成为向下代传授这种新道德的工具。

私有财产之差异终于破坏了和平的原始社会之组织，即单一平等的社会由是分裂成富者与贫者。这一分裂引起了从来的"秩序"之破坏，因此发生了不断的扰攘。支配阶级——即握有经济上支配权的阶级——为要在表面上掩饰这一扰攘，缓和贫富间的冲突，以便财产得有合法的保障，自有造成新的"秩序"之必要；国家制度就由此建立起来。

说句比喻，国家是建立在原始社会之废墟上的回旋舞台。这个回旋舞台是不过在四千多年前才造成的，到了今日却已有几度的回旋了。但在任何舞台面上，台柱子终是"所有多者"，"跑龙套的"终是"所有少者"及"无所有者"。而所谓"教育"这条鞭，终被握在台柱子手里，以之驱策指挥"跑龙套的"用的。

试看西洋史。古代——舞台面为希腊及罗马之时代，台柱子是贵族，"跑龙套的"是奴隶。这一时代的教育，在确证并赞美为台柱子的贵族之优越，并使做"跑龙套"的奴隶感到自己的卑微绝望。贵族们相信自己来得特别高贵，视奴隶为非我族类，他们榨取奴隶的劳动以筑成自己豪奢的生活。而教育的任务便在使这件事实成为合法化。

中世——舞台回转而至中世纪，台柱子是封建诸侯与僧侣，"跑龙套的"则为农奴。诸侯与僧侣高居农奴之上，教育任务在使农奴永不醒目，过土拨鼠的生活。基督教利用上帝的名义说善良的土拨鼠死后可升天国。

近代——舞台更回转而至近代，这里资本家做了台柱子，工农及贫民成为"跑龙套的"。在这个舞台上，自然一切的背景、服式乃至说白等等，全为台柱子而设置。所谓教育者，自也不外使台柱子的表演愈加有声有色而已。

故若注意在人类进化历程上的教育之历史，可知最初教育的起源，实为帮助生活；其作用只是一种用以维持生活之手段；但因历史的进展，教育意义乃大有变迁；这个变迁的大概可说明如下：

第一，在氏族制度时代之教育，是由一代向次代传下物质的及精神的社会遗产。

第二，当私有财产制勃兴时代，社会分裂，从而教育加上当作支配工具的目的。

第三，当私有财产制已经发达之后，教育之目的遂变为忽视第一义而重视第二义。

从希腊罗马开始的教育史，已经是变质了的教育之历史。这种教育一直到如今还未告终。而一般教育学者必要装成其他冠冕堂皇的门面，使一般人迷信教育事业为神圣为高贵，也正不失为"御用学者"的本色。

…………

从阶级性的教育中，我们可以看出这种教育的五大特征。

第一个特征是教育与劳动分家。……

第二个特征是教育权跟着所有权走。

…………

第三个特征是专为了支配阶级的利益。

…………

第四个特征是两重教育权的对立。

这所谓两重教育权，就是阶级社会中相并存甚至相对抗的两种的教育。即教育制度之组成与教育行动之存在是相对立而不相统一的。

…………

最后，第五个特征是男女教育的不平等。

……

以上我把教育的本质及其变质已说了不少。现在综结几句。

教育的本质，是为帮助人营社会生活之一种手段；这种教育是全社会的，是统一的。但自私有财产制度发生，社会分成支配者与被支配者阶级，支配者处处以维持并巩固自己的利益为出发点，所创的法制、所定的道德、所主张的哲学等等，莫不以拥护支配权为标的；即其所设施的教育，也以专供支配者的方便为主；所以这种教育显然是阶级的。

在阶级社会中的阶级教育便发现上述的五种变态：第一是教育与劳动分家；第二是教育权跟着所有权走；第三是专为支配阶级的利益；第四是两重教育权的存在及对抗；第五是男女教育不平等。

这些现象，在原始社会，即无阶级的社会中，是没有的。所以这都是教育的变质。这种变质了的教育，又因阶级社会的经济基础的变革而有不同；其详细情形，当于第二章"教育的进化"中述之。

明明是这样变质的教育，明明是这样阶级性的教育，可是，仍有许多教育学者硬说教育是公平的，是独立的，这只好说是他们的"自欺欺人"了。

杨贤江：《新教育大纲》，人民教育出版社，1961年。

# 第六章　外国现代教育经典名著选

外国现代教育流派众多，教育名家、教育经典名著不断涌现，所倡导的教育理论与主张，诸如民主教育、全人教育、个性化教育、智力教育、终身学习、教育平等、教学理论等，对现代教育发展产生了深远影响，推动现代教育政策不断演变，以适应社会变化，满足新的教育需求。

## 杜威教育论著选

约翰·杜威（John Dewey，1859—1952），美国哲学家、教育家。1874年，就读于佛蒙特州立大学，其间对哲学产生浓厚兴趣；1879年大学毕业后，做了几年中学与乡村学校教师，继续思考哲学问题。1882年，进入霍普金斯大学攻读研究生，1884年获得博士学位后，直到1894年受聘密执安大学教授哲学，其间仅在明尼苏达大学短期工作过一段时间。在密执安大学执教期间，开始对教育问题产生兴趣，将教育、心理和哲学思想综合起来进行研究，发表了5篇教育论文。1894年，受芝加哥大学校长哈珀之聘，任该校哲学、心理学和教育学系主任，讲授哲学、伦理学、心理学、教育学等课程。1896年，创办"芝加哥大学实验学校"（Chicago University Laboratory School），对教育问题进行实验研究，并在此期间完成诸如《我的教育信条》（1897）、《学校与社会》（1899）、《儿童与课程》（1902）等重要著作。1904年至1930年，执教于哥伦比亚大学哲学系及师范学院，其间曾到日本、中国、土耳其、墨西哥与苏联等国访问、讲学，在世界范围内产生了重要影响。杜威一生在哲学、教育学和心理学等领域贡献颇丰,除上述著作外,还有《我们怎样思维》(1910)、《明日之学校》(1915)、《民主主义与教育》(1916)、《经验与教育》(1938)、《今日之教育》(1940)等。

《我的教育信条》(*My Pedagogic Creed*)是杜威早期教育理论的纲领性著作,也是其教育思想形成的标志。杜威提出了五大教育信条,分别阐述什么是教育、什么是学校、教材、教育方法的性质、教育功能等内容。什么是教育?他认为一切教育都是通过个人参与人类的社会意识而进行的,其过程包括心理学的、社会学的两个方面,教育者要对儿童的心理结构和活动进行深入观察,使教育适合儿童的心理发展。同时,教育是一个使儿童社会化的过程,学校要与社会生活相联系。什么是学校?学校主要是一种社会组织,是一种社会生活的形式,应呈现真实的、生机勃勃的、简化的社会生活。关于教材,他认为儿童本身的社会活动是学校科目相互联系的真正中心。关于教育方法的性质,他认为方法的问题最后可以归结为儿童的能力和兴趣发展的顺序问题,教育者应细心观察儿童的兴趣,尊重儿童的天性。关于教育功能,他认为教育是社会进步和社会改革的基本方法。

《民主主义与教育》(*Democracy and Education*)是杜威影响最大的教育专著,与柏拉图的《理想国》、卢梭的《爱弥儿》并称西方教育史上的三座里程碑。全书共26章,约分为4个部分。第一部分(1—6章)主要论述教育的性质,认为教育是生活的需要,是社会生活延续的工具,是社会的职能;教育即生长,要为生长提供保障;教育即经验的改造或改组。第二部分(7—17章)主要讨论教育过程,分析了民主主义教育、教育目的、兴趣与训练、经验与思维、教育方法、教材与课程等,认为教育目的存在于教育过程中,兴趣是课程教材发挥作用与训练有效实施的前提,主张"做中学"。第三部分(18—23章)主要探讨教育价值,批判劳动与闲暇、知与行、自然与人、个人与世界、职业与文化等二元论教育价值观,主张将"内在价值"与"工具价值"相结合,以保持经验的统一性与完整性。第四部分(24—26章)主要讨论教育哲学,认为"哲学是教育的最一般方面的理论",教育是哲学分歧具体化和检验的实验室,主张知识与活动密不可分、道德意识与道德行为统一。

## 《我的教育信条》(节录)

### 第一条 什么是教育

我认为一切教育都是通过个人参与人类的社会意识而进行的。这个过程几乎是在出生时就在无意识中开始了。它不断地发展个人的能力，熏染他的意识，形成他的习惯，锻炼他的思想，并激发他的感情和情绪。……

我认为唯一的真正教育是通过对儿童能力的刺激而来的，这种刺激是儿童自己感觉到的社会情景的各种要求所引起的。这些要求刺激他，使他以集体的一个成员去行动，使他从自己行动和感情的原有的狭隘范围里显现出来；而且使他从自己所属的集体利益来设想自己。通过别人对他自己的各种活动所作的反应，他便知道这些活动用社会语言来说是什么意义。这些活动所具有的价值又反映到社会语言中去。……

我认为这个教育过程有两个方面：一个是心理学的，一个是社会学的。它们是平列并重的，哪一个也不能偏废；否则，不良的后果将随之而来。这两者，心理学方面是基础的。儿童自己的本能和能力为一切教育提供了素材，并指出了起点。除教育者的努力同儿童不依赖教育者而自己主动进行的一些活动联系以外，教育便变成外来的压力。这样的教育固然可能产生一些表面的效果，但实在不能称它为教育。因此，如果对于个人的心理结构和活动缺乏深入的观察，教育的过程将会变成偶然性的、独断的。如果它碰巧能与儿童的活动相一致，便可以起到作用；如果不是，那么它将会遇到阻力，不协调，或者束缚了儿童的天性。

…………

总之，我认为受教育的个人是社会的个人，而社会便是许多个人的有机结合。……因此，教育必须从心理学上探索儿童的能量、兴趣和习惯开始。它的每个方面，都必须参照这些考虑加以掌握。这些能力、兴趣和习惯必须不断地加以阐明——我们必须明白它们的意义是什么，必须用和它们相对应的社会用语来加以解释——用它们在社会服务中能做些什么的用语来加以解释。

## 第二条 什么是学校

我认为学校主要是一种社会组织。教育既然是一种社会过程，学校便是社会生活的一种形式。在这种社会生活的形式里，凡是最有效地培养儿童分享人类所继承下来的财富以及为了社会的目的而运用自己的能力的一切手段，都被集中起来。

因此，我认为教育是生活的过程，而不是将来生活的预备。

…………

我认为学校作为一种制度应当简化现实的社会生活；不应当像过去那样把它缩小成一种社会雏形。现实生活是如此复杂，以致儿童不可能同它接触而不陷于迷乱；他不是被正在进行的那种活动的多样性所淹没，以致失去自己有条不紊的反应能力，便是被各种不同的活动所刺激，以致他的能力过早地被发动，致使他的教育不适当地偏于一面或者陷于解体。

…………

我认为道德教育集中在把学校作为一种社会生活的方式这个概念上，最好的和最深刻的道德训练恰恰是人们在工作和思想的统一中跟别人发生适当的关系而得来的。现在的教育制度就它对于这种统一的破坏或忽视而论，使得达到任何真正的、正常的道德训练变得困难或者不可能。

…………

## 第三条 教材

我认为儿童的社会生活是其一切训练或生长的集中或相互联系的基础。社会生活给予他一切努力和一切成就的无意识的统一性和背景。

我认为学校课程的内容应当注意到从社会生活的最初无意识的统一体中逐渐分化出来。

我认为我们由于给儿童太突然地提供了许多与这种社会生活无关的专门科目，读、写和地理等，而违反了儿童的天性，并且使最好的伦理效果变得困难了。

因此，我认为学校科目相互联系的真正中心不是科学，不是文学，不是历史，不是地理，而是儿童本身的社会活动。

............

所以，我认为教育最根本的基础是在于儿童活动的能力，这种能力正沿着现代文明所由来的同一的、总的建设路线而活动着。

我认为使儿童认识到他的社会遗产的唯一方法是使他去实践，使他从事那些使文明成其为文明的主要的典型的活动。

因此，我认为所谓表现的和建设的活动便是相互联系的中心。

............

### 第四条 方法的性质

我认为方法的问题最后可以归结为儿童的能力和兴趣发展的顺序问题。提供教材和处理教材的法则就是包含在儿童自己本性之中的法则。由于情况正是这样，我认为下面的论述对于决定教育所赖以进行的那种精神是极端重要的。

（1）我认为在儿童本性的发展上，自动的方面先于被动的方面；表达先于有意识的印象，肌肉的发育先于感官的发育，动作先于有意识的感觉；我相信意识在本质上是运动或冲动的，有意识的状态往往在行动中表现自己。

............

（2）我认为表象是教学的重要工具。儿童从他所见的东西中所得到的不过是他依照这个东西在自己心中形成的表象而已。

我认为假如将现在用以使儿童学习某些事物的十分之九的精力用来注意儿童是否在形成适当的表象，那么教学工作将会容易得多。

............

（3）我认为兴趣是生长中的能力的信号和象征。我相信，兴趣显示着最初出现的能力。因此，经常而细心地观察儿童的兴趣，对于教育者是最重要的。

............

（4）我认为情绪是行动的反应。

我认为力图刺激或引起情绪而不顾与此情绪相应的活动，便等于导致一种不健全的和病态的心理状态。

我认为只要我们能参照真、善、美而获得行动和思想上的正确习惯，情绪大都是能够约束自己的。

吕达、刘立德、邹海燕主编：《杜威教育文集》第1卷，<br>人民教育出版社，2008年。

## 《民主主义与教育》（节录）

### 第一章 教育是生活的需要（节录）

一、生活的更新通过传递

…………

社会通过传递过程而生存，正和生物的生存一样。这种传递依靠年长者把工作、思考和情感的习惯传达给年轻人。没有这种理想、希望、期待、标准和意见的传达，从那些正在离开群体生活的社会成员给那些正在进入群体生活的成员，社会生活就不能幸存。如果组成社会的成员继续生存下去，他们就能教育新生的成员，但是这将以个人兴趣为导向，而不是以社会需要为导向的任务。这是一件必需做的工作。

…………

三、正规教育的地位

…………

因此，我们可以在上面所考虑的广阔的教育过程之内区别出一种比较正规的教育，即直接的教导或学校教育。……

但是，随着文明的进步，年轻人的能力和成年人所关心的事情之间差距扩大。除了比较低级的职业以外，通过直接参与成人的事业进行学习，变得越来越困难。……因此，有效地参与成人活动的能力，依靠事先给予以此为目标的训练。有意识的机构——学校——和明确的材料——课程——设计出来了。讲授某些东西的任务委托给专门的人员。

没有这种正规的教育，不可能传递一个复杂社会的一切资源和成就。因为书籍和知识的符号已被掌握，正规教育为年轻人获得一种经验开辟道路，如果让年轻人在和别人的非正式的联系中获得训练，他们是得不到这种经验的。

但是，从间接的教育转到正规的教育，有着明显的危险。参与实际的事务，不管是直接地或者间接地在游戏中参与，至少是亲切的、有生气的。在某种程度上，这些优点可以补偿所得机会的狭隘性。与此相反，正规的教学容易变得冷漠和死板——用通常的贬义词来说，变得抽象和书生气。……

因此，教育哲学必须解决的一个最重要的问题，就是要在非正规的和正规的、偶然的和有意识的教育形式之间保持恰当的平衡。

## 第二章 教育是社会的职能（节录）

### 三、社会环境的教育性

我们以上讨论的结果是，社会环境能通过个体的种种活动，塑造个人行为的智力的和情感的倾向。这些活动能唤起和强化某些冲动并具有某种目标和承担某种后果。一个生长在音乐家的家庭里的儿童，不可避免地使他在音乐方面所具有的任何能力得到激励，而且，相对地说，要比在另一环境中可能被唤醒的其他冲动受到更大的激励。除非这个儿童对音乐有兴趣并有一定的造诣，否则他就没有希望；他不能共享他所属的群体的生活。参与一些与个人有联系的那些人的生活是不可避免的；对他们来说，社会环境无意识地、不设任何目的地发挥着教育和塑造的影响。

…………

虽然这种"环境的无意识的影响"难以捉摸而又无处不在，影响着性格和心理的每一根纤维，但指出它的效果最为显著的几个方面可能是有价值的。第一，语言习惯。基本的言语模式，大量词汇，是在日常生活交往中形成的，这种生活交往不是作为规定的教导手段，而是作为社会需要进行的。……第二，仪表。榜样的力量比格言大的多。……尽管有意识的改正和教导不停地起着作用，但是，周围的气氛和精神最终在形成仪表方面是主要力量。仪表只是次要的道德。在主要的道德方面，有意识的教导，也许仅仅在它符合构成儿童的社会环境的人们的一般言行标准时才有效验。第三，美感和美的欣赏。如果眼睛常常接触形式和色彩华美和谐的事物，审美的标准自然会发展起来。一个俗气的、没有秩序的和装潢过度的环境会败坏美感，正如贫乏而荒芜的环境会饿死美的愿望一样。……

四、学校是特殊的环境

……我们容许偶然的环境做这个工作，还是为了教育的目的设计环境，有很大的区别。任何环境，除非它已被按照它的教育效果深思熟虑地进行了调节，否则就它的教育影响而论，乃是一个偶然的环境。一个明智的家庭和一个不明智的家庭的区别，主要在于家庭中盛行的生活和交往习惯是不是根据它们对儿童发展的关系的思想进行选择的，或者至少带有这种思想的色彩的。但是，学校当然总是明确根据影响其成员的智力的和道德的倾向而塑造的环境典型。

…………

这种联合的模式和日常的生活联合相比较，有三个足够特殊的功能应该注意。第一，复杂的文明过分复杂，不能全部吸收。必须把它分成许多部分，逐步地、分层次地、一部分一部分地吸收。……我们称作学校的社会机构的首要职责就在于提供一个简化的环境。选择相当基本并能为青少年反应的种种特征。然后建立一个循序渐进的秩序，利用先学会的因素作为领会比较复杂的因素的手段。

第二，学校环境的职责，在于尽力排除现存环境中的丑陋现象，以免影响儿童的心理习惯。学校要建立一个净化的活动环境。选择的目的不仅是简化环境，而且要清除不良的东西。……学校有责任从环境中排除它所提供的这些坏东西，从而尽其所能抵制它们在通常社会环境中的影响。学校选择其中最优秀的东西，全部自己使用，努力强化它们的力量。……

第三，学校环境的职责在于平衡社会环境中的各种成分，保证使每个人有机会避免他所在社会群体的限制,并和更广阔的环境建立充满生气的联系。……

## 第三章 教育即指导(节录)

儿童天然的或天赋的冲动和他们出生加入的群体的生活习惯是不一致的。所以,必须对他们进行指导或疏导。……但是,有时人们发出的刺激,如命令、禁止、赞许和谴责,具有影响行动的直接目的。因为在这些情况下,我们最有意识地控制别人的行动,我们很可能过分夸大这种控制的重要性,而牺牲比较永久的和有效的方法。基本的控制存在于儿童参与的情境的性质。在社会情境中,儿童必须把他的行动方法,参照别人正在做的事情,使他所用的方法适合。……教育的任务就在于通过兴趣和理解的认同达到这种内在的控制。虽然书籍和对话作用很大,但是通常过分地依赖了这些方法。学校为了充分发挥它们的效率,要有更多联合活动的机会,使受教育者参与这些活动,使他们对于自己的力量和所使用的材料和工具,都得到社会的意义。

## 第四章 教育即生长(节录)

一、生长的条件

社会在指导青少年活动的过程中决定青少年的未来,也因而决定社会自己的未来。由于特定时代的青少年在今后某一时间将组成那个时代的社会,所以,那个时代社会的性质,基本上将取决于前一时代给予儿童活动的指导。这个朝着后来结果的行动的累积运动,就是生长的涵义。

生长的首要条件是未成熟状态。我们说一个人只能在他未发展的某一点上发展,这似乎是自明之理。但是,未成熟状态这词的前缀"未"却有某种积极的意义,不仅仅是一无所有或缺乏的意思。……我们说未成熟状态就是有生长的可能性。这句话的意思,并不是指现在没有能力,到了后来才会有;我们表示现在就有一种确实存在的势力——即发展的能力。

……

依赖和可变的控制能力这两件事在人类生活中很重要。这个原理早有人总结在延长婴儿期的重要意义的学说之中。婴儿期的延长无论从群体中成人的观点和青少年的观点来看都是重要的。依赖他人和从事学习的小孩就是一个刺激，要成人负责教养和抚爱。儿童需要成人经常继续不断的养护，也许就是把暂时的同居变为永久婚姻的一个主要原因。儿童有这种需要，肯定是养成慈爱的和同情的照顾别人的习惯的主要影响；这种对别人幸福的建设性的兴趣，是联合生活所必需的。这种道德方面的发展，在理智方面就是能够引进许多引起注意的新事物，激发对未来的远见和为未来计划。所以，有一种相互的影响。社会生活日益复杂，需要一个较长的婴幼期，以便获得所需要的力量；这种依赖的延长就是可塑性的延长，或者就是要获得可变的和新奇的控制模式的力量。因此，这种延长能进一步地促进社会进步。

二、习惯是生长的表现

我们在上面已说过，可塑性是保持和提取过去经验中能改变后来活动的种种因素的能力。这就是说，可塑性乃是获得习惯或发展一定倾向的能力。我们现在要研究习惯的主要特征。首先，习惯乃是一种执行的技能，或工作的效率。习惯就是利用自然环境以达到自己目的的能力。习惯通过控制动作器官而主动地控制环境。……

人们常常把教育解释为获得能使个人适应环境的种种习惯。这个定义表明生长的一个重要方面。但是，这个定义中的所谓适应，必须从控制达到目的的手段的主动的意义上来理解。如果我们把习惯仅仅看作机体内部引起的变化，而忽视这种变化在于造成环境中以后许多变化的能力，就会把"适应"看作与环境一致，正如一块蜡依照印章一样。环境被看作某种固定的东西，这种固定性为有机体内部发生的变化提供目的和标准；所谓适应不过是使我们自己切合外部环境的这种固定性。如果把习惯看作"习以为常"，确实是比较被动的东西。我们习惯于周围环境——习惯于我们的衣服、我们的鞋子和手套；习惯于相当稳定的气候；习惯于我们的日常朋友等等，这些都含有被动的性质。和环境保持一致，在有机体内引起变化，而不问改变周围环境的能力，就是这种习以为常的显著特点。我们不能把这种适应（不妨称之为迁就，以别于主动的适应）的特点转到主动利用周围环境的习惯，除此以外，"习以为常"有两个主要特征值得注意。第一个特征是，我们首先通过使用事物而习惯于这些事物。

……这种持久的适应，给我们提供一种背景，待有机会时作出各种特殊的适应。这就是"习以为常"的第二个特征。……

总而言之，所谓适应，既是我们的活动对环境的适应，也是环境对我们自己活动的适应。……

但是，习惯的重要性并不止于习惯的执行和动作的方面，习惯还指培养理智的和情感的倾向，以及增加动作的轻松、经济和效率。……

…………

三、发展概念的教育意义

……当我们说教育就是发展时，全看对发展一词怎样理解。我们的最后结论是，生活就是发展；不断发展，不断生长，就是生活。用教育的术语来说，就是：①教育的过程，在它自身以外没有目的；它就是它自己的目的。②教育的过程是一个不断改组、不断改造和不断转化的过程。

（1）当我们用比较的术语，即从儿童和成人生活的特征来解释发展时，所谓发展，就是将能力引导到特别的渠道，如养成各种习惯，这些习惯含有执行的技能、明确的兴趣以及特定的观察和思维的对象。但是，比较的观点并不是最终的。儿童具有特别的能力；忽视这个事实，便是阻碍生长所依靠的器官的发育或使它们畸形发展。……换言之，常态的儿童和常态的成人都在不断生长。……

…………

（2）既然实际上除了更多的生长，没有别的东西是和生长有关的，所以除了更多的教育，没有别的东西是教育所从属的。……

…………

认识到生活就是生长，这就使我们能避免所谓把儿童期理想化，这种事情实际上无非是懒惰成性。不要把生活和一切表面的行动和兴趣混为一谈。……对家长和教师来说，重要的事情是注意儿童哪些冲动在向前发展，而不是注意他们已往的冲动。尊重未成熟状态的正确原则，没有比埃默森下面的一段话讲得再好的了。他说："尊重儿童。不要过分摆起家长的架子。不要侵犯儿童的孤单生活。但是对于这个建议，我却听到有人叫嚷：你真要放弃公私训练的缰绳吗？你要让儿童去过他自己激情和奇想的狂妄生涯，把这种无政府状态称为尊重儿童的天性吗？我回答说，尊重儿童，尊重他到底，但是也要尊重你自己。……关于儿童训练，有两点要注意：保存儿童的天性，除了儿童的天性以外，别的都要通过锻炼搞掉；保存儿童的天性，但是阻止他扰乱、干蠢事和胡闹；保存儿童的天性，并且正是按照它所指出的方向，用知识把儿童天性武装起来。"埃默森接着指出，这种对儿童期和青年期的尊重，并不为教师开辟一条容易而悠闲的道路，"却立刻对教师的时间、思想和生活提出巨大的要求。这个方法需要时间，需要经常运用，需要远见卓识，需要事实的教育，还需要上帝的一切教训与帮助；只要想到要运用这个方法，就意味着高尚的品格和渊博的学识了。"

## 第八章 教育的目的（节录）

### 三、教育上的应用

教育的目的并没有什么特殊。它们和任何有指导的职业的目的正好一样。教育者和前面所说的农民一样，也有一些事情要做，有一些做事情的办法，有一些待排除的障碍。农民所应付的环境，无论是障碍或是可以使用的力量，都有它们自己的结构和作用，与农民的任何目的无关，例如种子发芽，雨水下降，阳光照耀，害虫吞食，疫病流行，四季变化。农民的目的，只不过是利用这种种环境，使他的活动和环境的力量共同协作，而不相互对抗。如果农民不顾土壤、气候以及植物生长的特点等条件，规定一个农事目的，那便是荒谬的。农民的目的，只是在于预见他的力量和他周围各种事物的力量结合的结果，并利用这种预见指导他一天一天的行动。对于可能结果的预见，使他对自己所要对付的事情的性质和活动进行更审慎、更广泛的观察，以便拟订一个工作计划，即规定一个行动的程序。

教育者也是这样，不管是家长还是教师。如果家长或教师提出他们"自己的"目的，作为儿童生长的正当目标，这和农民不顾环境情况提出一个农事理想，同样是荒谬可笑的。所谓目的，就是对行使一种职责——不管是农业还是教育——所要求进行的观察、预测和工作安排承担责任。任何目的，只要能时时刻刻帮助我们观察、选择和计划，使我们的活动得以顺利进行，这就是有价值的目的；如果这个目的妨碍个人自己的常识（如果目的是从外面强加的，或是因迫于权势而接受的，肯定要妨碍个人自己的常识），这个目的就是有害的。

我们要提醒自己，教育本身并无目的。只是人，即家长和教师等才有目的；教育这个抽象概念并无目的。所以，他们的目的有无穷的变异，随着不同的儿童而不同，随着儿童的生长和教育者经验的增长而变化。即使能以文字表达的最正确的目的，除非我们认识到它们并不是目的，而是给教育者的建议，在他们解放和指导他们所遇到的具体环境的各种力量时，建议他们怎样观察、怎样展望未来和怎样选择，那么这种目的，作为文字，将是有害无益的。……

牢记以上这些条件，我们将进而提出一切良好的教育目的所应具备的几个特征。（1）一个教育目的必须根据受教育者的特定个人的固有活动和需要（包括原始的本能和获得的习惯）。……

（2）一个教育目的必须能转化为与受教育者的活动进行合作的方法。这个目的必须提出一种解放和组织他们的能力所需要的环境。除非这个目的有助于制订具体的进行程序，除非这些程序又能检验、校正和发挥这个目的，否则这个目的便是没有价值的。……

（3）教育者必须警惕所谓一般的和终极的目的。每一个活动无论怎样特殊，就它和其他事物的错综复杂的关系来说，它当然是一般的，因为它引出无数其他事物。

## 第十五章 课程中的游戏和工作（节录）

一、主动的作业在教育上的地位

过去一个世代学校课程经过了很大的改革。这种改革的由来，一部分是由于教育改革家的努力，一部分是由于研究儿童心理的兴趣的提高，一部分是由于学校教学的经验。从这三方面来的一个教训，即教学应从学生的经验和能力出发，使学校在游戏和工作中采用与儿童、青年在校外所从事的活动类似的活动形式。近代心理学已经用复杂的本能的和冲动的倾向，代替旧理论关于普通的和现成的官能的主张。经验表明，当儿童有机会从事各种调动他们的自然冲动的身体活动时，上学便是一件乐事，儿童管理不再是一种负担，而学习也比较容易了。

…………

但是，不要忘记，在大多数校外环境里，教育的结果不过是游戏和工作的一个副产物。这种结果是偶然的，不是主要产物。因此，所得到的教育发展多少也是出于偶然的。很多工作都具有现在工业社会的缺点——这种缺点几乎是青年正当发展的致命伤。游戏往往既重复和肯定成人生活环境中的优点，也重复和肯定成人生活环境中的劣点。学校的任务就是设置一个环境，在这种环境里，游戏和工作的进行，应能促进青年智力和道德的成长。如果仅仅在学校采用游戏和竞技、手工和劳作，这还不够。一切还看我们怎样运用它们。

二、可用的作业

…………

我们说主动的作业首先应该注意全体，这是同一个原则的另一种提法。但是，教育的目的注意整体，而不是物质的事情。从心理方面说，学生能注意整体，依赖于他对作业有兴趣；整体是指性质而言，是说作业的情境具有完整的感染力。如果不顾目前的目的，太偏重于养成有效的技能，在设计练习时，往往就会脱离作业的目的。……

学生作业情境的发展，使他了解其中的作用，对目的来说，就构成一个"整体"。由于不了解这一点，在关于简单和复杂的教学中，常常发现错误的见解。在研究一门学科的人看来，简单的东西是他的目的——无论执行的过程多么复杂，他都要利用材料、工具或技术过程。有了统一的目的和集中注意作业的细节，在活动过程中所应考虑的许多要素也就觉得是简单的事情了。有了统一的目的，对于每个组成部分，就根据它在整个作业中的作用，赋予它一个单一的意义。一个人在做完全部过程以后，组成的特性和关系就是要素，每一个要素都有它自己的一定的意义。上面所说的错误的见解，是从专家的观点着想。在他看来，要素是独立存在的，把要素和有目的的活动分开，授予初学者，以为这就是"简单的"东西。

但是，现在要从积极方面来讲。主动的作业代表要去做的事情，而不是什么研究。除开这个事实以外，主动的作业在教育上所以重要，在于它们可以代表社会的情境。人类基本的共同的事务集中于食、住、衣、家具以及与生产、交换和消费有联系的工具。这些东西代表生活的必需品和装饰品，这种事情接触到本能的深处；它们充满了具有社会性质的事实和原理。

............

### 三、工作与游戏

主动作业这个名词，既包括工作，又包括游戏。从它们内在的意义来看，游戏和勤奋并不像通常假定的那样是相互对立的，两者之间任何尖锐的对立乃是由于不良的社会条件。两者都有意识地抱着一定的目的，并对材料和过程的选择和适应进行设计，以实现所期望的目的。两者的区别主要是时间跨度的区别。这种区别影响目的和手段之间的联结的直接程度。

......

上面一番话的意思是说，游戏有一个目的，这个目的就是一个起指导作用的观念，它使一个人的继续的行动有意义。做游戏的人们并非仅仅做一件什么事（纯粹身体的活动）；他们正在去试做一件什么事情，或者要取得一个什么结果，这种态度包含激发他们目前反应的对未来结果的预测。但是，所期待的结果不过是原来的行动，而不是在事物中产生特殊的变化。所以，游戏是自由的，是具有可塑性的。如果要得到某种确定的外部结果，就得坚持目的；所期望的结果愈复杂，愈要坚持目的，并且需要有相当长的中间系列适应行为。如果所想要的是另一种活动，那就不必看得很远，以便易于经常改变活动。如果儿童在制作一个玩具小船，他必须坚持这个目的，并且用这个思想指导他的一系列活动。如果儿童只是玩船的游戏，那么他可以随意改变当作船的材料，随着幻想的暗示，引进新的因素。想象可以把它当作椅子、木块、树叶、木片，如果这些东西能使活动推向前进的话。

……………

如果能预见到相当遥远而具有一定特性的结果，并且作出持久的努力达到这种结果，游戏就变成了工作。像游戏一样，工作是一种有目的的活动，它和游戏的区别不在于这种活动从属于一个外部的结果，而在于结果的观念引起较长过程的活动。在工作中，更加要求继续不断的注意，在选择和计划工作手段时，必须表现更多的智慧。

［美］杜威著；王承绪译：《民主主义与教育》，人民教育出版社，2001年。

## 《蒙台梭利方法》选

玛利亚·蒙台梭利（Maria Montessori，1870—1952），意大利幼儿教育家，"儿童之家"创立者，现代"幼儿园的改革家"，蒙台梭利教育法创始人。自幼受到良好的家庭教育，1886年进入技术学院学习工程，1890年进入罗马大学学习医学。1896年，获罗马大学医学博士学位，成为意大利首位女医学博士；受聘为罗马大学附属精神病诊所助理医生，开始研究低能儿童的心理和教育问题，认为智力缺陷主要是教育问题，而非医学问题。1900年，被任命为国立特殊儿童学校校长，不到两年时间便在低能儿童教育上获得巨大成功。1901年，离开特殊儿童学校，探索智力缺陷儿童教育方法在正常儿童中的应用。为此，再次入罗马大学研修哲学、教育学、实验心理学、人类学等。1907年，在罗马贫民区创办了第一所"儿童之家"，开始了将修订后的低能儿童教育方法应用于正常儿童的教育实验，取得了极大成功，1909年出版的《蒙台梭利方法》就是成功实践经验的总结。1911—1938年，蒙台梭利专注于传播其教育理论与方法，赴欧美、澳大利亚、阿根廷、巴基斯坦、印度等地（国）讲学，培养幼儿教师，形成了世界范围的蒙台梭利运动。除《蒙台梭利方法》外，其代表作还有《高级蒙台梭利方法》（1912）、《蒙台梭利手册》（1914）、《童年的秘密》（1933）、《儿童的发现》（1948）、《有吸收力的心灵》（1949）等。

《蒙台梭利方法》（*The Montessori Method*）的副标题是"运用于'儿童之家'的幼儿教育的科学教育方法"，它是蒙台梭利据第一所"儿童之家"的教育实验和研究所写。全书共22章，阐述了3—6岁儿童教育的原则和方法。儿童内在力量发展是个体和环境之间相互作用的结果，教育的主要任务是促进儿童内在力量的发展，这是蒙台梭利方法的前提。儿童发展的唯一途径是活动，儿童活动的两种主要方式是游戏与工作，儿童发展主要通过后者实现；真正科学的教育原则是给学生以自由，让儿童过一种自然、自由的生活；同时也强调纪律，但纪律不是靠命令、说教或强制获得的，而是通过自由的工作逐渐获得，即工作使自由和纪律有机统一。教育方式上，蒙台梭利提出肌肉训练、感觉训练、实际生活练习、智力教育等，认为肌肉训练强化儿童身体，提高动作的协调能力和灵活性，促进心理发展；感觉训练的目的是促进儿童感觉能力发展，为智力教育做准备；实际生活练习在于培养儿童的独立性和技能，主要包括两大类——与幼儿自己有关的（如穿脱衣服、个人清洁等）、与环境有关的（如打扫卫生、摆放桌椅等），以帮助儿童更好地适应社会生活；智力教育须采用适当的形式和教具，与幼儿日常生活结合，主要包括读、写、算的练习，主张先书写后阅读、计数练习。

## 第五章　纪律（节录）

纪律必须通过自由而获得。这是奉行旧教育法的人难以理解的另一个教育原则。人们会问：在孩子各行其是的教室里怎会有纪律呢？当然，在我们的教育体系中的纪律概念与一般所说的纪律截然不同。如果纪律是建立在自由的基础上,那么纪律就必须是积极主动的。我们并不认为当一个人像哑巴一样默不作声,或像瘫痪病人那样不能活动时才是守纪律的。他只不过是一个失去了个性的人,而不是一个守纪律的人。

……

如果一个教师要使孩子终身沿着正确道路前进,不断提高他们的自制能力,那么她就需要具有引导孩子沿着这条纪律之路前进的特殊技能。因为孩子现在在学习活动,而不是学习静坐;不是为上学作准备,而是为生活作准备,是为了通过养成习惯和实践获得在社会或集体生活中轻松地、正确地完成一些简单动作的能力。这里,孩子们所习惯的纪律,不仅仅限于学校环境,而且也扩展到社会。

孩子们的自由,就其限度而言,应在维护集体利益范围之内;就其行为方式而言,应具有我们一般所认为的良好教养。因此,只要孩子冒犯或干扰他人,有不礼貌或粗野行为,就应加以制止。至于其余的一切——即有益于儿童身心的各种表现——不管是什么行为,以什么形式表现出来,教师不仅允许,而且还必须进行观察。这是关键所在。……

……

要维持持久的纪律,关键在于要有正确的方法。这对教师来说,开头一段时间是最为困难的。为了建立积极的纪律,孩子们首先应具备的思想是分清好坏;教师的任务在于使孩子不要混淆好和不动,也不要混淆坏与活动,然而旧的纪律常常把它们混淆。所有这些要求都是因为我们的目的是要建立积极的纪律,工作的纪律,良好的纪律;而不是建立静止不动的纪律,被动的纪律,屈从的纪律。

所有的孩子在一个房间里忙来忙去地进行有益的、运用智力的、自觉的活动,而没有粗野的举动。我认为这样的房间才是一个真正有良好纪律的教室。

……

当我们已经建立了个人的纪律,如果我们能安排孩子各就各位,同时设法使他们懂得这样安排会使他们看上去更好，懂得教室秩序井然是件好事，懂得这样的布置是好的，赏心悦目的；于是他们就安安静静不声不响地坐在自己的座位上。这将是一种练习上课的结果，而不是强迫的结果。要使他们懂得这一切不能通过过分强制性的练习，要让他们理解遵守集体秩序的原则———这点非常重要。

…………

### 独立性

谁若不能独立，谁就谈不上自由。因此，必须引导儿童个体自由的最初的积极表现，使儿童可能通过这种活动走向独立。婴儿从断奶的那一天起，就开始了努力走上独立的道路。

…………

任何教育活动，如果对幼儿教育有效，那么就必须帮助儿童在独立的道路上前进。我们必须帮助他们无须搀扶而学会走路、上下楼梯、拾起落下的物品、穿脱衣服、自己洗澡、口齿清楚地说话和明确地表达自己的需要等等。我们必须给予孩子的帮助是使他们能够达到自己的目的，满足自己的愿望。这些都是培养独立性的教育的一部分。

我们习惯于服侍小孩，这对他们不仅是一种奴化，而且也是危险的，因为这很容易窒息他们自发的活动和独立自主意识，扼杀他们十分有益的主动性和创造性。我们倾向于把孩子当成木偶，给他们洗，给他们吃，好像他们是布娃娃；我们总是不停地认为孩子不会做事，不知道怎样做。然而，他们确实必须会做一些事。大自然赋与了他们可以进行各种活动的身体条件，也赋与了他们智慧，可以学会怎样进行这些活动。……

谁不知道，教孩子自己吃、自己洗、自己穿衣，比喂孩子吃、替孩子洗、替孩子穿衣更是乏味，更加困难，更需要有耐心！前者是一位教育者的工作，而后者只是一个仆人的简单的呆板的工作。这样做对妈妈比较容易，然而对孩子很危险，因为这会堵塞孩子的生命发展的道路，在这条道路上设置障碍。

### 废除奖励和外在惩罚

我们一旦接受和建立了上述原则,奖励和外在惩罚也就随之而废除。因享有自由和守纪律的人,他所追求的不是使他受到轻蔑而感到沮丧的奖励,而是从他的内在生命中产生的人类的力量、自由的源泉和更大的积极性。

至于惩罚,我们曾多次遇到干扰别人,又根本不注意纠正错误的孩子。这样的孩子立即由医生进行检查。如果检查证明是正常的孩子,我们就在教室角落里摆一张小桌子,让他坐在那里,以此来孤立他。让他坐在舒适的小扶手椅上,让他能看到在工作的伙伴们;给他最能吸引他的玩具玩。这种孤立总是有效地使孩子安静下来。从他的位置上可以看到全体伙伴进行工作的情况和方法。这是较老师说什么都更有效的直观教学课。渐渐地他会明白,成为在他面前忙碌的伙伴中的一员的优越性,他会真的希望回去像其他孩子一样工作。我们用这种方法引导那些原来不守纪律的孩子,使他们也能很好遵守纪律。被孤立的孩子总是受到特别的关照,好像他生病似的。我自己就是这样,一走进教室,首先是走向这样的孩子,关心他,好像他是最小的孩子。然后再把注意力转向其他孩子,关心他们的工作,问他们问题,似乎把他们当小大人看待。我不知道,在我们必须进行纪律教育的孩子心灵上发生了什么变化,但可以肯定的是,这些孩子都转变得非常好,而且持久稳定。他们对于学会怎样工作和怎样表现自己感到自豪,对教师和我也总是表现出亲切之情。

## 第六章 怎样授课(节录)

### 个别授课的特点:简洁、明白、客观

授课是以个别方式进行的。简洁是个别授课的主要特征之一。……

"儿童之家"授课的另一特点是明白。教师一定要删除一切不正确的

内容，一定不要讲含糊不清的话。这也包括在简洁这一特点之中，因此第二个特点与第一个特点密切相关，要求仔细选择尽可能明白易懂的字句，正确表达思想。

第三个特点是客观。授课必须以不表现出教师个性的方式进行，仅仅突出教师想要孩子注意的客观对象。教师必须认识到，简单明白的课应该是对客观对象的解释以及让儿童怎样使用的说明。

### 第十章 自然教育——农业劳动：动植物培育（节录）

一个显而易见的原则是：在教育中对自然特权的牺牲只限于为获得文明提供的最大满足所需的程度，不能做无谓牺牲。

但是在现代儿童教育的全部进步中，我们迄今尚未摆脱否定儿童心理表现和否定儿童精神需要的偏见，简单地把他看成是须加以爱护、亲昵、使之运动的正在生长的躯体。一个好母亲或一个现代的好教师，在今天所能给予，例如说，一个正在花园乱跑的孩子的教育，不过是不要攀折花木，不要践踏草地之类的忠告，似乎通过活动孩子腿脚和呼吸新鲜空气就足以满足他的身体的生理需要似的。

但是，既然儿童的肉体生命需要大自然的力量，那么他的精神生命也需要使心灵与天地万物接触，以便直接从生动的大自然的造化能力中吸取养分。达到这一目的的方法是让儿童从事农业劳动，引导他们培育动植物，并从中思考自然，理解自然。

### 第十一章 体力劳动——陶土工艺和房屋建筑（节录）

体力劳动和体育锻炼的区别在于目的不同：体育锻炼是为了锻炼双手，增强体质，完善个人；而体力劳动则是为了完成特定的任务，生产出对社会有用的产品，增加世界的物质财富。但二者又相互联系，一般说，只有双手完善的人，才能生产出有用的产品。

经过短期试验，我得出结论，最好是完全取消福禄培尔的练习。因为在硬纸板上进行编织和缝纫很不适合儿童视觉器官的生理状况。儿童眼睛的调节能力尚未完全发展，因此这些练习会造成视觉器官负担过重，对视力发育造成严重损害。另外一些福禄培尔的小练习，如摺纸，是练习手，而不是工作。

泥塑仍予保留，它让孩子仿制泥塑品，是福禄培尔的练习中最合理部分。

但是，出于我所倡导的自由体系的考虑，我不想让孩子们仿制任何东西，只让他们用粘土按自己的意愿去塑造；不指导孩子们生产有用的产品，也不求完成什么教育计划，因为泥塑工作（我稍后将指出）是为在孩子自发表现中进行心理个性研究服务的，而不是为了进行教育。

## 第十二章　感觉训练（节录）

第一，缺陷儿童和正常儿童对按刺激等级构成的教具表现出的反映不同，这种不同可以从这样的事实中明显地看出，就是同一个教具用于缺陷儿童可能起到训练作用，而用于正常儿童则产生自动训练的效应。

…………

假定用我们的第一种材料——一套立体几何形状的模型。一块木板上的一排圆孔中插着相应尺寸的10根圆木柱。柱径逐个递减约2毫米。这样进行游戏：先把圆柱全部从孔中拔出，放在桌上打乱，然后让儿童挑选适合于圆孔的木柱再逐个插回原位。目的是训练眼睛对面积大小的不同感觉。

对于缺陷儿童，需要从具有更鲜明对比的练习开始，只有事先进行许多预备练习后，才能进行上述练习。

对于正常儿童，则可以不经预备练习即开始，作为一种自动活动的首次练习。2岁半到3岁的孩子，在所有教具中，最喜欢这种游戏。一次，我们让一个缺陷儿童做这项练习，总需要不断提醒他注意，要他瞧着木板，把不同大小的圆柱给他看。如果他把圆柱都插回了原位，他就停止不动了，游戏就结束了。不论什么时候出了错，就需要替他纠正，或促使他纠正。即使当他能够自己纠正错误的时候，通常表情也很冷淡。

然而正常儿童对这个游戏却自发地表现出浓厚的兴趣,把妨碍和帮助他的人推开,愿意独立解决问题。

…………

如果他弄错了,用一根圆柱去插比它小的孔,他就会拿开这根圆柱,进行多次尝试,寻找合适的孔。如果他把一根圆柱错插到了稍大的孔中,然后把其余圆柱依次插进稍大一点的孔里,最后他会发现手里剩下一根最大的圆柱,而板上却空着一个最小的孔。这套教具能检查出每一个错误。孩子们能以各种方法自己改正错误。他经常靠触摸或靠摇晃圆柱来识别哪一根是最大的。有时一眼就能看出错在哪儿,从不该插的孔中拔出,再插到应该插的孔中。然后,把其他的一一插好。正常的孩子是越来越有兴趣地反复做这项练习。

实际上这套教具的教育意义正是在于错误的发现和纠正。当孩子确有把握把每个圆柱都插入正确的位置时,表明他的能力已超过这个练习,这套教具对他就没有意义了。

…………

第二,感觉训练的目的在于通过反复练习改善对不同刺激的感觉能力。

存在一种感觉培养,它一般不为人们重视,但它是感觉测量的一个因素。

…………

最后让我简单地概括一下。我们的教具使进行自我教育成为可能,允许进行系统的感觉训练。这种教育不是依靠教师的能力,而是依靠教具的系统性。第一,教具提供能吸引孩子自发注意力的实物;第二,实物包含合理的刺激等级。

…………

"儿童之家"的指导员在自己的工作中对两个因素必须有明确概念:指导孩子和孩子的个人练习。

只有这种概念深植于她的思想之中,她才可能应用这种方法去指导孩子自发训练和给孩子以必要的启示。

掌握干预时机和方式，是教育者的个人艺术。

············

在这方面我已经找到了非常适用于正常儿童的按塞贡原则配置的三个阶段。

第一阶段——把感觉和名称联系起来。

例如，向孩子出示红、蓝两种颜色。出示红色时，就简单地说："这是红的"；出示蓝色时说："这是蓝的"。然后就把这些有色线辐放在孩子面前的桌子上，好让他们看见。

第二阶段——认识相应名称的物品。对孩子说："给我红的，"然后说："给我蓝的。"

第三阶段——记忆相应物品的名称。我们给孩子看一件物品，问他："这是什么颜色？"他应该回答说"红色"，"蓝色"。

第三阶段——记忆相应物品的名称。我们给孩子看一件物品，问他："这是什么颜色？"他应该回答说"红色"，"蓝色"。

塞贡坚决地坚持这三个阶段，并坚持要一次一次把颜色放在孩子面前。他还建议，绝不要一次只示出一种颜色，而要两种颜色，因为对比有助于颜色记忆。我也确实检验过，再没有比这更好的教缺陷儿童识别颜色的方法了。用这种方法，他们能比一般学校中偶尔进行感觉训练的正常儿童学得好。然而，对于正常儿童在塞贡三阶段之前还有一个阶段——实际感觉训练期，这是只通过自我训练就能获得感觉差别的准确性的时期。

············

感觉训练的另一个重要技术特点是感觉隔离，任何时候都可能做到这一点。例如，训练听觉应在不仅安静，而且黑暗的环境中进行，这能取得更好效果。

对一般感觉训练，如触觉、温觉、压觉和立体感觉的训练，都把孩子的眼睛蒙起来进行。心理学已为这种特殊技术提供了充分依据。这里只需指出，在这种情况下，会大大提高正常儿童的兴趣，不致使练习陷入嘻闹玩笑之中，也不致把儿童的注意集中到蒙眼上，而是集中到我们想进行的感觉刺激上。

............

正常儿童可以蒙住眼睛做游戏，例如，识别各种重物。这可以帮助他把注意力集中在所测重物的刺激上。蒙住眼睛还可以增添乐趣，因为孩子会为自己能猜中而感到骄傲。

这些游戏对缺陷儿童的效果就大不一样。他们一进暗室，往往就会睡觉，或者做不守规则的动作；当蒙上眼睛时，他们的注意力就集中在蒙眼布上，把练习变成了游戏，达不到做练习的目的。

............

最后，是刺激分配中的技术问题。这将在介绍教材系统和感觉训练时更详细说明。这里只需指出，应该从少数对比强烈的刺激开始，逐渐发展到更多的差别细微的刺激。例如，我们首先只一起出示红色与蓝色、最短和最长的棍，最薄和最厚的物品等等，然后再过渡到细微的不同色度、不同长度和不同大小的区别。

## 第十五章　智力教育（节录）

教师明确的工作之一就是教授准确的名称术语。

在绝大多数情况下，她应该只说出事物的名称和形容词，不再增加更多的说明。对这些词，她要说得口齿清楚，声音宏亮，以便孩子能听清组成每个词的各个音节。

............

第一，教授的名称必须简单，只引起名称和它代表的物体或抽象概念之间的联想。这样，使孩子在思想上接受这些名称和物体时能相应地把它们统一起来。为此，最要紧的就是除了名称外，不再说其他的话。

第二，教师必须随时考查自己的教授是否达到了预期的目的。考查也必须局限在名称能唤起的意识域内。

第一次考查应该发现，在孩子思想上，名称和物体是否还保持联系。考查应在教完名称后，让孩子沉默一会儿后再进行。缓慢清晰地提出关于所教名称或相应物体的问题:"哪一个是光滑的?""哪一个是粗糙的?"

孩子用手指着物体,教师就知道他已作出了所要求的联想。但是,如果孩子不是这样做的,也就是说,他如果做错了,教师不必纠正,而必须考虑等到另一天再重新上。事实上,何必纠正呢?如果孩子没有把事物和名称联系起来,唯一能使他联系起来的办法,便是重复感觉刺激和教授名称的活动。换言之,也就是重新上课。但是,我们应知道,当孩子失败时,他并没有准备接受我们唤起他们的心理联想,所以我们必须另选时机。

假如我们纠正孩子说:"不对,你错了!"这种责备的话就会比其他的话(如光滑的或粗糙的)更深地留在孩子的心中,妨碍他对名称的学习。相反,在错误之后沉默不语,保持明确的意识域,下一课便可以接着顺利进行。事实上,指出错误便可能导致孩子作出不必要的记忆努力或挫伤他们的勇气,我们的任务就是尽可能避免他们作出一切非自然的努力,避免他们丧失信心。

第三,如果孩子没有犯什么错误,老师便可以唤起和这一物体概念相关的运动活动,即说出名称。她可以问:"这是什么样的?"孩子就应该回答:"光滑的"。然后老师可以打断孩子的话,教他怎样正确、清晰地发这个音。先深吸一口气,然后稍大声说:"光滑的。"当孩子发音时,教师可以注意他具体的发音缺陷,或某种已习惯的特殊的孩子腔调。

关于将孩子所学的概念一般化的问题,即把这些概念应用于他所处的环境之中去,我并不主张在一定时间,甚至在几个月内上这样的课。孩子们在触摸过几次材料,或只是光滑的和粗糙的硬纸后,就会完全自发地触摸各种材料的表面,重复说:"这是光滑的!这是粗糙的!这是柔软的!"等等。对于正常孩子,我们必须等待他们对环境的自发探究,或者如我们喜欢说的探索精神的自动爆发。在这种情况下,孩子们会尝到每一新发现的快乐。使他们意识到一种可贵和满意的感觉,这会鼓舞他从自己周围环境中去寻求更多的这种新感觉,使他们成为自发的观察者。

### 第二十一章　再谈纪律（节录）

真正纪律的第一道曙光来自工作。在孩子们非常热衷于某件工作的特定时刻，他们的激情、高度集中的注意力、细心和耐心、毅力和持续性、自动性和创造精神，是纪律的充分体现。也正是孩子们开始走上了纪律之路。不管他们承担什么任务（感觉练习、解扣或系带练习，或洗盘子练习），都会同样地保持良好的纪律。

对于我们来说，就是通过反复的"肃静课"施加一定的影响，以增加以上在工作中体现的纪律的持久性。这种课，就是让孩子们完全保持安静，集中注意倾听从远处传来的低声呼喊名字的声音；细心地完成各种协调动作；不碰撞桌椅、用脚尖行走；使孩子们的天性、运动能力以及心理活动都进入有序状态。这是一种最好的、循序渐进的和有效的培养方法。

当孩子们的工作习惯一旦形成，接着，就必须做到严格监督，经验告诉我们，在建立纪律的过程中，一定严格按我的原则和方法进行，按照不同层次、分阶段练习，不强制和用说教来达到目的。没有人是"通过听别人的说教"来学会自觉遵守纪律的。良好的纪律需要经过一系列成套的动作准备，如像准备真正运用一种合理的教育方法一样。我们应当知道：纪律是通过间接的方法建立起来的，要达到目的，不是通过攻讦错误以及向错误作斗争，而是通过自发地工作以及开展活动。

［意］蒙台梭利著；任代文主译校：《蒙台梭利幼儿教育科学方法》，
人民教育出版社，2001年。

## 泰勒《课程与教学的基本原理》选

拉尔夫·泰勒（Ralph W. Tyler，1902—1994），美国教育学家，现代课程理论的重要奠基者。1921年自多内学院毕业后，在南达科他州的一所中学任教。1922—1926年，执教于内布拉斯加大学。1927年，获芝加哥大学哲学博士学位。1927—1953年，相继在北卡罗来纳大学、俄亥俄州立大学、芝加哥大学执教。其中，在芝加哥大学时间最长，先后任教育系主任、社会科学院院长。1953—1967年，在斯坦福大学创建"行为科学高级研究中心"并任主任。1962—1972年，担任全国合作教育委员会主任、教育进展评估探究委员会主任、全国教育科学院首任院长、教育总署研究咨询理事会理事长、社会科学研究理事会执行主席等。一生著作甚丰，其中《课程与教学的基本原理》（1949）影响最大，被称为"现代课程理论的圣经"，其本人也被誉为"现代课程理论之父"。

《课程与教学的基本原理》（Basic Principles of Curriculum and Instruction）是泰勒在芝加哥大学执教时编写的学程讲授纲要，旨在为教师从事课程编制提供指导。该书从行为目标论出发，提出编制课程必须考虑的4个问题：（1）学校应该达到哪些教育目标？（2）提供哪些教育经验才能实现这些目标？（3）怎样才能有效地组织这些教育经验？（4）我们怎样才能确定这些目标正在得到实现？这4个基本问题，构成考察课程与教学问题的基本原理，为课程开发、课程研究提供理论指导。

## 第一章 学校应该达到哪些教育目标？（节录）

然而，如果要设计一种教育计划并不断地加以改进，那么，就极其需要对所要达到的目标具有某些概念。这些教育目标是选择材料、勾划内容、编制教学程序，以及制定测验和考试的准则。教育计划的各个方面，实际上只是达到基本教育目标的手段。因此，我们如果要系统地、理智地研究某一教育计划，首先必须确定所要达到的各种教育目标。

……

本书所采取的观点是：任何单一的信息来源，都不足以为明智而又全面地选择学校目标提供基础。上述每一种来源都有其某些价值。在设计任何一项全面的课程计划时，对每一种来源都应予以一定的考虑。因此，下面我们将依次分析每一种来源，并逐一简要地探讨从这个来源中能得到何种信息，以及这种信息怎样才能提示有意义的教育目标。

## 教育目标的来源：对学习者本身的研究

教育是一种改变人的行为方式的过程。这个"行为"是从广义上说的，它既包括外显的行动，也包括思维和感情。当人们以这种方式来看待教育时，显然，教育目标代表着教育机构寻求使它的学生发生的各种行为变化。对学习者本身的研究，就是要找出确定教育机构想要产生所需要的学生行为方式的变化。

对某个社区里某所小学的儿童进行调查，也许能揭示饮食不良和物质条件不好。这些事实可能提示出有关健康教育和社会学科方面的目标，但是，只有根据对正常的或理想的物质条件的某种设想来看待这些事实时，才有可能提出这类目标。在一个对饮食不良现象司空见惯的社会里，从这些资料中就不大可能推导出任何教育目标。同样，在经济萧条时期对青年的研究表明，相当多的一部分青年对毕业后可能找不到工作感到焦虑不安，但这并不自然而然地表明需要职业指导或就业准备。只有在把有关学习者的信息与某些理想的标准以及对公认的常模的某些看法进行比较，从而确认学习者目前的状况与公认的常模之间的差别时，对学习者的研究才有可能提示出教育目标。这种"差别"或"差距"，便是通常所讲的"需要"。

............

把学生需要视为教育目标的重要来源的论据大致如下：年轻人在家庭和社区中的日常环境，通常都为学生提供了相当大一部分教育方面的发展，学校没有必要重复校外已充分提供的教育经验。学校的种种努力应该主要集中在学生目前发展中存在着的严重差距上。因此，确认这些差距（即教育的需要）的研究是必要的，它为学校计划应该予以特别关注的教育目标的选择提供了基础。这类研究大多包括两个部分：第一，了解学生的现状；第二，把学生的现状与公认的常模作比较，以确认差距或需要。

............

另一类要特别关注的有关学习者的研究，是对学生兴趣的调查。进步主义教育的基本理论——即教育目标的主要基础是学习者本身的兴趣——

经过大量宣传后已众所周知。按照这种观点，我们必须确定儿童的兴趣，以便使这些兴趣能够成为教育上注意的焦点。

………
教育目标的来源：对校外当代生活的研究
………

对生活的各个方面的分类，没有哪一种会完全令人满意，但是，鉴于目标是要把生活的整个概念分析成一些便于控制的方面，保证不遗漏任何重要的方面，因此利用各种分类法中的任何一种以达到这一目的是可能的。我们的目的，是要在生活的每一方面获得当代生活中可能对教育目标有实际意义的那些信息。为了达到这个目的，我们已获得许多类型的信息。例如，有些人对人们所从事的生活某一方面的活动进行了研究，他们的一般假设是：可以根据这些活动推断出教育目标，因为教育应该帮助人们更有效地从事这些活动。在其它一些研究中，有些人则调查了某一特定领域中的一些重大问题；还有些人调查了某一特定领域中生活的缺陷，包括种种困难和严重的适应不良。另一些研究则对人们生活的特定方面的兴趣、期望和抱负进行了调查，其理由是，教育应该帮助人们更恰当地满足他们的兴趣，实现他们的期望和抱负。又有一些调查研究获得了有关人们所具有的信息、概念、误解、迷信和观念等方面的资料，其依据是，教育应该帮助人们掌握某一特定领域中实质性的和精确的信息。其它一些研究获得了有关人们在某些特定领域的习惯和技能方面的资料，研究这些习惯，是为了了解为形成良好的习惯而必须使这些习惯发生哪些变化；他们通过列举从资料中获得的种种技能，旨在提出学校应该很好地帮助学生掌握的各种技能。还有一些研究则调查了成人所拓展的或珍视的价值观和理想，这样做是依据这种假设：教育机构的职责之一，是要帮助学生拓展理想和价值观。

除了这些对个体生活的研究之外，有些调查研究人员还考察了某些社会群体，目的是为了发现他们的习俗、他们的问题、他们的概念、观念以及他们占主导地位的价值观，并以此提出群体的教育目标。例如，在为印

第安人的学校编制课程时，研究人员对一些主要部落逐一进行了调查，以发现这些部落的特征，从而为这些印第安部落的儿童提出教育上的需要和机会。与此类似，一些研究还调查了农村社区，并与城市社区相对照，鉴别其问题、价值观和其它资料，以便提出适合于这些农村群体的教育目标。

还有些研究是调查制约某些社区或地区生活的各种因素，如这个社区的自然资源、人口变化、迁移、社会变化的趋势。这些研究是根据这样的假设：教育应该帮助社区最有效地利用其资源，以便为那些打算继续留在这个社区的人及移居者提供适当的准备，应付将临的社会变化，等等。在所有这些例子中，对当代生活的研究，都只是提供了有关个人和团体的现状或某一社区或地区内的生活条件方面的信息。这些研究并不能直接提供教育目标。为了拟定教育目标，必须解释从这些研究中获得的资料，也就是说，必须根据有关的差距、重点和需要等方面的现状作出推断。

### 教育目标的来源：学科专家对目标的建议

许多人批评利用学科专家来制定教育目标，其理由是：学科专家提出的目标太专门化和专业化，或在其它方面对大多数在校学生不适宜。以前由学科专家提出的许多教育目标之所以不适宜，也许是由于人们没有对学科专家提出恰当的问题。显然，"十人委员会"认为他们是在回答这样的问题："将来要在该领域从事更高深研究的学生应该接受什么样的基础教学？"因而，历史委员会的报告似乎是在为那些打算成为历史学家的学生提供入门学程的教育目标。同样地，数学委员会的报告勾划了训练数学家的入门学程的教育目标。显然，每一委员会都把以这样的观念来勾划基础学程视为自己的职责：选修这些学程的学生将会继续从事更高深的研究，并且最终会把它作为在学院或大学阶段的主修专业。这显然不是人们通常要学科专家来回答的有关中学课程的问题。向学科专家提出的问题应该是这样的："你这门学科对那些不会成为这个领域专家的年轻人的教育有什贡献？你这门学科对外行或一般公民有什么贡献？"学科专家倘若能够回答这样的问题，就能作出重大贡献，因为他们可能具有这个专业领域大量的知识，而且其中许多人可能已有机会看到这门学科对他们自己以及对与他们一起工作的人有什么用处。由于学科专家谙熟自己的领域，因此，他们应该能够根据这门学科的训练方法和内容等，指出这门学科能对其他人作出哪些可能的贡献。

..............

学科团体的报告大多数都不仅仅是提出教育目标，而许多报告甚至根本就不具体列出教育目标。大部分报告是从某些概要入手，以表明对学科领域本身的看法，然后更深入表明为普通教育之目标可利用这门学科的各种方式。从事课程研究的人会发现，仔细阅读这些报告是必需的，而且，在许多情况下，还需要根据有关报告所隐含的教育目标的陈述作出推断。就探讨教育目标而论，我们一般可以从这些报告中得到两种提示：第一是有关某一特定学科所能起到的广泛功能方面的一系列建议；第二是有关这门学科对其它大量功能所能作出的特定贡献，尽管这些功能基本上不是这门学科所要关注的。

..............

为了使你能对从这些报告中获得的东西有某种切身的体验，我建议你至少阅读一份自己感兴趣的学科的报告，并记下你对这个委员会认为这门学科所能起的主要功能，以及这门学科对其它教育功能所能作出的较为具体的贡献的解释，然后再列出你根据这些陈述推导出来的教育目标，将使你对各学科团体撰写的报告提出的各种教育目标有某种了解。

### 在选择教育目标时运用哲学

关于从上述3个来源中获得教育目标的建议，其提供的目标比任何学校试图编入其教育计划的目标要多得多。此外，它们所提示的某些目标是与另一些目标相冲突的。因此，我们需要从中选择出一小部分相互一致而又非常重要的目标。由于达到教育目标需要有一定的时间，所以，学校所指向的目标应该是少量的，而不应该太多。这就是说，改变人的行为方式是需要花费时间的。如果试图达到众多目标，而实际完成的却极少，那么，这种教育计划是无效的。因而所选择的教育目标的数量，应该是以在可利用的时间内实际能够达到相当大的程度为限，而且它们确实是重要的目标，这一点是至关重要的。此外，这套教育目标应该具有高度的一致性，以免学生因互相矛盾的人的行为方式而感到困惑。

为了选择少量非常重要而又互相一致的目标，我们必须对已经获得的大量庞杂的目标进行筛选，以便剔除那些不重要的和互相矛盾的目标。学校信奉的教育和社会的哲学可用作第一个筛子。人们可以根据学校的哲学陈述的或隐含的价值观，对最初列出的教育目标加以鉴别，确定那些具有高度价值的目标。

…………

为了使学校哲学的陈述能最有益地用作选择目标的一套标准或一道筛子，需要明确地陈述学校哲学，而且还要对其中隐含教育目标的要点予以详细说明。这样，这种清楚明了而又有分析的陈述，便可用来考察所提出的每一个教育目标，并注意到这个目标与学校哲学中的一个或多个要点是否吻合，是否与其中任何要点相冲突或毫不相干。那些与学校哲学相吻合的目标可确认是重要的目标。

### 在选择教育目标时运用学习心理学

所提出的教育目标要经过第二道筛子的筛选，这道筛子是学习心理学所提示的选择教育目标的准则。教育目标即教育宗旨，是经学习而得到的结果。除非这些教育宗旨是与学习的内部条件相一致的，否则它们作为教育目标是没有价值的。

在最低层次上，学习心理学的知识使我们把可能期望通过学习过程使学生产生的变化，与不可能期望产生的变化区别开来。……

在较高层次上，学习心理学的知识能使我们把在特定年龄阶段可行的目标，与那些可能需要花费很长时间或几乎不可能达到的目标区别开来。……

学习心理学知识的另一项用途，是与为各年级安排的、在教育上可达到的教育目标相联系的。学习心理学可使我们了解达到某一教育目标所需要的时间长度，以及某种努力能最有效地起作用的特定年龄阶段。……

……

为了在选择教育目标时运用学习心理学，这样做是有帮助的：把一种可信赖的学习心理学的重要要素写下来，然后联系每一个要点指出它们对教育目标所具有的各种可能的含义。接着，这样的陈述就可用作过滤所提出的各种教育目标的筛子。根据这种陈述检核各种可能的教育目标时，从心理学的观点来看，有些目标是合适的，因而可以被采用；而有些目标可能被舍弃，因为它们很可能是无法达到的，或者是不适宜于这一年龄阶段的学生，或者是太一般或太具体，或者是与学习心理学相冲突的。

### 第二章 如何选择可能有助于达到这些目标的学习经验？（节录）

选择学习经验的一般原则

其中第一条原则是：为了达到某一目标，学生必须具有使他有机会实践这个目标所隐含的那种行为的经验。也就是说，如果教育目标之一是要培养解决问题的技能，那么除非提供的学习经验使学生有充分的机会去解决问题，否则是无法达到这个目标的。相应地，如果另一个目标是要使学生对广泛阅读书籍感兴趣，那么除非使学生有机会以一种使他感到满足的方式广泛地阅读书籍，否则是不可能达到这个目标的。因此，重要的是建立的学习经验，必须使学生有机会实践学习经验所隐含的那种行为，这条原则对每一类目标都是适用的。

……

第二条一般原则是：学习经验必须使学生由于实践目标所隐含的那种行为而获得满足感。以旨在形成解决健康问题的技能的学习经验为例，重要的是这种学习经验不仅要使学生有机会解决健康问题，而且还应该使学生通过有效解决这些问题而感到满足。……

有关学习经验的第三条一般原则是：学习经验所期望的反应，是在学生力所能及的范围之内的。也就是说，学习经验应该适合于学生目前的成就水平和心理倾向等方面的条件。……

第四条一般原则是：有许多特定的经验可用来达到同样的教育目标。只要教育经验符合有效学习的各项准则，它们便有助于达到所期望的目标。为了达到特定的目标，也许可以想出或拟定出难于确定数目的学习经验。这意味着，教师在计划具体工作时，有大量创造的可能性。这也意味着：某一学校可以拟定范围广泛的教育经验，所有这些经验都旨在达到同样的目标，但又利用了师生双方的各种各样的兴趣。我们不必为了确保实现所期望的目标，在课程中提供一组有某种限制的或规定的学习经验。

第五条原则是：同样的学习经验往往会产生几种结果。例如，当学生在解决健康方面的问题时，他同时也获得了有关健康领域的某些信息。他还可能对公共卫生程序的重要性形成某些态度。他可能对健康领域的工作形成兴趣或感到讨厌。每一种经验都有可能引起一种以上的学习目标。从积极方面来看，这无疑是有利的，因为这样可以节省时间。一组设计良好的学习经验，是由那些可以同时有助于达到几种目标的经验组成的。从消极方面来看，这意味着：教师必须始终警惕为其它某种目标而设计的学习经验可能引起的不良结果。

## 第三章　如何为有效的教学组织学习经验？（节录）

### 有效组织的准则

在编制一组有效地组织起来的学习经验时，必须符合3项主要的准则。它们是：连续性（continuity）、顺序性（sequence）和整合性（integration）。连续性是指直线式地重申主要的课程要素。……

顺序性与连续性有关，但又超越连续性。如果完全只是在同一水平上一遍又一遍地重现一个主要的课程要素，便不可能使学生在理解、技能、态度和其它某些因素方面有不断的发展。作为一个准则，顺序性强调：重要的是把每一后继经验建立在前面经验基础之上，同时又对有关内容作更深入、广泛的探讨。……

整合性是指课程经验的横向关系。这些经验的组织应该有助于学生逐渐获得一种统一的观点,并把自己的行为与所学习的课程要素统一起来。

## 第四章  如何评价学习经验的有效性?(节录)

### 评价的程序

评价过程是从教育计划的目标着手的。由于评价的目的在于了解这些目标实际上实现得怎样,所以评价的程序,需要得到每一个主要教育目标所隐含的每一种行为的证据。例如,如果目标之一是要"习得有关当代社会问题的重要知识",那么,评价时就需要获取学生正在习得这方面知识的证据。如果另一个目标是要"掌握分析社会问题的方法,以及对所提出问题的解决办法"进行评估的方法,那么,评价程序就必需使我们获得关于学生分析社会问题和评估提出的解决办法的技能方面的证据。这意味着:用作设计学习经验之依据的二维分析(two-dimensional analysis),也用作设计评价程序的依据。因此,对目标的二维分析可用来作为评价的一组具体说明。所分析的每一个"行为标题",都表明了应该得到评估的那种行为,以便了解这种行为掌握得如何;所分析的每一个"内容标题",都指出了与这种行为评估相关的、需要抽样的内容。……

当然,我们是假定:课程工作者对这些"行为目标"已作了清晰的界说。对这些目标应该早就被清晰地界说了,以便为选择和设计学习经验提供具体的指导。如果目标还没有得到清晰的界说,那么绝对有必要对它们界说,以便进行评价。因为除非对目标所指的那种行为有比较清晰的看法,否则便无法知道期待学生产生哪种行为,因而也无法了解这些目标实现的程度。这意味着:评价过程可能迫使那些原来对目标不大清晰的人,进一步去澄清他们的目标。因而,对目标的界说是评价中的一个重要步骤。

评价程序中的第二个步骤,是要确定使学生有机会表现教育目标所隐含的那种行为的情境。我们要知道学生是否已经获得某种行为的唯一途径,是给学生以表现这种行为的机会。这意味着:我们必须找到不仅允许表现这种行为的情境,而且实际上能鼓励或唤起这种行为的情境。这样,我们就会处在观察目标实际实现程度的位置上。……

只有在目标得到确定和清晰界说之后,并把学生有机会表现所期望的行为的各种情境罗列出来之后,才有可能考察现行的评价手段,以便了解这些评价手段为预期的评价目标服务得怎样。

[美]拉尔夫·泰勒著;施良方译;瞿葆奎校:《课程与教学的基本原理》,

人民教育出版社,1994年。

## 皮亚杰教育论著选

让·保罗·皮亚杰(Jean Paul Piaget, 1896—1980),瑞士心理学家、教育学家,日内瓦学派创始人。出生于教师家庭,自幼对生物学兴趣浓厚,1918年获瑞士纳沙泰尔大学生物学博士学位。之后转向心理学,在瑞士苏黎世从事实验心理学、精神病诊治的学习与研究工作。1919年,入法国巴黎大学研修病理学,兼习哲学和逻辑学,并于两年后获得科学博士学位。同时,经推荐进入法国比奈实验室,担任西蒙的助手,从事儿童测验工作,其间尤为关注儿童心理与思维过程,进而转向儿童心理学研究。1921年,受邀到日内瓦大学工作,担任卢梭学院研究室主任。1925年起,任教于纳沙泰尔大学,对自己的3个孩子进行长时间的观察与实验,从关注思维过程转向关注心理过程及行为。1932年,担任卢梭学院院长,开始了大规模的儿童心理研究与实验。1950年,出版发生认识论的代表作——《发生认识论引论》。1954年,当选国际心理科学联合会主席,担任联合国教科文组织国际教育局局长。1955年,在日内瓦创建"国际发生认识论中心",创办专刊《发生认识论研究》。1971年退休后,仍继续从事研究直至去世。由于在发生认识论研究上的卓越贡献,皮亚杰曾获美国心理学会的卓著科学贡献奖、荷兰伊拉斯谟奖、国际心理学会的桑代克奖等,被哈佛大学、巴黎大学、剑桥大学、耶鲁大学等30多所著名大学授予荣誉博士或荣誉教授。皮亚杰一生著作丰富,有50多部著作,300多篇论文,教育思想主要从其儿童认知发展理论中衍生,与教育学直接相关的著作主要有《儿童的语言和思维》(1923)、《儿童的判断和推理》(1924)、《儿童的道德判断》(1932)、《心理学与教育学》(1935,译名为《教育科学与儿童心理学》)、《结构主义》(1968)、《教育往何处去》(1971)等。

《一种发展的理论》(1968)是皮亚杰认知发展理论的精简版,《发展与学习》(1964)与教育教学关系较为密切。皮亚杰认为,教育和教学不仅是传授知识,更重要的是刺激儿童心智发展;教育的首要目标是造就能够创新、创造的人,最高目标是使儿童形成逻辑推理能力和掌握复杂抽象概念的能力;认识与发展是一个积极的建构过程,儿童通过自己的活动建构形成其智力的基本概念和思维形式,主动地自发学习;动作、活动是认知结构建构发生的起点与动力,小学阶段应尽可能采用活动教学法;儿童的认知结构具有阶段性特点,从幼儿到成人的认知发展,一般包括4个阶段:(1)感觉运动阶段(0—2岁);(2)前运算阶段(2—7岁);(3)具体运算阶段(7—11岁);(4)形式运算阶段(11岁至成人)。教育教学应符合认知结构阶段特点,顺应儿童心理发展规律;"教育的主要目标就在于形成儿童智力的与道德的推理能力",交往、合作是智力与道德发展的一种重要手段;科学教育学必须基于"建立一个为创造真正适应心理发展法则的教育技术所必需的心理学体系"(《教育科学与儿童心理学》),否则教育学很难成为真正意义上的科学。

## 一种发展的理论(节录)

### 一、感觉运动智慧

甚至在感觉运动水平上,在语言出现之前,我们就能看到这种双边的发展——儿童的思维结构正是在他的"现实的建筑"的过程中发展的。婴儿将情境同化到他们的动作的仓库里。他们通过他们所能做的方式,像吮吸和抓握之类的动作,作用于物体,从而发现新东西的特性。通过重复、协调以及概括等动作就产生一种"同化图式"的系统。……

…………

## 二、形象和运算符号功能

对比起来，（在1.5岁或2岁的时候）随着表示物从它们所表示的图式中分化出来的发展，符号功能有了萌芽，也就是说，某种东西能由别的东西所唤起或表示，而这种东西并不是它自己的一部分。这样的表示物可能与它们所代表的东西具有某些相似的符号或者任意的习俗记号。

## 三、前运算思维（2-7岁）

自我中心状态中缺乏守恒。总的来讲，自我中心状态的主要特点是缺乏可逆性，因而没有运算。在这个水平上，不可能成功地做任何守恒测验。……假若在一行10个红色小圆片的对面，排列10个蓝色的小圆片，若将其中一行展开或推拢，儿童会认为数目或数量发生了变化。……

## 四、具体运算

儿童在7岁或8岁时形成最初的运算结构。这些最初的运算是有限的，涉及对物体本身的处理，并不涉及语言假设。它们只限于类关系和数，或涉及间断的成分，或涉及空间和时间上的连续体。它们没有达到命题逻辑的一般水平。

此外，这些具体运算没有包括整个类和关系的逻辑，而只涉及某些结构。我们把这些称为群集的最初的运算结构，涉及接近包含和关系，但不是普遍的组合。它们仅只是像序列、分类、乘法短阵等之类的半格和不完全群。

## 五、形式或假设—推论运算

形式或假设—推论运算期大约开始于11岁或12岁。儿童开始不仅能思考具体的东西，而且能推论语言的假设。自然，这种命题逻辑运算是从一种自然的、非公理化的形式被加到运算结构之中的。

这种新发展至少有三种外部迹象的标志。一是儿童能够单靠语言材料进行推论，即用不着所指的具体事物。二是在实验性的问题中，他们能对有关可能因素进行假设，并且能系统地变换这些因素以验证假设。三是简而言之，他们现在能够"反省"，即能考虑他们的思维，或能在命题逻辑上进行运算。……

............

## 六、智力发展的机制

平常提到的作为说明智力发展的经典因素是生物成熟、环境影响（经验）和社会传递。这三者中的每一个因素都起着重要作用，但是，它们仍不足以完全说明智力的发展，还需有第四个因素。

运算结构的发展速度有赖于文化环境、个体经验等，除了生物成熟以外，显然还需要补充其他因素。

............

渐进平衡。这样，另一因素——协调了的动作的渐进平衡就成为必要的了。为什么平衡作用是一种满意的解释模式呢？有两个理由。第一，智力的平衡来源于主体对外界干扰的补偿活动。因为补偿导致可逆性，所以，运算结构的渐进平衡活动就以不断增加可逆性的形式向前发展。这样一来，平衡不但可以视为智力的一种合理的定义，而且是智力发展的一种解释。第二，一种运算结构一旦具有了可逆性，也就平衡化了，但在这以前，它经历了连续平衡的前运算进程。假若我们跟踪这一渐进平衡化过程，我们就会看到，任何一个特定步骤，在开始时虽然未必最有可能发生，但是，一旦前面的步骤达到了，它就变为最可能的了。这样，平衡包含一种能应付具体细节的连续可能性的雏形，并且提供了一种基于内部强化而不只是外部强化的学习理论。

## 七、知觉和心理意向

............

知觉的发展。在知觉发展方面，已经证实了两类现象：一是效应的强度降低，但其结构仍不变；二是随着年龄增长，活动更好地结合起来。

............

另外，这些知觉活动越来越受智力的影响和指导。智力对最初的知觉错觉没有影响，但对知觉活动的确有一定作用，它指引着探索，并将知觉引入自己的结构之中。但是重要的是要注意知觉的形象功能缺乏独立发展达到什么程度，以及它从属于运算功能达到什么程度。形象功能在早期运动行为中有其起源，而且它后来的发展受运动智力指导。

心理意象。心理意象是另外一种对其发展已做过系统研究的形象功能。近年来心理意象相对地被忽视了，在儿童中从来没有对之进行过很多研究。要研究两个问题：一是要证实意象的发展究竟是自发的还是受运算发展所影响；二是要证实究竟意象是否为运算铺平道路，或者相反地它被运算所修改和靠运算来建构。

............

## 八、认识论的结论

整个研究为一个单一的广泛目的提供了证据。这个目的就是：对有关经验和逻辑数学知识的性质的认识论假设进行实验检验。

首先，它揭示经验主义作为一种认识论的理论的不充足：经验知识本身的发展不需要一种经验主义的解释。就事实而论，对儿童这方面的发展的研究表明，经验决不简单地是"阅读"或被动的记录。它总是被主体同化到他自己的结构图式之中。换言之，甚至物理知识（就其最广泛意义而言）总是和依靠主体自己所获得的经验的一种逻辑数学结构有关。至于这种结构，不单是一种语言的表达方式，而是来源于主体自己动作的最普遍的协调系统。总之，它是运算的。

然而，说主体在组织认识的物质客体上起积极的作用，这并不意味着像先验认识论的各种理论所坚持的那样，认识仅仅来源于主体（在格式塔理论中仍然存在先验论的影响）。认识既不来源于独立于某一主体之外的客体，也不来源于独立于客体之外的某一主体。它来源于主体与客体间不能分离的相互作用，或用更普通的话讲，来源于机体与环境之间的相互作用。最初，这种相互作用使客观与主观之间缺乏分化或者混淆，这在儿童的自我中心状态中是明显的。随后，它产生两种有联系的发展。一种是解除中心化，结果形成经验知识的客观性（这种客观性不是认知过程的一个礼物，而是一种缓慢而费力的征服）。另一种是反省抽象，导致逻辑数学结构的建立。

## 发展与学习（节录）

首先，我想弄清楚下面两个问题之间的差异：一般发展问题和学习问题……

认知的发展是一个自发的过程，它与胚胎发生的整个过程紧紧相连。胚胎发生与肢体发展同样也与神经系统和心理功能的发展有关。就儿童认知发展的情况而言，胚胎发生直到成年时才结束，我们必须重新探讨普遍的生理和心理关系的一个全部的发展过程。换句话说，发展是一个与认知结构的整体有关的过程。

学习表现出与此相反的一种情形。一般来说，学习是由某个心理实验者的情境所激发的，或者是由遵循某种教学方法观点的教师所激发的，或者是由一种外在的情境所激发的。总之，与自发恰恰相反，它是被激发的。另外，它是一个有限制的过程，即局限于一个单一的问题或单一的结构。

因此，我认为发展解释着学习。这一观点是与广泛持有的所谓发展是分离的学习经验的总和的观点恰恰相反的。对于一些心理学家来说，发展已缩小为一系列特别的学习项目，发展仅仅是这些项目的总和，是这些特别项目系列的累积。我认为这是一种有损于事物真实情况的原子论的观点。事实上，发展是基本的过程，而每一学习成分仅仅作为整个发展的一个功能而出现，并不能作为说明发展的一个成分。现在，我将在第一部分讨论发展，在第二部分再论及学习。

为了理解认知的发展，我们必须从一个观念谈起，我认为这是一个中心的观念，即运算观念。知识不是现实的摹本。知道一个物体或一件事情，不是简单地看看它，而是把它构成心理的摹本或意象。知道一个物体，就是要作用于该物体。了解就是更改、转变该物体，并了解这一转变的全过程，其结果是理解该物体被建构的方式。这样，运算就是认知的本质。它是内化了的动作，改变着认知的客体。例如，运算可以把物体归为一类，构成一种分类。运算或者包含排顺序，将东西排列成序，或者包含着计数或测量。换句话说，它是一整套改变物体的活动，能使认识者掌握这种变化的结构。

运算是一种内化了的动作。此外，它又是一种可逆的活动。这就是说，它能够向两个方向发生，例如，加和减，结合和分开。所以，它是组成逻辑结构的一种动作的特殊形式。

............

……我认为，这些运算结构就是组成认知和自然心理现实的根本，并且，发展的中心问题就是了解这些结构的形成、精化、组织及其作用。

我想回顾一下这些结构的发展阶段，不详细地讲，只是作为一种提示。我将把它们区分为四个主要阶段。第一是感觉运动阶段，前语言阶段，大约经过出生后头18个月的时间。在这个阶段中，发展着为后来构成表象知识基础的实际知识。物体永久性图式的形成便是一个例子。对一个婴儿来说，在起初的几个月里，一个物体并不具有存在的性质。对看不见的物体，他就不打算重新找到它。后来，婴儿试图在它所在的空间找到它。因此，随着永久性客体观念的形成，就建构起了实际的或者感觉运动的空间。时间的连续性以及初级感觉运动因果关系的建构也是这样。换言之，有着一系列为以后的表象思维所必不可少的结构。

第二阶段是前运算的表象期——语言的开始，符号功能的开始，并因之而是思维或表象的开始。但是，在表象思维水平上，所有出现在感觉运动水平上的东西，现在都必须重新建构了。也就是说，感觉运动的动作不是立刻转化成为运算的。事实上，在前运算表象的第二个时期中，儿童还没有我刚才所说的运算的概念。特别是还没有出现作为可逆运算的心理标准的守恒。比如，我们将一个玻璃杯里的液体倒入另一个不同形状的杯子里时，前运算期的儿童会认为一个杯子的液体比另一个杯子里的多。不具备运算的可逆性就没有量的守恒。

在第三个阶段中，出现了最初的运算，但我称之为具体运算，因为它们要在物体之上进行运算，不能在语言表达的假设上进行运算。此时已有分类运算、序列运算、数概念的建构、空间和时间的运算以及所有的初步逻辑的类和关系，初步的数学、几何甚至初步的物理的逻辑的基本运算。

最后，在第四阶段中，儿童超出了先前的那些运算，达到了我称为形式的或假设演绎的运算水平，这就是说，现在他能根据假设进行推理，而不仅仅限于在物体之上。他建立了新的运算，在命题逻辑上运算，而不简单地限于类、关系和数的运算。他获得新的结构，一方面是组合的，相当于数学家们所称的"格"，另一方面又是更复杂的"群"的结构。在具体运算的水平上，运算只能运用于直接的邻近关系，比如，分类依据连接不断的内包含。然而，到达组合水平时，那些群结构就更为灵活。以上就是我们所确定的四个阶段，现在我们对它们的形成加以说明。

用什么因素来解释从一组结构过渡到另一组结构的发展呢？在我看来，有四个主要因素：第一是成熟，这是指格塞尔使用此词的意义，因为这种发展就是胚胎发生的继续；第二，物理环境对智力结构的影响的经验的作用；第三，广义的社会传递（语言传递、教育等）；第四，这个因素常常被人忽视了，我却认为是一个基本的甚至是首要的因素，我把它称为平衡因素，如果你们愿意的话，也可以叫作自我调节的因素。

…………

……我认为这是一个根本的因素。这就是我所说的平衡因素。既然有了三个因素，它们本身之间必须保持平衡，这是我引入平衡因素的第一个理由。然而，还有第二个理由，我认为这是根本的。这就是，在求知活动中，主体是主动的，因而，当他面临外部困扰时，他就要有所反应，以求得补偿，从而使他趋向平衡。平衡用主动补偿来说明导向可逆性。运算的可逆性是平衡系统的一个模式，在这一模式中，向一方向的转化被向另一个方向的转化所补偿。平衡，据我的理解，就是这样一个主动的过程。它是一个自我调节的过程。我认为，这个调节过程就是发展的根本因素。我是按照控制论中的意义来使用这个词的，这就是反馈和输送进行过程的意义，通过系统的渐进补偿来对它们自身做调节的进行过程的意义。这个平衡过程采用一系列的平衡水平的形式，这些平衡水平都具有某种可能性，我称之为连续的可能性。就是说，这种可能性不是先天就建立了的，它有着水平间的顺序连续。当平衡没有达到第一水平时，就不可能达到第二水平；也只有平衡达到第二水平的时候，才有可能去达到第三水平。如此等等。也就是说，每一水平都取决于已经达到了的前一水平给予的最大可能。这不是开始时具有的最大可能，而是已经达到了的前一次水平又一次赋予的最大可能。

............

现在，我继续进行我的讲演的第二部分，讨论关于学习的问题。经典的看法认为，学习是建立在刺激—反应的图式上的。虽然我不想说刺激—反应的图式是虚假的，我认为，这一图式在任何情况下都不能完全地解释认知学习。为什么？因为，当你想到刺激—反应图式时，你就会经常想到首先要有刺激，然后才由刺激引出反应来。倘若我按这样一种方式来表达我自己的意见，我相信反应是处于第一位的。一个刺激之所以成为一个刺激，只能限于这个刺激是具有意义的，而它之所以能有意义也只限于存在着一个允许其同化的结构，存在着能统合这个刺激的结构并同时发出其反应。换句话说，我建议把刺激—反应的图式书写成环形的形式，这一图式或结构的形式不是单一方向的。我尤其建议在刺激与反应的中间有一个有机体及其结构。只有当这个刺激能同化在结构之中时，它才是个真正的刺激，而且正是这个结构发出其反应的。因此，把反应说成是第一位的并非夸张，如果你一开始就希望存在着结构的话。自然，我们要弄清楚结构是怎样形成的。我提出平衡或自我调节的模式是试图早一点解决这一问题。一旦有了一个结构，刺激就将引起反应，但仅仅是通过这个结构的中介而产生的。

............

现在，我想用几分钟总结一下我所讲的东西。我的第一个结论是，结构的学习似乎服从于这些结构发展的同样的规律。换言之，正如我在引言中说过的，学习从属于发展，而非相反。毫无疑问，你会提出异议，因为有些研究者已经在教授运算结构方面取得了成功。但是，当我面对这些事实时，在我被说服以前，我经常有三个问题要求给予回答。

第一个问题是："这种学习效果能持久吗？两个星期或一个月以后还会留下什么呢？"如果一种结构是自发地发展起来的，它就能持久，就能在儿童的全部生活中持续下去。当你通过外部强化获得学习时，其结果是否持久？持久的必要条件何在？

第二个问题是："能概括到多大程度呢？"使学习有趣是概括转移的可能性所在。当你引起了某种学习以后，你可以经常问一问，这种学习在儿童心理生活中是一种孤立片段呢，还是一种能导致概括的真正动力结构？

然后是第三个问题："在每个学习经验的情况下，主体在这个经验之前的运算水平是什么呢？通过这种学习成功地获得了什么更复杂的结构呢？"换言之，我们必须从开端时所出现的自发运算和在学习经验以后所获得的运算水平的观点上来考察每一个特殊的学习经验。

我的第二个结论是，涉及整个发展和整个学习的基本关系不是联想的关系。在刺激—反应图式中，刺激与反应之间的关系被理解为一种联想。与此相反，我认为基本关系是一种同化。同化与联想不是一回事。我把同化定义为把各种现实统合在一个结构之中，而且我认为同化是学习的根本，从教育学的或教学的应用的观点而论，这是基本的关系。今天我所谈到的，都表明儿童或学习的主体是主动的。一个运算就是一个活动。我认为，刺激—反应图式对主体方面的这种活动是低估了。我所提出的看法，是把重点放在自我调节的观点上，放在同化上。所有的强调都是放在主体自身的活动上。我认为，没有这一活动，就不可能有使受教育者发生明显转变的教学法和教育学。

[瑞士]皮亚杰著；卢濬选译：《皮亚杰教育论著选》，
人民教育出版社，2015年。

## 布鲁纳《教育过程》选

杰罗姆·西摩·布鲁纳（Jerome Seymour Bruner，1915—2016），美国心理学家、教育家，结构主义教学思想的代表人物。出生于美国纽约中上阶层家庭，1937年自杜克大学心理学专业毕业后，继续攻读该校研究生，第二年转入哈佛大学从事动物知觉研究，1941年获哈佛大学心理学博士学位。之后，入伍服兵役，转向社会心理学研究领域。1945年，回到哈佛大学，转向认知心理学研究，深受皮亚杰、乔姆斯基、斯特劳斯的影响。1959年，任美国科学院教育委员会主席，主持美国科学院在伍兹霍尔召开的中小学数理学科教育改革会议，翌年综合会议意见出版《教育过程》一书，成为20世纪60年代美国课程改革运动的纲领性著作。1960年，与心理学家乔治·米勒共同创建哈佛大学认知研究中心并任主任，1965年当选美国心理学会主席，先后出版《论认知》(1962)、《认知生长之研究》(1966)等，推动了美国认知心理学的发展。1972—1978年，在英国牛津大学担任心理学客座教授。返回美国后，任教于纽约大学。布鲁纳将心理学原理应用于教育实践，强调积极主动的认知建构，提倡认知—发展教学论、发现学习，对认知心理学的系统化和科学化、结构主义教学论的发展与完善做出重要贡献。除上述著作外，其代表作还有《教学论探讨》(1966)、《教育的适合性》(1971)、《教育过程再探》(1971)、《论教学的若干原则》(1972)、《有意义的行动》(1990)、《教育的文化》(1996)等。

《教育过程》(The Process of Education)是布鲁纳基于伍兹霍尔会议上的集体讨论及个人研究，阐明美国20世纪60年代初期课程改革指导思想的著作。全书包括序言和引论、结构的重要性、学习的准备、直觉思维和分析思维、学习的动机、教学辅助工具6章，"集中于4个题目和1个设想：结构、准备、直觉和兴趣四个题目，以及在教学工作中怎样最好地帮助教师这个设想"。按照结构主义表达知识观，按照直觉主义表达研究认识过程，从第2章到第5章阐述了课程改革的四个中心思想：（1）任何学科的学习，主要是掌握学科的基本结构；（2）任何学科的基本原理，都可以用某种形式教给任何年龄的学生；(3)教学中应同时重视发展学生的分析思维能力和直觉思维能力；(4)学习的最好动机是对所学材料本身产生兴趣，不宜过分重视奖励、竞争之类的外在刺激。布鲁纳特别强调学科结构的重要性，倡导基于学科结构的教学，重视学生认知，所以书中"大量谈到的是学生和他们的学习过程"，探讨的是"为了把科学知识和科学方法教给青年学生所牵涉的基本程序"(《教育过程·序言》)。该书自出版以来，引起热烈争论，被列为"最重要的和最有影响的教育著作之一"，被誉为"教育理论的一个里程碑"，译成20多种文字，在世界范围内广为传播。

## 教育过程（节录）

### 一、结构的重要性

任何学习行为的首要目的，在于它将来能为我们服务，不在于它可能带来的乐趣。学习不但应该把我们带往某处，而且还应该让我们日后再继续前进时更为容易。学习为将来服务有两种方式。一种方式是通过它对某些工作（这些工作同原先学做的工作十分相似）的特定适应性。心理学家把这种现象称为训练的特殊迁移；也许应该把这种现象称做习惯或联想的延伸。它的效用好象大体上限于我们通常所讲的技能。已经学会怎样敲钉子，往后我们就更易学好敲平头钉或削木片。毫无疑问，学校里的学习使学生掌握了某种技能，这种技能可以迁移到以后不论在校内或离校后所遇到的活动上去。先前学习使日后工作更为有效的第二种方式，则是通过所谓非特殊迁移，或者，说得更确切些，原理和态度的迁移。这种迁移，从本质上说，一开始不是学习一种技能，而是学习一个一般观念，然后这个一般观念可以用作认识后继问题的基础，这些后继问题是开始所掌握的观念的特例。这种类型的迁移应该是教育过程的核心——用基本的和一般的观念来不断扩大和加深知识。

由第二种类型的迁移即原理的迁移所产生的学习连续性，有赖于掌握前一章所讲的教材的结构。这就是说，一个人为了能够认识某一观念对新情境的适用性或不适用性，从而增广他的学识，他对他所研究的现象的一般性质，必须心中有数。他学到的观念越是基本，几乎归结为定义，则这些观念对新问题的适用性就越宽广。真的，这几乎同义反复，因为"基本的"这个词，从这个意义上来理解恰恰就是一个观念具有既广而又强有力的适用性。学校课程和教学方法应该同所教学科里基本观念的教学密切结合起来。当然，这样说明是够简单的。但是随着这样的说明而来的问题却不少，其中多数只能靠大量的进一步的研究工作去解决。我们现在转而讨论这方面的一些问题。

首要的和最明显的问题是怎样编制课程，使它既能由普通的教师教给普通的学生，同时又能清楚地反映各学术领域的基本原理。这个问题是双重的：第一，怎样改革基础课和修改基础课的教材，给予那些和基础课有关的普遍的和强有力的观念和态度以中心地位。第二，怎样把这些教材分成不同的水平，使之同学校里不同年级不同水平的学生的接受能力配合起来。

关于忠实于教材基本结构的课程的设计问题，过去几年的经验至少已使我们得出一个重要的教训，这个教训就是：必须使各学科的最优秀的人才参加到课程设计的工作中来。……在设计课程时，只有使用我们最优秀的人士，才能把学识和智慧的果实带给刚开始学习的学生。

这样，问题就来了："在设计小学和中学课程时怎样取得我们能力最卓越的学者和科学家的帮助？"答案早已知道，至少已经部分地知道。中小学数学研究小组、伊利诺斯大学的数学设计中心、物理科学研究委员会和生物科学课程研究小组，确实已经取得各方面知名人士的帮助：他们通过暑期规划，增聘一部分休假长达一年的某些有关的重要人物来进行这项工作。在这种规划工作中，他们还得到优秀的中小学教师的帮助，为了特殊的目的，还得到职业作家、电影制片者、设计师以及这一复杂事业所需要的其他人士的协助。

即使按照前面指出的方向进行大规模的课程改革，至少还有一件重要事情需要解决。掌握某一学术领域的基本观念，不但包括掌握一般原理，而且还包括培养对待学习和调查研究、对待推测和预感、对待独立解决难题的可能性的态度。……要在教学中培养这些态度，就要求比单纯地提出基本观念有更多的东西。靠什么来完成这样的教学任务呢？这需要做大量的研究工作才能知道。但看来，一个重要因素是对于发现（discovery）的兴奋感（sense of excitement），即由于发现观念间的以前未曾认识的关系和相似性的规律而产生的对本身能力的自信感。曾经从事于自然科学和数学课程设计工作的各方面人士，都极力主张在提出一个学科的基本结构时，可以保留一些令人兴奋的部分，引导学生自己去发现它。

特别是伊利诺斯大学的中小学数学委员会和算术设计中心，已经强调发现的重要性，把它作为教学的一种辅助手段。他们积极地在设计方法，以便让学生自己去发现蕴藏在某种特殊的数学运算中的通则。他们还将这种发现法同"断言和证明法"（method of assertion and proof）相对比。所谓"断言和证明法"，就是先由老师讲述，然后由学生加以证明，这样来找出通则。伊利诺斯小组也曾经指出：由于发现法需要向学生提示他们必须学习的数学的全部内容，因而消耗的时间可能太多。如何在两者之间取得恰当的平衡这个问题，不是完全清楚的，正在进行研究来阐明这个问题，尽管需要作更多的研究。归纳法对原理的教学是一种比较好的技巧吗？它对学生的态度有良好的效果吗？

哈佛认知设计中心（Harvard Cognition Project）就社会学科所进行的一些实验，说明发现法不必只限于在数学和物理学这样的高度形式化的学科中使用。……

我们怎样安排基础知识才符合儿童的兴趣和能力呢？这个题目我们将在以后回过头来叙述。这只需简单谈一下。要在揭示自然现象或其他任何现象时，做到既是令人激动的，正确的，又是有益的，可以理解的，这就需要把深刻的理解同详细正确结合起来。……

……正确而有启发性的说明，比部分正确因而过于复杂和过于拘束的解释，并不是更难理解，而是往往更加容易理解。实际上，所有一直在从事课程设计的人们都同意，教材编得有兴趣和材料介绍得可靠决不是矛盾的；真的，一个正确的概括说明常常是最有兴趣的。在前面的讨论中，至少有四个有助于教授学科基本结构的一般论点，这些论点需要进行详细的研究。

第一点是，懂得基本原理可以使得学科更容易理解。我们在物理学和数学中，曾扼要地说明了这个道理。不仅物理学和数学中是这样，而且社会学科和文学中也完全是这样。……

第二点要涉及人类的记忆。关于人类记忆，经过一个世纪的充分研究，我们能够说的最基本的东西，也许就是，除非把一件件事情放进构造得很好的模式里面，否则就会忘记。详细的资料是靠简化的表达方式保存在记忆里的。这些简化的表达方式，具有一种特性，可以叫做"再生的"（regenerative）特性。……

第三，正如早些时候所指出的，领会基本的原理和观念，看来是通向适当的"训练迁移"的大道。把事物作为更普遍的事情的特例去理解——理解更基本的原理或结构的意义就在于此——就是不但必须学习特定的事物，还必须学习一个模式，这个模式有助于理解可能遇见的其他类似的事物。……

经常反复检查中小学教材的基本特性，能够缩小"高级"知识和"初级"知识之间的差距。这是要在教学中强调结构和原理的第四个论点。现在由小学经中学以至大学的进程中所存在的部分困难，不是由于早期所学材料过时，就是由于它落后于该学科领域的发展太远而把人引入迷途。这个缺陷，可以依靠在前面讨论中所提出的在教学中强调结构和原理的办法来弥补。

现在，研究一下在伍兹霍尔讨论相当多的几个特殊问题。这些问题之一涉及"科学通论"（general science）这个麻烦的题目。实际上，在所有各门自然科学中都有某种反复出现的观念。如果在一门学科中把这些观念概括地学好了，就会使得在别的科学中以不同的形式再来学习它们时，容易得多。……

的确，很可能有某些对自然科学或文学的一般态度或学习途径，可以在低年级教，而且对后来的学习有很大的关系。事物是互相联系的而不是孤立的这个看法就是一个适当的例子。人们确实能够在设计一些幼儿园游戏的时候，有意使儿童更加主动地察觉事物怎样互相影响或互相联系——这是对自然界和社会中事件多重决定论这个观念的一种入门学习。……有人很可能会主张，就象那些很不相同的学科的人们在伍兹霍尔主张过的一样：应估量什么样的态度或启发的方法最具普遍性和最有用；应该作一番努力，把初步的态度和启发的方法传授给儿童，这种态度和启发的方法随着他们在学校的成长，可能进一步提高。再者，读者将会意识到，主张这样一种学习途径有个前提，那就是假定一个学者在他的学科的最尖端所干的工作与儿童初次接触这个学科时所干的工作之间，是有连继性的。这不是说，这个任务是简单的，只是说，它值得慎重地考虑和研究。

有的人反对教一般原理和一般态度。持这种观点的人，其主要论点也许是：第一，通过特殊来研究一般，也许好些；第二，使工作态度保持内隐比使它外现要好些。……

谈到"态度"教学，甚至谈到数学的启发教学，现有的议论是，如果学生过分注意他自己的态度或学习途径，他就可能在工作中变得呆板，不然就会耍花招。还没有证据能证明这一点；在采取这个方法来教学以前，先须进行研究。在伊利诺斯，人们正在训练儿童，使之有更高的效能来提出一些关于物理现象的问题；可是需要更多得多的知识，这个问题才能弄明白。

............

最后，关于考试，需要说几句话。显然，如果考试强调的是学科的琐碎方面，那就不好。这样的考试会鼓励无连贯性的教授和机械式的学习。然而，往往被忽略的是，考试也能成为改进课程和教学的斗争中的同盟军。不论考试是属于包含多题任选的"客观"（objective）形式，还是属于论文形式，都能够设计得着重于理解该学科的一般原理。的确，即使考试琐细的知识，也能按照要求学生理解具体事实之间的联系的那种方式去做。国家的考试组织，如教育测验服务处内部，目前正在进行共同的努力,去设计那些强调理解基本原理的考试。这样的努力能够有很大用处。还可以给地方学校系统另外的帮助:给他们编写一本合用的手册,手册中叙述了设计各式各样考试的方法。探索性的考试是不容易设计的,如果编写一本关于这个题目的考虑周到的手册,是会受到欢迎的。

下面扼要地重述一下,这一章的主题是,一门学科的课程应该决定于对能达到的、给那门学科以结构的根本原理的最基本的理解。教专门的课题或技能而没有把它们在知识领域更广博的基本结构中的脉络弄清楚,这在几个深远的意义上说来,是不经济的。第一,这样的教学,使学生要从已学得的知识推广到他后来将碰到的问题,就非常困难。第二,不能达到掌握一般原理的学习,从激发智慧来说,不大有效。使学生对一个学科有兴趣的最好办法,是使这个学科值得学习,也就是使获得的知识能在超越原来学习情境的思维中运用。第三,获得的知识,如果没有完满的结构把它联在一起,那是一种多半会被遗忘的知识。一串不连贯的论据在记忆中仅有短促得可怜的寿命。根据可借以推断出论据的那些原理和观念来组织论据,是降低人类记忆丧失速率的唯一的已知方法。

按照反映知识领域基础结构的方式来设计课程,需要对那个领域有极其根本的理解。没有最干练的学者和科学家的积极参与,这一任务是不能完成的。过去几年的经验表明,这样的学者和科学家同有经验的教师以及研究儿童发展的学者一道工作,就能准备我们所曾经考虑的那种课程。如果要使我们教育实践中的改革足以应付我们现在生活中所经历的科学和社会革命的挑战,需要在课程资料的实际准备、师资训练和支持研究工作等方面作出更多的努力。

············

### 三、学习的准备

我们一开始就提出这个假设:任何学科都能够用在智育上是正确的方式,有效地教给任何发展阶段的任何儿童。这是个大胆的假设,并且是思考课程本质的一个必要的假设。不存在同这个假设相反的证据;反之,却积累着许多支持它的证据。

为了搞清楚含义是什么，我们来考查一下三种普通的观念。第一种，涉及儿童智力发展的过程；第二种，涉及学习的行为；第三种，则和前面介绍过的"螺旋式课程"这个概念有关。

智力的发展

儿童智力发展的研究突出了这个事实：在发展的每个阶段，儿童都有他自己的观察世界和解释世界的独特方式。给任何特定年龄的儿童教某门学科，其任务就是按照这个年龄儿童观察事物的方式去阐述那门学科的结构。这个任务可以看做一种翻译工作。刚才所说的一般假设是以下面这个经过深思熟虑的判断为前提的，即任何观念都能够用学龄儿童的思想方式正确地和有效地阐述出来；而且这些初次阐述过的观念，由于这种早期学习，在日后学起来会比较容易，也比较有效和精确。为了证明并支持这个观点，我们在这里稍微详细地描绘智慧发展的过程，同时就儿童智慧发展不同阶段的教学，提一些建议。

皮亚杰和其他一些人的著作中提出，一般来说，儿童的智力发展可以划分为三个阶段。第一个阶段，不需要我们详述，因为这主要是学前儿童表现的特征。这个阶段，大约到五、六岁为止（至少就瑞士的学龄儿童来说是如此的），儿童的脑力劳动主要是建立经验和动作之间的联系；他关心的是依靠动作去对付世界①。这个阶段大致相当于从语言的开始发展到儿童学会使用符号这段时期。在这个所谓前运算阶段中，使用符号的主要成就是儿童学会怎样凭借由简单的概括而建立的符号去重现外部世界；而事物由于具有某些共同性质而被看成相同的。但是，在儿童的符号世界里，并未将内部动机和感情作为一方和外部现实作为另一方之间划分清楚。太阳转动，因为上帝在推它；星星，象儿童自己那样，不得不上床睡觉。儿童不大能够把他自己的目标和达到目标的手段区分开来。再者，儿童在对付现实的尝试失败后，就得纠正他的活动；这样的做法，与其说是依靠符

---

① 原文为"他关心的靠动作是依去对付世界"，有明显错误，据（美）布鲁纳著、邵瑞珍译《教育教程》（文化教育出版社1982年版）改。

号的运算，不如说是依靠那种所谓直观的调节；直观的调节，也不是进行思考的结果，而是带有粗糙的尝试错误（trial-and-error）的性质。

这个发展阶段中所缺乏的，主要便是日内瓦学派所称的可逆性概念。当物体的形状改变了，例如，把一个粘土塑成的泥球形状改变一下，前运算期儿童不能够掌握可以立刻恢复球的原状这个概念。由于缺乏这个基本概念，儿童就无法理解作为数学和物理学基础的某些基本观念：数学的观念，如即使当他把一组东西分成若干小组时，他仍保持了它们的数量；物理的观念，如纵使他改变了某物体的形状，他仍保持了它的质量和重量。不用说，教师向这个阶段的儿童灌输概念受到很大限制，即使采用高度直观的方法也是这样。

发展的第二个阶段——此时儿童已经入学——称为具体运算阶段。这个阶段叫做运算阶段是同前一个阶段全是动作相比较而言的。运算是动作的一种形式：它之得以实现，直接依靠用手操作物体，或是在头脑内部操作他头脑中代表事物或关系的那些符号。运算大体上是记取现实世界的资料并在头脑里加以改造的一种手段，由于这种改造，才能在解决难题时有选择地组织和运用这些资料。……

运算同简单动作或受目标指导的行为的区别在于，它是内化的和可逆的。"内化的"（internalized）意味着儿童不再需要依靠公开的尝试错误来着手解决难题，而能够在头脑中实际地进行尝试错误。可逆性出现了，因为，看来运算具有所谓"完全补偿"（complete compensation）的特色；也就是说，这种运算能够用逆运算作为补偿。……

由于到了具体运算阶段，儿童据以进行运算的内化结构就发展了。在天平的例子中，结构便是儿童头脑中所想的许多依次排列的砝码。这样的内部结构是关于本质的。它们是内化的符号系统，儿童据以重现这个世界，犹如弹子机及入射角和反射角这个例子。如果儿童需要掌握某些观念，一定要把这些观念转译成为内部结构的语言。

可是，具体运算尽管受类别逻辑和关系逻辑的指导，但它是只能构思直接呈现在他面前的现实的一种手段。儿童能够赋予遇到的事物以一定的结构，不过，他还不能够轻易地处理那些不直接在他面前，或事前没有经历过的可能发生的事物。这不是说，儿童在进行具体运算时没有能力去预料不在眼前的事情。的确，他们并不具备系统地想象在任何指定时间内所能存在的、非常广泛的交替可能性的运算能力；他们不能有系统地超出所提供的知识范围外去描述可能发生的其它情况。十到十四岁左右，儿童进入发展的第三个阶段，这便是日内瓦学派所谓的"形式运算"阶段（stage of "formal operations"）。

此刻，儿童的智力活动好象是以一种根据假设性命题去运算的能力为基础，而不再局限于他经验过的或在他面前的事物。儿童能够想到可能有的变化，甚至会推演出后来通过实验或观察得到证明的潜在关系。理智的运算似乎是根据象逻辑学家、科学家或抽象思想家所特有的那种逻辑运算来做的。正是在此刻，儿童有能力对先前指引他解决难题但不能描述或无法正式理解的具体观念，予以正式的或公理式的表达。

早些时候，当儿童处在具体运算阶段时，他能够直觉地和具体地掌握数学、自然科学、人文科学和社会科学的许多基本观念。可是，他能这样做，只是依据具体运算罢了。可以举例说明如下：五年级儿童能够仿照非常高等的数学规则玩数学游戏；真的，他们可以归纳，得出这些规则，还学会怎样利用它们来工作。然而，如果有谁硬要他们对他们已经在做的工作进行正式的数学描述，他们将会心慌意乱，尽管他们完全能够利用这些规则指导自己的行为。在伍兹霍尔会议期间，我们荣幸地看到一堂示范教学，在这堂课上，五年级儿童很快地掌握函数论的中心思想；虽然，如果教师企图向他们解释什么是函数论，他是终于要失败的。往后，到了发展的恰当阶段，给以一定量的具体运算实践，那么向他们介绍必要的形式论的时机便成熟了。

教授基本概念最重要的一点，要帮助儿童不断地由具体思维向在概念上更恰当的思维方式的利用前进。可是，试图根据远离儿童思维样式且其含义对儿童来说又是枯燥无味的逻辑进行正式说明，肯定徒劳而无益。数学课的许多教法就是这个样子。儿童学到的，不是对数序的理解，而是搬用呆板的方法或秘诀，但不懂得它们的意义和连贯性。它们并没有转译成他的思想方法。有了这种不恰当的开端，容易使儿童相信：对他来讲，重要的事情是"准确"——尽管准确性同数学的关系，比起同计算的关系来要少些。这类事情中最突出的例子，也许要算中学生初次接触欧几里得几何学的情况了。学生不具备关于简单几何图形的经验和据以进行学习的直观段，因此把几何学看做一套公理和定理。要是早一点在儿童力所能及的水平上，采用直观几何学的方式教给他概念和算法，说不定他就可以好得多，有能力深刻地掌握往后向他揭示的公理和定理的意义。

可是，儿童的智力发展不是像时钟装置那样，一连串事件相继出现；它对环境，特别对学校环境的影响，也发出反应。因此，教授科学概念，即使是小学水平，也不必奴性地跟随儿童认知发展的自然过程。向儿童提供挑战性的但是合适的机会使发展步步向前，可以引导智力发展。经验已经表明：向成长中的儿童提示难题，激励他向下一阶段发展，这样的努力是值得的。正象初等数学界最有经验的教师之一戴维·佩奇曾经评论过："从幼儿园到研究院的教学中，使我感到惊讶的是各种年龄的人在智慧方面的相似性；虽然，跟成人相比，儿童也许更有自发性、创造性和更生气勃勃。就我个人的经验而论，只要根据年幼儿童的理解力给以任务，他们学习任何东西几乎都比成人快。很有趣味的是，如果按照他们的理解力提供教材，结果，他们就自己去学习数学，而他们对教材越熟悉，就越能把他们教好。我们提醒自己，给任何特殊课题一个绝对难度，要十分审慎，这是合适的。当我告诉数学家们，四年级学生很可以学习'集合论'的时候，其中少数人回答说'当然'，多数人却大吃一惊。后面这些人完全错误地认为'集合论'是真正困难的。当然，或许没有什么事是真正困难的。我们只是必须等待到适当的观点和表达它的相应语言的出现而已。在教某种教材或某个概念时，容易问儿童琐细的问题或引导儿童提出琐细的问题，也容易问儿童不可能回答的困难问题。这里的诀窍在于发现既能回答得了又能使之前进的难易恰当的适中问题。这是教师和教科书的大事。"有人借助精巧的"适中问题"去引导儿童更快地通过智力发展的各个阶段，更深刻地通晓数学、物理和历史的原理。能够达到这一步的做法,我们必须了解得更多。

..............

这里,立刻会遇到教学是否经济的问题。有人会反驳说,等到儿童十三、四岁时开始学几何学,可能更好些。这样,在经过投影和直观这些开头步骤的教学之后,能够马上跟着进行这门学科的完全正式的教学了。给年幼儿童归纳的训练,使之能在认识知识的形式结构前就发现知识的基本秩序,这样做是否值得?英海尔德教授的备忘录中曾提出建议:可以对一、二年级儿童进行作为数学和自然科学教学基础的基本逻辑运算训练。实验证据表明,如此严格的和相互关联的早期训练,有使往后学习更容易的效果。的确,"学习定势"(Learning set)的实验研究恰好指出,人们不但能学到特定的东西,而且在这样做的同时,还能学会如何学习。训练本身是那么重要,已经受过解决难题广泛训练的猴子,当大脑遭受诱发性功能损害后,和其他事先未受过这种训练的猴子比较起来,其遗忘相当少而恢复比较快。但是,这种早期训练的危险可能在于:训练的结果会造成虽然新颖但却离奇的观念。关于这个题目,尚缺乏有用的证据,还需要找出很多证据才能说明问题。

[美]J. S. 布鲁纳著;邵瑞珍等译,王承绪等校:《布鲁纳教育论著选》,

人民教育出版社,1989年。

## 苏霍姆林斯基《我把心给了孩子们》选

瓦西里·亚历山大罗维奇·苏霍姆林斯基(В. А. Сухомлинский, 1918—1970),苏联杰出教育理论家与教育实践家,苏联教育科学院和俄罗斯教育科学院通讯院士。出生于乌克兰一个贫困农民家庭,1933年七年制学校毕业后,进入克列明楚格师范学院师资培训班学习,从此决定献身教育事业。1935年毕业后,年仅17岁即成为家乡的一名小学教师,开始了漫长的教育之路。1936—1938年，以函授形式接受波尔塔瓦师范学院高等师范继续教育。1939—1941年，担任中学语言文学教师兼教导主任。苏联卫国战争期间，亲赴前线，任部队连政治指导员，负伤痊愈后重返教育战线，先后任中学校长、区教育局局长。1948年直至逝世，一直担任帕夫雷什中学老师和常务校长，并进行了创造性的教育实践和教育科学研究工作。一生著述颇丰，撰写了41部专著、600多篇论文、约1200篇儿童读物。教育代表作有《给教师的100条建议》(1967)、《我把心给了孩子们》(1969)、《帕夫雷什中学》(1969)、《公民的诞生》(1971)、《全面发展的人的培养问题》(1970)等。

《我把心给了孩子们》(СЕРДЦЕ ОТДАЮ ДЕТЯМ)是苏霍姆林斯基多年学校工作经验的结晶，"阐述低年级的教育工作"，"阐述儿童世界"。关于该书的命名，苏霍姆林斯基在前言中说："在一所农村学校身不离校地工作32年，这对我来讲是无与伦比的幸福。我把自己的一生都献给了孩子们，所以考虑很久之后给这本书题名为《我把心给了孩子们》。"又谓："我生活中什么是最重要的呢？我可以不假思索地回答说：爱孩子。"全书收录41篇文章，除"前言"外，分为两部分。第一部分"快乐学校"(17篇)，介绍其所创造的"快乐学校"里的教育活动，"快乐学校"施行快乐教育，提供"儿童集体丰富多彩的精神生活"，给孩子一个快乐的童年。第二部分"儿童时代"(24篇)，讲述儿童小学阶段的教育活动。苏霍姆林斯基说："童年是人生最重要的时期，这不是对未来生活的准备时期，而是真正的、灿烂的、独特的、不可重现的一种生活。所以，今天的幼儿将成为什么样的人，起决定性作用的是如何度过童年，童年时代由谁携手领路，周围世界中哪些东西进入了他的头脑和心灵。"所以，儿童时代的小学，"不仅仅是儿童获取知识和技能的场所，学习是儿童精神生活中非常重要但不是惟一的领域"，儿童的全面发展、和谐发展与个性发展缺一不可。该书是苏霍姆林斯基著作中的一部精品，集中体现了其全面和谐发展的教育理论，曾获乌克兰共和国国家奖和乌克兰教育协会一等奖，被译成20多种语言文字，与其姊妹篇《公民的诞生》和《给儿子的信》汇成"育人三部曲"。

## 前言（节录）

我认为，我是有这个权利的。我很想给教师们——不论是现在在校任教的，还是继我们之后将要来校工作的——讲讲我一生中很重要的一个阶段。这个阶段整整有10年，这10年也就是从一个我们教师们通常称之为一无所知的"小懵懂"进校起，到他（她）们成为青年从校长手中接过中学毕业证书，即将走上独立的劳动生活道路的庄严时刻止的10年。这个时期是一个树人的时期，而对教师来讲，则是他生涯中的一个重要的组成部分。我生活中什么是最重要的呢？我可以不假思索地回答说：**爱孩子**。

敬爱的读者，或许您对书中的某些东西不会同意，有些东西可能会使您感到奇怪、诧异。我要预先请求您：切不可把这本书看做教育儿童、少年和青年男女的万能参考书。用教育学用语来讲，书中论述的是课外教育工作（或者说，狭义概念的教育工作）。我并没有把讲课以及学习科学基础知识过程的全部教学细节列入本书课题。如用表达人们细微关系的语言来讲，这本书论述的是教师的心。我力图要说明的是：如何把幼小的人带进一个认识周围现实的世界中去，如何帮助他学习，减轻他的脑力劳动，如何在他心灵中激发并确立高尚的情操，如何培育人的尊严感、对人们善良本质的信念、对苏维埃祖国土地的无限热爱，如何在幼童聪慧的头脑和敏感的心灵中播下忠于共产主义崇高理想的第一批种子。

您现在拿到的这本书是阐述低年级的教育工作。换句话说，是阐述儿童世界。而童年，儿童世界则是一个特殊的世界……我一向认为，要进入童年这个神秘之宫的门，就必须在某种程度上变成一个孩子。只有在这种情况下，孩子们才不会把您当成一个偶然闯入他们那个童话世界大门的人，当成一个守卫这个世界的看守人，一个对这个世界里面发生的一切都无所谓的看守人。

## 1. "快乐学校"（节录）

第一年——考察孩子

1951年秋，开学之前3周，在招收一年级学生的同时学校还登记了一批 6 岁的男女孩子，也就是说，一批将在一年之后开始上学的孩子。我将对这些孩子做 10 年工作。

············

我之所以需要这上课桌学习之前的一年时间，是为了好好了解每个孩子，深入考察每个人的知觉、思维和智力劳动的个人特点。在传授知识之前，先要教会思考、感知和观察。还应当清楚地了解每个学生健康上的个人特点，否则就无法正常进行教学。

智力教育与获取知识远不是一回事。尽管不进行教学就不可能有智力教育，如同没有阳光就没有绿叶一样，但同样也不能把教育同教学混为一谈，如同不能把绿叶同太阳等同看待一样。教师是跟思维物质打交道的，而这种物质在童年时期感知和认识周围世界的性能则在很大程度上有赖于儿童的健康状况。这种依赖关系非常细微，难以捉摸。考察孩子的内在精神世界，特别是他的思维，是教师最重要的任务之一。

我这些学生的家长

要想很好地了解孩子，就应当很好地了解家庭——父母、兄弟、姐妹及祖父母等。我们学校这个小区域当时共有 31 名 6 岁的孩子，16 名男孩，15 名女孩。所有的家长都同意了送儿女进"快乐学校"——这是在一段时间之后父母们这样称呼我们这个学龄前班的。……

我在"快乐学校"开学前几周就已了解了每个家庭。个别家庭中父母与子女之间、父亲与母亲之间缺乏友爱气氛，缺乏相互间的尊重，而少了这些，孩子就不可能生活得幸福。这使我甚感不安。

············

我对自己未来的学生了解得越深入，就越认识到我所面临的重要任务之一，就是要为那些在家庭中未曾享有过天伦之乐的孩子恢复童年。

我在学校工作了 3 年，便认识了几十名这样的孩子。生活肯定了一个信念，这就是：如果未能使小孩子恢复对善意和公正的信任，那就任何时候都不可能使他产生自己作为一个人的感觉和体验个人尊严。这样的学生到少年时期就会变得易怒易恨，对于他，生活中就不会有什么神圣和高尚的东西，教师的话语也深入不了他的心灵。

矫正这种人的心灵是教育者最困难的课题之一；在这种最细致微妙的劳动中实际上是在进行人学方面的主要检验。做一个人学家，意味着不仅能看到、感受到孩子是怎样认识善与恶的，而且还能保护那娇嫩的童心免遭邪恶的伤害。

…………

我给家长们描绘了教育孩子的前景。今天来到学校的是6岁幼儿，12年之后，他们将长大成人，成为未来的父亲和母亲。学校全体人员将尽一切力量，使他们成为热爱祖国、热爱乡土和劳动人民的爱国主义者，成为诚实、正直、勤劳、善良和热情的人，使他们既富于同情心又对邪恶和虚伪毫不妥协，使他们面临困难时勇敢顽强，使他们谦虚朴实、品德优美、身体健康、体质强壮。孩子们应当成为头脑清醒、心地善良、双手灵巧、情操高尚的人。孩子是家庭的镜子：如同一滴水能映出太阳一样，从孩子身上可以看出父母的品德是否纯正。学校和家长的任务是让每个孩子都幸福。幸福是多方面的：它既在于人的才能得到发挥，能热衷于劳动并在其中成为创造者；也在于能欣赏周围世界的美，并为他人创造美；又在于爱别人并被别人敬爱，并且把儿女培育成真正的人。老师只有和家长共同努力，才能给予孩子巨大的人的幸福。

…………

蓝天下的学校

…………

……我们这个学校的活动是由激励我的这样一种思想开展的：儿童就其天性来讲，是富有探求精神的探索者，是世界的发现者。那么就让那个绝妙的世界在鲜明的色彩中、在嘹亮颤动的音响中、在童话和游戏中、在自己的创作中、在激动他的美景中、在为人们做好事的意愿中展现吧。通过童话、幻想和游戏，通过儿童独特的创作——这才是通向孩子心灵的正确道路。我要那样去引导孩子们进入周围世界：使他们每天都能从中发现一点什么新东西，使我们所走的每一步都成为**走向思维和语言的源泉**，即走向大自然绝妙美景的**旅程**。我要关注的是，让我所培育的每一个孩子都成长为会思考、会探索的有智慧的人，让认识过程的每一步都使心灵变得更高尚；使意志锻炼得更坚强。

……………

童话，形象地讲，这是能够吹燃孩子思想和言语火花的清爽微风。孩子们不仅喜欢听故事，他们也创作故事。……

我竭力要做的是，让孩子们在没打开书本去按音节读第一个词之前，先读几页世界上最美妙的书——大自然这本书。

在这里，在大自然当中，有一个想法是特别明确和清楚的：我们教师们与之打交道的，是自然界中最娇嫩、最精细和最敏感的东西，是小孩子的大脑。当你想到大脑时，就要想像这是一朵挂着露珠的娇嫩的玫瑰。要做到摘下花朵而又不使露珠跌落，需要多么小心谨慎。我们时时刻刻需要的正是这种审慎态度：因为我们接触的是自然界最精细、最娇嫩的东西——正在成长的有机体身上会思维的物质。

……………

老师能同孩子们同欢乐共忧虑地进行讲述，这是儿童智力充分发展、精神生活得以充实的必不可少的一个条件。这些讲述的教育作用在于孩子们是在能产生童话景象的环境下聆听它们的：在满天闪烁着繁星的寂静夜晚，在森林里，在篝火旁，在舒适的小屋里，炉里的煤火隐隐发出光亮，窗外秋雨潇潇，寒风呼啸。故事应当富有色彩，形象鲜明，短小精悍。不能堆砌过多的事实，给孩子们过多的印象，否则会使他们对讲述的感受性变得迟钝，这样便再用什么也引不起他们的兴趣了。

我建议老师们：要**逐渐**影响孩子的情感、想像和幻想，**逐渐**打开通向无边世界的窗口，不要一下就完全敞开，不要把它变成一个宽敞的大门，致使那些被您叙述内容的思想所吸引的孩子们不顾您的希望而像圆珠一般冲撒出去……起初，他们会面对那浩如烟海的事物而不知所措，尔后，这些实际上尚未被认识的东西又会令人腻烦，变得空空洞洞。

蓝天下的学校教给了我怎样为孩子们打开通向周围世界的窗口，而我则努力使所有的教师都学到这门生活和认识的科学。我向他们建议：不要让知识成堆地向孩子压来，不要企图在课堂上把您关于学习对象所知道的一切都讲出来，成堆的知识有可能把求知欲和好学精神全部埋葬。要善于从周围世界中只向孩子揭示某一种东西，但要做得使生活中的这一部分能在孩子面前显示出它的全部绚丽色彩。您总要留有未尽之意，使孩子总想一而再、再而三地回顾他已知道了的东西。

…………

我们的"幻想之角"

…………

……与动物界其他代表相比，人身体的发育期——从出生到成熟——是最长的，是不是每个教师都考虑过这一点？人的机体直到20岁乃至在更长的时期内都在成长、发育、壮大。在人体发育的长期性中蕴涵着自然的巨大奥秘。自然本身好像把这个时期划分出来专供发展、增强和培养神经系统——大脑半球皮质用的。人之所以能成为人，是因为他要经历一个为期很长的**神经系统幼年期，脑的童年期。**

婴儿降世时就带着数十亿能对环境作出精细反应并能——在一定条件下——发挥思维功能的细胞。这些细胞构成他的意识的物质基础。从出生到成年、从成年到老年的整个时期内，大自然不会再给人增添一个新的细胞。神经系统思维物质的细胞在幼年时期应当经常在积极活动中经受锻炼，而这种锻炼的基础则是活跃的感知、观察、冥想。

人在学会深入周围世界各种现象的因果关系的实质之前，应当在童年时代经历一个思维锻炼的阶段。这种锻炼就是看物体和现象。孩子看了生动的形象，然后进行想像，在自己的观念中塑造这个形象。观看现实的对象和在观念中创造幻想形象，思维活动的这两个步骤中并不存在任何矛盾。儿童把童话的幻想形象是作为鲜明的现实来感知和思考并由自己来创造的。创造幻想形象——这是使思想幼芽迅速发育的最好土壤。

在思维的童年时期，思维过程应当尽可能密切地同周围世界中生动、鲜明、直观的事物相联系。让孩子起初先不去思考那些因果关系，让他只是细心察看对象，在里面发现某种新东西。这个男孩子就能从傍晚的昏暗所笼罩的树丛中看出一头暴怒的公牛来。这并非只是小儿的幻想游戏，同时也是思维的艺术因素，诗的因素。同是这些树丛，另一个孩子则从中看到另一种东西，属于他自己的东西——他在形象中加进他个人知觉、想像和思维的特点。每个孩子不光在感知，而且也在描绘，在创作，在制造。儿童对世界的视觉，是一种特殊的艺术创作。被感知同时也是被孩子所创造的形象都带有明显的情感色彩。儿童在感知周围世界的形象并从幻想中往里增添东西的时候，他们在体验极大的快乐。感知饱含情感，这是儿童进行创作的精神渊源。我确信，没有情感的高涨，就不可能有儿童脑细胞的正常发育。儿童大脑中发生的生理过程也和情绪有关：每当精神紧张、情绪高涨、兴致专注之时，大脑半球皮质细胞的营养就在增强。细胞在这种时刻的能量消耗较大，同时从机体得到的能量也多。我通过对低年级学生脑力劳动的多年观察证实，在情绪十分高涨的时候，孩子的思维特别清楚，识记进行得也很紧张。

…………

我们到劳动世界的"旅行"

…………

我们认为，一项重要的教育任务是让孩子的周围不光有自然世界，而且也有劳动、创造、建设的世界。因为人的美在劳动中显示得最为鲜明。

…………

这不仅是对世界的理性认识，而且也是心灵上的认识。劳动者的美使孩子们为之赞叹。他们为人而感到自豪。他们在劳动世界"旅行"的过程中同自己的父母见面时，这种情感就会更加深切。在养牛场他们知道了塔尼娅的妈妈能供应1500人需用的牛奶。在秋天一个暖和的日子里我们去机械制造厂。在那里瓦利娅的父亲接待了我们。他带领孩子们参观了熔炼生铁的铸工车间。大概这是孩子们所听过的和自己编过的故事中最有意思的一个：人把硬东西变成火红的铁水，铁水按照人的意志和通过人的劳动变成铁的铸件。我高兴地看到孩子们的创作增添了新内容：他们开始编起关于能炼出火红铁水的壮士的故事来,画起炼钢工人来。去铸造车间的第一次参观留下了不可磨灭的印象。他们似乎对过去见过的事物有了新的看法:要是没有金属,人一天都不能生活和劳动。钢铁工人,机械制造工人才是生活的真正创造者,在我的学生心里确立了深切尊敬他们的情感。

……………

……我竭力做到,使孩子们不仅对与大自然的美相关的事物,而且也对构成我国新人本质的行动为祖国、为社会、为人服务——感到欢欣鼓舞。孩子对劳动者的爱就是人的品德的源泉。

## 2. 儿童时代(节录)

学习——精神生活的一部分

极其重要的一点是不要把孩子入学前生活于其中的大自然、游戏、美、音乐、幻想和创作的令人神往的世界关在教室门外。在学校生活的头几个月和头几年里,学习不应成为惟一的活动形式。只有当教师大量给予他们入学前的那种欢乐时,他们才会爱上学校。同时又不能使学习迁就孩子们的兴趣,仅仅为了不使孩子感到枯燥而有意地减轻学习。应当逐步地培养孩子习惯于从事整个人类生活中最主要的工作——严肃认真、坚毅顽强和埋头苦干的劳动,进行这种劳动必须紧张地思索。

我把逐步培养儿童进行紧张和创造性的脑力劳动的习惯当做重要的教育任务。在把全副智力用于达到教师或自己提出的目标时,孩子应当善于不受周围的干扰。我力求使孩子们习惯于这样专心致志。只有这样,脑力劳动才可能成为心爱的工作。

小学的任务——逐渐教会学生不仅克服体力劳动方面的困难,而且克服脑力劳动方面的困难。孩子们应当懂得脑力劳动的本质所在,那就是紧张的智力活动,对物体、事实和现象的种种复杂性和细微之处以及细节和矛盾的深入理解。在任何情况下都不能让学生感到什么都是轻而易举的,不知道什么叫困难。在掌握知识的进程中,还要培养脑力劳动的技能和自我纪律。智力方面的训练——属于教育者的影响有机地与自我教育相结合的那种精神生活的范畴。意志力的培养是从自己内心提出目标、集中智力、领会和自我监督开始的。我觉得重要的教育任务就是要让孩子在脑力劳动中感受到什么叫困难。

如果孩子在学习中觉得什么都很容易，他就会逐渐滋长思想上的惰性，这种惰性会腐蚀人，促使他对生活持轻率的态度。说来也怪，有才能的孩子如果在学习过程中没有相当的困难需要他去克服，那他们往往就会滋长思想上的惰性。而且思想上的惰性最常见于低年级，因为低年级时，有才能的孩子很容易就掌握了别的孩子需要进行一定的紧张智力活动后才能掌握的东西，实际上，他就游手好闲了。不让学生游手好闲——这也是一项特殊的教育任务。

…………

……如果能做到在孩子的意识中引起具有鲜明感情色彩的问题，那么孩子的头脑中就会发生一种难以抑制的过程，过去沉睡着的力量好似苏醒过来了。我高兴地确信，在智力发展上最复杂的儿童愈来愈振奋起来了：他们饶有兴趣地听讲了，能较好地理解习题的内容了。当然，还面临着细致的教育工作。我同有经验的低年级的教师交流观察所得，我们把这一工作称之为**从情绪上激发理智**。

…………

教学应当与应用智力和体力的多方面的游戏紧密地结合起来，使这种游戏能激起鲜明和激动人心的感情，而使周围世界像一本引人入胜的书一样展现在孩子们面前。除了到大自然去"旅行"和游戏而外，体力劳动也提供了发展智力和体力的广阔天地。没有充满欢乐和激情的劳动，就难以想像真正的和幸福的童年。经验使我深信，体力劳动对幼小的儿童来说——不仅是一定的技能和技巧的获得，不仅是德育，而且还是无边无际和无比丰富的思想的世界。这一世界能激起道德方面的、智力方面的和审美方面的感情，没有这些感情，就不可能认识世界，也就是说不可能进行教学。与学习交叉进行的体力劳动在我看来是孩子到幻想和创作世界中去的引人入胜的旅行。正是在体力劳动过程中形成了我的学生们的最为重要的智能方面的品质：好奇心、求知欲、思想的灵活性、鲜明的想像力。

……………

当知识与积极的活动紧密联系在一起的时候，学习才能成为孩子精神生活的一部分。很难做到使孩子自然而然地对乘法表或计算矩形面积的公式本身感兴趣。只有当知识成为达到创造性活动和劳动目的的手段时，知识才能成为儿童要求得到的东西。我极力设法使儿童在低年级时就对体力劳动发生兴趣，使劳动能给他们表现机敏性和发明才能的机会。学校最重要的任务之一就是教会学生使用知识。由于在低年级阶段，脑力劳动按其性质而言，主要是同不断获取新的技能和技巧联系在一起的，所以正是在这个阶段，有把知识变成一堆死东西的危险。如果只掌握这些技能和技巧而不在实际中应用它们，学习就逐渐脱离孩子精神生活的范畴，就不能吸引他和使他感到兴趣了。教师想预先防止这种现象，就必须注意让每一个孩子创造性地应用自己的技能和技巧。

让孩子体验脑力劳动的快乐和取得学习成绩的快乐

……………

最重要的教育任务之一就是使每个孩子在掌握知识的过程中体验到人的自尊心和自豪感。教师不仅应向学生展示世界，而且还应确认孩子是周围世界中一个会为自己的成绩感到自豪的积极的创造者。教学是在集体中进行的，但孩子是独立地在认识的道路上迈出自己的每一步的；脑力劳动——这是一种极为个体化的过程，这个过程不仅取决于孩子的能力，而且还取决于孩子的性格和其他很多经常不被觉察的条件。

孩子总是抱着坦率的胸怀和好好学习的真诚愿望进学校的。孩子甚至不敢想别人会把他看成懒汉或倒霉鬼。好好学习的愿望，这是人类美好的愿望。依我看，这是照亮儿童生活的全部意义和儿童欢乐世界的明亮火花。这一火花是微弱的和无所防卫的，孩子以无限信赖的心情把它交给您这位教师，而要是您没有觉察儿童的愿望，那就是说您还没有意识到为自己学生的今天和明天所担负的令人激动的责任。粗心大意地接触儿童的心灵——令人感到委屈的生硬的话语或漠不关心的态度——足以使这一火花就此熄灭。只有孩子在学习中获得成绩，只有自豪地意识并感受到，我在沿着陡峭的认识小径迈步前进、向上攀登，才是渴求知识的微弱火花所需要的合宜的空气。

徒劳无功、毫无结果的劳动，即使成人也会感到厌烦、迷惘和兴味索然，何况我们是在同孩子打交道。如果孩子看不到自己劳动的成绩，渴求知识的火花就会熄灭，儿童心中会结起冰块，在火花没有重新点燃起来之前（而再一次点燃它是多么困难呀！）用任何办法也难以融化这冰块。孩子失去了对自己力量的信心后，形象地说，他就扣上全身的钮子，戒心十足，一触即发，对老师的建议和批评就会采取粗暴的态度。或者更糟：他丧失自尊心后，觉得自己干什么都不行。当您看到这么一个漫不经心、毫不在意地准备耐心听老师整小时的训斥，毫不在乎地任凭小朋友说他：你是落后生，你会留级……的孩子时，您的心就会充满愤懑。还有什么能比扼杀一个人的自尊心更为不道德的事呢！

学生在童年和少年时代如何对待自己，他在劳动世界中把自己看成一个什么样的人，在很大程度上决定他的道德面貌。……

给儿童以劳动的快乐、取得学习成绩的快乐，在他们的心中激发自豪感、自尊心——这是教育工作的头一条金科玉律。在我们的学校里，不应当有不幸的儿童——那种被什么也干不了的思想折磨着心灵的孩子。学习取得成绩乃是孩子产生克服困难的动力和学习愿望的内在力量的惟一源泉。

如果孩子没有了学习的愿望，那么我们的全部计划、探索和理论就都化为灰烬，化为死气沉沉的木乃伊。儿童学习的愿望只能同学习成绩一起产生。似乎得出了这么一种似是而非的议论：为了孩子取得成绩，就要他不在成绩上落后。然而这并非似是而非的议论，而是脑力劳动进程的辩证统一。只有当掌握知识过程中取得成绩而产生欢欣鼓舞的心情的时候，才能出现学习的兴趣；没有欢欣鼓舞的心情，学习就成为孩子的沉重负担。我倒很想把埋头苦干称做欢欣鼓舞乘以孩子认为他一定能取得成绩的信心。

乍看起来，给学生评分是如此简单的事，然而这却是教师能够正确对待每一个孩子的能力，是保护孩子心灵中渴求知识的火花的能力。在小学4年的教学过程中，我从未给学生打过一个不及格的分数——不管是书面作业，还是口头回答。孩子们学习读、写和解题。一个孩子在自己的脑力劳动中取得了良好的成绩，另一个暂时还没有。一个孩子已经学会了教师正想教给他的东西，另一个还不会，但这并不意味着后者不愿意学习。我只在孩子脑力劳动取得良好成绩的情况下打分。如果学生还没有取得他在脑力劳动过程中力求达到的成绩，我就什么分都不给他打。他应当专心致志地想一想，把自己的作业重新再做一遍。

一年级时，我是在学年开始后过了4个月才打了第一批分数。这儿重要的首先是让孩子们懂得刻苦、勤勉的劳动是什么。孩子的作业完成得不好并不是由于他不愿意，而是由于他还没有什么是好、什么是坏的概念——那么凭什么给他打分数呢？我极力让孩子把同一作业做上好几遍，使他以亲身的体验深信，他可以做得比一开始的时候好得多。这有着很大的教育意义：学生好似发现了自己的创造力；他看到自己的进步感到高兴，就会努力做得比这更好。孩子把自己做得较好的作业与差一些的作业进行比较，就会体验到欢欣鼓舞的心情。

…………

教学——并不是机械地把知识从教师那儿传授到孩子那儿，它首先是人与人之间的关系。儿童对知识和学习的态度，在很大程度上取决于他对教师的态度。如果学生觉得教师不公正，他会大为震惊。而幼小的儿童往往把不及格的分数看成是不公正的，并为之深感痛苦，因为几乎从来没有过孩子不愿学习的情况。他愿意学习，只是他不会，他还没有能力集中注意力，没有能力迫使自己工作。

如果一个孩子今天、明天，乃至整年都感到对自己不公正，那他的神经系统一开始会兴奋，继而就会出现抑制——抑郁、消极和冷漠。兴奋和抑制的剧变会导致孩子得病。乍一看，这是一些奇怪的毛病，即学校神经官能症。离奇的是这种病通常只在学校——在人道主义应当成为师生关系中最重要特征的这个神圣场所——发生。学校神经官能症是不公正的产物。家长或教师对待孩子的不公正态度千差万别。首先是冷淡。对孩子的道德和意志力的形成说来，没有比教师对学生的成绩漠不关心更为危险的了。其次是斥责、吓唬、恼怒。而不懂教育学理论的人，甚至还会表现出幸灾乐祸的神气：好，你不知道，那把记分册拿来，我给你打一个2分，好让你爸妈瞧瞧，他们的儿子到底是个怎么样的孩子……

............

……预防学校神经官能症要靠家长和教师的教育学素养。教育学素养最主要的表现应当是**理解**每一个孩子的精神世界，能给每个孩子以必要的关心，并付出一定的精力，使孩子感到大人没有忘记他，并能分担他的伤心、委屈和痛苦。

............

然而也不能允许用分数来娇纵学生，遗憾的是，这正好经常在学校中发生。只要孩子说出了一个词，马上就给他打一个5分。往往还有这样的情况：用同一个问题提问好几个学生，而每个学生都得了分数。其结果是形成了孩子对学习的轻率态度。孩子始终应当意识到分数是在智力上作出努力的结果。

学生应当深信，智力活动——这是一种劳动，要求巨大的努力、集中意志力、善于迫使自己舍弃很多娱乐。正是在劳动的气氛中，才能形成顽强性和意志力。学生如果学会了批判地对待取得的成绩，对自己的工作感到不满，并力求做得更好些，他永远不会成为一个游手好闲的人。

孩子亲身体验到脑力劳动如何取得成绩，就会习惯于自我监督。顽强工作，争取优异成绩的习惯，使孩子对粗心大意完成的工作、无所事事和懈怠懒散不能容忍。

............

我向全体教师建议：请你们珍惜孩子好奇心、求知欲和渴求知识的火花。点燃这一火花的惟一能源就是劳动中取得成绩的快乐和劳动者的自豪感。要用恰如其分的分数奖励每一次取得的进步和每一次困难的克服，但不能滥用分数。别忘记，你们教学技巧的基础——就在孩子本身，就在他对知识和对待您、对待教师的态度之中。这就是学习的愿望、激奋的精神、克服困难的决心。要关怀备至地加强这个基础，没有它就没有学校。

"童话室"

童话、游戏和幻想——这是儿童思维活动、高尚情操和志向的生机勃勃的源泉。长年的经验令人信服地说明，因受童话形象影响而在孩子心灵中产生的美感、道德感和理智感使思绪活跃，从而推动大脑积极工作，并使活动的思维区之间产生活跃的联系。通过童话形象，语言连同其最细微的含义就进入儿童的意识；它成为孩子精神生活的一个领域和表达思想和情感的手段——也就是思维的生动体现。在童话形象所激起的感情的影响下，孩子学习用语言思索。没有童话——生动、鲜明而又触动幼儿意识和情感的童话——就不可能想像有儿童思维和作为人的思维和语言的一定阶段的儿童语言。

儿童深感满意的是他们的思想能翱翔于童话世界之中。孩子能够5次、10次地重述同一个童话，而每一次都能发现一些新东西。童话形象——这是从鲜明、生动和具体的事物到抽象事物的第一步。如果童话在我的学生的精神生活中不占据整整一个阶段的话，那他们就不会掌握抽象思维的能力。孩子清楚地知道，人世间并不存在妖婆、青蛙公主和长生不老的卡谢依，但是他在这些形象中体现着善与恶，每当他重复讲述同一个童话时，总是表达他个人对好与坏的态度。

童话与美是分不开的，并有助于美感的培育，没有美感，就不能想像有高尚的心灵和对他人的不幸、悲伤和痛苦的真诚的同情心。借助于童话，孩子不仅用智力，而且也用心灵认识世界。同时，不仅认识，而且对周围世界的事件和现象作出反响并表达自己对善与恶的态度。关于正义和非正义的最初观念是从童话中汲取的。最初的思想教育也是借助童话进行的。只有当思想体现在鲜明的形象中时，儿童才能理解它。

童话是爱国主义教育的丰富而不可替代的源泉。童话内容中深深蕴藏着爱国主义思想，人民塑造的、千百年流传着的童话形象把劳动人民强有力的创造精神以及他们对生活、理想和向往的看法传至孩子的头脑和心灵。童话之所以能培育对祖国故土的热爱，就因为它是人民的创作。当我们欣赏基辅圣索菲亚教堂令人惊叹的壁画时，我们领悟到这些壁画是人民生活的一部分，是人民巨大天才的产物，因而在我们的心灵中激起了对人民的创造精神、匠心和技艺的自豪感。民间童话对孩子的心灵也起着同样的作用。似乎童话只是以纯粹的"日常"生活为题材的：爷爷和奶奶种了个萝卜……爷爷决定骗骗狼，于是用草扎了一头小公牛……但是这个童话的每一句话就像不朽的壁画上最精细的一根线条，在每一句话和每一个童话人物身上都呈现出富有人民精神的创造力。童话——是人民文化的精神财富，孩子了解童话，也就了解了自己的人民。

蔡汀、王义高、祖晶主编：《苏霍姆林斯基选集（五卷本）》第3卷，<br>教育科学出版社，2001年。

## 朗格朗《终身教育引论》选

保尔·朗格朗（Paul Lengrand，1910—2003），法国成人教育家，终身教育理论家与实践家。本科就读于巴黎大学文学专业，毕业后在中小学工作多年，积累了丰富的教育经验。20世纪30年代，开始转向成人教育领域，创立职工教育中心和民众与文化协会，开展教育实验。1948年，在联合国教科文组织秘书处工作，主要负责成人教育相关工作。1951年起，先后任联合国教科文组织成人教育局局长、继续教育局局长、终身教育局局长、教育研究所代理所长等职。1965年，在巴黎国际成人教育会议上，以终身教育为题做了学术报告，首次提出"终身教育"概念，并推动联合国教科文组织正式推出"关于推广终身教育"的提案，把终身教育上升到教育原则的高度。1971年，从联合国教科文组织卸任后，继续从事终身教育相关研究和实践。主要代表作有《终身教育引论》（1970）、《终身教育为何重要》（1966）、《成人教育与终身教育》（1969）、《终身教育的问题》（1970）、《终身教育的前景》（1979）、

《终身教育：概念的发展》（1989）等。

《终身教育引论》（An Introduction to Lifelong Education）旨在阐述终身教育思想不断发展变化的重要意义，说明促使它产生和发展的各种力量，探讨它的含义和内容，指出它对人类整个教育活动的影响及将会产生的后果。该书基于朗格朗 1965 年巴黎国际成人教育会议报告而作，分为"前言""终身教育探索""全面综述""论证和实例"四部分，后两个部分是全书的重点。该书 1970 年出版后，引起极大反响，促进了世界成人教育事业、终身教育的发展。

## 第一部分　全面综述（节录）

终身教育的重要意义

第一章我们列举出了人类面临的全部挑战，其中有些是传统的，与人类生活条件相联系的，有些则是与当前历史时期有关的，再加上前一章我们又对影响指向革新的各种力量进行分析，显示了教育的责任和任务的艰巨性和复杂性。随着进一步的思考和实验，出现了有助于认识教育范围和意义的一些想法。

一个人有了一定的知识和技能以后便可以终生应付裕如，这种观念正在迅速过时并在消失之中。由于内部需要的压力，同时作为对外部需求的回答，教育正处于实现其真正意义的过程之中，这种意义不在于获得一堆知识，而在于个人的发展，在于作为连续经验的结果得到越来越充分的自我实现。

鉴于这种情况，可以把教育的当前的责任确定如下：

首先，组织适当的结构和方法，帮助人在一生中保持他学习和训练的连续性。

其次，培养每个人通过多种形式的自我教育在真正的意义上和充分的程度上成为自己发展的对象和手段。

在这个总的范畴中，以下诸因素值得特别注意：

年龄和教育

无论如何，教育过程如果要有生命力，为发展中的人服务，那就必须与时间形成积极的联系，而时间应被看作是一种建设性因素而决不是作为一种破坏性因素。因此，教育工作者应尽一切努力摒弃任何一种把思想和道德、习俗看作一成不变的观念；他们不仅需要努力使人接受变革，而且需要努力以各种方法促进教育的对象机智而有效地参与各个阶段的变革，不管这变革是发生在个人内部还是发生在他与之联系的外部世界。

青年人和成年人

换言之，如果成人要使自己得到别人的听从，如果他要向年轻一代传授所积累的知识和发号施令，那么，他自己就必须不断地学习。如果成人想要得到自己希望得到的下一代的看重，那么，他就必须为不断的训练和进步、为不懈的自我探索、为自己知识和经验的增长付出应有的代价。看来，这将是通向重建对话和生气勃勃地开展对话的唯一途径。

方法和内容

在终身教育的条件下，这也就是要用一种方法来武装人们，使他们能在自己的整个求知道路上和文化生涯中得心应手地运用这种方法。这意味着，教育活动，无论是严格意义上的讲授还是更广意义上的教学和训练，其要旨必须是养成习惯和条件反射，获得多种能力。因此，应通过各种方法在完全名副其实的意义上把重点放在能增进以上种种能力的实践上。

培养和选拔

在这里，我们面临着一连串的问题，这些问题的解决自然与教育本身有关，与教育范围内的教学过程有关，而且也影响着现代社会的精神、结构和职能发挥。有一点看来很清楚，这就是：如果我们要根据真正的、有效的民主原则实现机会平等，那么，在学习、资格、训练、专业进修等方面扩大人们的前景就应成为上述问题的必然答案的有机组成部分。

教育过程的统一性和连贯性

…………

终身教育是以个人不再与自身相冲突的方式努力统一和协调这些不同阶段的训练。它注重个性发展的统一性、全面性和连续性，由此提出的课程和教育手段就能在职业生活、文化形式、一般发展和个人为了自己的完善、实现自己抱负的种种外部环境等等方面的需要和学习内容之间造成连续不断的交流。

…………

在任何这样一种概念中，教育将在生活的各个方面获得自己的地位，将贯穿于个性发展的始终；基于这种概念，现在把各类各级教育活动加以往往是密封式的相互隔绝的许多障碍将不得不消除，让位给充满生气的、有目的的相互交流。从今以后，就能把教育看成是一个统一的有机体，其中的每一部分都有赖于其他部分，而且只有在与其他部分发生联系时才具有意义。如果失去一个部分，那末这个有机结构的其他部分就会失去平衡，而且没有哪一个部分能代行其分担的具体职能。因此，我们无论在理论方面还是在实际的成就方面，都必须进行一系列协调工作。

关于终身教育战略的建议

要提出一种模式的终身教育是不可能的。每个国家都有自己的体制、结构，自己的传统，自己的禁忌，自己的便利条件。而且，历史的进程总是这样：在一个社会的历史上，任何时候总是有一个问题在重要性上超过所有其他问题而必须予以优先考虑。比如，我们可以设想，而这实际上也是发生了的，一个国家在发生革命以后的很长时期内，会用主要的力量来发展成人教育，而同时把其他教育问题或多或少地暂搁一边。资源的相对缺乏使人不得不进行选择，不得不作出牺牲。这对发展中国家来说尤其如此，它们缺乏合格劳动力与物力，就和缺乏财力资源一样。

尽管如此，阻止理想计划实现的障碍，不应影响这些国家根据终身教育原则所阐明的主要方针来寻求实际的解决办法，这些原则就是：

・要保证教育的连续性以防止知识过时；

・使教育计划和方法适应每个社会的具体要求和创新目标；

・在各个教育阶段都要努力培养新人，使之能适应充满进步、变化和改革的生活；

・大规模地调动和利用各种训练手段和信息，这种训练和信息超出了对教育的传统定义和组织形式上的限制；

・在各种形式的行动（技术的、政治的、工业的、商业的行动等）和教育的目标之间建立密切的联系。

在这些原则的基础上可以建立多种多样的模式，这些模式都考虑到各种不同的方面，但都服从同一个条件，这就是使教育成为生活的工具，成为使人成功地履行生活职责的工具。

[法]保尔·朗格朗著；周南照、陈树清译；王遵仲校：《终身教育引论》，
中国对外翻译出版公司，1985年。

## 赞科夫《教学与发展》选

列奥尼德·弗拉基米罗维奇·赞科夫（Л. В. Эанков，1901—1977），苏联心理学家、教育家。中学毕业后任乡村学校教师，后入莫斯科大学心理学系学习，毕业后留校做研究生，师从著名心理学家维果茨基，从事儿童缺陷学研究，1940年获得博士学位。1952年，组建实验教学论实验室，对教师教学、学生学习过程及能力发展等问题做了大量研究。1957—1977年，领导了规模宏大的"教学与发展关系问题"实验研究，在此基础上形成发展性教学理论，创立了发展性教学理论体系，对苏联教育理论和实践发展产生了重要影响。代表作有《论小学教学》（1963）、《教学论与生活》（1968）、《和教师的谈话》（1970）、《教学与发展》（1975）等，前三本曾是苏联教师的必读书，《教学与发展》则被译成多种文字，享有世界声誉。

《教学与发展》（*ОБУЧЕНИЕ И РАЗВИТИЕ*）是对赞科夫主持的近20年

教学与发展问题教育实验进行全面、系统的总结性著作，也是学习和研究发展性教学理论不可或缺的重要指导性著作。全书分为3编20章。第一编"实验教学论体系"共6章，论述小学实验教学论的研究方法、组织、原则、教学大纲、教学方法等。第二编"学生的发展过程"共4章，通过实验班与普通班的比较，论述小学生观察、思维、操作能力的发展过程，以及优等、学困生不同的发展进程。第三编"学生的学习"共10章，通过实验班与普通班的对照，研究小学生语文、数学、自然、写作和音乐的学习。赞可夫的小学新教学论体系以整体性观点安排教学结构、组织教学过程，指出其指导思想是教学要在学生的一般发展上取得尽可能大的效果，以充分调动学生精神力量的五项教学论原则（即以高难度、高速度进行教学，理论知识起主导作用，使学生理解学习过程，使全班学生都得到发展）为核心，并通过具有多面性、过程的性质、冲突、变式4个特征的教学法来实现。

## 第三章　实验教学论体系的原则（节录）

教学论原则对于形式多种多样的教学过程来说，具有指导的和调节的作用。这里所说的是指我们创立的原则，其目的是为了使教学在最大程度上促进学生的理想的一般发展。

……………

在我们实验体系的教学论原则中，起决定作用的是以高难度进行教学的原则。"难度"这个概念，在教学论中使用于各种不同的场合，具有各种不同的含义。这个概念的涵义之一，是指克服障碍。……这个概念的另一个涵义，是指学生的努力。例如，在可接受性原则的定义中就谈到，可接受性原则要求逐步提高所授教材的难度。"由易到难"的规则具体化为"逐渐地由具体的、熟悉的事实过渡到概括，由最简单的概括过渡到较复杂的概括"。……

以高难度进行教学的原则的特征，并不在于提高某种抽象的"平均难度标准"，而是首先在于展开儿童的精神力量，使这种力量有活动的余地，并给以引导。如果教材和教学方法使得学生面前没有出现应当克服的障碍，那末儿童的发展就会萎靡无力。

　　以高难度进行教学的原则也决定着教学内容的结构，因此教材不仅应当更加广泛和深入，而且要具有质的特点。由于这条原则与另一条要求理论知识在小学教学中起主导作用的原则有不可分割的联系，难度性质的轮廓就清楚了。由此可见，我们指的不是任意的一种难度，而是要能认识现象的相互依赖性及其内在的本质联系的那种难度。

　　确定理论知识的主导作用的原则，并不贬低知识和技巧以及学龄初期儿童获得知识和技巧的意义。我们的教学大纲、教学法指示、教材和教科书，都证明在实验教学中对技巧是十分重视的。至于形成技巧的途径，确实跟传统教学法不同。在实验教学中，技巧的形成是在一般发展的基础上，在尽可能深刻地理解有关的概念、关系和依存性的基础上实现的。

　　高难度原则是实验体系的基本原则，同时又在一定程度上依存于另一条原则——在学习大纲教材时高速度前进的原则。由于多次、单调的复习旧课，把教学进度不合理地拖得很慢，这样就妨碍了以高难度进行教学，或者甚至使它成为不可能的事，因为学生的学习活动主要是在"走老路"。

　　这一原则对高难度原则来说是在完成一种辅助的职能，但是同时它也起着重要的独立作用，它要求不断地向前运动。不断地以各个方面的内容丰富学生的智慧，能为学生越来越深入地理解所学的知识创造有利条件，因为这些知识被纳入到一个广泛展开的体系中。

　　理论知识的主导作用，通过使学生理解学习过程的原则取得自己的变相存在。这一原则既和公认的掌握知识的自觉性原则相近似，又和它有着重大区别。

　　平常所理解的自觉性原则和我们所说的使学生理解学习过程的原则，就理解的对象和性质来说，都是有区别的。前者所说的理解是指向外部的，即把应当掌握的知识、技能和技巧作为理解的对象；而后者是指向内部的，即指向学习活动的进行过程。

..............

在劳动课上，使学生理解学习过程的原则具体表现在：学生在预测（计划）某一物品的制作过程时，要理解各种必要操作的顺序及其内部联系，理解必要操作与指定要做的物品的关系，以及在工作过程中仔细进行自我监督的必要性。

以上我们考察了我们的实验教学论体系的四条原则。还有一条原则，即要求教师进行目标明确的和系统的工作，使班上所有的学生（包括最差的学生）都得到一般发展的原则，这就使上述四条原则的作用范围更加明确了。

..............

个性的东西并不是给学生在某一发展阶段上一般固有的个性的某些方面或特点，给学生自身蕴藏着的发展可能性，简单地涂上一层与众不同的色彩。个性的东西是共性的东西的存在形式。因此，要求一律，就会压制个性，从而也就压制了学生的精神力量，阻碍了学生发展可能性的发现与形成，也阻碍了学生的一般发展。

## 第四章　教学大纲（节录）

我们认为，小学教育应当同时既完成自身的特殊任务，又考虑到各门学科在以后各学习阶段的要求和所讲授的本门学科的逻辑所提出的要求。例如，语法课程中包括词类的学习和某些关于句子的知识，等等。在数学课程中，就不能回避算术四则的学习和完成有关的计算操作。但是，由所授学科的特点规定的内容，却允许在这种内容的教学论的表现上有深刻的区别。

..............

小学教学内容的这样一种结构，是以引证可接受性教学原则作为理由的。教学大纲的编写者们否认在低年级具有掌握更广泛深入的知识的可能性，宣称那似乎是学龄初期儿童所不能接受的。针对这种情况，有必要对可接受性教学原则加以哪怕是很简短的探讨。这一原则表现在下列规则中：由近及远，由易到难（有时候还加上一条由简单到复杂的规则）。可接受性原则及其相应的规则由来已久，在苏联教学论中也被重复了数十年。对上述可接受性原则和规则的解释并没有什么重大的改变，虽然曾经不止一次地提到过，而且可接受性问题还曾经成为教育家和心理学家参加的一次专门辩论的对象。

在给可接受性原则所下的各种定义和所作的解释中，始终贯穿着一条要求，就是讲授要符合学生的年龄特征。达尼洛夫和叶西波夫写道："可接受性原则要求教学内容和教学方法必须符合学生的年龄特征，使学生通过一定的努力能够掌握知识、技能和技巧。"

## 第六章 教学法问题（节录）

"教学法"这一术语，既用来表示有关某一门学科的教学实践的规则、指示的集成，也用来表示从某门学科与教学的一般规律性的相互关系中研究该学科教学的一门教育科学。不过，一般都认为，教学法的特征就在于：它的对象是具体学科（俄语、生物等）。

……

在实验教学中，必须激发学生的独立的、探索性的思想，这种思想同活生生的情绪有机地联系着，这就要求克服教学中的教条主义。我们在教学过程中让学生进行有目的的观察，通过观察发现所学教材的各个成分之间的本质联系。……

……

这里只涉及我们实验的第一阶段上教学结构的一个方面——以整体的观点来制订教学法，并指出它的几条线索。这一观点是由教学的体系性的极其重要的意义决定的，是我们的研究的假设的核心。在教学法里实现我们的意图的过程中，产生了以高难度进行教学和理论知识起主导作用的教学论原则。这两条原则的不可分割的联系已经明显地表现出来。同时也初步发现了（当时还只是一种倾向）以高速度学习教材的原则和使学生理解学习过程的原则。

……………

我们在研究的第一阶段就强调指出，实验教学的结构是超出平常所理解的教学论和教学法的范围的。正是这些超出上述范围的东西，是提高教学效果的最重要的条件之一。这就是：发展学生的道德品质、审美情感和意志，形成学生的精神需要，特别是形成学生对学习的内部诱因。个性是在学生的多方面的、内容丰富的生活中（在学习、课外活动、师生之间的充满尊重和关心的友好关系中）成长和巩固起来的。

…………

在我们的教学法中，特别重视让儿童在自己独立领会感知的基础上，越来越深入地从各个方面理解和体会文艺性的课文。我们把各种教学方式结合使用，使学生能够一级级地逐步上升，深入理解课文的内容、作品的艺术形象和艺术语言的手段。

……………

我们避免两种极端的做法：一种是关于课文的意思一定都要让学生说出来，另一种是教师一个人解说课文内容，说明艺术形象，却没有给儿童留下表达自己的思想和感情的机会，而儿童的这些思想和感情正是能够反映他们对课文的理解和体会的。

……………

根据我们实验教学法的要求，学生写作文是不要专门准备的，既不进行现在普通教学法里采用的对作文内容的预先讨论，也不进行词汇和正字法等方面的准备。

写作文不列提纲。专门的准备工作和列提纲会限制或甚至压抑学生的个性，使学生不能用适合于自己个性特点的言语形式来揭示题意和表达独自思考的内容。

……………

……合理的方法应当是：让学生深入地、多方面地认识现实，使学生的头脑里形成的不是支离破碎的片段，而是事物之间的内部联系，在此基础上来培养一定的逻辑性。这样，认识了的现象的各个方面才能有机地结合起来。意识的系统性——即认识与感受的统一，乃是思维逻辑性的源泉。

## 第十八章　音乐学习（节录）

我们主要是把音乐听觉（指广义）及其成分：调式感、音乐听觉表象和节奏感列为音乐的条件。敏感性、情感上对音乐的同感性、再现的想象以及特殊的表演才能（其中包括动作才能）都和音乐听觉相互联系着，还和儿童在音乐方面获得的知识和技巧的系统有机地配合在一起。不应认为这些条件是互相孤立的。只有了解了这些条件的相互联系，我们才能对音乐方面如何推动学生发展的问题找到正确的解决方法。

…………

在音乐教育体系中，表演活动应该和形成音乐知觉结合起来。目的是教儿童学会"欣赏"，但不仅仅是"欣赏"音乐。在掌握表演技能的过程中，不但音高感或节奏感起着积极作用，而且直接与表演过程相联系的音色感也起着积极作用。

…………

我们把音乐技巧的形成分成以下几种因素：

（1）听觉注意和听觉的自我控制的培养；

（2）听觉和嗓音的协调（建立听觉与声音联系）；

（3）听辨出旋律中音高和节奏的相互关系；

（4）音乐听觉表象的运用；

（5）表演的技巧。

…………

我们把这些方法归结为：没有乐器伴奏的看谱唱歌；口头和书面听写；按音叉的音定调，从音叉中找出所要找的音——所给的练习曲的第一个音；儿童用音符记音。运用这些方法时，我们认为"默读"乐谱和"默唱"本来是看谱唱的旋律的方法具有很大意义。这时候，主要任务是搞清楚乐谱中的具体的音乐内容。儿童得到的表象不应该从音符到音符，而是应该通过内心掌握结构上相互联系的、造成完整印象的声音的综合。

……………

……我们所做实验的原则：

（1）掌握音乐知识和技巧的基础，是在音乐活动过程中有目的地形成学生的音乐听觉表象和学会积极运用这些表象的技能。

（2）任何音乐活动（唱歌、乐器演奏、作曲）都是复杂的心理过程，没有音乐听觉表象的发展是不可能的。音乐听觉表象是音乐活动中的主要的指导因素，决定着这个活动的积极性及其美学价值。

（3）音乐听觉表象和其他一些表象相比较，带有更加综合概括的性质，因而是在变化的，并且是要提炼的。这成了发展音乐听觉表象的先决条件，从而也成了改进整个教学过程和学生音乐发展的先决条件。

（4）音乐听觉表象的形成，从掌握音乐知识和技能来看是多方面的：既包括积极的智力活动（比较、识别、分析、综合等等），也包括直接的情感反应。这种反应有各种不同的程度，反应的程度决定对被认识的事物的美学态度。

（5）音乐听觉表象同运动表象（在唱歌时，是同发声的制动）有机地联系着并相互作用着。在这种相互联系的基础上，建立起决定音乐艺术过程完整性的音乐听觉活动。

（6）在心里读（默读）乐谱的过程中运用音乐听觉表象是最有效用的。由于这样做，以后的大声发声会得到很大改进，同时这也是音乐听觉表象的质量标准。不仅是标准，而且在很大程度上是音乐听觉表象急速发展的因素。

（7）在形成音乐听觉表象方面（因而也就是在发声方面），起决定作用的是音乐听觉的自我控制，它对所提的艺术课题在获得成功之前以及获得成功的同时都起作用。

（8）学生的音乐发展取决于有目的地安排的教学。教学过程中积极形成音乐听觉表象的教学方法是这种发展能取得成效的保证。

［苏］赞科夫编；杜殿坤等译：《教学与发展》，人民教育出版社，1985年。

# 主要参考文献

## 中国部分

[1] ［汉］贾谊撰；阎振益、钟夏校注：《新书校注》，中华书局，2000年。

[2] ［汉］司马迁撰；［南朝宋］裴骃集解；［唐］司马贞索隐；［唐］张守节正义：《史记》，中华书局，1959年。

[3] ［唐］韩愈撰；马其昶校注；马茂元整理：《韩昌黎文集校注》，上海古籍出版社，1986年。

[4] ［唐］柳宗元撰：《柳宗元集》，中华书局，1979年。

[5] ［宋］王安石撰：《临川先生文集》，中华书局，1959年。

[6] ［宋］张载著；章锡琛点校：《张载集》，中华书局，1978年。

[7] ［宋］朱熹撰：《朱子全书》，上海古籍出版社、安徽教育出版社，2002年。

[8] ［宋］王应麟著；［清］王相训诂：《三字经训诂》，中国书店，1991年。

[9] ［元］陈栎撰：《定宇集》，《景印文渊阁四库全书》（第1205册）。

[10] ［元］郑玉撰：《师山集》，《景印文渊阁四库全书》（第1217册）。

[11] ［明］王守仁撰；吴光、钱明、董平、姚延福编校：《王阳明全集》，上海古籍出版社，1992年。

[12] ［清］魏源：《魏源集》，中华书局，1976年。

[13] ［清］戴震著；赵玉新点校：《戴震文集》，中华书局，1980年。

[14] ［清］阮元校刻：《十三经注疏·论语注疏》，中华书局影印，1980年。

[15] ［清］阮元校刻：《十三经注疏·孟子注疏》，中华书局影印，1980年。

[16] ［清］黄宗羲：《黄宗羲全集》，浙江古籍出版社，1985年。

[17] ［清］颜元著；王星贤、张芥尘、郭征点校：《颜元集》，中华书局，1987年。

[18] [清]康有为著；楼宇烈整理：《长兴学记》，中华书局，1988年。

[19] [清]孙希旦撰；沈啸寰、王星贤点校：《礼记集解》，中华书局，1989年。

[20] [清]张之洞：《张文襄公文集》，中国书店，1990年。

[21] [清]朱彬撰；饶钦农点校：《礼记训纂》，中华书局，1996年。

[22] [清]王先谦撰；沈啸寰、王星贤点校：《荀子集解》，中华书局，1988年。

[23] [清]孙诒让撰；孙启治点校：《墨子间诂》，中华书局，2001年。

[24] [清]康有为撰；姜义华、张荣华编校：《康有为全集》，中国人民大学出版社，2007年。

[25] 陈鹤琴：《儿童心理之研究》，商务印书馆出版社，1925年。

[26] 梁启超：《饮冰室合集》，中华书局，1936年。

[27] 杨贤江：《新教育大纲》，人民教育出版社，1961年。

[28] 戴明扬校注：《嵇康集校注》，人民文学出版社，1962年。

[29] 夏东元编：《郑观应集》，上海人民出版社，1982年。

[30] 梁启雄：《荀子简释》，中华书局，1983年。

[31] 华中师范学院教育科学研究所主编：《陶行知全集》，湖南教育出版社，1985年。

[32] 王栻主编：《严复集》，中华书局，1986年。

[33] 刘文典撰；冯逸、乔华点校：《淮南鸿烈集解》，中华书局，1989年。

[34] 黄晖撰：《论衡校释》，中华书局，1990年。

[35] 高平叔编：《蔡元培教育论著选》，人民教育出版社，1991年。

[36] 田正平、李笑贤编：《黄炎培教育论著选》，人民教育出版社，1993年。

[37] 马秋帆、熊明安主编：《晏阳初教育论著选》，人民教育出版社，1993年。

[38] 白吉庵、刘燕云编：《胡适教育论著选》，人民教育出版社，1994年。

[39] 马秋帆编：《梁漱溟教育论著选》，人民教育出版社，1994年。

[40] 吕静、周谷平编：《陈鹤琴教育论著选》，人民教育出版社，1994年。

[41] 戚谢美、邵祖德编：《陈独秀教育论著选》，人民教育出版社，1995年。

[42] 王利器撰：《颜氏家训集解（增补本）》，中华书局，1996年。

[43] 黎翔凤撰；梁运华整理：《管子校注》，中华书局，2004年。

[44] 陈鹤琴：《家庭教育与父母教育》，上海人民出版社，2016年。

[45] 任钟印主编：《世界教育名著通览》，湖北教育出版社，1994年。

[46] 顾明远主编：《教育大辞典·中国古代教育史》，上海教育出版社，1991年。

[47] 顾明远主编：《教育大辞典·中国近现代教育史》，上海教育出版社，1991年。

[48] 孙培青、李国钧主编：《中国教育思想史》，华东师范大学出版社，1995年。

[49] 张瑞璠、金一鸣主编：《中国学术名著提要·教育卷》，复旦大学出版社，1996年。

[50] 张瑞璠、王承绪主编：《中外教育比较史纲》，山东教育出版社，1997年。

[51] 华东师范大学教育系编：《中国现代教育文选（修订版）》，人民教育出版社，1998年。

[52] 张瑞璠主编：《中国教育哲学史》，山东教育出版社，2000年。

[53] 李国钧、王炳照总主编：《中国教育制度通史》，山东教育出版社，2000年。

[54] 吴式颖、任钟印主编：《外国教育思想通史》，湖南教育出版社，2002年。

[55] 华东师范大学教育系、浙江大学教育系选编：《西方古代教育论著选》，人民教育出版社，2001年。

[56] 任钟印主编：《西方近代教育论著选》，人民教育出版社，2001年。

[57] 王承绪、赵祥麟编译：《西方现代教育论著选》，人民教育出版社，2001年。

[58] 陈学恂主编：《中国近代教育文选》，人民教育出版社，2001。

[59] 张人杰、王卫东主编：《20世纪教育学名家名著》，广东教育出版社，2002年。

[60] 孟宪承选编；孙培青注释：《中国古代教育文选（第三版）》，人民教育出版社，2003年。

## 外国部分

[1] ［古希腊］柏拉图著；郭斌和、张竹明译：《理想国》，商务印书馆，1986年。

[2] ［古希腊］柏拉图著；张智仁、何勤华译；孙增林校：《法律篇（第二版）》，商务印书馆，2016年。

[3] ［古希腊］亚里士多德著；吴寿彭译：《政治学》，商务印书馆，2009年。

[4] ［古罗马］昆体良著；任钟印选译：《昆体良教育论著选》，人民教育出版社，1989年。

[5] ［古罗马］奥古斯丁著；周士良译：《忏悔录》，商务印书馆，2015年。

[6] ［捷克］夸美纽斯著；傅任敢译：《大教学论》，人民教育出版社，1984年。

[7] ［英］约翰·洛克著；傅任敢译：《教育漫话》，人民教育出版社，1985年。

[8] ［法］卢梭著；李平沤译：《爱弥儿：论教育》，人民教育出版社，1985年。

［9］［瑞士］裴斯泰洛齐著；夏之莲等译：《裴斯泰洛齐教育论著选》，人民教育出版社，2001年。

［10］［德］赫尔巴特著；李其龙译：《普通教育学》，人民教育出版社，2015年。

［11］［德］福禄培尔著；孙祖复译：《人的教育》，人民教育出版社，1991年。

［12］吕达、刘立德、邹海燕主编：《杜威教育文集》，人民教育出版社，2008年。

［13］［美］杜威著；王承绪译：《民主主义与教育》，人民教育出版社，2001年。

［14］［意］蒙台梭利著；任代文主译校：《蒙台梭利幼儿教育科学方法》，人民教育出版社，2001年。

［15］［意］蒙台梭利著；马荣根译，单中惠校：《童年的秘密》，人民教育出版社，2005年。

［16］［美］拉尔夫·泰勒著；施良方译；瞿葆奎校：《课程与教学的基本原理》，人民教育出版社，1994年。

［17］［瑞士］皮亚杰著；卢濬选译：《皮亚杰教育论著选》，人民教育出版社，2015年。

［18］邵瑞珍等译；王承绪等校：《布鲁纳教育论著选》，人民教育出版社，1989年。

［19］蔡汀、王义高、祖晶主编：《苏霍姆林斯基选集（五卷本）》，教育科学出版社，2001年。

［20］［法］保尔·朗格朗著；周南照、陈树清译；王遵仲校：《终身教育引论》，中国对外翻译出版公司，1985年。

［21］［苏］赞科夫编；杜殿坤等译：《教学与发展》，人民教育出版社，1985年。